Bernard Clavel

La grande patience

1

La maison des autres

Éditions J'ai lu

L'homme qui n'a point été apprenti est un grand enfant.

ALAIN.

Dans une société sage, chaque humain devrait faire un temps de service parmi les pauvres. Ainsi saurait-il demeurer leur frère dans la fortune.

THYDE MONNIER.

PREMIÈRE PARTIE

1

Le matin du 1er octobre 1937, Julien Dubois s'éveilla longtemps avant l'aube. Il demeura un moment immobile, les yeux grands ouverts dans l'obscurité, puis il se souleva sur ses coudes. Au pied du lit, la chatte s'étira. Il entendit le bruit de ses griffes sur la couverture.

— Moune, souffla-t-il, viens... Viens, ma Moune.

Elle se léchait. Il l'appela encore. Elle s'approcha lentement et vint s'asseoir sur le ventre de Julien. Il la caressa et, aussitôt, elle se mit à ronronner. Il sentait la vibration, il entendait aussi ce ronron régulier qui était le seul bruit de la pièce. Par moments, à travers les persiennes, venait du jardin un froissement de feuilles. Très loin, un train siffla plusieurs fois, puis il y eut un long moment de silence. En se recouchant, Julien avait dérangé la chatte. Elle avait sauté du lit et devait faire le tour de la pièce. Il l'entendit monter sur le fauteuil qui a un pied plus court que les autres. Elle ne resta là qu'un instant avant de grimper sur le bord de la fenêtre pour secouer les persiennes. Julien se leva et marcha sur la pointe des pieds jusqu'à la croisée. Il caressa encore la chatte qui se frottait contre lui.

— Tu veux sortir, hein? Tu t'en fous que je m'en aille, murmura-t-il. Allons va. Va courir.

Il souleva doucement l'espagnolette et poussa un battant.

Moune fila aussitôt et il se pencha pour tenter de la voir, mais la nuit était encore partout dans le jardin. Le ciel commençait seulement à pâlir derrière la forêt de Chaux. A droite, le talus du chemin de fer se dessinait à peine.

Le plancher était froid. A tâtons, Julien chercha ses pantoufles et commença de s'habiller.

Bientôt il y eut un craquement derrière la cloison et la lumière filtra sous la porte. Julien quitta sa chambre.

Dans la cuisine, l'oncle Pierre pompait l'alcool du réchaud. Son grand corps osseux était cassé en deux, et une mèche de cheveux gris se balançait sur son front à chacun de ses mouvements. Sans s'arrêter, il tourna la tête vers Julien et se mit à rire.

— Ben, mon lapin, dit-il, tu risquais pas de t'oublier.

Le garçon s'approcha. L'oncle se redressa, passa une main sur ses grosses moustaches jaunies par le tabac et se baissa pour embrasser Julien.

— Tu veux boire une goutte de jus avec moi, en attendant que ta tante fasse chauffer le déjeuner?

Comme Julien hésitait, l'oncle se remit à rire en ajoutant :

— Bon Dieu! t'es un homme, à partir d'aujourd'hui; tu peux bien boire une tasse de café!

Il avait tiré de sa poche son gros briquet de cuivre, et allumé la petite torche imbibée d'essence qu'il posa sur le brûleur du réchaud, d'où la flamme bleue et rose monta bientôt en soufflant. Julien était sorti pour emplir un seau d'eau à la pompe. Le jour venait lentement et le vent semblait prendre de la force. Les feuilles mortes volaient dans la cour, traversant très vite la partie éclairée par la fenêtre. Quand Julien revint, la chatte entra avec lui et alla se frotter contre les jambes de l'oncle qui roulait sa première cigarette.

— Alors ma Mounette, dit-il, tu as bien couru... T'as bien galvaudé et à présent te voilà le ventre creux. Grande salope... Grande salope!

Sa grosse voix se faisait douce. Elle bourdonnait.

S'arrêtant un instant de se laver, Julien regarda vers la porte de la chambre et dit à voix basse :

— Elle était avec moi.

Les moustaches de l'oncle s'écartèrent sur un sourire.

— Toi, tu finiras par te faire engueuler. Le lit va encore être plein de poils.

— Je serai loin quand la tante le verra.

— Pardi, c'est encore moi qui vais trinquer. Elle va encore me dire qu'on s'entend comme larrons en foire, les bestioles et nous deux.

Inclinant la tête à droite pour ne pas brûler ses moustaches, l'oncle alluma sa cigarette. Le café était chaud. Il le versa dans les tasses.

— Il est à peine plus de 5 heures, dit-il; pour un peu, tu aurais le temps de venir avec moi donner un coup près des piles, avant de t'en aller.

— Tu crois?

Julien avait prononcé ces deux mots la gorge un peu serrée, sur un ton qui fit rire son oncle.

— Qu'est-ce qui te fait rire comme ça de grand matin? demanda la tante en entrant.

L'oncle but une gorgée de café, puis expliqua :

— Je lui propose de prendre la barque et de venir avec moi donner un coup sous le pont. Il aurait largement le temps, mais il a une sacrée frousse d'être en retard!

— Il a raison, dit-elle. Ça ferait mauvaise impression s'il arrivait en retard le premier jour.

L'oncle se contenta de hausser les épaules. La tante avait remarqué les deux tasses; elle demanda :

— Pourquoi tu lui donnes du café noir? Tu sais bien qu'il y a du lait, c'était bien facile de le faire chauffer! Et puis, vous êtes donc si pressés?

— Quand on va travailler, dit l'oncle, on est un homme. Et un homme, ça boit son café, le matin.

— On n'est pas un homme à quatorze ans.

— Tu me fais rigoler; la semaine prochaine, il boira des grands coups de vin et il fumera du gros-cul.

— Tais-toi donc, imbécile! Tu déraisonnes.

La tante semblait furieuse. Julien souriait à l'oncle qui lui fit un clin d'œil, ralluma son mégot et lança :

— Je n'ai pas à me taire. La semaine prochaine, il fera ce qu'il voudra. Et quand tu iras faire ton marché à Dole, le samedi, si tu montes jusqu'en haut de la rue des Arènes, tu le verras peut-être déboucher de la rue du Collège-de-l'Arc, tu sais bien, celle qui va du côté de la maison...

La tante l'interrompit.

— Pierre, cria-t-elle, je ne te comprends pas. Quand ton garçon avait cet âge-là, si quelqu'un s'était avisé de lui parler de la sorte, tu aurais fait du joli!

— A quatorze ans, il y a belle lurette que ton garçon avait perdu son pucelage.

La tante ne répondit pas. Elle eut un mouvement des épaules qui souleva sa longue chevelure noire où luisaient quelques fils blancs, puis elle s'éloigna.

— Est-ce que tu as donné du lait à la chatte, avant qu'il soit trop chaud? demanda l'oncle.

Elle revint près du réchaud, emplit de lait l'écuelle de Moune, puis régla la flamme sous sa casserole avant de retourner vers l'évier. Là, elle commença de se peigner en se regardant de temps à autre dans le petit miroir accroché au rayon où s'alignaient les fait-tout émaillés, ventrus et luisants.

L'oncle, qui avait achevé sa cigarette, se leva, jeta au passage son mégot dans le cendrier de la cuisinière et alla chercher dans le placard le pain, le litre de vin et une petite terrine ovale qu'il posa sur la table. Dès qu'il eut soulevé le couvercle, un parfum d'oignon cru et de persil monta, plus fort que les odeurs tièdes de café et de lait qui emplissaient la cuisine. La chatte quitta son écuelle et sauta sur une chaise. Les pattes de devant sur le bord de la table, elle flaira à petits coups en direction de la terrine. L'oncle lança un regard rapide vers sa femme qui enroulait son chignon, les deux bras levés et les lèvres pincées sur ses épingles; puis, sans mot dire, riant sous sa moustache, il montra du doigt la terrine. Julien hésitait, le regardait, regardait la chatte qui avançait timidement une patte sur la toile cirée; enfin, il fit oui de la tête et l'oncle coupa aussitôt deux larges tranches de pain. Penché au-dessus de la terrine, il en tira, entre son pouce et la pointe de son couteau, une petite brème qu'il laissa égoutter un instant avant de l'allonger sur le pain. Julien l'imita, coupant comme lui le poisson dont le jus odorant sortait, absorbé aussitôt par la mie bien blanche. Il eut du mal à avaler la première bouchée, mais il réprima une grimace : l'oncle le surveillait, l'œil mi-clos, son regard vif filant au ras de ses sourcils frisés.

Quand la tante revint vers eux, elle eut un geste de ses deux mains levées qu'elle laissa retomber sur son tablier. Elle se contenta de bougonner :

— C'était pas la peine que je fasse chauffer tant de lait.

Elle emplit son bol, s'installa au bout de la table et se mit à manger très vite, sans les regarder. Ils avaient donné les têtes des poissons à la chatte qui les croquait près du réchaud. Julien mâchait lentement, regardant l'oncle qui clignait de l'œil. Au bout d'un moment, l'oncle demanda :

— Alors, qu'en dis-tu ?

Ce fut la tante qui répondit :

— Si ce gosse n'est pas malade, à manger comme ça des choses fortes au saut du lit!

— Mais enfin quoi, c'est pas la première fois qu'il en mange!

— Au petit déjeuner, si!

L'oncle s'adressa au garçon :

— Est-ce que ce n'est pas aussi bon maintenant qu'à midi?

— C'est même peut-être meilleur.

Les yeux de l'oncle pétillaient. La tante avait

vidé son bol. Elle se leva et alla le laver sur l'évier. L'oncle se versa un verre de vin et demanda :

— Tu en veux?

Cette fois, sa femme explosa. Les mains encore mouillées, elle s'avança en criant :

— Ah non, hein! Ça va bien de plaisanter un moment, mais il y a des limites. Faire boire du vin à un gamin à pareille heure, mais ma parole, tu es fou!

— Je te dis que dans une heure il pourra en boire tant qu'il voudra, sans que tu sois sur ses talons...

— Je voudrais bien voir ça!

— Justement, tu ne verras rien.

— S'il faisait des bêtises, je le saurais bien; et j'aurais vite fait d'écrire à sa mère qu'elle vienne le chercher.

Elle paraissait vraiment en colère. Son visage rond à peine ridé s'était durci. L'oncle ne répliqua pas. Julien but un verre d'eau rougie et se leva.

Déjà sorti, l'oncle avait ouvert la grange. Diane entra, le fouet battant ses flancs mouchetés. Elle fit le tour de la pièce en reniflant partout. Alla de l'un à l'autre, vida en quatre coups de langue l'écuelle de lait, puis sortit en même temps que Julien.

Le soleil demeurait encore caché derrière la forêt, mais le jour était là. Sur l'eau verte du Doubs, un peu de brume coulait en longues traînées qui s'accrochaient aux touffes de joncs, ou s'arrêtaient, plus blanches et plus épaisses, au fond des criques bordées de buissons.

Julien traversa la cour et le chemin pour rejoindre son oncle qui regardait la rivière, debout sur la rive à côté du piquet où la barque était amarrée. L'air frais sentait l'eau et les feuilles mortes. Le garçon respirait à longues bouffées.

— Dans une heure, il fera chaud, dit l'oncle.

Un train de marchandises s'avançait lentement. Il passa le pont et s'éloigna vers Dole. La fumée noire demeura un moment à hauteur du parapet, puis se tordit, s'étala en descendant vers la rivière. Un moment, l'air sentit le charbon, mais le vent dispersa tout. Le train était déjà loin.

L'oncle avait allumé sa deuxième cigarette. Il fit un geste en direction de la barque et demanda :

— Ça ne te fait pas un peu envie?

Julien sursauta. Il eut un soupir pour dire à mi-voix :

— Comme ça.

— Au fond, tu n'as rien à regretter. On s'en est encore payé hier toute la journée; si tu avais continué l'école, tu serais déjà reparti à Lons depuis plusieurs jours. En ce moment, tu préparerais ton cartable et tu ne reviendrais pas ici avant l'année prochaine; alors que là, chaque semaine tu pourras venir, et en été, on ne sait pas, les journées sont longues, tu peux des fois avoir un moment sur le soir, après le travail.

Le garçon entendait à peine cette grosse voix qui bourdonnait à côté de lui. Il regardait l'eau couler et la brume s'effilocher sans rien voir vraiment.

Les années précédentes, à la fin des vacances, il lui était arrivé d'aller s'asseoir au bout de la barque, avec Diane qui posait sa tête sur ses genoux. Là, tout seul, il pleurait. Il pleurait aussi dans le train du retour; il pleurait à l'école même, en se cachant ou bien en disant qu'il avait mal à la tête.

Ce matin, il ne pleurait pas. Il restait là, immobile, le regard fixé sur cette eau et ces rives vertes où tout devenait flou, lointain, presque mouvant.

— Julien! Faut pas te mettre en retard, mon petit.

Il se retourna. Sa tante était sur le pas de la porte. Elle avait éteint la lampe de la cuisine et la grosse maison basse se détachait en sombre sur le ciel jaune. Julien sortit son vélo de la grange et embrassa l'oncle et la tante.

— Si on ne te voit pas d'ici là, je t'attends mardi matin, dit l'oncle. Evidemment, si tu pouvais venir coucher ici, le lundi soir, ça vaudrait mieux.

Julien traversa la cour et sa tante lui cria encore :

— Surtout, sois raisonnable, et n'oublie pas d'écrire à ta maman demain soir.

Il promit et partit dans le sentier. Il grimpa le raidillon jusqu'à la route de Falletans et s'engagea sur le pont. Au milieu, il ralentit et se redressa pour regarder vers la maison. Tout petits sous le grand tilleul, l'oncle et la tante lui disaient au revoir de la main. La chienne était assise devant eux.

2

Arrivé devant le magasin, Julien cala sa bicyclette contre la bordure du trottoir. Sur la vitre, au-dessus du bec de cane, le nom du propriétaire : « Ernest Petiot », était peint en longues lettres inclinées, beiges et rouges, comme une grande signature trop soignée. En dessous, en caractères plus discrets : « Pâtissier-Confiseur. Téléphone 128. » Les boiseries de la devanture étaient également beiges avec des filets rouges. Il n'y avait personne dans le magasin. Toute la vitrine de gauche, au fond tendu de velours vert, était occupée par des boîtes de bonbons et de chocolats. Au centre, imprimé sur bristol : « Roseaux du Doubs, spécialité de la maison. » Dans la vitrine de droite, beaucoup plus large et ouverte sur le magasin, il y avait seulement un grand plateau de croissants et un autre de petites brioches rondes et dorées.

Julien hésita un instant et regarda la rue en direction de la place Grévy. Une femme à tablier blanc et jupe sombre lavait le trottoir à grande eau devant un café. Plus loin, deux hommes parlaient. Dans la direction opposée, la rue semblait s'enfoncer en terre vers le centre de la ville, et se perdre entre les maisons plus rapprochées. Plusieurs fenêtres étaient encore éclairées. De la boulangerie voisine, un garçon sortit, portant une hotte pleine de grands pains. Il se tenait un peu courbé en avant, les bras ballants. Julien le suivit des yeux en murmurant :

— Quand il arrivera au bout de la rue j'entrerai.

Mais le mitron venait déjà de disparaître dans la première ruelle.

Julien ne bouge pas. Quelque chose l'empêche de remuer. Il fixe un homme qui décroche les volets d'une devanture, là-bas, où la rue est encore dans la pénombre. L'homme est entré dans un couloir, il va ressortir, Julien l'attend, mais une forme claire qui se déplace tout près de lui, de l'autre côté de la vitrine, l'oblige à tourner la tête. Une femme pose sur le marbre blanc, à côté des brioches, un plateau chargé de petits pains au lait. C'est Mme Petiot. Elle n'a certainement pas remarqué Julien. Penchée en avant, ses cheveux frôlant le premier rayon de verre, elle arrange les petits pains. Ses mains sont longues et souples. Elles vont d'un bord à l'autre du plateau comme pour caresser les dents brunes que les petits pains ont sur le dos. A l'un de ses doitgs, une grosse bague luit par instant. Les mains ralentissent leur mouvement. Elles vont s'arrêter; déjà Mme Petiot élève un peu la tête.

Julien avale sa salive. Quelque chose se noue dans sa poitrine. Il fait un pas, pose la main sur la poignée de corne noire et appuie lentement. La porte cède d'un coup et la sonnette tinte.

Mme Petiot s'est redressée et son visage s'éclaire d'un grand sourire. Ses belles mains pâles s'ouvrent, s'élèvent et viennent au-devant de Julien.

— Ah voilà notre petit Julien! Mais je crois bien que vous avez encore grandi depuis un mois, mon enfant!

Elle rit. Elle a un visage allongé, souple de lignes, mais mince pourtant et pâle comme ses mains, avec deux taches rouges bien rondes placées au-dessus des pommettes, presque à hauteur des tempes. Elle a pris Julien par le bras et l'entraîne vers le fond du magasin. Ils traversent le salon de thé où les tables en glace luisent dans la pénombre des cloisons en verre martelé.

— Venez, mon petit Julien. Venez, mon enfant, M. Petiot va s'occuper de vous tout de suite. Venez, venez...

A chaque pas qu'elle fait, sa poitrine un peu lourde danse sous sa blouse blanche très échancrée sur un corsage à fleurs roses.

Ils sont à présent dans la grande salle à manger où Julien est déjà venu avec sa mère il y a un mois.

La femme fait asseoir Julien au bout de la longue table ovale, recouverte d'une toile cirée à carreaux blancs et rouges et qui occupe tout le milieu de la pièce; puis elle va ouvrir la porte vitrée qui donne sur la cour. Du seuil, elle appelle :

— Ernest!... Ernest! Veux-tu venir, le petit est arrivé.

Julien entend une voix lointaine qui répond. La

femme pousse la porte qui vibre, et revient près de lui.

— Je dis : le petit, explique-t-elle, c'est par habitude. Mais vous êtes presque aussi grand que moi. C'est très bien. Et vous êtes fort, aussi. Vous avez l'air d'être fort. Oh, mais oui que vous devez être fort!... Seulement ici, tous les apprentis sont nos petits, vous comprenez.

Elle lui parle un peu comme à un bébé. Tout ce qu'elle dit, elle l'a déjà expliqué il y a un mois quand Julien est venu « se présenter ». Ce jour-là, il s'était assis là-bas, devant la porte, sa mère était à côté de lui, M. Petiot en face et Mme Petiot était debout. Chaque fois que la sonnette du magasin tintait, elle écartait un peu le rideau pour voir ce qui se passait, puis elle revenait en parlant.

— Vous comprenez, disait-elle, mon mari et moi nous n'avons pas d'enfants, nous ne pourrons jamais en avoir. C'est terrible, vous savez (sa voix tremblait un peu). C'est terrible! Alors, les apprentis sont un peu nos enfants, ils le sont même beaucoup. Ils le sont souvent trop. Quand ils nous quittent, c'est un drame... Pensez donc, en deux ans, on a le temps de les aimer. Et puis ils s'en vont. Il y en a bien quelques-uns qui reviennent nous voir, mais la plupart nous oublient vite... Les jeunes, ça fait sa vie, et ça oublie vite... Seulement, pour nous, c'est dur de ne plus les revoir. Vraiment vous savez, c'est très dur.

Julien se souvient que la voix de Mme Petiot tremblait quand elle disait cela. Et à présent, il est seul avec elle. Il la regarde. Elle est debout contre la table. Elle essuie un à un des plateaux de métal qu'elle aligne ensuite sur la toile cirée.

Elle s'arrête de parler, gratte quelque chose sur un des plateaux et regarde Julien en souriant. Et puis son visage devient soudain grave, ses yeux s'agrandissent et les deux taches de rouge s'allongent un peu vers le bas. Elle pose son torchon.

— Mon Dieu, dit-elle, j'y pense d'un coup, mais vous n'avez peut-être pas déjeuné, Julien?

— Mais si, madame.

— Et vous n'avez vraiment pas faim?

— Non, madame, merci bien.

Les taches de rouge remontent vers les tempes, le sourire revient et Mme Petiot reprend son torchon.

Julien continue de la regarder. Il regarde surtout ses mains. Il voudrait se lever, aller vers elle et lui dire : « Madame Petiot, donnez-moi ce torchon, vous ne pouvez pas faire ce travail avec des mains pareilles. »

Le sourire de Mme Petiot est toujours là, mais il semble un peu triste. Julien se souvient des recommandations de sa mère : « Ces gens-là ont l'air brave. Ça doit être terrible pour eux, cette ingratitude des apprentis qui s'en vont et ne donnent jamais signe de vie. Il faudra être gentil avec eux. »

Julien voudrait s'approcher d'elle et lui dire : « Madame, moi je ne vous oublierai pas, une fois mes deux ans terminés. Je vous promets de revenir souvent. Je vous le promets. »

Pourtant il ne bouge pas. Malgré le carillon et le va-et-vient luisant de son balancier, le temps s'est arrêté dans cette pièce. Il fait bon et tiède. Deux ans, c'est vite passé deux ans. Est-ce qu'on ne peut pas rester plus longtemps?

La porte de la cour s'ouvrit brusquement et

un garçon petit et maigre avança la tête sans entrer.

Regardant Julien, il demanda :

— C'est à toi, le clou qu'est là-bas devant?

— Oui.

— T'as intérêt à l'enlever en vitesse, Maurice va laver le trottoir.

Julien se leva, mais la femme l'arrêta d'un geste en disant :

— Laissez, mon petit, laissez.

Puis, se tournant vers le garçon, elle fronça les sourcils et lança :

— Voyons, Denis, rentrez vous-même cette bicyclette dans la cour, ou bien alors, si ça risque de vous fatiguer, dites à Maurice de le faire.

Le garçon claqua la porte. Le visage de Mme Petiot se détendit pour un demi-sourire.

— Denis s'en va cet après-midi, c'est lui que vous allez remplacer.

Elle marqua un temps. Son front se plissa légèrement sous ses cheveux noirs et luisants. Sa poitrine se souleva sur un gros soupir.

— Celui-là, reprit-elle, nous ne sommes pas fâchés de le voir partir. C'est un vrai petit voyou. Nous l'avons gardé jusqu'à la fin de son apprentissage, mais ça n'a pas été sans mal. C'est à cause de sa mère, surtout, que nous avons eu tant de patience. C'est une pauvre veuve qui s'en est beaucoup donné pour élever quatre garçons dont le meilleur ne vaut pas la corde pour le pendre. Pauvre femme!

Elle se tut, ouvrit une bouche toute ronde en avançant ses lèvres et souffla un peu de buée sur un plateau. Puis, se remettant à frotter, elle ajouta :

— En tout cas, nous, c'est la première fois que nous tombons aussi mal.

Dans la cour, il y eut un bruit d'eau coulant dans des seaux, puis quelqu'un chaussé de galoches passa devant la porte et dans le couloir.

— Hier au soir, dit Mme Petiot, un camionneur a apporté votre malle... Je lui ai offert un verre de vin. La malle est dans votre chambre.

Un autre pas en galoches traversa la cour, et la porte s'ouvrit. M. Petiot entra. Julien se leva.

— Bonjour, monsieur, dit-il.

— Bonjour, mon garçon. Voilà un gaillard. C'est du beau Jurassien costaud, ça!

M. Petiot riait en tapant sur l'épaule de Julien.

— Il est très grand pour son âge, dit la femme.

M. Petiot empoigna le bras de Julien et le palpa.

— Il va forcir, dit-il. Le travail lui fera du bien.

M. Petiot était un peu moins grand que Julien. Il était maigre, mais un petit ventre bien rond soulevait le bas de sa veste blanche et faisait paraître sa poitrine encore plus creuse. Sa face plate, au nez épaté, remuait sans cesse. Son rire découvrait deux dents en or. Son crâne chauve luisait, barré seulement, de gauche à droite, par deux mèches de cheveux jaunâtres.

— Alors, comment vont les Lédoniens? demanda-t-il.

— Je ne viens pas de Lons, expliqua Julien, j'étais chez ma tante, au Pont-de-Falletans, depuis quelques jours.

— Ah, oui, ah, oui, chez M. Dantin. C'est un sacré pêcheur. Moi aussi j'en connais un bout en la matière, mais alors lui! Oh ça alors, c'est un fameux pêcheur!

Il riait en hochant la tête. Il frappa encore sur l'épaule de Julien puis, le poussant vers la porte de la cour, il sortit en criant :

— Maurice! Maurice!

Une tête coiffée d'une petite toque blanche parut à une porte basse tout au fond de la cour.

— Il lave le trottoir, monsieur.

— Ah, c'est vrai. Eh bien, tu vas te débrouiller tout seul, dit M. Petiot en se tournant vers Julien. Tu montes, tu entres là en haut, cette grande porte marron, c'est votre chambre. Tu trouveras ta malle; tu n'as qu'à te changer et tu descendras au laboratoire.

Julien monta l'escalier de pierre. Devant la porte, il s'arrêta et se retourna; en bas, l'homme le regardait en souriant, les deux mains posées sur son petit ventre rond.

— C'est là, dit-il, entre et débrouille-toi.

3

La chambre assez grande était à peu près carrée et basse de plafond. Les murs passés au badigeon étaient propres mais bosselés. Il y avait un meuble en bois blanc à trois portes, et trois lits de fer dont les couvertures étaient rejetées. Sur les traversins, la trace plus grise des têtes était visible. Par une petite fenêtre, le soleil entrait en plein et le plancher très clair renvoyait la lumière partout.

Julien s'approcha de cette fenêtre. Elle donnait sur un toit de zinc à peine incliné qui séparait deux cours intérieures. En se penchant, il aperçut, par-dessus les maisons situées en contrebas, la cime rousse des grands arbres du cours Saint-Maurice.

En dessous, un moteur se mit en marche et le plancher vibra. Julien revint à côté de la porte où sa malle était posée. Il chercha dans son porte-monnaie la clef du cadenas, l'ouvrit et sortit un pantalon bleu à petits carreaux blancs, une veste et une toque blanches.

Il y eut un bruit rapide de galoches dans l'escalier, la porte s'ouvrit et un grand garçon brun entra. Il était nu-pieds et vêtu d'un pantalon et d'une veste bleus de pâtissier. Il avait un visage rond, des yeux et des cheveux très noirs et portait sa toque sur le côté gauche. Il s'approcha en souriant, la main tendue.

— Je m'appelle Maurice Laurent, dit-il.

— Et moi Julien Dubois.

— Je sais, tu es de Lons-le-Saunier. Le patron nous a expliqué. Moi, je suis de Besançon. Mes parents ont une pâtisserie là-bas.

Maurice avait ses manches de veste roulées au-dessus des coudes et ses mains étaient rouges jusqu'au milieu des poignets. Elles étaient glacées.

— T'as froid aux mains, dit Julien.

— Je viens de laver le trottoir et j'ai passé la serpillière à l'entrée du magasin. L'eau n'est pas chaude... J'en ai plus pour longtemps à faire ce boulot-là.

Il s'était mis à rire.

— Pourquoi tu te marres? demanda Julien.

— Parce que, à partir de demain, c'est toi qui vas te taper ça. Tu verras, c'est vite fait quand on a pris le coup.

Julien riait aussi. Il avait enfilé son pantalon et empoigna sa veste. Maurice l'arrêta.

— Tu rigoles, pas une veste blanche pour le labo. Les blanches, c'est pour faire les courses. Mets-en une bleue et laisse le reste ici pour le moment. A midi, Denis va débarrasser ses affaires, tu pourras prendre son placard et vider ton cercueil.

— Quoi?

En riant, Maurice montra la malle de bois brun, longue et étroite.

— Oui, ton machin, là! Quand c'est arrivé, hier au soir, le second a dit au patron : « Monsieur, on n'a pas encore le nouvel arpète, mais on nous a déjà livré son cercueil. » Alors tout le monde a rigolé. Au fond, c'est vrai, ça a tout du cercueil ton truc... Tu verras, c'est un marrant le second. Il s'appelle Victor Bressaut. C'est un bon type. Il est de Travaux, tu connais? C'est un petit bled tout près d'ici. Mais il a travaillé deux ans à Paris. Tu verras, on s'emmerde pas avec lui. Le chef aussi c'est un bon gars. Seulement des fois, ça lui arrive de gueuler. C'est normal. Mais question boulot, il est un peu fort, tiens! Mon père le connaît, c'est surtout à cause de lui qu'il m'a mis là... Enfile pas tes galoches ici, tu les mettras dehors, faut pas salir.

— Mais elles sont propres, elles sont toutes neuves.

— Ça fait rien, faut prendre l'habitude, c'est nous qu'on récure, chacun sa semaine, alors, faut salir le moins possible.

Ils se chaussèrent sur le paillasson, et Maurice dégringola l'escalier quatre à quatre. En bas il se retourna. Julien descendait plus lentement, sans lâcher la rampe de fer.

— Qu'est-ce que tu as? demanda Maurice.

— Rien.

— On dirait que t'as mal aux pieds.

— J'ai pas l'habitude de marcher avec des galoches.

L'autre sourit, puis fit la moue en hochant la tête et dit simplement :

— Ben, mon vieux!

Le patron ouvrit la porte de la salle à manger.

— Ah! le voilà en patissier, dit-il.

Mme Petiot s'avança également. Elle joignit les mains à hauteur de ses seins et s'extasia :

— Comme il est beau! Ils sont presque de la même taille tous les deux. Maurice est plus fort, bien sûr, mais il a un an de plus. C'est la première fois que nous avons en même temps deux si beaux garçons. Un brun aux yeux noirs et un blond aux yeux bleus.

— Tout ce qu'on peut souhaiter, c'est que Julien ne soit pas aussi bavard que Maurice, lança le patron. Allons, fais-lui visiter la maison, et tâche de ne pas le saouler avec tes boniments.

Le patron et sa femme rentrèrent. Maurice haussa les épaules en grognant.

— Elle est con, cette femme, elle te parle toujours comme si t'avais quatre ans!

— Elle a l'air gentille, pourtant.

Maurice fit un geste de la main comme pour dire : « Attends, on en reparlera », puis il entraîna Julien vers le fond de la cour. Là, sous un avant-toit vitré, il y avait un grand meuble verni.

— C'est la turbine pour faire les glaces et les chocolats glacés. Ici, c'est le frigo.

Maurice ouvrit une porte et poussa Julien dans une cabine minuscule où il entra derrière lui, le bousculant un peu pour tirer la porte. Le plafond et les murs étaient en carrelage blanc, et la moitié de la cabine occupée par des rayons à claire-voie où s'alignaient des terrines et des boîtes de conserves. Maurice prit une terrine contenant une crème jaune et la tendit à Julien.

— Tiens, goûte, c'est de la crème cuite.

Julien hésita.

— Comme ça, faut pas avoir peur, dit Maurice en trempant son index dans la crème.

Julien l'imita. La crème était froide mais bonne. Ils goûtèrent encore une crème au beurre parfumée au café et une autre au kirsch.

— Tu vois, expliqua Maurice, si on ferme la porte complètement, la lumière s'éteint. De l'intérieur, ça ne s'ouvre pas et tu peux gueuler, on t'entend pas. Aussi, quand tu vois cette porte entrouverte, faut jamais la fermer sans avoir regardé s'il n'y a pas un mec là-dedans. Un jour, Denis a enfermé le patron. Il y est resté trois quarts d'heure. On le croyait au bistrot. Il aurait pu en crever. Quand il est sorti, on a cru qu'il allait tuer Denis, c'est le chef qui l'a retenu pendant que Denis se tirait.

Il s'arrêta, regarda Julien et demanda :

— Tu sens le froid?

— Oui, un peu.

— Au bout d'un moment, c'est plus tenable.

Il poussa la porte, regarda dans la cour, puis, avant de sortir, il se retourna et ajouta à voix basse :

— Tu la boucleras, mais Denis, moi je crois qu'il l'avait fait exprès d'enfermer le patron. La veille, il avait pris une de ces raclées!

Ils continuèrent la visite par la cave. Plongeant la main dans un tonneau, Maurice tendit à Julien une poignée d'olives vertes.

— Tiens, bouffe!

— Pas après la crème.

— Bah, qu'est-ce que ça fout, tu t'habitueras.

Ils passèrent très vite devant le pétrin, le tour

en marbre tout poudré de farine et les grands bacs en ciment pleins d'une eau laiteuse.

— Les œufs de conserve, dit seulement Maurice. Et maintenant, viens voir le plus chouette.

Il entraîna Julien sous un soupirail.

— Regarde.

Julien leva la tête. Il n'y avait qu'un rectangle de ciel pâle où flottaient deux toiles d'araignées retenant quelques papiers de bonbons.

— C'est la rue?

— Oui, c'est la rue. Et c'est juste devant la vitrine où on met la confiserie. A cette heure-ci, il n'y a personne, mais quand des bonnes femmes s'arrêtent pour regarder, si tu te trouves là, tu parles d'un jeton que tu peux prendre. Pour Noël et pour Pâques, le chef fait toujours des pièces d'étalage en chocolat, toute la journée ça se bouscule pour voir. Dès qu'on a une minute on y vient, ce qu'on peut se marrer!

— Et M. Petiot ne dit rien?

— Tu parles qu'il se gêne pour regarder, tiens! Evidemment, quand tu veux y venir, vaut mieux qu'il ne te voie pas, sinon tu remontes avec son pied au cul et c'est lui qui va se rincer l'œil à ta place...

— Alors, vous y couchez là en bas?

M. Petiot appelait, penché au-dessus de l'escalier, une main sur le trappon de fer.

— Non, m'sieur, cria Maurice, jè lui fais voir pour les œufs.

— Oui, eh bien tu lui expliqueras ça plus tard, remontez, faut aller à la viande!

— Tous les vendredi matin, faut aller chercher la bidoche pour les pâtés. Tu verras, ça fait une jolie balade. Tu vas prendre ton vélo pour aller.

Moi je prendrai celui de la boîte pour te montrer comment on s'en sert.

— Pourquoi? C'est un vélo, quoi!

— Tu vas voir.

Ils remontèrent dans la chambre pour passer leur veste blanche. Maurice changea aussi de pantalon et de toque.

— Tu te changes complètement? demanda Julien.

— C'est obligatoire. Chaque fois que tu sors tu dois te changer.

— Et on sort souvent?

— Ça dépend. Certains jours plus de vingt fois.

— Et il faut se changer vingt fois?

— Ben oui, quoi! C'est rien, faut même pas une minute quand tu as pris le coup. Et avec les pantalons, tu fais un roulement. Quand ils ont fait une semaine de courses, tu les prends une semaine pour le labo. Comme ça tu les fais jamais laver pour rien. Faut que la blanquette en ait pour son argent.

— La blanquette?

— Oui, quoi, la vieille qui lave le linge! Tu verras, je te mènerai, elle est brave, elle sait qu'on ne gagne pas lourd, les arpètes, alors elle nous fait des prix.

Ils avaient également quitté leurs galoches et chaussé des espadrilles à semelle de corde.

— On se salit beaucoup? demanda Julien.

— Pas mal, oui, surtout celui qui fait la plonge.

— Qui c'est?

— Ce sera toi, en principe, mais quand il y a trop de courses, on te donne un coup de main.

Ils sortirent et, dans l'escalier, Maurice ajouta :

— Au labo, on met des tabliers. Les arpètes on a des bleus, et le second et le chef des blancs. Le patron, il travaille en veste, lui. Comme ça, quand il veut sortir, il est toujours prêt.

Maurice décrocha le vélo pendu par la roue de devant à la potence de l'avant-toit, à côté de la glacière; puis, s'approchant de Julien, il lui souffla à l'oreille :

— C'est vrai que pour ce qu'il fait, il risque guère de se salir, le patron.

La bicyclette de la maison avait un guidon très relevé, de gros pneus ballons, et un grand porte-bagages sur la roue de devant avec une plaque portant la même inscription que la vitrine du magasin.

— C'est un vrai engin d'acrobatie, expliqua Maurice en posant une corbeille sur le porte-bagages. Tu vas voir ce qu'on peut faire avec un frein sur moyeu.

Il l'enfourcha et partit rapidement dans la rue où circulaient à présent quelques voitures, des cyclistes et de nombreux piétons. Fonçant vers le centre de la ville, il arriva bientôt à l'endroit où la rue Besançon descend, resserrée entre les vieilles maisons. Les trottoirs très étroits obligeaient les piétons à marcher sur la chaussée. Maurice filait droit sur eux et, à un mètre de leur dos, donnait un brusque coup de pédale en arrière. Sa roue se bloquait, le pneu couinait sur les pavés, les piétons faisaient un saut de côté et Maurice repartait. Julien s'efforçait de le suivre, les mains un peu crispées sur son guidon, la sueur au front.

Place de l'Ancienne-Poste, Maurice ralentit. Une main au guidon, l'autre dans sa poche de pantalon, il avait une cuisse posée sur le cadre du vélo et tout le buste penché en arrière. Il semblait assis dans le vide, à côté de sa machine. Souriant, il attendit que Julien l'eût rejoint.

— Alors, demanda-t-il, qu'est-ce que tu en penses?

Julien hocha la tête. Ils se laissèrent glisser jusqu'au milieu de la Grand-Rue et s'arrêtèrent devant la boucherie.

— Tu vois, expliqua Maurice, ce que je viens de faire là, faudra que tu le fasses vingt fois, le dimanche matin, avec une corbeille sur la tête et dix fois plus de monde dans la rue.

— Une corbeille sur la tête?

— Bien sûr, et pleine encore. Et des fois, des pièces montées pour quarante personnes. Ça c'est du cirque!

Ils entrèrent. Maurice présenta « le nouveau » à la bouchère en annonçant que lui-même « passait au labo ». En sortant, il mit le paquet de viande dans la corbeille.

— Allez, dit-il, on change.

Il enfourcha la bicyclette de Julien et attendit, un pied sur le trottoir, les deux mains sur les hanches. Comme il fallait remonter la Grande-Rue, Julien partit debout sur les pédales, mais la pente était raide et, pour se reprendre, il voulut donner un demi-tour de pédale en arrière. Le frein joua, bloquant la roue. Déséquilibré, Julien tenta de repartir mais déjà le vélo se couchait. Lâchant le guidon, il s'étala au milieu de la rue.

Cassé en deux, Maurice riait aux éclats. La bouchère était sortie sur le pas de sa porte en compagnie d'une cliente.

— Pas de mal? cria-t-elle.

Julien fit non de la tête, releva le vélo et regarda Maurice.

— Tu peux rigoler, va!
— Je vais pas chialer, non?
— S'il y avait eu un entremets dans la corbeille, cria la bouchère, j'en connais une qui vous aurait fait une jolie musique. Mais la viande, ça ne craint rien!
— Allez, dit Maurice, vas-y.
— Non, j'aime mieux reprendre le mien.
— Tu déconnes, non? Faut t'habituer. C'est pas avec un engin comme le tien que tu pourras faire les courses.
— J'essaierai un autre jour.
— Non, non, faut remettre ça tout de suite, pendant que c'est chaud.
Et comme Julien s'approchait, d'un coup de rein Maurice se lança en avant et démarra en criant
— Allez, arrive, je t'attends pas!
D'autres commerçants étaient sortis sur le pas de leur porte. Ils riaient et commençaient à lancer des plaisanteries. D'une fenêtre un homme cria :
— C'est pas une veste blanche, que t'aurais dû mettre, c'est un maillot jaune!
Julien sentit les larmes perler au bord de ses yeux. Tout était flou soudain. Les maisons se gondolaient comme des constructions en papier mouillé. Une camionnette arriva en klaxonnant. Julien empoigna le vélo et le porta jusqu'au bord du trottoir. Tout se serrait dans sa poitrine. Une grande colère le remuait. Les voix passaient autour de lui. Il ne comprenait plus ce que les gens disaient. Simplement il aurait voulu être fort, terriblement fort et les corriger tous.
Il eut envie un instant d'abandonner la bicy-

clette et de s'enfuir par la ruelle qui grimpe vers la place aux Fleurs, mais il baissa la tête et se mit à courir en poussant à côté de lui le vélo où la corbeille d'osier claquait sur le porte-bagages. Il fit quelques foulées, avec juste ce bruit de tambour qui sonnait en lui. Il avait l'impression de courir sur place. Une main se posa sur son épaule. Maurice était revenu. Sans mettre pied à terre il souffla.

— Allez, monte, je te pousserai. Si on change de vélo à présent, tu passeras pour un con.

Il l'aida à démarrer, puis, avant de le lâcher, il ajouta :

— T'es pas le premier à te casser la gueule avec cet engin. Mais tu verras, quand on le connaît bien, on se paye des drôles de parties, tiens!

4

Ils allèrent encore très loin, du côté de l'avenue de Paris, chercher de la viande et des cervelles de porc pour les vol-au-vent. Lorsqu'ils revinrent vers la ville, Julien savait déjà faire chanter son pneu sur le pavé pour avertir de son approche. Le soleil était haut dans le ciel, il faisait bon rouler en écoutant Maurice qui racontait les tours que Denis avait joués au patron.

Lorsqu'ils étaient sortis, Julien n'avait pas remarqué la longueur du couloir étroit et sombre, qui donnait accès à la cour en longeant le magasin, puis la salle à manger. Peut-être à cause du soleil, il eut, au retour, l'impression de s'engager dans un tunnel. L'air y était frais et une odeur indéfinissable semblait monter des dalles humides.

— Qu'est-ce que ça sent? demanda-t-il.

Maurice s'arrêta. Renifla plusieurs fois et dit :

— Sais pas. Tu sens quelque chose, toi?

— Oui, une drôle d'odeur.

Maurice respira encore à petits coups et constata :

— Ben quoi, c'est l'odeur qu'il y a toujours ici.

— Et qu'est-ce que c'est?

— Je sais pas. Ça vient sûrement du cagibi à fondant.

Au fond du couloir il posa son vélo contre le mur et ouvrit une porte basse qui donnait sous l'escalier. Il poussa Julien en avant.

— Tiens, sens, dit-il.

Julien faillit suffoquer. Il sortait de ce réduit obscur une odeur de moisi et d'œuf pourri. Très naturellement, Maurice remarqua :

— Tu vois, c'est bien ça.

Et il referma la porte.

— Tu parles si ça pue!

— C'est forcé, le tuyau de descente des toits arrive juste là-dedans et il va dans l'égout, c'est par là que l'odeur remonte, et comme le tuyau est crevé, ça pue, c'est forcé.

Maurice montra ensuite à Julien comment il devait s'y prendre pour lancer le vélo en avant, tirer d'une main sur le guidon en poussant de l'autre sur la selle pour élever la roue de devant à hauteur du crochet fixé sous l'auvent. Julien essaya et, sans élan, dans un grand effort de tout son corps cambré, il réussit du premier coup.

— T'as l'air costaud, remarqua Maurice, tu fais du sport?

— Oui, de la gymnastique et de l'athlétisme.

— Nous autres, on fait de la boxe, je t'emmènerai, tu verras, c'est rudement marrant, qu'est-ce qu'on se met!

— Alors! cria le patron. Tu vas peut-être te décider à nous l'amener, oui!

Par la porte entrouverte, Julien aperçut des visages et des toques blanches qui se penchaient pour le voir. Ils retournèrent se changer puis descendirent au laboratoire.

— Eh bien, lança le patron, c'est pas trop tôt.

Maurice avait poussé Julien devant lui.

— M'sieur, fallait bien que je lui explique tout, commença Maurice...

— Toi, la plonge! fit le patron.

Maurice disparut dans le fond de la pièce et M. Petiot s'approcha d'un homme d'une trentaine d'années, grand et large d'épaules, qui décorait des gâteaux avec un petit cornet en papier sur lequel il appuyait pour en faire sortir un filet de chocolat liquide. L'homme cessa son travail, posa son cornet et s'essuya les mains à son tablier blanc déjà taché de jaune d'œuf et de chocolat.

— Voilà notre chef, dit M. Petiot.

— Bonjour, monsieur, fit Julien en enlevant sa toque.

Le patron et le chef se mirent à rire.

— On dit : chef, et on n'enlève pas sa toque. Une toque, c'est comme un calot de troufion, ça ne se quitte pas pour saluer. Il n'y a que chez les clients qu'il faut l'enlever.

Le chef avait une poignée de main solide, presque dure. Il se remit au travail. Le patron désigna un garçon plus petit, au visage mince et mobile avec de grands yeux bruns qui souriaient.

— Victor Bressaut, c'est le second.

— Salut, petit gars.

Julien serra la main que le second lui tendait. Une main gluante et tiède. Julien ne broncha pas. Le regard du second fouillait au fond de lui. Le patron n'avait rien remarqué.

— Bon, vous vous occupez de lui, dit-il, moi j'ai à faire.

Il ouvrit la porte et, avant de sortir, il dit encore :

— Donnez-lui un tablier.

Dès que le pas de M. Petiot se fut éloigné dans la cour, le second ajouta comme pour terminer sa phrase :

— Et ce sera pas du luxe.

Le chef se retourna et regarda Julien qui restait immobile au milieu de la pièce, la main droite grande ouverte à l'écart du corps. Le chef sourit, haussa les épaules et lança au second :

— T'as déjà fait le con, toi!

— Ben quoi, chef, faut bien le baptiser, ce gars. Il est verni, dites donc, meringue à l'italienne premier choix.

Maurice sortit de son coin en riant.

— Il a déjà pris le baptême du vélo, devant chez la mère Jumot, la bouchère.

Le second pouffa.

— Bien, très bien. Les jeunes faut les mettre au courant d'entrée, sinon, ils n'arrivent jamais à se former. Moi, quand j'étais arpète...

— Ça va, trancha le chef. Tu nous l'as dit cent fois!

— Mais pas à lui, quand j'étais arpète...

Le chef se retourna d'un bloc et fonça sur le second qui regagna sa place, les deux mains à plat sur les fesses, le corps cambré en avant comme s'il se fût senti soulevé de terre par une poigne invisible. Maurice riait.

— T'inquiète pas, dit-il. Ici, c'est comme ça. Une vraie maison de dingues!

Le chef avait repris son cornet. Le second lui

jeta un coup d'œil rapide et acheva très vite sa phrase interrompue :

— ... le premier jour on m'a passé les baloches au cirage.

Sans interrompre sa besogne, toujours calme le chef ordonna :

— Victor, laisse ta meringue une minute, donne un tablier à Julien, et montre-lui pour passer les amandes.

Le second alla jusqu'à la porte où pendaient plusieurs tabliers bleus et blancs. Avec une mimique vraiment amusante il fit comme s'il prenait de loin les mensurations de Julien pour les reporter sur les tabliers. De temps à autre il avait en direction du chef un regard qui semblait dire : « S'il me voit, il m'étrangle. » Le chef qui lui tournait le dos restait penché sur la table de marbre où s'alignaient ses gâteaux. Cependant, au bout de quelques minutes, toujours sans regarder ni élever la voix il dit :

— Victor, arrête ton cirque. C'est vendredi, j'ai pas envie d'être là encore à la nuit.

Le second décrocha un tablier bleu à peu près propre et le lança à Julien en disant :

— Tiens, accroche-toi ça devant le gésier, et amène un peu ta viande ici.

Julien s'avança, la main droite toujours ouverte et immobile.

— Ben quoi, va te la tremper dans la plonge, près de Maurice, et essuie-toi dans ton tablier.

Julien se dirigea vers le fond du laboratoire. La plonge était un grand bac en zinc à peu près cubique, placé dans un réduit bas et étroit, fermé d'un côté par le mur où étaient accrochées d'innombrables casseroles de toutes formes et de toutes tailles, et, de l'autre côté, par le briquetage où s'ouvraient le foyer du four et ses bouches de ramonage. Tout au fond, se trouvait le coffre à coke. Une ampoule nue, qui pendait du plafond noir juste au-dessus du bac, éclairait l'eau. Julien s'avança et Maurice s'effaça pour lui céder la place.

— Vas-y, lave-toi, l'eau est chaude.

Julien hésita. Le liquide qui fumait dans ce bac ressemblait à un mélange de café au lait, de soupe aux légumes et de sauce au vin rouge. Des casseroles trempaient là; trois spatules en bois tournaient lentement à la surface comme des épaves crasseuses. La buée était irrespirable, tiède, fade, grasse, indéfinissable.

— Vas-y, quoi! répéta Maurice.

Retenant un instant sa respiration, les yeux mi-clos, Julien plongea sa main droite et l'agita dans l'eau d'où il la retira très vite pour l'essuyer à son tablier. Maurice le regardait étonné.

— Ben, mon vieux, dit-il, si tu crains le chaud à ce point-là, on a du souci à se faire.

Julien sourit.

— Non, dit-il, je ne crains pas...

Il s'arrêta.

— A voir ta gueule, on aurait dit que la flotte t'avait mordu, dit Maurice.

Julien rejoignit le second qui avait ouvert deux portes de fer placées dessous la bouche du four.

— Ça, c'est l'étuve, expliqua-t-il. Tu vois, tu prends les plaques et tu vides les amandes sur le tour... Le tour, c'est cette table en marbre.

— Je sais, dit Julien, mon père a été boulanger.

— Merde alors, fit le second, j'aurais dû lui filer un tablier blanc, il sait déjà tout... Bon, une fois les amandes hachées sur le marbre, tu les passes au tamis. Ce qui est fin, tu le colles dans cette boîte, ce qui est gros dans celle-là. T'as compris?

— Oui.

— Alors, vas-y. Tu en sais autant que nous à présent.

Il retourna vers l'autre marbre où il reprit son travail.

Tout en tamisant les amandes, Julien examina le laboratoire. Situé en dessous de la chambre, il semblait être un peu plus grand, mais le four à deux étages en occupait une bonne partie. Fermant à demi le recoin où se trouvait la plonge, un grand fourneau maçonné ronflait. Au-dessus du foyer, les cercles étaient rouges. Comme dans la chambre, la fenêtre se trouvait face à la porte. Elle était entrouverte et un filet d'air frais coulait dans l'atmosphère épaisse de chaleur et d'odeurs mêlées. Le chef travaillait sur l'extrémité du tour la plus proche de la fenêtre; Julien se trouvait plus près de la porte. Entre lui et le four, il y avait encore une petite table recouverte de zinc sur laquelle s'empilaient de grandes plaques de tôle noire. Le plafond assez bas était aussi noir que les portes du four. Aux quatre grosses poutres qui le traversaient, pendaient des bassines de cuivre, les unes luisantes, les autres noires.

— Tu regardes les bassines, dit le chef, si le cœur t'en dit?

Tous se mirent à rire. Julien ne comprit pas, mais il n'osa rien demander. Le chef s'approcha de lui.

— Faut faire plus vite que ça, dit-il.

Prenant le tamis, il se mit à le secouer à gestes vifs et bien liés.

— Regarde, expliqua-t-il, faut faire travailler les poignets en souplesse. C'est un coup à prendre, mais faut le prendre tout de suite. Et puis, tu sais, dans le métier, il n'y a qu'un secret : la rapidité. Une fois que tu l'as découvert, tu peux tout faire.

Julien reprit le tamis.

— Allez, vas-y, n'aie pas peur. Là, c'est bon. Je crois que tu pigeras vite.

De temps à autre, le chef interrompait sa besogne pour aller jusqu'au four. Il ouvrait l'une des portes à glissières, et regardait à l'intérieur en déplaçant une lampe baladeuse qu'il éteignait ensuite et remettait dans une petite niche à droite des portes. Chaque fois qu'il ouvrait, une bonne odeur de biscuit emplissait toute la pièce.

Quand le chef défourna, Julien apprit à nettoyer les plaques encore chaudes à l'aide d'un large grattoir et d'un morceau de serpillière tout gluant de sucre cuit et luisant de graisse.

— Mets-toi bien ça dans le citron, répétait le chef : vite. Toujours le plus vite possible. C'est le secret du métier.

— Vite et bien, comme le chef, ajouta Maurice qui était toujours à la plonge.

Il avait à peine terminé sa phrase qu'une écuelle de fer, lancée à toute volée par le chef, claquait contre le bac et faisait gicler l'eau grasse jusqu'à la hauteur de la lampe. Mais Maurice avait fait un bond de côté en se protégeant la figure avec son coude.

— Manqué, chef, dit-il.

— Tu me feras une bassine pour 2 heures.

— Oh ben quoi, chef, j'ai rien dit de mal!

— Tu en veux deux?

Le chef n'avait pas crié. Julien se demanda un instant s'il plaisantait, mais son regard était dur. Maurice s'essuyait lentement les mains dans son tablier. Il éteignit l'ampoule de la plonge et revint vers les autres. Faisant la moue, il demanda d'un ton bougon :

— Alors, laquelle faudra vous faire, chef?

— Ça va pour cette fois, tu as de la chance qu'il y ait un nouveau.

— Merci, chef!

Le second intervint.

— Vous êtes trop bon, mon pauvre chef. Votre autorité part en brioche! (Il imita la voix du chef.) Je vais vous dire, moi, il n'y a qu'un secret dans le métier : le pied au cul. Le pied au cul, tout est là. Quand on a compris ça, le reste vient tout seul.

Le chef riait avec les autres.

— Tu vois, dit-il à Julien. Avec cet oiseau-là, on ne peut jamais être sérieux. Jamais!

5

Quand le patron revint au laboratoire, le chef avait déjà accroché derrière la porte son tablier et sa toque. Regardant le réveil tout couvert de farine suspendu sous un rayon au-dessus du tour, le patron leva les bras, puis posa ses mains sur son petit ventre en s'écriant :

— Bon Dieu, déjà midi. On n'a jamais le temps de rien faire... Maurice, fais-moi chauffer de l'eau pour les nouilles, je vais chercher des bifetèques.

Il partit en courant. Le chef sortit derrière lui mais, avant de fermer la porte, il se retourna pour lancer en souriant :

— Bon appétit, messieurs.

Le second eut une grimace dans sa direction et cria :

— Je voudrais que votre femme soit partie avec le facteur!

Le chef continuait de sourire. Il s'inclina en répétant :

— Bon appétit. Bonne sieste et... à bientôt!

Une fois la porte fermée, il y eut un moment de silence, avec juste le bruit des gouttes d'eau qui tombaient de la casserole que Maurice venait de poser sur le fourneau. Puis, hargneux, le second lança :

— J'en ai marre, moi. A présent, c'est tous les jours qu'il nous fait le coup. Plus ça va, plus on bouffe tard. S'il veut aller au bistrot, qu'il le dise. Je la ferai, moi, la cuisine.

Il tira une grande caisse montée sur roulettes qui se trouvait sous le marbre, en sortit un pain de végétaline dont il cassa un morceau, puis, soulevant la casserole, il jeta la graisse sur le coke rouge. Il y eut un chuintement rapide, suivi bientôt d'une explosion sourde qui déclencha un ronflement. Sous le foyer, des gouttes de graisse enflammée tombaient dans les cendres, où elles continuaient de brûler avec de petites flammes roses et bleues.

— Nom de Dieu, grogna le second, elle sera vite chaude la flotte!

Maurice s'était approché de Julien qui achevait de frotter les plaques.

— Viens, dit-il, on peut rien commencer ici à présent, on va descendre faire du bois, ça sera toujours ça d'avance.

Ils sortirent et s'engagèrent dans un mauvais escalier de pierre dont Julien n'avait pas remarqué le départ, juste à côté de la porte du laboratoire. Cet escalier, où l'eau suintait entre les dalles et contre les murs salpêtrés, descendait à la cour que l'on voyait de la fenêtre. Il y avait là, tout autour d'un espace cimenté d'environ trois mètres de côté, une série de portes en bois rafistolées à l'aide de fil de fer et de vieilles pancartes métalliques tournées dans tous les sens. Maurice désigna une porte.

— Nos chiottes, dit-il, mais si j'ai un conseil à te donner, profite toujours d'une course pour faire dans un w.-c. public, parce que là, t'en prends plus avec ton nez qu'avec une pelle.

Il se dirigea ensuite vers une porte plus grande, qu'il ouvrit et accrocha contre la cloison de planches.

— Ici, c'est le bois. Tu sais te servir d'une scie et d'une hache, oui?

— Oui, je sais.

Maurice se mit à scier de longues bûches qu'il lançait ensuite contre un gros tronc, debout près de l'entrée.

— Tu fends et tu jettes dans la cour, dit-il.

Julien prit la hache et se mit au travail.

— Tout à l'heure, expliqua Maurice, le second a gueulé parce qu'il aime bien qu'on mange à midi. Il a une petite qui travaille dans un bistrot, près de l'église, quand on a fini de manger, il va la voir; seulement, si on se met à table vers une heure et demie, il est blousé.

— Et le chef, il mange chez lui?

— Oui. Il est marié, lui. Il habite en bas, dans le quartier des Tanneurs.

Maurice s'arrêta de travailler, se pencha vers la porte pour jeter un coup d'œil dans la cour, puis demanda à mi-voix :

— Tu as une petite, toi?

Julien hésita. Se sentit rougir, et finit par dire :

— Pas ici, non.

— Il y en a de chouettes, tu verras... Tu as vu Colette, la vendeuse?

— Une petite avec des grands cheveux châtains?

— Oui.

— Je l'ai vue le jour où je suis venu me présenter.

— Elle a seize ans; moi je la trouve un peu plate. Et la bonne, tu l'as vue?

— Non.

— Elle devait être en train de faire la piaule des patrons, quand tu es arrivé. Tu la verras tout à l'heure, à table. Elle a dix-neuf ans. Drôlement bien foutue, tiens.

Maurice se tut un instant, parut réfléchir puis, posant un pied sur le chevalet, il ajouta :

— Elle est fiancée à un sous-off. Mais il est parti voilà plus de trois mois. Depuis, j'ai l'impression qu'elle ne tient plus en place. Ça doit être possible... Faudrait s'en occuper sérieusement.

Il ne regardait plus Julien. Il semblait parler pour lui seul. Il se remit à promener lentement sur l'écorce la lame dentelée qui sauta plusieurs fois avant d'entamer vraiment le bois. Julien l'entendit qui disait encore :

— Elle couche dans la réserve, au troisième étage. Mais le singe s'en occuperait que ça ne m'étonnerait pas.

Ils travaillèrent quelques minutes, puis le second les appela depuis la fenêtre du laboratoire. Au passage ils posèrent toques et tabliers et se lavèrent les mains au robinet de la cour. Maurice en profita pour mouiller ses cheveux noirs qu'il plaqua en arrière, tout ruisselants sur le col de sa veste. Clignant de l'œil, il murmura :

— Claudine, la bonne, elle est folle de Tino

Rossi, alors je me coiffe comme lui, on sait jamais?

Puis il regarda les cheveux blonds et courts de Julien en souriant.

— Toi, de ce côté-là, je crois que tu n'as aucune chance, dit-il.

6

Le couvert était mis sur la longue table ovale. Le patron était déjà assis, son journal déplié sur son assiette. Victor se tenait debout derrière sa chaise, les mains posées sur le dossier. Maurice prit place à sa gauche, dans la même position que lui et dit à Julien.

— Tiens, mets-toi là.

Le patron leva la tête.

— Hein, tu es heureux, dit-il à Maurice, tu quittes la queue du peloton.

Puis, se tournant vers le magasin, il lança :

— Alors les femmes, ça vient, oui?

Par une porte étroite et basse comme celle d'un placard, une grande fille brune au nez retroussé et aux cheveux tirés en arrière parut. Elle portait une blouse à tout petits carreaux blancs et roses, qui moulait ses seins et sa taille.

— Claudine, demanda le patron, regardez donc un peu ce que font les femmes.

Claudine ouvrit la porte et se pencha, une main

sur le chambranle, l'autre sur la poignée. Sous la blouse on devinait un corps ferme et nerveux. Le mollet qu'elle tendait en arrière était rond, peut-être un peu musclé. Elle se redressa soudain, et s'effaça pour laisser entrer Mme Petiot.

— Alors quoi, fit le patron, on attend, nous!

Mme Petiot avait le sourcil froncé, elle referma la porte et, sans élever la voix, mais sur un ton aigu, elle lança :

— Il y a du monde. Quant à vous, Claudine, je vous ai déjà dit et redit que je ne veux absolument pas vous voir au magasin sans une blouse blanche!

— Mais, madame, je n'étais pas au magasin, je regardais...

La patronne l'interrompit :

— Vous avez ouvert la porte.

— Mais...

— On ne discute pas, Claudine. On dit : « Oui, madame » et on obéit.

Claudine eut un soupir qui tendit sa blouse sur sa poitrine, et murmura :

— Oui, madame.

Aussitôt, le visage de la patronne s'éclaira et son sourire repoussa ses pommettes vers ses tempes. Elle regarda Julien.

— Alors, mon petit Julien, est-ce que le travail vous a donné faim?

Julien sourit en hochant la tête.

— Ah, voilà qui est très bien! J'aime que les garçons de votre âge aient bon appétit.

La sonnette du magasin tinta et des pas s'approchèrent. Le patron sauta sur sa chaise. Soulevant son journal, il se mit à lire :

— Ecoutez ça. Ecoutez un peu : « L'optimisme

qui s'est traduit aujourd'hui dans les cours de la Bourse tient avant tout à la certitude qui se répand de la mort fatale et rapide du Front Populaire. » Ça fait plaisir. C'est pas trop tôt. On commence à en avoir marre de cette bande de rigolos qui nous mènent à la faillite.

Tandis qu'il parlait, la petite vendeuse et une autre femme étaient entrées. La femme était à peu près aussi grande que la patronne. Elle lui ressemblait un peu, mais n'avait pas de rouge sur le bas des tempes. De plus, elle portait de grosses lunettes dont les verres devaient être très épais, car ses yeux semblaient énormes. Elle s'approcha de Julien et l'examina un peu comme si elle l'eut également flairé.

— C'est le petit Julien, dit la patronne.

— C'est très bien. C'est très bien.

— Allons, Georgette, à table, vous lorgnerez les beaux garçons un autre jour, lança le patron en posant son journal sur le buffet qui se trouvait derrière lui.

Georgette rougit jusqu'aux oreilles.

— Ernest, vous avez toujours des plaisanteries idiotes! Il y a longtemps que ces choses-là ne sont plus de mon âge.

— C'est parce que vous avez toujours dit ça que vous êtes restée vieille fille. Moi je vous trouve encore pas mal, belle-sœur. Qu'en pensez-vous, Victor?

En disant cela, le patron riait. Le second se mit à rire aussi et répondit avec un clin d'œil :

— Moi, patron, vous savez bien que j'ai toujours eu le béguin pour Mlle Georgette. Si un jour j'épouse une autre femme, ce sera un suicide déguisé.

Tout le monde rit, sauf Georgette qui écarquillait les yeux derrière ses verres. Sans doute, de sa place, ne voyait-elle pas le second. Quand les rires tombèrent, le patron cria :

— Alors, on mange, oui?

La patronne, qui consultait un livre de comptes, vint enfin s'asseoir entre sa sœur et son mari. La petite vendeuse prit place à sa droite, et la bonne encore à droite, tout au bout de la table. Alors, seulement, le second tira sa chaise et s'installa. Maurice et Julien l'imitèrent aussitôt. Il y avait au milieu de la table un grand plat de haricots blancs en salade. Le patron le prit et le présenta à sa femme qui se servit.

Entre le patron et le second, il y avait l'espace de deux couverts au moins. Entre Julien et Claudine, de la place pour quatre à cinq personnes. Toutes les femmes se servirent, de la patronne à Claudine. Dès que celle-ci eut achevé, Maurice se leva et alla près d'elle chercher le plat qu'il apporta au patron. Le patron se servit, puis Victor, puis Maurice, puis enfin Julien.

— Servez-vous bien, mon petit, dit Mme Petiot. Plus que ça, voyons. A votre âge on mange. Vous les aimez, au moins?

— Oui, madame.

— A son âge, on aime tout, dit le patron.

— Et si on n'aime pas, on bouffe tout de même, ajouta le second.

Le patron riait. Il mangeait vite, avec des gestes nerveux pour casser son pain ou piquer dans son assiette. La patronne, au contraire, avait des mouvements lents. Elle tenait sa fourchette entre le pouce et l'index, les autres doigts levés. Chaque fois que Julien la regardait, elle souriait en hochant la tête. Une chatte grise, tigrée, que Julien n'avait pas encore vue, sauta sur les épaules du patron et se mit à faire le gros dos.

— Ma minette, dit-il, tu t'en balances, toi, de tous ces cons-là. Tu t'en balances.

La patronne eut un mouvement de tout le buste, rejeta la tête en arrière et resta un instant la fourchette en suspens, le regard fixé sur son mari.

— Mais enfin, de qui parles-tu?

— Ben, des mecs du Front Populaire, pardi!

Elle soupira et se remit à manger en disant :

— Tout de même, tu pourrais parler autrement.

Chaque fois que le patron plaisantait, la petite vendeuse, Victor et Maurice riaient. La bonne mangeait sans lever la tête. Plusieurs fois Julien remarqua qu'elle l'observait.

Le patron avait terminé. Il prit sa chatte sur ses genoux et se mit à la caresser en expliquant :

— Ce matin, il y a un type qui a laissé son journal sur la table, au café du Commerce. C'était *Le Populaire*. J'ai apporté la première page pour vous en faire profiter.

Il tira de sa poche une feuille de journal froissée qu'il déplia. Il se mit à chercher, puis à lire.

— Ecoutez bien, ça vaut son pesant de raclures : « C'est un fait et peut-être le plus frappant, celui contre lequel se brisent tous les arguments de l'adversaire : on vit plus librement en France, on respire mieux, la tâche quotidienne s'accomplit dans une allégresse retrouvée. C'est cela qui fait la force du Front Populaire! »

Il s'échauffait en lisant, et gesticulait comme un tribun. Quand il eut terminé, il froissa la feuille d'un geste brusque et la jeta par terre en hurlant :

— Et mes fesses!

— Ernest! cria la patronne! Tu n'es pas au laboratoire!

La chatte avait bondi sur le buffet.

— Mais ça me fout en rogne, à la fin. Est-ce qu'on ne devrait pas pendre toute cette vermine?

Puis, se calmant soudain, il se retourna et murmura :

— Viens, ma minette. Viens vite, ma belle. C'est pas après toi que j'ai crié. Toi, tu es une toute belle. C'est à ces imbéciles, que j'en veux...

La patronne fit un signe en direction de Maurice, puis de la cour. Maurice se leva aussitôt.

— Viens, Julien, dit-il.

— Four du haut, dit le patron.

Ils sortirent.

— On va chercher les plats, expliqua Maurice.

Ils entrèrent au laboratoire et Maurice ouvrit le four du haut. Il y avait là un grand plat long avec des biftèques et un plat rond plein de nouilles.

— Qu'est-ce qu'on peut se filer comme nouilles! dit Maurice. Tu aimes ça?

Julien haussa les épaules.

— Je les mange, dit-il, mais j'en suis pas fou.

— Eh ben, mon vieux, le patron adore ça. Et puis surtout, c'est vite fait, alors faudra que tu apprennes à les aimer.

Ils prirent chacun un torchon, pour éviter de se brûler, et emportèrent les plats qu'ils posèrent sur la table.

— C'est très bien, s'extasia Mme Petiot. C'est

très bien, mon petit Julien. Est-ce que vous aimez les pâtes, au moins?

— Oh oui, madame.

Julien reçut un coup de pied sous la table et Maurice toussa deux fois. La patronne souriait.

— A la bonne heure, dit-elle. J'aime bien que nos jeunes mangent de bon cœur.

Le patron achevait de se réconcilier avec sa chatte qui se frottait contre la colonne du buffet Henri II, et finit par sauter sur les genoux de son maître.

La patronne et sa sœur buvaient du vin blanc. Le patron et le second du rouge, et tous les autres de l'eau. Il y avait deux carafes, une pour la bonne et la vendeuse, l'autre pour Maurice et Julien.

Quand la viande et les pâtes furent mangées, la bonne se leva et emporta les plats, se baissant pour ne pas heurter du front le chambranle de la petite porte par où elle était apparue.

— Moi, Ernest, dit Mme Petiot, pour fêter l'arrivée de notre petit Julien, je propose qu'on fasse comme si c'était dimanche. Est-ce que tu es d'accord?

— Bien entendu, dit le patron qui berçait sa chatte comme il l'eût fait d'un bébé.

— Allons, Colette, allez nous chercher des tartes.

La vendeuse se leva et alla au magasin. Le patron prit le litre de vin blanc et servit un demi-verre à tout le monde. Puis, le reposant, il se mit à rire.

— C'est pas moi qui devrais payer à boire, dit-il. C'est M. Maurice qui devrait arroser ses galons. C'est qu'à présent tu ne vas plus toucher vingt-cinq francs par mois, c'est trente balles que tu vas palper.

— Trente balles, lança le second, ça fait dix paquets de tabac, tu vas pouvoir nous faire fumer, mon gars.

7

Aussitôt leur repas terminé, ils quittèrent la table et montèrent dans leur chambre. Le second passa de la brillantine sur ses cheveux, se peigna soigneusement, appuyant son index au creux de chaque cran, puis, quittant sa veste blanche, il mit un blouson de suédine marron à fermeture Eclair. Il se regarda encore dans le petit miroir suspendu à la porte de son placard, et partit en courant.

— Celui-là alors, ça le tient drôlement, dit Maurice.

Presque aussitôt, Denis entra, une cigarette aux lèvres.

— Tu m'en files une? demanda Maurice.

— Toi, mon vieux, comme chineur!

Denis sortit de sa poche un paquet d'Elégantes. Maurice en prit une, mais Julien refusa. Denis n'insista pas et tendit du feu à Maurice.

— Non, pas à présent. Je la fumerai ce soir. Le

singe pourrait monter, pour voir si on s'occupe d'installer Julien.

Il ouvrit son placard et cacha la cigarette sous du linge plié et empilé sur le rayon. Denis avait posé par terre une grande valise où il jetait ses vêtements.

— Moi, à présent, le singe, je l'emmerde, dit-il. Et ça fait deux ans que j'attends. J'aime mieux te dire que ça fait du bien.

Maurice ne disait rien. Assis en biais sur le bord de la fenêtre, un pied calé dans l'embrasure et l'autre ballant, il regardait tantôt dehors, tantôt dans la chambre. Le soleil n'entrait plus, mais donnait sur le petit toit de zinc qui renvoyait la lumière au plafond. Il faisait chaud et l'odeur du laboratoire montait jusque-là.

— Je te laisse mes gonzesses, dit Denis en montrant à Julien des photographies collées à l'intérieur de la porte de son placard.

Julien s'approcha. Il y avait là un portrait de Viviane Romance et trois autres photographies d'actrices en maillot de bain. Denis enleva un portrait de Joe Louis qui n'était fixé qu'avec des punaises.

— Celui-là, dit-il, je te le laisse pas.

Il le plia en quatre et le glissa dans sa valise.

— Tu devrais pas foutre ton linge en pagaille comme ça, observa Maurice, tu mélanges le propre et le sale, tout va être dégueulasse et froissé.

Denis souffla sa fumée par le nez et la bouche, lança son mégot sur le petit toit en disant :

— Ce que je m'en balance! Je ne prends mon autre place que dans un mois; d'ici là, ma vieille aura largement le temps de se démerder avec mon fourbi. De toute façon, elle lavera tout, je la connais. D'ailleurs, elle a raison. Chez nous, on ne roule peut-être pas sur l'or, mais on n'aime pas la vermine.

— Faut pas exagérer, dit Maurice

— Moi je t'assure que ma mère ne me laissera même pas entrer ma valise à la maison. Quand j'arrive, elle prend mon linge et elle le met à tremper dans la cour. Comme ça, elle est sûre qu'il n'y aura pas de bestioles chez nous. Tu rigoles, mais suffirait d'en emmener une qui soit pleine pour qu'on en soit infestés pour des années.

— Quelles bestioles? demanda Julien.

Denis le regarda, puis regarda Maurice en demandant :

— Tu l'as pas encore mis au courant?

— Minute, il arrive!

— Des punaises, dit Denis. Des milliers de punaises.

— Où sont-elles? demanda Julien, je n'en ai jamais vu.

— A cette heure-ci, tu ne les vois pas courir, mais je vais tout de même t'en montrer. Ça m'étonnerait que je n'en trouve pas quelques-unes.

Il alla jusqu'au lit le plus proche, souleva le drap et le traversin, et se pencha vers le matelas. Ouvrant un pli de la toile, il fit signe à Julien d'approcher.

— Tiens, dit-il, regarde, rien que dans ce pli, il y en a trois. Je vais te faire voir comment on les tue. Tiens ça une minute.

Julien fixait les trois petites bêtes noires immobiles. Il ne bougea pas.

— Ben quoi, tiens ça, si tu veux que je te fasse voir.

Julien fit un effort et empoigna la toile. Les punaises ne bougeaient toujours pas. Elles étaient à peine à deux centimètres de son pouce.

— Elles sont mortes, dit-il.

Denis se mit à rire. Maurice s'avança en disant :

— Tu vas voir, si elles sont mortes, tiens!

Denis avait sorti une boîte d'allumettes. Il en craqua une et approcha la flamme du matelas.

— Tu risques de brûler la toile, dit Julien.

— T'inquiète pas, on a du métier nous autres. Et dans deux ans, toi aussi tu en auras.

Réveillées par la chaleur, les punaises tentaient de fuir, mais la flamme les rattrapait. L'une après l'autre, elles tombèrent, et chaque fois, avec un ensemble parfait, Maurice et Denis répétaient :

— Descendue en flammes!... Descendue en flammes!

— Et il n'y a pas d'autre moyen de les tuer? demanda Julien.

— Tu peux les écraser, mais ça pue tellement qu'il vaut encore mieux les allumettes. Il y a aussi la chasse à courre, mais on n'est pas équipé pour ça.

— D'ailleurs, précisa Maurice en riant, les allumettes, tu ne les achètes pas, tu en piques à la cuisine. On a le droit d'en prendre pour allumer le four, alors il suffit d'en prendre un peu plus.

Ils avaient reposé le matelas sur le sommier de fer. Maurice retourna vers la fenêtre et s'accouda.

— Faudra que je fasse le mien un de ces jours, dit-il, si tu veux, Julien, on fera le tien aussi. A deux, c'est plus facile, un qui cherche et l'autre qui brûle.

— Mais on ne pourrait pas les détruire autrement? demanda Julien.. Il doit bien exister un moyen de désinfecter. Mes parents ont une maison; quand un locataire s'en va, mon père fait toujours désinfecter.

— Toi aussi, t'es un fils de probloc, dit Denis en fermant la valise... Eh bien moi, je vous laisse, les petits gars. Je vais toucher mon pognon et je me sauve. Et si vous trouvez un moyen de vous débarrasser des locataires clandestins, faites-moi signe, je vous appuierai pour vous faire décorer.

Il leur serra la main et, s'adressant à Julien, il ajouta :

— En tout cas, c'est tout de même pas encore cette nuit que tu coucheras tout seul. Fais-moi confiance, tu ne manqueras pas de compagnie.

Il sortit. Ils l'entendirent dégringoler l'escalier en faisant glisser sa valise sur la rampe de fer. Maurice soupira et se laissa tomber sur son lit dont le sommier à lames d'acier grinça.

— Au fond, dit-il, c'était pas le mauvais type, mais je ne sais pas pourquoi, il n'a jamais pu m'encaisser. Je crois qu'il m'en voulait parce que mon père est patron. Pourtant, c'est pas de ma faute. Qu'est-ce que je pourrais y faire, moi? Rien!

Il parut réfléchir un moment, puis il se leva en s'étirant.

— Tu devrais ranger tes affaires dans ton placard, dit-il. Moi je vais défaire mon lit. J'irai demander des draps propres à la patronne, on est le premier du mois, c'est le jour. T'inquiète pas; je vais défaire le tien aussi. C'est même par le tien que je vais commencer, parce que l'autre tête de pipe qui est d'une famille si propre, il aurait pu enlever ses draps sales, avant de s'en aller. Faut que le matelas prenne un peu l'air. Tu ne vas tout de même pas coucher dans sa sueur.

Julien avait commencé de vider sa malle. Il s'arrêta et vint près du lit.

— Ça m'ennuie, ces punaises, dit-il. On ne pourrait pas mettre le matelas et les couvertures à la fenêtre?

— Pourquoi pas, c'est une idée. Laisse, je vais le faire. Mais tu sais, ça ne fera rien aux bestioles.

Julien se remit à sortir du linge qu'il empilait sur son rayon.

— Et dans les placards, demanda-t-il, il y en a, de ces bêtes?

— Tu parles, il y en a partout.

— Je ne comprends vraiment pas qu'on ne désinfecte pas.

— Mais on désinfecte tous les ans au printemps. Seulement, ça ne sert à rien. Sous le plancher, il y a le four; et sur le four, pour tenir la chaleur, il y a une épaisse couche de sable; c'est là-dedans qu'elles se réfugient et qu'elles nichent. La désinfection en tue quelques-unes dans la chambre, mais deux jours après il en revient autant.

— C'est terrible ça.

— Oh, tu sais, les premiers temps, tu auras des cloques sur tout le corps et les paupières enflées le matin, mais tu seras vite habitué. Moi, au bout de trois semaines, je ne sentais déjà plus rien.

— Et ça ne t'empêche pas de dormir?

— Tu sais, quand tu es bien crevé, tu dormirais aussi bien sur le tour en marbre.

Maurice avait défait les trois lits. Il étendit un drap sur le plancher, jeta les autres au milieu et fit un gros paquet qu'il emporta.

— Je vais chercher les propres. J'en ai pour une minute.

Resté seul, Julien referma sa malle vide et s'assit sur le couvercle. Il respira profondément. Tout à l'heure, pendant qu'ils mangeaient leur tarte aux pommes et buvaient leur demi-verre de vin blanc, le patron et le second n'avaient pas cessé de plaisanter. Julien avait beaucoup ri et, en quittant la table, il avait eu un instant le sentiment qu'il commençait là une vie qui allait être très belle. Au moment où il se retournait pour fermer la porte, son regard avait rencontré celui de Colette, la petite vendeuse, et il en avait éprouvé comme une grosse bouffée de bonne chaleur dans toute sa poitrine. Mais à présent, il y avait cette histoire de punaises qui l'ennuyait.

Il alla jusqu'à la fenêtre et empoigna un coin du matelas. Du bout des doigts il souleva la couture. Tout le fond du pli était noir. Julien fit une grimace. Il n'avait pas d'allumettes et chercha des yeux un objet pour faire tomber les punaises. Sur une étagère, il y avait un crayon. Il le prit et étendit un vieux journal par terre, devant la croisée. Ecartant de nouveau l'étoffe, il gratta le pli avec la mine du crayon. Une à une les bêtes tombèrent sur le journal. Julien en compta quatorze. Ne sachant qu'en faire et n'osant pas les écraser, il les jeta par la fenêtre. Puis il recommença la même opération avec l'autre coin du matelas. Maurice revint, portant trois paires de draps propres qu'il posa sur son lit.

— Qu'est-ce que tu fais? demanda-t-il.

— J'essaie d'en enlever un peu.

Maurice prit le journal et, du bout des doigts, retourna les petites bêtes qui tentaient de fuir.

— Tu parles d'une vermine, dit-il. Le plus emmerdant, au fond, c'est quand on en écrase dans le lit en se retournant, ça fait des taches, les draps sont tout de suite sales... Et encore, c'est rien à côté des cafards.

— Des cafards?

— Oui, tu sais, c'est dix fois plus gros. Ça ne pique pas, mais si tu en écrases un, ça fait une vraie bouillie.

— Il n'y en a tout de même pas dans les lits!

— Ils ne viennent pas pour casser la croûte à nos frais comme les punaises, mais ils se baladent au plafond, et des fois, il en tombe un, mais c'est rare.

Julien regarda son campagnon un instant sans mot dire, puis se décida.

— Quand ma mère m'a amené, il y a un mois, Mme Petiot lui a dit qu'on était très bien logé, et qu'elle s'occupait elle-même de l'entretien de la chambre.

Maurice se mit à rire.

— Ça, dit-il, pour s'en occuper, elle s'en occupe. A tout bout de champ elle monte passer l'inspection, et si c'est pas impeccable, qu'est-ce qu'on entend comme musique! D'ailleurs, elle va venir, elle m'a dit qu'elle monterait pour voir si tu ne manquais de rien.

Maurice se mit à balayer tandis que Julien continuait l'examen de tous les replis de son matelas.

Mme Petiot monta quelques minutes plus tard. Elle entra avec son grand sourire, qui se mua en une affreuse grimace dès qu'elle eut jeté un coup d'œil au tableau de chasse de Julien.

— Oh, mon pauvre petit, pleurnicha-t-elle. Si vous saviez comme ces vilaines bêtes nous font des misères ! Figurez-vous que l'an dernier, il en est venu jusque dans ma chambre ! Ah, c'est bien le cas de dire que c'est notre bête noire (elle eut un petit rire forcé). Mais nous en viendrons à bout. C'est sûr. Nous arriverons bien à les exterminer. Ce qu'il faut, c'est tenir très propre. Si ça ne suffit pas de récurer une fois par semaine, il faudra le faire deux fois, trois fois même si c'est nécessaire.

Elle se mit à marcher, furetant partout, se baissant pour regarder sous les lits.

— Il faut tenir propre. Très propre, tout est là, dit-elle encore.

Tandis qu'elle ouvrait un à un les placards, Maurice la regarda et eut un geste de la main à hauteur de sa ceinture en même temps qu'un hochement de tête éloquent. Arrivée au placard que Denis avait cédé à Julien, elle désigna de son index à l'ongle rouge et pointu les photographies d'actrices.

— Denis aurait pu décoller ces cochonneries, fit-elle, il faudra m'enlever ces horreurs. C'est inimaginable combien ce petit voyou peut être vicieux!

Elle claqua la porte et revint vers le lit en minaudant.

— Vous ne pouvez pas savoir comme je suis contente qu'il soit parti. Comme je suis heureuse qu'il soit remplacé par un brave garçon comme vous, mon petit Julien. J'espère que vous allez bien vous entendre avec notre Maurice et que vous ne ferez pas crier M. Petiot.

Elle s'éloigna en souriant et répéta deux ou trois fois, en désignant du doigt le journal que Julien tenait toujours.

— Oh, les sales bêtes! Oh, comme je les déteste! Il faut les mettre au feu, et le journal aussi. Oh, les sales bêtes!

Comme elle s'approchait de la porte, le chef entra.

— C'est l'heure, dit-il.

Il s'effaça pour laisser sortir la patronne qui lui désigna le journal en faisant une moue dégoûtée.

— N'est-ce pas, chef, qu'il n'y a que la propreté pour se débarrasser de cette cochonnerie?

Elle n'attendit pas la réponse et partit en répétant :

— Oh, les sales bêtes! Oh, les sales bêtes!

Le chef haussa les épaules et s'approcha de Julien. Regardant Maurice, il demanda :

— Il y en a toujours autant?

— Toujours, chef.

— C'est tout de même étonnant qu'on ne parvienne pas à les détruire, dit Julien.

Le chef le regarda. Il avait quelque chose de triste dans les yeux, une lueur à la fois dure et fatiguée. Il fit un geste vague puis, posant la main sur la nuque de Julien, il le secoua un peu en disant :

— Mon pauvre gars, faudra faire comme les autres, faudra t'y habituer. Mais ça ne fait rien, c'est tout de même dégoûtant.

Il sortit et laissa la porte ouverte.

— Venez, ajouta-t-il sans se retourner, il est 2 heures sonnées.

Maurice le laissa descendre de quelques marches puis, s'approchant de Julien, il dit à voix basse :

— Pour ce qui est de laver la piaule plusieurs fois par semaine, elle peut se l'accrocher, la patronne.

Julien froissa le journal en ayant soin de ne laisser échapper aucune punaise. Maurice le regarda faire, puis se mit à rire. Jetant un coup d'œil dans l'escalier, il dit encore avant de sortir :

— Le coup des punaises dans la piaule des patrons, c'était Denis. Il en avait récolté une pleine boîte d'allumettes, un matin, j'ai fait le guet, et il est allé vider la boîte dans leur lit. Tu parles d'un lâcher de gibier! Seulement, leur chambre est au-dessus du magasin, il n'y a pas la chaleur du four comme ici, alors, elles n'ont pas dû s'y plaire, elles ne sont pas restées.

8

A la reprise du travail, Maurice alla prendre dans la glacière les cervelles de porc qu'ils avaient rapportées le matin. Comme il rinçait une grande casserole sous le robinet de la cour, le chef sortit du laboratoire.

— Qu'est-ce que tu fais? demanda-t-il.

— Je vais montrer à Julien comment nettoyer les cervelles et préparer la viande, chef.

— Claudine est assez grande pour lui expliquer toute seule. A présent, ce n'est plus ton travail. Les cervelles et la viande marinées, c'est à la cuisine que ça se fait, et c'est toujours la bonne et le dernier apprenti qui s'en occupent; tu le sais bien.

Maurice faisait une drôle de tête.

— Mais, chef, le premier jour...

Le chef haussa le ton et l'interrompit :

— Il n'y a pas à discuter, tu descends avec moi à la cave préparer la brioche. Allons, donne-lui tout ça.

Maurice tendit la casserole à Julien qui tenait déjà le paquet de viande.

— Qu'est-ce qu'il faut faire? demanda Julien.

— Va trouver Claudine, elle t'expliquera.

Julien s'éloigna en direction de la salle à manger. Comme il atteignait la porte, il entendit le chef qui riait en disant à Maurice :

— Hé oui, c'était peut-être le meilleur moment de la semaine; mais que veux-tu, tout a une fin.

Julien entra. M. Petiot était seul dans la salle à manger. Bras croisés sur la table, il dormait, la tête posée sur ses poignets. En fermant la porte, Julien fit sonner la casserole contre le chambranle. Le patron souleva la tête et ouvrit un œil hébété. Il grogna, s'étira et se frotta le crâne en disant :

— Bon Dieu, je m'étais endormi. Je suis crevé, moi. Je vais monter cinq minutes.

Il embrassa la chatte qui dormait sur le buffet, puis sortit. Julien resta seul dans la pièce. Il y eut un instant de silence, puis un bruit de vaisselle vint de la petite porte du fond. Portant toujours son paquet d'une main et sa casserole vide de l'autre, il s'approcha. Claudine passa la tête et sourit.

— Vous venez pour les cervelles et la viande, entrez, je vais avoir fini.

Julien pénétra dans une espèce de réduit tout en profondeur, et étroit comme un couloir. Sur la gauche, il y avait un grand évier de pierre prolongé par un égouttoir en bois, puis par une tablette recouverte de zinc. Tout au fond, sur un réchaud à gaz, une bassine pleine d'eau qui chauffait. La buée emplissait la pièce sans fenêtre et montait vers un vasistas carré, ouvert au ras du plafond et par où on la voyait s'échapper lentement, avec des remous qu'éclairait l'ampoule sans abat-jour d'une applique fixée au-dessus de l'évier. Aux murs, il y avait quelques rayons sur lesquels s'alignaient des boîtes en métal et des pots en verre ou en terre. Au-dessus du réchaud une série de casseroles d'aluminium pendaient à des pitons vissés dans une planche. Les murs peints en vert étaient sales et luisants, avec de longues traînées claires.

Julien demeura près de la porte.

— Venez, dit Claudine, c'est petit, mais on peut tout de même tenir à deux.

Elle acheva de rincer un plat qu'elle posa sur l'égouttoir à côté des assiettes; puis elle prit la casserole que Julien avait apportée et l'emplit aux trois quarts en la plongeant dans la bassine. Elle vida ensuite le reste de l'eau chaude sur l'évier. Il y eut un énorme nuage qui se dissipa rapidement.

— Maintenant, on peut fermer, dit-elle.

Elle fit claquer le vasistas. Julien sourit. Elle s'approcha de lui pour expliquer.

— J'aime mieux fermer, si on veut bavarder, personne n'a besoin de savoir ce qu'on dit. Quand c'est ouvert, de la cour on entend tout.

Elle s'était adossée au mur et regardait Julien dans les yeux, fixement.

— Vous avez quel âge ? demanda-t-elle.

— Quatorze ans et demi.

— On vous donnerait beaucoup plus.

Elle ouvrit le paquet, posa la viande sur un plat et jeta les cervelles sur la table de zinc.

— Je vais vous montrer à éplucher les cervelles, c'est long, mais c'est pas désagréable.

Elle hésita, le regarda encore avec un demi-sourire, puis, plus bas, elle ajouta :

— Et c'est un travail qu'on fait toujours ensemble, bien tranquilles ici.

Julien baissa les yeux. Il se sentit rougir.

— Approchez-vous, dit-elle. La table n'est pas longue, mais on peut très bien travailler à deux.

Elle le prit par l'épaule et l'attira près d'elle. Julien avait le souffle court. Son cœur battait fort et quelque chose pesait dans toute sa poitrine. Quand elle lui tendit un petit couteau pointu, il avança pour le prendre une main qui tremblait.

— Vous verrez, dit-elle, c'est facile. Quand on a pris le coup, ça va tout seul.

Elle commença, penchée sur la table et Julien regardait ses mains fortes aux doigts ronds et lisses, un peu rouges. Elle portait une blouse à manches courtes. Les muscles de ses avant-bras travaillaient. Julien regarda son visage. De profil, son nez était vraiment retroussé, sa lèvre inférieure avançait un peu. Ses cheveux étaient relevés et, sur sa nuque tendue, une mèche folle pendait.

Julien s'approcha à peine et respira très fort.

— Vous voyez, dit-elle; il faut bien enlever toute cette petite peau. C'est un travail de patience.

Julien essaya.

— Ça va, dit-elle, mais ne les abîmez pas trop, le patron râlerait. Heureusement que vous l'avez réveillé en arrivant.

— Pourquoi?

— Comme ça, il est monté tout de suite. Des fois, il traîne une heure ici avant de monter. Je n'aime pas le sentir là. Vous l'avez entendu? On aurait dit qu'il allait se reposer pour la première fois. Et pourtant, il fait comme ça chaque jour, et il ne redescend guère avant trois ou quatre heures. Pendant ce temps-là, au moins, il nous fout la paix.

Soudain, elle se tut, essuya ses mains à un torchon à vaisselle puis, se redressant, elle regarda Julien et demanda, avec, dans la voix, une espèce d'angoisse :

— Vous aimez Tino Rossi?

— Bien sûr, dit Julien.

Tout le visage de la fille se transforma. Ses yeux ne regardaient plus Julien, ils devaient fixer très loin une chose merveilleuse. Elle souriait. Sa poitrine se gonfla et ses deux seins pointèrent sous sa blouse.

— Ah! murmura-t-elle, Tino... C'est formidable!

Elle croisa ses mains sur sa poitrine comme pour étreindre quelque chose et, dans un souffle, elle répéta :

— C'est formidable! *Marinella*... Vous connaissez, *Marinella?*

Elle se mit à fredonner la rengaine. Elle chantait faux. Elle s'arrêta soudain pour demander :

— Vous savez chanter, vous?

— Non, pas très bien.

— Essayez.

— Non, je ne connais aucune chanson.

— Même pas un refrain?

Elle reprit son travail en soupirant.

— Il faudra apprendre.

Quelques instants de silence s'écoulèrent. Il faisait très chaud. Julien sentait la sueur sur son front et dans son dos.

— Je suis contente que Denis soit parti, dit Claudine.

— Pourquoi?

— C'est un sale type. Il est brutal. Et il n'aimait pas Tino. Il disait toujours : « C'est une lopette. » Une lopette. Une lopette, d'abord, qu'est-ce que ça veut dire, une lopette? Il n'a jamais été fichu de me l'expliquer. Il disait que Tino n'est pas un homme. Imbécile, va. Pauvre imbécile!

Elle était furieuse. Ses sourcils noirs se rapprochèrent, son nez paraissait encore plus retroussé. Elle demeura un moment comme immobile dans sa colère, puis son visage se détendit; de nouveau elle regarda Julien.

— Vous l'avez déjà vu, au cinéma? demanda-t-elle.

— Non.

— Faut le voir, quand il chante : « Blotti contre ton épaule, tandis que nos mains se frôlent... »

A mesure qu'elle chantait, son regard s'éloignait, devenait vague. Lorsqu'elle s'arrêta, ce fut pour dire, sans colère cette fois :

— Ce pauvre Denis tout de même, quel imbécile!

Dès qu'ils eurent achevé le nettoyage des cervelles, Claudine prit sous l'évier une planche à hacher qu'elle posa sur le zinc. Elle affûta un grand couteau et se mit à couper la viande. Elle déboucha ensuite un litre de vin rouge pour préparer la marinade.

— Vous voulez en boire? demanda-t-elle.

— Non, merci.

— Vous avez tort, Maurice en buvait toujours un verre, lui.

— Et vous?

Elle fit la grimace.

— Moi non, dit-elle, je ne bois qu'à table. Et encore, jamais sans eau. (Elle rit.) Pas ici, bien sûr, sauf le dimanche et des jours comme à midi le demi-verre de blanc avec le gâteau.

Elle hésita un instant, plongea sa main dans la viande coupée en fines lamelles pour la remuer comme de la pâte, puis elle dit :

— On met les assaisonnements au jugé. Regardez comme je fais... Mon père buvait, vous comprenez, alors, les hommes qui boivent, moi, je n'aime pas ça... Faut pas avoir peur de remuer pour que ce soit bien assaisonné partout... Oh! il ne buvait pas tous les jours, ma mère ne lui laissait pas d'argent, mais le samedi, ça lui arrivait de prendre une bonne cuite de temps en temps. Alors, quand il rentrait, il fallait qu'il batte quelqu'un. Comme je suis la plus grande, c'était souvent moi qui trinquais. Un jour, il m'a ouvert la cuisse avec son soulier à clous. Il est maçon. Il devait y avoir du ciment après sa chaussure, la plaie s'est infectée, j'ai été couchée presque un mois. C'est pas drôle quand on a douze ans.

Elle avait fini de pétrir la viande et s'était lavé les mains. Elle les essuya rapidement et, levant la jambe et retroussant sa jupe :

— Regardez, dit-elle, cette cicatrice.

Elle montra, un peu au-dessus de son genou gauche, une petite marque rose sur sa peau blanche. Julien hocha la tête.

— Ça ne se voit pas beaucoup, dit-il.

— Non, mais il aurait pu me casser la jambe et que je reste estropiée toute ma vie. Est-ce que votre père vous a battu souvent, vous?

Julien réfléchit un instant.

— Une fois, dit-il, j'avais trouvé un chien, je l'ai amené à la maison pendant qu'il n'y avait personne. Quand mon père est rentré, il voulait battre le chien pour le chasser, je me suis mis devant et j'ai reçu le coup de bâton.

— Mais il ne vous a pas battu que cette fois-là?

Il soupira et parut s'excuser en disant :

— Je crois bien que si.

Claudine hocha la tête.

— Ben, mon vieux, dit-elle, vous étiez verni. Qu'est-ce qu'il fait votre père?

— Autrefois, mes parents étaient boulangers. Ils ont vendu. A présent, ils vivent dans une maison avec un grand verger. Ils vendent quelques fruits et ils élèvent beaucoup de lapins. Ils cultivent aussi quelques légumes et surtout des fleurs.

Elle sourit.

— Ça doit être bien, d'habiter une maison avec des fleurs autour.

— Pas tellement.

— Pourquoi?

— Tout est inerdit. Le ballon, les copains. Tout, quoi! Faut rester sans bouger. Et en plus de ça, pas le droit d'aller dans la rue avec les autres.

— Qu'est-ce que vous faisiez, alors?

— J'avais construit une cabane sous un grand buis, je me cachais là, derrière la barrière, et je tuais les gens qui passaient.

— Quoi?

— Oui, enfin, je faisais comme si je leur avais tiré dessus, mais sans faire de bruit.

Claudine le regarda, un peu étonnée, puis demanda :
— Et votre mère, elle vous battait?
— Elle essayait, mais je me mettais en boule sous la table, alors comme elle ne pouvait pas m'atteindre, elle me jetait un verre d'eau à la figure.
Elle rit, puis demanda :
— Vous avez des frères et des sœurs?
— Non, dit Julien.
— Bien sûr, vous êtes plus gâté.
Julien hésita quelques secondes et se reprit :
— C'est-à-dire que j'ai un frère, mais c'est un demi-frère. Mon père l'a eu d'un premier mariage.
— Votre père est divorcé?
— Non, sa première femme est morte. Mais je n'ai jamais été avec mon frère. Il a trente-trois ans. Quand je suis né, il était déjà marié.
— Et qu'est-ce qu'il fait, lui?
— Il est épicier en gros.
Elle s'arrêta de travailler pour le regarder en hochant la tête.
— Dites donc, il doit en gagner, de l'argent!
— Sûrement, dit Julien, il a plusieurs camions et une voiture.
— Je comprends, fit-elle, vous ne deviez pas être malheureux chez vous.
Julien soupira. Il revoyait le grand jardin et la petite maison. Il pensa un instant à la grille du jardin avec la rue des Ecoles, de l'autre côté, où les enfants libres jouaient en le regardant comme une bête en cage.
— Oh, vous savez, soupira-t-il, c'est pas toujours drôle d'être tout seul avec des lapins et des tulipes.

Claudine se mit à rire; puis elle s'arrêta soudain et regarda vers la salle à manger. Quelqu'un était venu du magasin. La porte claqua puis un pas s'éloigna sur le carrelage.

— C'était Colette, la vendeuse, dit Claudine. En voilà une, tiens, qui est malheureuse!

— Qu'est-ce qu'elle a?

— Moi, j'ai la chance de ne plus habiter avec mes parents. Je ne les vois même pas toutes les semaines, mais elle, elle rentre chaque soir. Elle habite au bout de la rue des Commards, vous savez où ça se trouve?

— Oui, ma tante est près de Falletans, on peut passer par les Commards pour y aller.

— Ça lui fait trois kilomètres à faire tous les matins et tous les soirs. Et à pied encore. Elle aussi, elle a un père qui se saoule, il lui prend tous ses sous et, en plus, il la rosse tant qu'il peut.

— Et sa mère?

— A moitié paralysée... Une vraie misère. Si vous saviez comme elle est gentille cette petite! Dire qu'elle a seize ans, on lui en donnerait à peine douze.

Claudine se tut, tendit l'oreille, puis, s'approchant de Julien, elle ajouta :

— Et ici, ils en profitent pour la mener dur. Et la payer à coups de lance-pierre.

Elle passa derrière Julien pour aller à la porte, il sentit son corps appuyer sur son dos. Elle regarda dans la salle à manger.

— On bavarde, dit-elle, il est 3 heures, emportez vite tout ça au frigo et allez au laboratoire.

Julien empoigna le grand pot de grès où marinait la viande et sur lequel Claudine avait posé le plat contenant les cervelles. Elle le précéda et ouvrit la porte donnant sur la cour. Comme il sortait, elle lui dit à l'oreille :

— Si vous trouvez des photos de Tino dans des journaux, vous me les gardez, hein!

9

Le second était seul au laboratoire. Debout devant le marbre, il garnissait de crème au beurre des petits biscuits ronds qu'il collait l'un contre l'autre, deux par deux.

— Alors, demanda-t-il, tu as fini ta barbaque?

— Oui.

— Elle est pas mal, la bonniche, hein? Elle t'a causé de Tino?

— Bien sûr.

— Tu parles d'une cinglée!... Tiens, bouffe ça.

Il tendit à Julien un biscuit garni de crème. Julien remercia et mangea.

— C'est très bon, dit-il.

Le second posa son couteau en travers de la terrine de crème et demanda :

— Elle est toute seule, à la cuisine, la bonne?

— Oui, elle était seule quand je suis sorti.

— Alors viens, on va se marrer.

Il prit une casserole large et plate à long manche et sortit. Julien le suivit. Claudine avait rouvert le vasistas de la souillarde. Sans bruit le second alla se placer devant, posa un pied sur l'angle du trappon de cave relevé et, tenant sa casserole comme il eût fait d'une guitare, il se mit à chanter :

— « Tu n'as que seize ans et, faut voir comme
— Tu affoles déjà tous les hommes... »

Il prenait une voix fluette et voilée imitant assez bien celle du chanteur en vogue. Julien était resté près de la porte du laboratoire, il s'approcha. Le second s'efforçait aussi de ressembler au Corse à cheveux plats en ouvrant de grands yeux au regard vide. Il continuait, accentuant les nuances :

— « Oh, Catarinetta bella Tchi-Tchi — Ecoute l'amour t'appelle... »

Une ombre passa derrière les rideaux de la salle. Le second se tut et recula jusqu'au fond de la cour. La porte de la salle à manger s'ouvrit brusquement et Claudine s'avança, une cuvette à la main. Julien était déjà rentré, le second le suivit et ferma la porte au moment précis où l'eau venait la gifler. Ils entendirent un ruissellement et Claudine qui criait :

— Imbécile, va! Espèce d'imbécile!

Le second entrouvrit la porte le temps de lancer très vite :

— « Est-ce ton œil si doux qui les mine, ou bien les rondeurs de ta poitrine qui les rend fous ! »

Mais déjà Claudine avait regagné la souillarde. Julien riait. Très sérieux, le second reprit son couteau et se remit au travail.

— Est-ce que je peux faire quelque chose? demanda Julien.

— Les autres vont bientôt remonter de la cave. En attendant tu vas m'aider. Tu décolles les fonds et tu les coupes à l'emporte-pièce. Regarde, c'est simple comme tout.

Julien se mit à décoller les biscuits alignés sur de grandes feuilles de papier, que le passage au four avait bruni et rendu friable. Ensuite, avec un emporte-pièce à peine plus petit que les biscuits, il les taillait pour en affranchir le bord. Le second changea de terrine.

— Crème au kirsch, annonça-t-il.

Il prit un litre sur le rayon, le déboucha et, fermant à demi le goulot avec son pouce, il fit couler quelques gouttes de kirsch dans la crème. Il porta ensuite le goulot à ses lèvres et avala une longue rasade. Ayant passé sa main sur le rebord du goulot, il tendit le litre à Julien.

— Tiens, dit-il, bois.

— Non, dit Julien, merci.

— T'aime pas ça?

— Pas bien.

— Comme tu veux.

Il but de nouveau, reboucha le litre et, après s'être assuré qu'il était bien fermé, il le secoua encore au-dessus de la crème, comme pour la parfumer davantage.

— Voilà, dit-il en riant, comme ça ils en ont pour leur argent et au moins, ça ne risque pas de leur faire du mal.

Lorsque le chef et Maurice remontèrent, Julien apprit comment on vidait la plonge. Il fallait puiser l'eau avec des seaux que l'on portait ensuite jusque dans la cour. Comme le bac était cubique, dès que le niveau de l'eau était bas, il fallait utiliser une boîte de conserve pour emplir les seaux, puis, pour terminer, une grosse éponge.

L'eau était à peine tiède. La graisse commençait

à se figer. Elle collait sur le métal et rendait l'éponge visqueuse. Julien avait noué un tablier de toile de sac autour de sa taille, mais, malgré cela, il sentit bientôt l'humidité traverser son pantalon. Chaque fois qu'il devait se courber en avant pour plonger les bras et le torse au fond du bac, il aspirait une longue bouffée d'air et se retenait de respirer pendant tout le temps qu'il demeurait baissé. Mais ce n'était pas seulement dans la plonge que l'air empestait le graillon, c'était dans ce recoin sans aération où il se trouvait.

Les autres travaillaient en silence. Le chef près de la fenêtre, le second à côté de la porte et Maurice sur le petit marbre qui prolongeait le fourneau.

Julien ne sentait de fatigue ni dans ses bras ni dans son corps, mais seulement quelque chose qui lui comprimait l'estomac. A plusieurs reprises il eut envie de vomir.

Une fois la plonge vidée, il la rinça avec l'eau que Maurice avait mis à chauffer dans une grande bassine. Puis il recommença de vider et d'éponger cette eau un peu plus chaude et un peu moins grasse que la première. Enfin, ayant lavé les deux seaux, il se remit à faire la navette, toujours entre la cour et le fond du laboratoire, pour emplir le bac d'eau propre.

Il avait à peine terminé que la porte de la salle à manger s'ouvrit. La patronne parut sur le seuil et cria :

— En course!

Maurice demanda :

— Moi, madame?

— Tous les deux, il faut bien que Julien apprenne.

Ils se lavèrent les mains, grimpèrent se changer et sortirent les deux bicyclettes.

— Ce sont des pains d'épice à porter faubourg de Chalon. C'est chez Mme Jeunot, surtout, n'entrez pas les deux.

— C'est très bien, dit Maurice. Ce n'est pas fragile. Ça fait une bonne occasion pour lui apprendre à porter la corbeille.

— C'est exactement ce que je pensais, dit Mme Petiot.

Ils sortirent par le couloir qui était à présent complètement obscur.

— Le plus facile, dit Maurice, c'est sur la tête. On peut aussi porter sur le bras, mais tu apprendras plus tard.

Il laissa Julien monter sur le vélo, et lui montra comment il devait poser sa corbeille sur sa toque et la tenir d'une main.

— C'est là que tu vas apprécier le frein à pied, dit-il.

La porte du magasin s'ouvrit et Mme Petiot parut. Elle avait son grand sourire avec, toutefois, une lueur d'inquiétude. Sa sœur vint se planter à côté d'elle, souriant également et roulant ses gros yeux derrière ses verres. Un peu en retrait, un plateau vide à la main, Colette observait aussi. Elle souriait à peine, et quand Julien la regarda, il lui parut qu'elle souffrait autant que lui. Tout de suite elle se retourna et disparut.

Au départ, Julien crut qu'il allait tomber ou lâcher la corbeille. Il fit la descente lentement, s'appliquant à ne pas donner de trop brusques coups de frein et, une fois en bas, il lui sembla qu'il courait moins de risques. Maurice roulait à côté de lui et l'encourageait.

— C'est bien, c'est bien, te crispe pas. Et t'occupe pas des cons qui se marrent; je voudrais les voir à ta place.

Pour monter la rue des Arènes, Maurice l'aida un peu en le poussant doucement, la main bien à plat sur son dos. Une fois en haut, il lui dit :

— Lance-toi bien, lâche ton guidon et change de main.

Julien hésitait.

— Allez, te dégonfle pas. Faut le faire le premier jour sinon tu ne sauras jamais conduire de la main droite, et quand tu feras une journée de courses, tu ne tiendras pas le coup.

Julien réussit parfaitement et recommença plusieurs fois ce changement de mains.

— Tu vois, c'est simple, dit Maurice.

— Pourquoi la patronne ne veut pas qu'on entre tous les deux ? demanda Julien.

— A cause du pourboire. Ça aurait l'air de réclamer le double.

Ils s'arrêtèrent devant une petite villa construite au milieu d'un jardin. Aussitôt Julien pensa à la maison de ses parents.

— Tu vas jusqu'à la porte et tu sonnes, expliqua Maurice. Tu dis que tu apportes des pains d'épice, et tu ouvres la corbeille, c'est tout. Allez, va, je t'attends ici.

Julien traversa le trottoir. Comme il atteignait la grille, Maurice le rappela.

— Hé! Te présente pas avec ta corbeille sur la tête, prends-la sur le bras.

Une grosse dame d'une cinquantaine d'années vint ouvrir. Julien entra, tira la baguette de sa corbeille et souleva le couvercle d'osier sur lequel était tendue une toile cirée blanche. La femme prit le paquet.

— J'espère qu'ils sont frais, dit-elle.

— Oui, madame, fit Julien en refermant sa corbeille.

— C'est bien. Tu es nouveau?

— Oui, madame.

— Tu es de Dole?

— Non, madame, de Lons-le-Saulnier.

— Très bien. Tiens, voilà pour toi.

Julien prit la pièce de cinquante centimes et la garda dans sa main.

— Au revoir, madame, dit-il, et merci bien.

Il traversa le jardin. Il y avait de gros dahlias rouges et, en bordure de l'allée, de toutes petites fleurs bleues qui sentaient bon. Julien respira profondément. Il pensait à l'odeur de la plonge.

— Alors, demanda Maurice, tu as eu tes dix ronds?

— Oui, comment le sais-tu?

— On vient assez souvent ici, elle donne toujours dix ronds.

Julien tendit la pièce.

— Non, dit Maurice, c'est pour toi, garde. Tu verras, demain c'est samedi, tu vas aller chez un inspecteur d'académie qui habite derrière la gare. C'est un chic type, chaque fois il te donne cent sous. Il est le seul à donner autant. C'est un sacré type! Ça se voit sur sa figure qu'il est gentil. Par contre, il y a de beaux salauds qui te font aller aux cinq cents diables pour te filer royalement cinq sous.

— Ça ne fait rien, dit Julien, c'est toujours agréable d'aller loin, c'est une promenade.

Maurice le regarda, surpris.

— Tu parles. Tu vas voir en rentrant, si c'est marrant. Tu te figures peut-être que les autres vont te faire ton travail pendant que tu es en courses. Ça m'étonnerait, moi.

Lorsqu'ils revinrent, le laboratoire était désert. Il y faisait sombre et triste. Maurice alluma la lampe du centre et celle de la plonge.

— Tu vois, dit-il, le chef et le second sont partis à 5 heures. Nous, on va se remettre au boulot.

— Qu'est-ce qu'il y a à faire?

— Le four à éclairer, le fourneau et le feu de la plonge à préparer pour demain, les cendres à sortir, monter du coke et balayer le labo.

Le foyer du four s'ouvrait sur le côté, dans le petit réduit de la plonge, tout au fond avant le charbonnier à guichet. Il fallait sortir les cendres, trier le mâchefer et le coke encore bon. Il faisait chaud. La gueule du foyer soufflait un air brûlant qui sentait le charbon. Une fois le plus gros travail fait à la pelle, Julien apprit à se servir d'un râble à manche métallique pour achever le nettoyage du foyer, et tirer les cendres qui obstruaient l'entrée de la gaine. Il fallait, pour s'éclairer, enflammer un journal, le pousser jusqu'au milieu et se hâter de travailler pendant qu'il brûlait. Les flammes se couchaient, filant vers le fond. Le manche de métal devenait rapidement brûlant.

— Prends des patins, dit Maurice.

Julien empoigna le râble avec deux morceaux de serpillière qui servaient au nettoyage des plaques. La chaleur ramollissait le sucre qui imprégnait l'étoffe, et les patins collaient soit au manche du râble, soit aux mains de Julien.

— C'est un sale turbin, dit Maurice, j'aime encore mieux la plonge.

— Peut-être, haleta Julien.

Il étouffait. La sueur lui brûlait les yeux.

— Tu aurais dû quitter ta veste pour faire ça.

Julien se dévêtit, ne conservant qu'un maillot de corps. Il était mince, mais très musclé et la sueur faisait briller son dos sous la lampe basse de la plonge. La lueur des journaux qui brûlaient dans le foyer éclairait son visage tendu. De grosses gouttes s'accrochaient à ses sourcils, suivaient son nez pour trembloter un moment au bout avant de tomber dans les cendres.

Maurice se pencha et regarda.

— Ça va, dit-il. A présent, prends le ringard pour casser le mâchefer qui est collé à la grille.

Julien se redressa et porta la main à ses reins, Il fit une grimace. Maurice sourit.

— Tu en as marre, dit-il, laisse, je vais le faire.

— Non, non, dit Julien. C'est seulement parce que je ne suis pas habitué à cette chaleur. Qu'est-ce que tu m'as dit de prendre?

— Le ringard. Ce grand pique-feu, là.

Il lui montrait une longue barre de fer pointue d'un bout et recourbée en forme de poignée à l'autre extrémité.

— Vas-y, tape dans le mâchefer. Ça, c'est une chose qu'il faut bien faire tous les jours, sinon, quand il y en a trop, tu risques de casser la grille en essayant de le décoller. Et alors, là, ça pourrait faire du vilain.

Julien vida encore le long cendrier, qui formait sous le foyer comme un petit bassin, et dans lequel il apporta deux seaux d'eau.

— Faut toujours qu'il y ait de l'eau, expliqua Maurice, ça active le tirage.

En allant emplir ses seaux dans la cour, Julien passa plusieurs fois ses bras et sa tête sous le robinet. L'eau glacée lui redonna des forces. Au retour, il la sentait couler de sa nuque tout le long de son dos.

Ils sortirent les cendres dans deux grandes poubelles, n'en conservant qu'un petit tas près du foyer.

— On les mouille, expliqua Maurice, et ça sert pour couvrir le feu avant d'aller se coucher.

Lorsque le four fut allumé et les foyers du fourneau et de la plonge vidés, ils se mirent à monter le coke. Maurice avait pris un sac à sucre vide qu'il mit sur sa tête à la manière d'un capuchon, et ils descendirent dans la cour aux bûchers par l'escalier étroit où il faisait presque nuit.

— En hiver, dit Maurice, on est obligé de faire ça entre une heure et 2 heures parce que le soir on n'y voit rien.

— Il n'y a pas de lampe dans la cour ni dans l'escalier?

— Non mais l'escalier, une fois qu'on le connaît, ça va tout seul.

Il posa près du tas de coke deux grands cageots en bois.

— Tu vas charger, dit-il, j'en monte un pendant que tu remplis l'autre. Je ferai dix voyages et toi dix, avec ça, ça suffit.

Maurice eut vite fait les dix premiers voyages. Julien lui donna la pelle, mit le sac vide sur sa tête et empoigna le premier cageot. Il parvint assez facilement à le charger sur son épaule et s'engagea dans l'escalier. Il allait la tête baissée, le corps un peu penché en avant et les bras levés. La lampe du laboratoire éclairait à peine le haut de l'escalier, mais tout le reste demeurait dans l'ombre et Julien tâtonnait du pied la pierre irrégulière des marches usées. Plusieurs fois il heurta les murs avec ses coudes et faillit être entraîné en arrière par le poids du cageot. En haut, il fallait se baisser pour passer sous l'encadrement de la porte, puis, parvenu au charbonnier, se hisser sur la pointe des pieds et pousser des bras pour vider le cageot par-dessus les planches. Le feu ronflait, il faisait dans ce recoin une chaleur étouffante. L'eau du cendrier commençait à fumer comme le Doubs un matin de printemps. La grille noire et le charbon chauffé à blanc s'y reflétaient.

Après le quatrième voyage, Julien se laissa tomber sur une caisse, à la porte du bûcher.

— Qu'est-ce que tu as, demanda Maurice, tu en as marre?

Julien secoua la tête comme un cheval qui vient de boire.

— Laisse-moi me reprendre une minute, dit-il.

Maurice lui retira le sac capuchon en disant :

— Charge, va, je porterai. Tu manques d'entraînement.

Le jour baissait, dans cette cour encaissée entre les maisons. Il n'y avait pas de bruit. Julien se leva lentement et regarda son camarade. Maurice ébaucha un sourire et empoigna le cageot qu'il chargea sur son épaule d'un mouvement rapide des bras et du buste.

— Te casse pas la tête, va, on y arrivera, dit-il.

Et il disparut dans la bouche noire de l'escalier. Julien fixa un instant des yeux ce trou d'ombre d'où fluait une odeur froide de moisi. Il regarda le ciel encore clair où volaient des martinets. Une musique venait d'une fenêtre ouverte. Très faible, montant du port ou du canal, le long appel d'une péniche parvint jusque-là, renvoyé par l'écho des façades. Julien sentit un frisson courir le long de son dos trempé. Il soupira et se remit à emplir le cageot.

10

Lorsque tout fut terminé, Maurice alluma la lampe de la cour et ils se lavèrent au robinet. La patronne ouvrit la porte de la salle à manger et posa deux litres vides sur le seuil.

— Vous penserez au vin, dit-elle.

— Oui, madame, répondit Maurice.

Puis dès qu'elle eut refermé, il ajouta :

— C'est jamais fini.

Une fois les litres remplis aux tonneaux de la cave et posés sur la table de la salle, ils revinrent au laboratoire. Maurice alluma seulement la lampe de la plonge pour pouvoir remettre du coke dans le foyer. Ainsi éclairée, la pièce avait quelque chose d'étrange. Les ombres portées s'étiraient contre les murs, sur les tables et les poutres du plafond. Les reflets roux des cuivres trouaient les coins obscurs, s'accrochaient dans la nuit comme de grosses étoiles. Il faisait chaud, mais les odeurs étaient moins fortes. Dans la sciure de bois qui recouvrait les dalles se voyaient seulement quelques traces de pas.

Adossé au marbre, Julien regardait son camarade charger le four. Peu à peu ses yeux se fermaient, il luttait contre le sommeil.

— On a peut-être cinq minutes, dit Maurice. Viens jusque sur la rue.

Ils allèrent au bout du couloir et s'appuyèrent de chaque côté de la porte.

— Si tu vois la patronne sortir du magasin, planque-toi en vitesse.

— Pourquoi, c'est défendu de venir là?

— On ne peut pas dire que ce soit défendu, mais elle n'aime pas bien ça, alors, si elle te voit là, elle trouvera toujours du travail à te donner.

Sur les trottoirs, des gens passaient, revenant de leur travail. La lueur des vitrines éclairait la rue. En face, appuyé comme eux au chambranle d'une porte, un garçon en veste blanche leur fit un signe de la main. Maurice lui répondit en précisant.

— C'est l'apprenti du charcutier.

Des filles passèrent et il lança un petit coup de sifflet. L'une d'elles se retourna et fit une grimace en haussant les épaules.

— C'est des étudiantes, dit-il, elles sont rudement fières.

Bientôt M. Petiot sortit du café et traversa la rue.

— On va bouffer, annonça Maurice.

En passant devant eux, le patron sourit.

— Alors, tout est fait? demanda-t-il.

— Oui, monsieur.

— Tu lui as montré pour le four?

— Oui, monsieur.
— C'est bien, venez à table.
Le patron entra au magasin. Ils reprirent le long couloir où Julien se dirigeait en tâtant le mur de la main.
Ils mangèrent rapidement. Le patron avait mis en marche le poste de T.S.F. pour écouter les informations qu'il commentait à mesure.
Quand ils quittèrent la salle à manger, il les accompagna dans la cour et ouvrit la glacière. Le second qui les avait suivis disparut par le couloir. Maurice sortit d'un réduit un coffre en fer carré à double cloison et surmonté par une anse.
— C'est un rafraîchissoir, dit-il, regarde comme on le garnit.
Il pila de la glace dans un mortier en pierre et la mit entre les deux cloisons du rafraîchissoir en y mêlant du sel rouge. Pendant ce temps-là, le patron préparait des boîtes de chocolats glacés. Personne ne parlait. Julien sentait ses yeux se fermer. Il y avait partout du sommeil qui montait des recoins que la lampe laissait dans l'ombre. Derrière les rideaux de la porte, les femmes allaient et venaient dans la salle à manger. Julien voyait tout cela dans un brouillard : Quand le refraîchissoir fut prêt, Maurice le prit par la poignée, et se dirigea vers le couloir. Julien resta immobile, appuyé à la porte du grand frigidaire. Maurice se retourna.
— Viens, dit-il.
Julien le suivit, marchant sans bien savoir ce qu'il faisait. Il entendit derrière lui claquer le couvercle de la glacière que le patron refermait. Le bruit courut dans le couloir comme dans une caverne. Sur le trottoir, Maurice s'arrêta.

— Prends d'un côté, dit-il, on changera en route.

— Où allons-nous? demanda Julien.

— Au cinéma, tu as bien entendu.

Il ne répondit pas, empoigna le métal glacé et se remit à marcher.

Le cinéma n'était pas très éloigné, de l'autre côté de la place Grévy, à l'entrée de l'avenue de Gray. Lorsqu'ils arrivèrent, la séance commençait. Une ouvreuse les conduisit derrière la caisse où ils posèrent leur rafraîchissoir.

— Vous restez un moment? demanda-t-elle.

Maurice se tourna vers Julien.

— Ça te dit de voir les actualités?

Julien fit non de la tête. L'ouvreuse était une grande forme noire, Maurice une forme blanche. L'une et l'autre remuaient vaguement, en échangeant des mots sans suite. Julien entendit : « Nouveau, premier jour... une autre fois. » Il sourit et suivit Maurice qui s'en allait.

Il se réveilla un peu en arrivant. Pour fermer le magasin, il fallait prendre de grands volets de bois alignés dans le couloir, les porter dans la rue et les accrocher en haut de la devanture.

— Fais bien attention aux vitres, dit Maurice, si tu en cassais une, tu aurais au moins deux ans de travail pour la payer.

Julien tremblait un peu. Il acheva de se réveiller.

— On a de la chance, dit Maurice, il n'y a personne, faut se dépêcher de boucler avant que des imbéciles viennent s'installer au salon de thé. Quand ça se produit, ça nous mène facilement jusqu'à 11 heures.

Ils fixaient la barre de fer qui maintient les volets, lorsque Colette sortit. Elle leur dit bonsoir et s'éloigna de son pas rapide et court, un peu sautillant.

— Elle a tout de même pas la frousse, cette gamine, de s'en aller toute seule à cette heure-là dans un quartier pareil.

Ils traversèrent le magasin, puis la salle à manger où le patron comptait la recette de la journée. La patronne écrivait dans un grand registre. Elle les regarda en souriant, montra le livre et dit :

— Il y a beaucoup de courses pour demain et dimanche; vous allez faire de bons pourboires, mes petits.

Julien qui était sorti le premier s'engagea dans l'escalier.

— Hé là, fit Maurice, où vas-tu? C'est pas fini. Reste le four à charger et à couvrir.

Julien suivit. Cour... Porte... laboratoire... lumière...

— Regarde, dit Maurice en désignant du doigt le cadran du pyromètre, il faut qu'il marque 210. S'il n'y est pas, tu grattes le feu et tu attends encore un peu. Ce soir, il fait même plus, presque 220 tu vas mouiller les cendres pendant que je chargerai au coke, ensuite on le couvrira.

Julien restait immobile. Maurice lui tendit un seau.

— Va le remplir au robinet.

Julien partit. L'eau en coulant dans le seau faisait le bruit d'une immense cascade. Toute la cour était pleine de ce bruit qui devait monter entre les quatre murs jusqu'à ce carré de ciel où les étoiles tremblaient. Le seau était lourd, très lourd et l'eau qui ruisselait sur le pantalon et les espadrilles de Julien était glacée.

Maurice expliqua beaucoup de choses. Le coke... les cendres... bien mouiller... couvrir... pousser le tirage... Mais il était loin. Sa voix bourdonnait. Son visage dansait sur le fond noir du charbonnier; les lueurs du foyer faisaient briller ses yeux et ses dents blanches. Des perles d'or tremblotaient sur son front.

Il fallut marcher encore et enfin gravir l'escalier.

Dans la chambre, Maurice continua son monologue. Le second n'était pas rentré. Julien se déshabilla, se glissa entre les draps, et, tout de suite, la voix de Maurice s'éloigna. La lumière s'éteignit. Une grande vague monta; puis ce fut le vide obscur et silencieux.

11

Il faisait grand-nuit lorsque Julien s'éveilla. Il n'y avait aucun bruit. Il essaya d'ouvrir les yeux mais sentit un poids sur ses paupières. Il se gratta la poitrine, puis le dos, puis le ventre et acheva de se réveiller.

— Les punaises!

Il se souvint aussitôt qu'il n'était ni chez ses parents ni chez sa tante. Il se souleva sur un coude et tourna la tête. La fenêtre était grande ouverte sur un pan de toit luisant et un triangle de ciel plein d'étoiles. Peu à peu Julien distingua le placard plus sombre que le mur; le lit de Maurice d'où montait un souffle régulier; celui du second, à peine visible dans l'angle le plus sombre de la pièce.

Julien se gratta encore. Il aurait voulu se lever et éclairer, mais il n'osa pas. Il se recoucha, continuant de se gratter en remuant le moins possible à cause du bruit que faisaient les lames de son sommier. Tout son corps était en feu et il éprouvait également une douleur dans les reins. Il entendit un camion s'approcher. Le moteur ralentit, reprit de la force, changea de vitesse puis gronda, plus proche et plus rageur.

— Il doit monter la rampe du cours, pensa Julien.

Ce bruit l'occupa un moment, puis le silence revint, troublé seulement de temps à autre par un ronronnement lointain de moteur ou le sifflet d'un train qui n'en finissait plus de se perdre au fond de la nuit.

Le second remua dans son lit. Son sommier grinçait presque autant que celui de Julien.

— Tu ne dors pas, petit? demanda-t-il à voix basse.

— Non. Je vous ai peut-être réveillé, en remuant, dit Julien.

— Oui, mais ça ne fait rien, il ne doit pas être loin de 4 heures. Ce sont les punaises qui t'ont réveillé?

— Je pense, ça me gratte de partout.

— Essaie de ne pas y toucher, sinon tu vas t'arracher la peau, et les écorchures peuvent toujours s'infecter. Si tu restes tranquille, dans une heure tu ne sentiras presque plus rien.

Il y eut un grincement et Julien reconnut le bruit que faisait la porte du couloir.

— Je ne m'étais pas trompé, dit le second, voilà André.

La porte de la chambre s'ouvrit bientôt, l'interrupteur claqua et la lumière obligea Julien à refermer les yeux un instant.

— Debout là-dedans! cria le chef.

Il s'approcha du lit qu'occupait Maurice, empoigna le drap et les couvertures qu'il rejeta au pied du lit. Le garçon grogna. Le chef lui donna quelques claques sur les cuisses.

— Allez, gros lard, dit-il, debout.

Puis il vint près de Julien qui s'était assis. Il se baissa pour mieux le voir.

— Eh bien, dit-il, qu'est-ce qu'elles t'ont mis, ces vaches-là!

Le second se leva et s'approcha à son tour en achevant de boutonner son pantalon.

— Il est amoché, dit-il, mais je crois tout de même qu'il a moins de mal que Maurice les premiers jours.

— C'est possible, dit le chef, peut-être qu'il s'habituera plus vite.

Le second était torse nu, une serviette de toilette sur l'épaule, il sortit et Julien entendit couler l'eau dans la cour. Le chef s'était retourné.

— Nom de Dieu, dit-il, tu te payes ma tête toi! Tu veux une bassine d'eau pour te faire lever?

Maurice avait remonté ses couvertures. Le chef les tira de nouveau et le mit debout en l'empoignant par un bras.

Ils se lavèrent tous trois au robinet de la cour puis, comme ils remontaient, le chef dit à Maurice :

— Si tu trouves de l'eau de Cologne là-haut, frotte-le où il est le plus marqué, c'est toujours un désinfectant.

Julien avait une bouteille d'eau de Cologne. Son camarade lui frictionna le dos et la poitrine, puis ils achevèrent de s'habiller.

Il était 4 heures moins 10 au réveil du laboratoire.

— Vous n'êtes pas en retard ce matin, chef, remarqua le second.

— C'est à cause de Julien, vaut mieux essayer de se mettre un peu en avance, tant qu'il n'est pas encore dans le coup.

Avant de descendre, Julien s'était regardé dans le petit miroir accroché au placard de Victor. Ses paupières étaient enflées et il avait du mal à ouvrir les yeux. Le reste de sa figure était à peu près intact, mais son cou était couvert de petites cloques rouges. Il avait constamment envie de se gratter.

— Je vais te faire tremper les mains dans le miel, dit le chef en riant, comme ça, tu ne pourras pas te toucher.

Au bout du plus long des tours de marbre, le second s'était mis à étendre au rouleau de gros pâtons blancs. Il les allongeait en bandes rectangulaires qu'il coupait ensuite en triangles. A côté de lui, le chef prenait ces triangles de pâte un par un, et les roulait d'une main en les tenant de l'autre par la pointe. Cela formait de petits boudins aux extrémités amincies qu'il posait devant Julien. Julien les alignait sur de grandes plaques noires en leur donnant la forme de croissants. Le second et le chef travaillaient avec une telle rapidité qu'il y eut bientôt devant Julien un gros tas de croissants.

— Plus vite, plus vite, disait le chef.

Julien avait oublié ses démangeaisons. Il ne voyait que les plaques noires où il fallait aligner ces croissants de façon régulière, en leur donnant exactement la forme convenue.

— Mets bien les pointes dessus, qu'ils puissent lever comme il faut, sinon le patron va râler.

Le chef cessa de rouler, empoigna une plaque vide qu'il posa devant lui. En quelques secondes, elle fut pleine.

— Tu vois, dit-il, comme ça et à toute vitesse.

Le travail n'était pas pénible, mais Julien transpirait déjà à grosses gouttes. Il calcula que le chef travaillait à peu près vingt fois plus vite que lui. Il fallait mettre quatre croissants dans le sens de la largeur et neuf sur la longueur. Il voulut aller plus vite mais, arrivé au bout, il lui manquait la place d'une rangée. Le chef lui tapota l'épaule.

— T'énerve pas, petit. Ça ne sert à rien, tu ne feras que des conneries. Il y a un geste à se mettre dans les mains, pas dans le crâne; dans les mains. Il faut le faire sans penser à rien, sans même compter. Ça doit tomber pile comme une bonne machine bien réglée.

Julien sentait des larmes de rage au bord de ses yeux. Il renifla un bon coup pour les retenir; mais, plus il tentait de se calmer, moins ses mains étaient agiles. Elles finissaient par ne plus lui obéir du tout. Lorsqu'une plaque était pleine, il devait la porter dans l'étuve et la poser sur un des rayons formés par deux tiges de fer scellées dans le briquetage. Quand il y en eut dix, le chef s'approcha.

— A présent, dit-il, faut retourner les plaques. Tu vois, tu les tires à moitié, tu fais pivoter sur une main et tu pousses. Ça aussi c'est un coup à prendre pour aller vite sans te brûler et sans risquer d'en faire tomber.

Julien essaya.

— Très bien, dit le chef, tu vois, pour ça tu as pigé du premier coup. Le reste viendra aussi, va!

Julien s'affairait. Peu à peu il sentait monter en lui une espèce de fièvre qui le gonflait de joie, sans lui ôter cette inquiétude qui alourdissait ses gestes.

— Ça va mieux, disait le chef. C'est bien. C'est bien.

De temps à autre, il était pourtant obligé de garnir une plaque pour rattraper le retard que prenait Julien. Lorsque dix autres plaques furent posées sur les rayons de l'étuve, il dit à Julien :

— Tu sors les dix premières que tu mets à l'échelle du four et tu retournes les autres.

L'échelle était également une succession de tringles fichées deux à deux dans le mur, à côté du four, et formant ainsi des rayonnages allant du sol au plafond.

Les plaques étaient déjà chaudes. Julien les prenait très vite et les faisait glisser sur les barres de fer.

Le chef s'était mis à siffloter une rengaine. De temps à autre, il s'interrompait pour lancer en riant :

— C'est bien, c'est bien. Le métier rentre.

Comme un écho, le second répondait :

— Et que ça saute, nom de Dieu, sinon nous allons manger de l'argent!

Julien n'avait pas encore eu le temps de regarder Maurice qui s'occupait du fourneau. Il se tourna vers lui. Le feu ronflait, il y avait déjà plusieurs casseroles et Maurice remuait vivement dans une bassine avec une longue spatule en bois.

— Ah! faut pas t'arrêter, petit, dit le chef, sinon tu vas perdre le rythme.

Julien se précipita sur une plaque, la sortit de l'étuve et, manquant le rayon de quelques millimètres, il la glissa un peu trop bas. Les deux tiges de fer embrochèrent chacune une rangée de croissants amollis et gonflés par la tiédeur de l'étuve. Voulant les rattraper, Julien pencha la plaque et d'autres croissants tombèrent dans la sciure.

Victor se retourna le premier.

— Vingt dieux! lança-t-il, c'est plus le métier, c'est l'échelle qui rentre, mais dans la pâte.

Le chef se précipita, prit la plaque d'une main et, de l'autre, récupéra la pâte molle qui s'étirait, pendue au barreau et menaçait de tomber sur les plaques posées aux rayons inférieurs.

— Victor, dit-il, ramasse ce qui est par terre et jette-le dans le fourneau.

Maurice souleva la bassine. Le second empoigna un gros pâton luisant de graisse où collait la sciure, et le jeta sur le coke embrasé.

— Allez, Maurice, ferme vite, que ça risque de puer, dit-il.

En effet, une odeur de pain brûlé se répandait déjà dans le laboratoire. Julien s'était mis à trembler. Toutes les larmes retenues tout à l'heure venaient de remonter d'un coup à ses paupières et, cette fois, elles coulaient sur ses joues. Le chef, qui avait pu récupérer cinq croissants sur la plaque accidentée, le regarda :

— Tu vas pas chialer pour ça, dit-il en riant. C'est un accident, quoi, ça arrive à tout le monde.

— T'inquiète pas, ajouta le second, on va arranger ça, le patron n'est pas encore là.

— 5 heures moins le quart, dit le chef, il ne va pas tarder.

Il recompta les plaques.

— On va être juste, fit-il avec une grimace. Tant pis, je dirai que j'avais pesé un peu faible.

— Pensez-vous, fit Victor, je vais tirer un peu sur ce qui reste à débiter, on doit pouvoir rattraper à peu près ce qui manque.

— Ils vont être vraiment plus petits.

Le second posa ses poings sur ses hanches et regarda le chef en s'efforçant à prendre un air étonné.

— Si je calcule bien, dit-il, il y aura juste les quatre dernières plaques où ils seront plus petits.

— Oui.

— Alors, si le vieux dit quelque chose, pas difficile. Moi je jure sur ma pipe des dimanches que j'ai tout débité de la même façon, et vous, chef, vous glissez adroitement que, peut-être, ils ont été enfournés avant d'être assez levés. Et comme c'est le patron qui tient le four, c'est lui qui passera pour un con.

Ils se mirent à rire.

— C'est bon, dit le chef, tu as raison, mais grouille-toi, sinon il va être là avant qu'on ait tout mis sur plaques.

Julien essuya une larme. Son chagrin le gonflait encore, mais il y avait autre chose. Une chose qu'il aurait voulu exprimer, laisser sortir de lui comme il avait laissé couler ses larmes, cependant c'était impossible. Il put seulement bredouiller en se remettant au travail :

— Merci, chef.

Mais personne ne put l'entendre, car Maurice remuait à grands coups de tisonnier le charbon incandescent du fourneau, et le chef s'était remis à siffler sa rengaine.

Il faisait bon travailler. L'air vif du matin pénétrait par l'entrebâillement de la porte et luttait avec la chaleur douce qui venait de l'étuve. La crème jaune que Maurice venait de cuire et qu'il avait fait couler sur le marbre en une large flaque gélatineuse, sentait bon la vanille. Son parfum arrivait en grandes ondes de buée qui montaient en s'effilochant vers les poutres noircies.

Le patron descendit alors que le second commençait à tirer la pâte à brioche de la grande bassine où elle avait passé la nuit.

— Bonjour, dit-il.

Tous répondirent :

— Bonjour, m'sieur!

— Le café est chaud?

— Oui, monsieur, dit Maurice en posant une casserole sur la table du four.

— Alors, demanda le patron, il s'y fait le petit?

— Très bien, dit le chef, très bien.

Le patron s'approcha pour prendre un bol sur un rayon et regarda Julien.

— Il a été drôlement piqué, dit le chef.

— Ce sont les moustiques, dit le patron. Dans ma chambre aussi il y en avait. C'est rien, ils vont crever aux premières gelées. Le four est bon?

— Deux cent dix, pile, répondit Maurice.

— Ça va. Buvez votre café.

Ils prirent chacun un bol, et le patron leur servit le café qu'il avait sucré dans la casserole. Ils burent, posèrent les bols sur le rayon et se remirent au travail.

Tandis qu'ils moulaient les brioches, le patron enfourna dix premières plaques de croissants et sortit.

— La gazette est allée faire le plein, dit Victor.

Quelques minutes plus tard, le patron revint avec le journal. Il le posa, prit sa pelle à four, retourna une à une ses plaques de croissants et referma le four. Une bonne odeur avait envahi le laboratoire. Julien sentit sa bouche s'emplir de salive.

Le patron ouvrit le journal.

— Tiens, lança-t-il, Mussolini est rentré en Italie. (Il se mit à lire.) « Le Duce invite officiellement le Führer à venir en Italie... M. Mussolini a fait à Rome une arrivée triomphale! »

Il se tut un moment. Regarda le four, puis, revenant à son journal, il se remit à lire les titres à voix haute.

— « Le retour à l'heure normale aura lieu cette nuit, à minuit. Retardez d'une heure vos montres et pendules. » Tiens, c'est vrai, j'y pensais plus, ça tombe bien, un samedi soir, ça nous fera une heure de plus à dormir.

Il tourna une page, puis tout de suite, reprit sa lecture :

— « Les réfugiés espagnols en France vont être refoulés sur leur pays. Une déclaration de M. Dormoy. » Ça alors, c'est une bonne chose. C'est même pas trop tôt qu'ils y pensent, à nous débarrasser de cette vermine. Comme s'il n'y avait pas déjà assez de communistes en France!

Il posa son journal et ouvrit les portes des deux étages du four. Puis, prenant une à une les plaques du bout de sa pelle en bois, il les passa du four du bas à celui du haut. Lorsqu'il eut terminé, il emplit le four du bas d'autres plaques tirées de l'étuve. Le second le surveillait du coin de l'œil. Lorsqu'il le vit empoigner les dernières plaques pour dorer les croissants, il lança :

— N'empêche qu'il y a quelques belles mômes, parmi les réfugiées espagnoles.

Le patron posa la plaque sur la platine du four et se retourna, son pinceau dégoulinant de jaune d'œuf à la main.

— Vous n'allez tout de même pas lorgner sur

ces filles-là, non? Vous savez ce que m'a dit le Dr Berger?

— Non.

— Eh bien, elles sont toutes poivrées, mon vieux. Et comme il faut encore! Si vous tenez à pisser des lames de rasoir, allez-y, je ne vous retiens pas.

Il s'était approché et gesticulait en donnant des explications. Au bout d'un moment, le second l'interrompit.

— Monsieur, vous avez laissé la porte de l'étuve ouverte.

Le patron se retourna d'un bloc.

— Merde, cria-t-il, ça y est, ils vont avoir pris un coup de froid. Vous me faites discuter, là, avec vos conneries d'Espagnoles!

Il dora ses quatre dernières plaques et les mit au four en disant :

— S'ils sont moins beaux que les autres, on les prendra pour livrer aux hôtels.

Julien regarda le second et le chef qui se pinçaient les lèvres pour ne pas rire. Maurice était sorti rincer une bassine au robinet de la cour. Le second adressa un clin d'œil à Julien en faisant un geste qui voulait dire : « Tu as vu, le vieux, dans la poche! »

12

Pendant que les croissants achevaient de cuire, Julien sortit les poubelles sur le trottoir et enleva les volets de bois du magasin. Il faisait encore nuit, la rue était presque déserte. Seuls la boulangerie et le magasin du marchand de journaux étaient ouverts. Un petit vent frais venait de la place Grévy et prenait la rue en enfilade. Julien en aspirait de longues bouffées et, chaque fois, il lui semblait qu'une grande joie coulait en lui. Il se hâta de terminer pour retrouver le laboratoire tout plein de bonne chaleur et de joie.

Lorsqu'il revint, le patron défournait les croissants. Il sortait les plaques au bout de sa pelle et les plaçait directement sur les barreaux de l'échelle métallique. Tout le laboratoire s'emplissait d'une odeur qui donnait faim. Quand il eut terminé, il se tourna vers Julien et se frotta les mains en disant :

— Allez, gamin, à nous deux. Apporte un peu la grande corbeille.

Julien posa sur la table du four la plus grande des corbeilles à couvercle qui servaient aux livraisons. Debout en face du patron, il attendit :

— Voilà, expliqua M. Petiot. Tu en prends deux dans chaque main, tu les poses dans la corbeille et tu dis « quatre », moi je fais pareil et je dis « huit », et on va comme ça, à toute vitesse jusqu'à ce qu'on ait compté huit douzaines.

La corbeille pleine. Julien la prit sur sa tête et sortit.

— Maurice va te montrer, dit le patron, mais tâche de bien te rappeler tout; demain il ne pourra pas retourner avec toi.

Ils sortirent. La corbeille était lourde et très longue. Julien avait du mal à la tenir en équilibre. A chaque cahot l'osier tressé lui talait la tête et il grimaçait. Ils quittèrent tout de suite la rue de Besançon et s'engagèrent dans la rue Attiret étroite et sombre.

Quelques mètres seulement après le croisement, Maurice ralentit.

— Arrête-toi, dit-il.

Julien mit pied à terre en disant :

— Ça fait rudement mal à la tête.

— Justement. Tu ne penses pas qu'il soit possible de faire toute la tournée comme ça, non! Il croit au Père Noël, le patron. Il se figure que ses croissants sont davantage secoués sur le porte-bagages, tu parles, des croissants, c'est tout de même pas des œufs, non! Chaque matin, tu viens jusqu'ici avec la corbeille sur la tête, et tu t'arrêtes pour la poser sur le porte-bagages.

Julien posa la corbeille et se remit en selle.

— Minute, dit Maurice. En même temps, tu en profites pour sortir ton croissant et tu le prends dans ta poche pour pouvoir le manger en route.

Il tira à moitié la baguette, souleva un angle du couvercle, sortit deux croissants et en tendit un à Julien. Julien hésitait à le prendre.

— Bouffe et ne t'inquiète pas. Je t'expliquerai.

Ils repartirent en mangeant. Les croissants encore tièdes étaient croustillants et très bons.

— Comment allons-nous faire? demanda Julien, il y avait juste le compte.

— Non, il y en avait deux en plus.

Maurice souriait. Il se tut un moment, puis demanda :

— Tu n'as rien vu?

— Non.

— Le patron non plus. Heureusement. Ça n'était d'ailleurs pas tellement facile, mais j'ai eu juste le temps de les balancer dans la corbeille au moment où le singe regardait le four; tu sais, quand tu as emporté les plaques vides.

— Ben, mon vieux, tu es gonflé, dit Julien. Et tu as fait rudement vite.

— Je n'allais tout de même pas me passer de croissant, non! Et pour ce qui est d'aller vite, tu n'as pas fini de t'entendre dire que c'est le secret du métier. Faut jamais avoir les deux pieds dans la même galoche.

Ils montaient l'avenue Aristide-Briand et Maurice se tut un moment.

— C'est vraiment défendu de manger des croissants? demanda Julien.

— Tu parles, si c'est défendu! Tu as bien vu que le patron en mangeait?

— Oui.

— Est-ce qu'il t'a dit d'en prendre?

— Non.

— Alors, si tu en veux, il ne faut pas attendre qu'il t'en offre, il faut te servir.

— Mais si c'est défendu, c'est du vol.

Maurice se mit à rire.

— Tu déconnes. S'il nous en donnait, on n'aurait pas idée d'en faucher, alors, puisqu'il ne le fait pas, c'est normal qu'on se serve. C'est pas du vol, c'est de la resquille. Si tu en prenais pour les vendre, alors là, je ne dis pas. Mais pour manger, ce n'est pas du vol... Chez mon père, c'est pareil; et il avait toujours des ouvriers qui en resquillaient pour me les donner. Alors, tu vois, c'est pas du vol.

Julien ne répondit pas. Il regardait la route devant lui. Tout au bout, derrière la gare, les fumées des locomotives montaient dans le ciel à peine teinté des premières lueurs du jour. Au bout d'un moment, Maurice demanda :

— Tu ne crois pas que j'ai raison?

Julien hésita.

— Peut-être, dit-il. Je ne sais pas, moi, mais tout de même, prendre quelque chose en se cachant, c'est toujours un vol.

Maurice ralentit.

— Ecoute-moi, dit-il, tu feras comme tu voudras, mais si tu acceptes de manipuler des douzaines et des douzaines de croissants chaque matin sans jamais en goûter un, tu seras une belle cloche. En tout cas, je suis bien certain que tu seras le premier à le faire.

Julien réfléchit, puis il dit, en baissant un peu la voix :

— De toute façon, je n'oserai jamais faire comme tu as fait tout à l'heure.

— Mais, mon vieux, tu n'as pas à te casser la

tête comme ça, du moment que c'est toi qui les comptes. En le faisant, tu prends l'habitude de surveiller le patron. Il y a toujours un moment où il ne te regarde pas. A ce moment-là, au lien d'en prendre quatre, tu en prends cinq et tu comptes tout de même quatre. Si tu réussis le coup trois fois, ça te fait trois croissants à bouffer.

Julien ne répondit pas. Ils arrivaient sur la place de la Gare et s'arrêtèrent devant la porte du Buffet. Avant d'entrer, Maurice dit encore :

— Ah, il faut que je t'avertisse d'une chose. Un de ces jours, quand tu auras fini ta tournée, tu vas te trouver avec un ou deux croissants en plus dans ta corbeille. Un bon conseil, rapporte-les, et dis-le au patron.

— Ah oui, pourquoi?

L'autre sourit.

— Ce jour-là, ce sera lui qui en aura mis en plus. Pour voir si tu es honnête. Moi, Denis m'avait prévenu, mais il paraît qu'il y a quelques années, un arpète s'y est laissé prendre. Il a été foutu à la porte le jour même.

Maurice soupira, se dirigea vers la porte du Buffet qu'il ouvrit en murmurant :

— C'est comme ça, la vie, mon vieux. Faut s'y faire.

Ils posèrent deux douzaines de croissants et continuèrent la tournée des cafés et des hôtels qui ouvraient à peine leurs portes.

— Tu verras, expliqua Maurice, au buffet, il y a une autre bonniche qui est plus gentille que celle qui était de service ce matin. Elle te paye toujours un café au lait ou bien, en été, un verre de bière. Seulement, elle n'est pas là ce matin, ça doit être son jour de repos. La seule chose, c'est qu'elle est vieille. C'est toujours comme ça, tu le remarqueras, les vieilles sont gentilles, mais les jeunes, on dirait toujours des princesses offensées. Tu parles, pour des bonnes de bistrot!

Peu à peu les rues s'animaient. Le soleil montait à l'est où le ciel jaunissait. Quand ils terminèrent leur tournée par les hôtels de la place Grévy, il y avait comme un grand brasier derrière les arbres du cours Saint-Maurice. Des ombres s'étiraient, les statues se détachaient sur la lumière.

Lorsqu'ils passèrent en haut de la rampe du cours, Julien regarda en direction du canal. Très loin, peut-être tout au fond de la prairie d'Assaut, il aperçut le miroitement de l'eau. En ce moment, l'oncle Pierre devait détacher sa barque et prendre les rames pour s'éloigner en direction des piles.

La corbeille était vide. Ils arrivèrent sur les pavés et elle se mit à sautiller sur le porte-bagages avec un bruit d'échappement de moto.

Ils s'arrêtèrent devant le magasin. Claudine, qui lavait le marbre des vitrines, leur fit signe de la main, sans lâcher son éponge.

A cause de la clarté qui coulait dans les rues, le couloir paraissait plus froid et plus sombre. Julien y retrouva l'odeur écœurante de l'égout.

Au laboratoire, seules demeuraient éclairées les lampes de la plonge et du four. Le jour entrait par la fenêtre, mais c'était un jour un peu triste et qui semblait hésiter devant la lueur des lampes. Il faisait ici moins tiède que tout à l'heure, les odeurs étaient plus lourdes, et quelque chose d'indéfinissable semblait manquer à cette pièce où le travail continuait pourtant à cette même cadence un peu folle.

13

La journée du samedi fut très longue. Julien fit seul quelques courses, et reçut douze francs de pourboire. Mais, quand il revint au laboratoire à la nuit tombante, la plonge n'était pas terminée. Maurice avait allumé le four et montait le coke du bûcher.

— J'ai pensé bien faire en te laissant la plonge, dit-il. C'est moins dur que le four. Et puis, si on veut se coucher assez tôt, il faut que le four soit allumé de bonne heure pour qu'on puisse le couvrir en sortant de table.

L'eau du bac était presque froide. La graisse des terrines et la pâte des casseroles y faisaient comme un limon écœurant. Julien pinçait les lèvres, la sueur ruisselait sur son visage et la chaleur du four lui grillait le dos.

Ils avaient à peine terminé lorsqu'on les appela pour le dîner.

— On se lavera après, dit Maurice.

Julien mangea peu. L'odeur de la plonge ne le

quittait pas. Elle adhérait à ses mains, à son pantalon humide; elle était en lui et semblait monter du fond de ses poumons, à chaque expiration, comme le limon du fond du bac à chaque remous de l'eau grasse.

— Tu n'as pas faim, petit? demanda le patron.

— Pas beaucoup, monsieur.

— Il faut vous contraindre un peu, dit Mme Petiot avec son plus large sourire. Demain, il vous faudra beaucoup de forces.

— Laisse, dit le patron, les premiers jours, tu sais bien que c'est normal, ce sont les vapeurs de sucre qui les nourrissent. Il faut qu'ils aient le temps de s'y faire.

Aussitôt le repas terminé, ils portèrent les chocolats glacés au cinéma, puis Maurice couvrit le four.

— A présent, dit-il, on va vite fermer le magasin avant qu'il arrive des clients. Le samedi, c'est dangereux.

Comme ils passaient devant la salle à manger, Mme Petiot ouvrit la porte et tendit un plateau.

— Maurice, mon enfant, dit-elle, allez-vite me chercher un assortiment de petits gâteaux, M. Ramijon vient d'arriver.

Maurice prit le plateau. Son visage s'était crispé. Dès que la patronne eut refermé la porte, il explosa :

— Merde! La tuile! La grosse tuile! Ah, nom de Dieu! On aurait dit que je la sentais venir! Ça alors, c'est la catastrophe!

Julien le suivit et demanda :

— Mais, qu'est-ce qu'il y a donc?

— Ce qu'il y a? Tu vas voir. Viens. Tu verras

et tu comprendras tout seul. Si tu n'as jamais vu un beau spectacle, tu vas en voir un.

Il garnit son plateau d'une vingtaine de gâteaux de toutes sortes, et il le porta à la salle à manger. M. Petiot était là, souriant, ses deux mains posées sur son petit ventre bien rond. Il avait mis une veste blanche toute propre.

A travers la cloison en partie vitrée, on entendait parler dans le salon de thé, sans pouvoir comprendre ce qui se disait. Mme Petiot revint du magasin et regarda le plateau.

— Très bien, dit-elle, très bien. Restez ici encore un moment, on peut avoir besoin de quelque chose d'autre.

— Est-ce que j'y vais? demanda le patron.

Mme Petiot entrouvrit doucement la porte et colla un œil à la fente.

— Dans un petit moment, dit-elle. Pour l'instant, il faut nous laisser faire, Georgette et moi.

Elle maintint la porte avec la pointe de son pied, arrangea son corsage, eut un large sourire pour les deux apprentis et le patron, puis retourna au magasin. Tandis que la porte se refermait lentement derrière elle, Julien l'entendit qui disait :

— Oh, mon cher monsieur, nous avons goûté tout à l'heure les barquettes aux marrons, jamais elles n'ont été aussi bonnes. Je ne sais pas ce que mon mari a encore inventé...

Le reste se perdit, mêlé à d'autres voix. Le patron avait écarté légèrement le rideau et observait. Il fit signe à Julien d'approcher, et lui laissa la place.

— Regarde bien, dit-il, c'est le meilleur client que j'aie jamais vu pour la dégustation sur place.

La patronne et sa sœur étaient débout à côté d'un gros homme assis devant l'une des petites tables du salon. Elles bavardaient en multipliant les courbettes et les sourires. Le gros homme mangeait. Il devait avoir une trentaine d'années, mais son crâne était presque entièrement dénudé. Dans son visage rouge, ses yeux étaient deux fentes très minces que le mouvement des mâchoires fermait parfois complètement. Il prenait les gâteaux sur le plateau, les posait dans son assiette, les examinait un instant, puis mordait dedans à belles dents. Mme Petiot lui versa un verre de jus d'orange. Il but. Son triple menton remuait comme de la gelée. Il essuya ses lèvres avec une petite serviette rose, parut hésiter, puis, après un geste vague des deux mains et un mot adressé à Mlle Georgette, il prit un gros savarin au rhum garni de crème Chantilly, qu'il se mit à manger à la cuillère.

Il avait, de temps à autre, un hochement de tête qui voulait dire : « Parfait, excellent, très réussi. » Et il continuait de manger.

Quand il eut achevé, il leva les yeux vers Mme Petiot et lui parla. La patronne prit un petit bloc dans la poche de sa blouse et se mit à compter. Julien vit qu'elle se tournait vers lui et faisait un signe de la tête avec un clin d'œil. Il appela le patron.

— Monsieur, je crois que Mme Petiot veut quelque chose.

Le patron s'avança en demandant :

— Il ne mange plus?

— Non.

— Alors, c'est à moi.

Il se frotta les mains, tira sur les pans de sa veste pour en défaire les plis et poussa la porte.

Julien continuait de regarder. Le patron fit tout d'abord quelques pas en direction du magasin comme s'il n'avait pas remarqué la présence du gros homme. Puis, tournant la tête vers lui, il eut un geste de surprise des deux bras et se précipita en criant :

— Ah, monsieur Ramijon, quelle surprise!

Il serra longuement la main du gros homme, puis, tirant un fauteuil, il s'assit en face de lui, un peu en retrait.

Claudine était sortie de la souillarde. Elle s'approcha en s'essuyant les mains dans un torchon de vaisselle.

— C'est le goinfre? demanda-t-elle.

— Oui, grogna Maurice. C'est la grosse vache. Et en pleine forme encore. Victor va être content, ses petits gâteaux en prennent un sacré coup. Demain matin, il va être obligé d'en refaire, ça va nous avancer, tiens!

Il s'était assis. Accoudé à la table, il se tenait la tête à deux mains.

— Dire qu'on devrait être couchés! soupira-t-il.

— Je n'ai jamais vu un cochon pareil, dit Claudine. Il a beau avoir une fortune et un magasin de tissus, j'aimerais mieux rester vieille fille toute ma vie plutôt que d'épouser un sac de graisse comme lui.

— Ah ça, c'est pas Tino! lança Maurice en ricanant.

Elle se précipita vers lui pour lui tirer les cheveux. Julien remarqua que Maurice se défendait en lui posant les mains sur les seins. Comme la patronne revenait, Claudine courut vers la souillarde. Maurice passa sa main sur ses cheveux.

— Vite, Claudine, deux coupes. Et vous, Maurice, allez me les remplir de glace à la vanille.

Quand le gros homme et M. Petiot eurent leurs glaces, les deux femmes les laissèrent seuls et s'éloignèrent vers le magasin. Cependant, Mme Petiot continuait de surveiller. Au moment où le gros homme achevait sa coupe, elle vint chercher le plateau de gâteaux, le prit comme pour le porter au magasin, mais passa tout près de la table. L'homme se souleva un peu en appuyant ses grosses mains rondes sur les bras du fauteuil. Mme Petiot s'arrêta et baissa son plateau. L'homme dit quelque chose en riant, et la patronne posa le plateau sur la table.

Lentement, les mains dans les poches et le front bas, Maurice s'était approché. Il repoussa Julien pour jeter un coup d'œil, puis s'éloigna en haussant les épaules.

— Grosse vache, grogna-t-il. Grosse vache. Il remet la gomme.

Puis, se retournant soudain, il demanda :

— Ça t'amuse? Ça ne te dégoûte pas de voir un type bâfrer pareillement?

— Si, un peu, dit Julien en lâchant le rideau. Est-ce que tu crois qu'il va encore manger tout ce qu'il y a sur ce plateau?

— Bien heureux qu'on ne nous envoie pas en chercher un autre.

— C'est vraiment extraordinaire.

— Tu l'as dit, oui. C'est extraordinaire qu'un mec soit si gourmand.

— Et il vient souvent?

— Trop souvent, oui.

Maurice marcha jusqu'à la porte de la cour et se retourna.

— Tu arrives, dit-il, on va prendre un peu

l'air? Moi, ça me donne envie de dégueuler, des gens pareils.

Julien le suivit. Avant de sortir, Maurice dit à Claudine :

— Si on nous cherche, on est à la porte du couloir.

Dans la rue, seules demeuraient encore éclairées les vitrines de la pâtisserie et celles des deux cafés. La bise était fraîche. Ils restèrent un moment debout, puis Maurice s'assit sur le seuil, adossé au chambranle de pierre. Julien l'imita et s'installa de l'autre côté. Il passait peu de monde. De temps à autre un homme ou une femme pressé, un couple moins rapide et silencieux. Pendant un moment, Maurice parla du travail, puis de la boxe. Ensuite il fit quelques réflexions sur les passants. Julien riait un peu. Bientôt ils se turent tous les deux. Julien sentait la fraîcheur de la pierre à travers l'étoffe mince de son pantalon et de sa veste, sa tête devenait lourde et les rares passants n'étaient plus que des formes vagues qui se perdaient dans une nuit toute envahie par la brume. Ils restèrent longtemps ainsi, et, quand le gros homme quitta le magasin, ils l'entendirent parler avec les patrons sur le pas de la porte. Ils se levèrent, à demi endormis, et commencèrent à sortir du couloir les lourds volets de bois.

14

A 3 heures moins le quart, le chef les réveilla. Jamais encore Julien n'avait si peu dormi. Il s'habilla maladroitement, avec des gestes d'ivrogne. Ses paupières étaient de nouveau enflées et il voyait tout dans une espèce de demi-jour tremblotant. L'eau froide du robinet lui fit du bien, mais la fatigue engourdissait encore ses membres, rendait ses muscles douloureux.

Le chef l'obligea à boire deux tasses de café.

— Faut te réveiller, mon vieux, disait-il. Sans ça on va être dans le lac.

Julien se raidissait. Par moments, il lui semblait que les plaques où il alignait les croissants se mettaient à osciller sur le tour, comme soulevées par la houle. Les bruits étaient assourdis. Le sommeil était partout; il estompait les formes, atténuait les reflets des cuivres, ralentissait les mouvements. Sur les rayons, les boîtes et les bouteilles avaient toutes la même teinte grisâtre, elles semblaient s'affaisser, s'écraser, s'accroupir dans une espèce d'attente indifférente.

Par deux fois, Julien dut sortir pour prendre des plaques sur la pile élevée à côté de la porte. Dehors, tout était silencieux. La nuit dormait. Toute la vie, toute la chaleur de la ville était réfugiée là, dans ce laboratoire. Et chaque fois que Julien sortait, il avait hâte de retrouver cette lumière et cette chaleur. Un instant, il vivait vraiment; puis il luttait, ses paupières se fermaient, sa tête devenait lourde, et, au moment où son poids l'entraînait en avant, Julien sursautait.

Le chef et le second se relayaient pour lui venir en aide.

— C'est forcé qu'il soit crevé, dit Maurice, la grosse vache nous a fait veiller jusqu'à 11 heures hier au soir.

Victor se retourna d'un bloc.

— Quoi, le Ramijon? lança-t-il.

— Qui voulez-vous que ce soit d'autre?

Victor posa son rouleau et bondit vers la réserve à gâteaux. Il l'ouvrit, éclaira et passa en revue les plaques. Quand il revint, il chancelait.

— Chef, dit-il en pleurnichant. C'est une catastrophe!

Le chef ne semblait pas disposé à plaisanter.

— Ça va, j'ai compris, grogna-t-il. Raison de plus pour ne pas perdre de temps.

Ils se remirent au travail. Peu à peu, Julien sentait renaître ses forces. Le chef avait entrouvert la porte et la fenêtre, et le courant d'air chassait le sommeil.

Il y eut ensuite l'arrivée du patron, les croissants à compter et le départ pour la tournée des hôtels. Julien la fit seul et sans manger de croissant. Chaque fois qu'il ouvrait sa corbeille, il sentait monter leur odeur tiède, et quand il les empoignait pour les compter, leur croûte mince et friable craquait sous ses doigts. Il avalait sa salive et s'efforçait de penser à autre chose. En sortant du dernier hôtel, il ramassa les miettes dans le fond de la corbeille et les mangea.

Lorsqu'il revint, M. Petiot l'attendait sur le pas de la porte.

— Tu vas tout de suite aller mettre une veste et une toque propres, dit-il; le dimanche matin, tu ne retournes jamais au laboratoire; après la tournée des croissants, tu restes à la disposition de la patronne.

Mme Petiot n'était pas à la salle à manger quand Julien y entra. Seule, une vieille femme était assise et fumait une énorme cigarette. Elle se leva et vint au-devant de lui.

— Ah, ah! dit-elle. Voilà notre nouveau! Comment t'appelles-tu déjà?

— Julien Dubois, madame.

— Ah, c'est ça : Julien! Ma fille m'a dit ton nom tout à l'heure, mais je l'avais déjà mangé.

Elle prit sa cigarette entre son pouce et son index tout brunis par la fumée. Sa bouche s'ouvrit en une espèce de grimace qui découvrait quelques chicots couleur de caramel. Son rire semblait venir du fond de ses bronches où remuaient des glaires. Elle eut une quinte de toux et alla cracher dans le poêle éteint. Quand elle eut repris son souffle, elle demanda :

— Alors, comme ça, tu veux être pâtissier?

— Oui, madame.

— Est-ce que tu sais au moins que c'est un métier très pénible?

Julien hocha la tête. La vieille dame tenta deux fois de rallumer son mégot tout imprégné de salive, s'énerva et, comme le papier venait de se déchirer, elle le jeta dans le poêle. Debout près de la porte, Julien ne la quittait pas des yeux. Elle retourna s'asseoir, s'accouda à la table, colla côte à côte trois feuilles de papier à cigarette et ouvrit un paquet de tabac gris.

— Est-ce que tu fumes? demanda-t-elle.

— Oh non, madame!

— Tu as bien raison. C'est un affreux défaut et on ne peut jamais s'en débarrasser. Ça coûte très cher, et ça fait tousser... Et ça fait rouspéter mes filles.

Elle avait mis une grosse pincée de tabac sur sa triple feuille qu'elle empoigna entre ses doigts qui tremblaient un peu. Sans éloigner ses mains de la table, elle se mit à rouler une cigarette toute biscornue. Elle s'appliquait, tordant la bouche et grimaçant de toutes ses rides. Julien remarqua qu'elle avait sur la joue gauche d'énormes verrues poilues. De son chignon gris où étaient fichées deux épingles à tête noire, s'échappaient des mèches de cheveux qui s'en allaient en tous sens.

Lorsqu'elle eut lancé vers le plafond trois bouffées de fumée, elle se remit à ricaner.

— Tu vois, dit-elle, en faisant les cigarettes plus grosses, on tousse moins. C'est le papier qui est mauvais. Chez moi, je fume la pipe, mais ici ma fille ne veut rien savoir.

Elle toussa encore et retourna cracher dans le poêle. Ensuite, elle vint se planter tout près de Julien et continua de lui parler d'une quantité de choses, en lui soufflant au visage son haleine qui sentait l'ail et le tabac.

— Le catarrhe et l'emphysème, c'est bien ennuyeux; mais j'ai aussi du diabète. Ça, c'est une sale engeance, on ne peut plus rien manger. Il ne fait pas bon vieillir, tu sais. A présent, je ne pourrais plus vivre tous les jours avec les jeunes. Moi, je croque de l'ail cru tous les matins, c'est excellent pour la santé. Tu viendras chez moi. J'élève des lapins. Est-ce que tu aimes les lapins? Je n'arrive plus à faire mon jardin. Ah, si je ne venais pas leur donner un coup de main au magasin, le dimanche, ils n'y arriveraient pas... Est-ce que tu te fais beaucoup de pourboires? Il faut être poli avec les clients, si tu veux gagner gros. Dans mon quartier, il y a toute une bande de petits voyous. Ils ne sont pas polis. Ils vous monteraient sur les pieds sans même vous dire pardon. L'an dernier, j'ai deux lapins qui ont crevé. Comme ça, sans être malades. On me les aurait empoisonnés que ça ne m'étonnerait pas. Maurice est un bon garçon. Denis n'était pas très intéressant; s'ils m'avaient écoutée, ils ne l'auraient pas gardé deux ans... Moi, au magasin, je tiens la caisse. C'est très difficile de tenir la caisse...

Mme Petiot entra. Elle n'avait pas de blouse, mais portait une robe bleu foncé très collante qui accentuait sa taille, moulait ses hanches et ses fesses un peu fortes. Son décolleté laissait voir la naissance de ses seins.

— Tu bavardes, maman, et tu ne fais rien faire à Julien. Et mes plateaux? Et mes plateaux? Qui fera mes plateaux?

— Mais je ne l'empêche pas de faire son travail, moi!

— Il faut lui expliquer, il ne l'a jamais fait.

— Il faut toujours leur expliquer. Il faut leur

mâcher leur travail. Ils sont tous les mêmes. Et ce Denis, il est parti? Bon vent! S'il va aussi loin qu'il est mauvais, celui-là, il n'est pas encore de retour. Quand je pense que vous l'avez supporté deux ans. Si vous m'aviez écoutée...

— Tais-toi, maman. Et essuie-moi les plateaux si tu veux m'aider. Vous, Julien, vous allez ranger les gâteaux avec moi. Deux plateaux de chaque sorte. Ensuite, vous reportez les plaques à la réserve.

La patronne et Julien s'étaient mis à travailler. La vieille crachait. Quand elle eut refermé le poêle, elle revint vers eux en ronchonnant.

— C'est ça, ce sont les apprentis qui font les plateaux, et moi qui les essuie. Bientôt je ferai la plonge, dans cette maison.

Mme Petiot haussa les épaules dans un mouvement qui ébranla toute sa poitrine.

— Mais voyons, maman, ne sois pas ridicule, il faut bien que ce petit apprenne, sinon, il ne pourra jamais me seconder.

Elle hésita, puis, comme la vieille continuait de grogner, elle lança :

— Et puis, maman, tu sais bien que je ne veux pas que tu touches les gâteaux quand tu fumes. La cendre peut tomber, ce n'est pas propre...

Le téléphone sonna. Mme Petiot s'interrompit et se précipita sur l'appareil. Elle faisait, en répondant, autant de courbettes qu'au magasin devant ses clientes. Elle allongeait les lèvres en prononçant lentement : « Mais oui, madame », puis elle souriait. Elle raccrocha et, pivotant sur ses talons, se tourna vers Julien.

— Mon enfant, il faut filer tout de suite à l'hôtel de la Place, ils n'ont déjà plus de croissants.

Julien partit. La course n'était pas longue, mais, quand il revint, Mme Petiot avait terminé les plateaux.

— A présent, dit-elle, vous allez commencer les autres livraisons, et je crois que même en vous dépêchant, vous en aurez bien pour toute la matinée.

La première course était du côté du port. Sur le canal Charles-Quint, de longues traînées de brume serpentaient. L'eau verte étincelait entre les barques immobiles. Au bateau lavoir, trois femmes battaient leur linge dans un grand éclaboussement de lumière dorée. Des mariniers bavardaient en lavant le pont de leur péniche amarrée sous la grue.

Julien alla ensuite vers le faubourg de Gray, bien plus loin que le passage à niveau du chemin de fer. Il s'attarda un peu à regarder ce quartier où il venait pour la première fois. Son père y avait fait une partie de la guerre de 1914-1918 comme boulanger militaire aux annexes de l'armée. Julien avait entendu conter cent fois des histoires vécues ici, mais il n'en retrouvait pas le décor. Il n'y avait là aucun baraquement, point de soldats, pas de chevaux, pas de patrouille. Il fit quelques détours dans les petites rues, puis revint vers la ville. Le soleil était déjà chaud. Il faisait bon rouler. Julien avait posé sa corbeille vide sur le porte-bagages. Une main dans sa poche il allait lentement, regardant les premiers passants.

Mme Petiot était sur le pas de la porte. Elle lui sourit et rentra dans le magasin. Julien prit le couloir sombre et froid et arriva à la salle à manger en même temps que Mme Petiot. Le patron était assis à la table devant un bol de chocolat.

— Qu'est-ce que tu as fait? demanda-t-il aussitôt.

Julien ne répondit pas.

— Vous n'avez pas su trouver tout de suite? demanda Mme Petiot.

Julien hésita, puis il dit :

— J'ai cherché un bon moment.

— C'était pourtant simple, dit M. Petiot, tu n'avais qu'à suivre l'avenue tout droit devant toi en regardant les numéros. Si tu te perds dans des courses aussi faciles, comment vas-tu faire dans les quartiers compliqués?

La patronne avait toujours son sourire. Dès que le patron se tut, elle fronça un peu les sourcils, fit une moue qui voulait rester aimable et dit :

— Il ne faut pas le gronder. C'est son premier dimanche.

— Faut tout de même qu'il se dépêche un peu, quoi!

— Vous allez vous dépêcher à présent, n'est-ce pas, mon petit Julien?

La corbeille était prête. Il la posa sur sa tête et prit la fiche où était inscrite l'adresse du client.

— C'est près de la gare, dit la patronne, vous trouverez facilement. Si vous ne trouvez pas, il y aura bien quelqu'un pour vous renseigner.

Il sortit par le couloir. Comme il enfourchait la bicyclette, la patronne ouvrit la porte du magasin et traversa le trottoir.

— Je n'ai rien dit devant M. Petiot, fit-elle en posant un doigt sur les lèvres, mais il faut aller plus vite que ça. Je vous ai vu revenir, tout à l'heure; si mon mari vous voyait rouler à cette allure, je crois bien qu'il se fâcherait.

Elle élargit encore son sourire, puis, avant de se retourner, elle ajouta :

— Allez vite, allez vite, mon petit Julien, et surtout ne vous amusez jamais en route.

Julien s'éloigna. Les rues s'animaient. Il allait entre les piétons qui, en bien des endroits, occupaient toute la chaussée.

Plusieurs courses le conduisirent dans des quartiers qu'il n'avait encore jamais traversés. Il cherchait, demandait son chemin, puis pédalait plus vite, pour rattraper le retard, mais il n'avait jamais le temps de regarder autour de lui.

Il remarqua que Mme Petiot lançait un coup d'œil au carillon de la salle à manger chaque fois qu'il partait et chaque fois qu'il rentrait. Toujours elle souriait, même lorsqu'elle demandait :

— On vous a fait attendre pour débarrasser votre corbeille? (Ou bien :) Vous n'avez pas trouvé facilement, mon petit Julien? Je vous avais pourtant bien expliqué.

Julien répondait par un soupir et un geste vague. Depuis un moment, il avait le sommet du crâne endolori et le dos trempé de sueur. Il se sentait l'estomac vide et les jambes un peu lourdes. Entre deux courses, il s'approcha de Maurice qui lavait un tamis sous le robinet de la cour.

— Alors, tu t'en tires? demanda Maurice.

— Ça va, mais j'ai mal au crâne.

— J'ai oublié de te dire : Quand il y a beaucoup de courses, comme ça, ou des choses très lourdes, tu mets un ou deux mouchoirs pliés dans le fond de ta toque, ça amortit.

Julien repartit. Les gens endimanchés sortaient de la messe, d'autres y allaient. Il montait la rue du Collège lorsqu'un cycliste le rattrapa et se mit à rouler à sa gauche. C'était un pâtissier comme lui, et qui portait également une corbeille sur sa tête.

— Alors, la maison Petiot, ça roule?

— Ça roule, dit Julien, et toi?

— Moi aussi. Et la monnaie, ça tombe un peu?

— Les pourboires? Oui, pas trop mal.

— Tu files tout droit?

— Oui.

— Moi je tourne rue de la Monnaie. Donne le bonjour de Zef à l'ami Maurice.

Le garçon disparut dans une ruelle. Julien avait à peine vu son visage rond et très brun, sous la toque posée sur le devant de la tête et barrant le front à peine au-dessus des sourcils.

Julien le rencontra plusieurs fois au cours de la matinée. Chaque fois ils échangeaient un signe et un sourire.

A mesure que midi approchait, la foule était plus nombreuse et la circulation dans les rues plus difficile.

— Ça n'avance pas, disait M. Petiot. Je ne sais pas comment tu te débrouilles.

Mme Petiot continuait à sourire en ajoutant :

— Il s'habituera. Il faut qu'il apprenne à connaître la ville et les clients.

Par moments, la vieille abandonnait sa caisse pour venir rouler une cigarette et la fumer en crachant dans le poêle de la salle à manger. Elle regardait Julien de la tête aux pieds.

— Ta toque est toute froissée, disait-elle, arrange-la un peu, voyons. Et tu as un bouton de ta veste qui n'est pas accroché, tu as l'air d'un voyou. Il ne faut pas se présenter chez les gens dans cette tenue. Prends une brosse et donne un coup à tes chaussures.

Elle parlait avec son mégot à la bouche, et souvent une goutte de bave jaunâtre coulait sur son menton ou le long du papier, jusqu'à la cendre.

La patronne s'affairait de la salle au magasin, du téléphone à la corbeille ou à son livre de commandes. Le patron quittait souvent le laboratoire pour venir écarter le rideau de la porte vitrée, et glisser un regard vers le magasin. Lorsqu'il se trouvait seul dans la salle à manger, Julien regardait aussi. Les clients étaient nombreux. Mlle Georgette et Colette servaient sans arrêt. Claudine avait passé une blouse blanche. Debout derrière la plus longue des tables, elle enveloppait les gâteaux et ficelait les paquets. Sa blouse moulait bien sa poitrine. Julien la trouva très belle ainsi.

Enfin, les rues se vidèrent. Le chef partit. Il était une heure après midi. Victor était monté dans la chambre. Maurice vidait l'eau de la plonge. Quand il eut achevé il se changea et fit rapidement quelques courses. Au magasin, Mlle Georgette et la vendeuse garnissaient les plateaux vides. Dans la salle à manger dont la porte donnant sur la cour était à présent ouverte, Claudine mettait le couvert. Assise devant le fourneau, la vieille dormait, son mégot éteint au coin des lèvres.

Julien soupira quand la patronne lui donna la dernière fiche. La course n'était pas longue. Il se hâta et rentra la bicyclette. Déjà les autres passaient à table. Le patron était vêtu d'un costume de golf à carreaux verts.

— Allons, allons, dit-il, dépêchons-nous. Les plats sur la table en vitesse!

Les deux apprentis coururent au laboratoire. Maurice ouvrit le four, en tira un grand plat de choux-fleurs gratinés, puis un autre plus petit où les légumes étaient sans sauce.

— Ça, dit-il, c'est pour la vieille.

— Elle mange à part?

— Oui, il ne lui faut pas de sel, à cause de son diabète. Seulement, comme on l'aime tous bien, on la soigne.

Il prit une poignée de sel, saupoudra les choux-fleurs, les retourna et saupoudra encore.

— Tu es fou, dit Julien, elle va rouspéter, ça sera immangeable.

— Penses-tu, elle a la gueule tellement brûlée par le gros gris qu'elle ne sent plus rien du tout. Comme je connais Victor, je suis certain qu'il lui en a déjà collé au moins autant.

— Mais elle va être malade!

Maurice hocha la tête.

— Si seulement elle pouvait crever! dit-il.

Ils emportèrent les plats.

La vieille était assise entre ses deux filles. Elle se tenait très droite et toisait tout le monde du regard. Elle posa son mégot dans un cendrier qui se trouvait devant son assiette avec son paquet de tabac, son carnet de feuilles et les allumettes. Julien la regarda vider le petit plat dans son assiette. Elle goûta, mangea plusieurs fourchettées puis, désignant du doigt l'autre plat, elle grogna :

— Ah, vous en avez de la chance, vous autres, de pouvoir manger de tout! Si vous saviez ce que c'est mauvais, des légumes sans sel.

Elle étendit la main vers la salière.

— Maman, tu n'es pas raisonnable, dit Mme Petiot.

— Maman, je ne veux pas que tu mettes de sel, dit Mlle Georgette.

La vieille tenait la salière. La patronne lui prit le poignet.

— Maman, voyons, sois raisonnable.

— Juste un soupçon, implora la vieille, parce que c'est dimanche. A peine un soupçon.

— C'est pas la peine que je vous fasse de la cuisine à part, remarqua le patron. C'est bien me faire perdre mon temps pour rien!

La vieille se tourna vers lui, l'œil mauvais. Sa bouche se tordit lorsqu'elle lança :

— Je voudrais bien vous y voir, vous, manger des choux-fleurs à l'eau avec des biscottes de régime. On dirait mâcher du coton! Vous n'avez qu'à goûter, vous verrez!

— Allons, maman. Tais-toi. Je vais t'en mettre un tout petit peu, laisse-moi faire.

La patronne fit tomber quelques grains de sel fin dans l'assiette de sa mère. La vieille remua, goûta et, grimaçant un sourire, elle dit :

— Voilà, ça n'est pas grand-chose, mais tout de suite c'est meilleur. Vous voyez que je ne suis pas exigeante.

Julien reçut de Maurice un grand coup de genou.

La vieille but la moitié de son verre de vin blanc et se remit à manger, ouvrant une grande bouche où l'on voyait tourner et retourner une pâte blanchâtre. Tout en mâchant, elle n'arrêtait guère de parler, crachotant sur la table. Elle énumérait les clients de la matinée, s'inquiétait d'un lapin malade, disait à Maurice de se redresser ou à Claudine de tenir sa fourchette avec plus d'élégance. A chaque instant elle regardait Julien qui baissait les yeux vers son assiette.

Avant le dessert, le patron se leva. Il partait en voiture à Chalon pour assister à un match de rugby.

— Pense au four, dit-il à Maurice. Et vous, Victor, n'oubliez pas les croissants et la brioche.

Il se regarda dans la glace, passa sa main sur son crâne, alluma un petit cigare et sortit par le magasin.

La vieille avait roulé une autre cigarette; elle fumait les yeux clos, les deux mains jointes posées sur le bord de la table. Ils mangèrent un gâteau en silence. Le sommeil qui avait envahi le laboratoire au début de la matinée, semblait à présent se glisser dans la pièce. Il montait du sol, coulait d'entre les meubles et pesait sur les membres, alourdissant les gestes.

Le premier, Victor se leva. Maurice l'imita et toucha du doigt l'épaule de Julien.

— Tu viens, dit-il.

Julien les suivit.

— Surtout, ne vous éloignez pas, les deux petits, cria Mme Petiot, il peut y avoir des courses à faire.

Arrivé dans la chambre, tandis que Victor s'habillait et que Maurice ouvrait un journal, Julien s'étendit sur son lit et s'endormit aussitôt.

15

Le lundi matin, quand le chef entra dans la chambre, Julien ouvrit les yeux, s'étira, et demeura un instant immobile, le visage tendu.

— Tu fais une drôle de tête, toi, dit le chef.

Le second se mit à rire.

— Je n'avais jamais vu un type dormir aussi longtemps, dit-il.

Maurice ouvrit les yeux à son tour et s'assit sur son lit en disant :

— Ça, il en a écrasé. Ah, la vache!

— Depuis quand dort-il? demanda le chef.

— Depuis 2 heures et demie de l'après-midi.

Le chef hocha la tête.

— Eh ben, mon vieux! fit-il.

Julien s'aperçut alors qu'il avait encore sa chemise et son pantalon.

— A 4 heures, expliqua le second, la patronne appelle pour une course; on essaie de le secouer, rien à faire. Maurice est allé faire la course. Moi je suis sorti faire un tour. A 6 heures on a encore essayé de le réveiller pour allumer le four, toujours rien à faire. La patronne est montée voir. Elle a dit : « Laissez-le tranquille, on l'appellera pour manger. » Et pour manger, toujours rien à espérer. Une vraie bûche.

— C'est pas possible, dit Julien.

Les autres se mirent à rire.

— Tu demanderas au patron, expliqua Maurice. Quand il est arrivé, il est monté ici. Il t'a secoué et t'a demandé si tu voulais manger. Tu n'as même pas ouvert les yeux et tu as seulement grogné comme un cochon. Alors le patron a dit : « Laissez-le roupiller. Vous n'avez qu'à lui ôter ses chaussures et le couvrir convenablement. » On t'a couvert, et voilà. Depuis, tu roupilles.

Lorsque le patron descendit, il plaisanta un long moment. Lui non plus n'avait jamais vu personne dormir aussi longtemps. Ensuite, il raconta le match auquel il avait assisté la veille. Le R.C. Chalon dont il était supporter, avait battu une équipe parisienne par quinze points à cinq. Ce match comptait pour le Challenge Du Manoir. Le petit homme s'animait en parlant. Il allait sans cesse du four au marbre où travaillait le chef. Il gesticulait. Son ventre rond semblait rouler sous sa veste. A plusieurs reprises, le chef lui dit :

— Monsieur, le four!

Chaque fois, le patron se précipitait, ouvrait les portes, et retirait les croissants ou les brioches largement cuits.

Lorsque le journal arriva, il le déplia sur la table des plaques et l'ouvrit immédiatement à la page des sports.

Il se mit à lire les titres, s'interrompant de temps à autre pour poser une question ou formuler un commentaire. Puis il lut les articles. Il se taisait, marmonnait, puis, d'un coup, se mettait à crier. Personne ne répondait. Le chef se bornait à approuver de loin en loin et à rappeler au patron qu'il y avait quelque chose dans le four. Cependant, à un certain moment, une odeur de brûlé commença d'envahir le laboratoire. Ce fut le second qui la perçut le premier.

— Les chaussons, dit-il simplement.

— Nom de Dieu! lança le patron.

Il ouvrit les portes du four et un nuage de fumée sortit aussitôt. Il empoigna sa pelle et retira les chaussons presque aussi noirs que les plaques.

Il lâcha un chapelet de jurons. Le chef s'était retourné et regardait les plaques. Quand le patron s'arrêta de crier, il dit simplement :

— Il n'y a plus de feuilletage.

Le patron regarda le réveil, haussa les épaules et sortit en disant :

— C'est trop tard pour en refaire. Ils boufferont autre chose. J'en ai marre, moi! Merde, merde, après tout.

La porte claqua derrière lui, et ils l'entendirent encore jurer en traversant la cour. Il était parti en laissant le four grand ouvert et sa pelle posée sur la platine. Le chef remit tout en ordre en grommelant :

— Quand c'est pas Hitler ou Mussolini, c'est le Du Manoir. Mais il y a toujours quelque chose. Si on travaillait comme ça, nous autres!

Le second avait empoigné un grand couteau d'une main et un rouleau de l'autre. Il les brandit au-dessus de sa tête et se mit à mimer une danse africaine autour des plaques de chaussons.

— Vive le Négus, vive les troupes du Négus,

criait-il. Quand c'est noir et que ça fume bleu, c'est que c'est cuit!

Le chef lui allongea un coup de pied au derrière.

— Tu peux te marrer, dit-il. Si jamais la patronne veut vraiment des chaussons, il va falloir se remettre à faire de la pâte. Tu la feras, toi, puisque ça t'amuse tant.

Julien et Maurice riaient. Le chef finit par rire aussi et, lorsque Victor eut achevé sa danse, il lui dit :

— Allez, balance-moi ces négrillons dans la caisse à coke.

Le reste de la journée fut assez calme. Il n'y eut pour Julien que quelques courses et il passa son temps à nettoyer le Frigidaire, la broyeuse et le pétrin en compagnie de Maurice.

Ils terminèrent de bonne heure. Le chef et le second s'en allèrent. Maurice monta dans la chambre et Julien partit avec une grande corbeille de gâteaux rassis qu'il porta chez la mère de la patronne.

La vieille habitait le faubourg des Rattelottes et sa maison était construite au milieu d'un grand jardin entouré de barrières. Elle attendait Julien sur le pas de la porte, en tirant de grosses bouffées de fumée d'une pipe en merisier.

— Eh bien, cria-t-elle, tu n'es pas venu de bonne heure.

— J'ai fini le travail du laboratoire, dit Julien.

— Tu as fini, c'est bien vrai?

— Oui, madame.

— Eh bien, tant mieux, comme ça, tu vas pouvoir me fendre un peu de bois.

Julien hésita. Ils étaient entrés dans la cuisine et

la vieille lui montra la table en lui disant d'y poser sa corbeille.

— Il faut pourtant que je rentre, dit-il, il peut y avoir des courses.

La vieille fronça les sourcils, tira deux fois sa pipe et demanda :

— Maurice n'est donc pas là-bas?

— Si, mais...

Elle l'interrompit.

— Alors, ne t'inquiète pas. S'il faut faire une course, il la fera. Viens avec moi, je vais te montrer où est mon bois, pendant ce temps, je te débarrasserai ta corbeille.

Elle le conduisit au bûcher en expliquant que, chaque lundi soir, on lui apportait les gâteaux qui ne pouvaient être conservés jusqu'au mercredi et qu'elle vendait à moitié prix aux gens de son quartier.

Julien besogna dans le bûcher jusqu'à la nuit tombante. De temps à autre la vieille venait vers lui. Elle le regardait un moment tout en fumant son brûle-gueule et en crachant dans une platebande.

Au début, Julien avait travaillé avec une espèce de rage puis, peu à peu, il s'était calmé. Il continuait de ruminer sa colère, mais, sans doute parce qu'il aimait bien fendre le bois, il travaillait sans s'arrêter, la hache bien en main, le geste précis et régulier. Le soir était calme. Le jardin sentait l'automne, et quelques lampes s'éclairaient l'une après l'autre dans la campagne toute proche. Des enfants devaient jouer au ballon dans un champ derrière un mur; ils criaient, et deux fois, Julien vit le ballon noir monter sur le ciel rouge du couchant.

Enfin, la vieille l'appela. Il planta sa hache dans le plot et retourna vers la maison.

— Tu veux boire un coup? demanda-t-elle.

Julien avait chaud. Il hésita pourtant, puis finit par dire :

— Si vous voulez, madame.

Elle lui versa un peu de sirop dans un verre qu'elle emplit d'eau.

— C'est du cassis, dit-elle, c'est moi qui le fais.

Julien but.

— Est-ce qu'il est bon? demanda-t-elle.

— Oui, madame, très bon.

C'était vrai, le cassis de la vieille était bon. Julien vida son verre et prit sa corbeille.

— Je t'ai regardé faire, dit la vieille. Tu as un joli coup de main pour fendre le bois. Où as-tu appris?

— Chez mes parents.

— Ils font leur bois?

— C'est mon père qui le fait.

— Il paraît que ton père était boulanger, mais il est retiré à présent.

— Oui, madame.

— Il t'a appris à faire le bois, c'est une bonne chose. De nos jours, les garçons ne savent plus rien faire. Qu'est-ce qu'il t'a appris encore, ton père?

Julien haussa les épaules, chercha un instant, puis dit avec un geste vague.

— Oh, pas grand-chose, vous savez. Un peu à bricoler et un peu le jardin aussi.

— Tu sais bêcher?

— Ça bien sûr.

— Qu'est-ce que tu fais demain?

— Je vais chez mon oncle.

Julien fit un pas vers la porte.

— Tu y vas toute la journée?

— Oui, madame.

— Tu es vraiment obligé d'y aller?

— Bien sûr, ils m'attendent.

— Mais ils ne t'attendent pas avant midi. Si tu veux gagner quelques sous, j'ai deux carrés de trèfle que je voudrais faire défoncer avant l'hiver. Viens demain matin, entre 7 heures et 11 heures, tu peux m'en retourner une bonne partie.

— Mais je ne peux pas, madame, mon oncle m'attend le matin pour la pêche.

— Tu pêcheras l'après-midi.

— Si je ne viens pas, ma tante se fera du souci.

La vieille fit la grimace et grogna.

— Je t'aurais cru plus serviable.

Julien recula encore vers la porte. Elle s'approcha.

— Si tu pouvais venir seulement un petit moment, juste pour me bêcher de quoi semer de la salade passe-hiver. En une demi-heure tu aurais fini.

Julien soupira.

— Alors, je viendrai à 6 heures et demie, dit-il. Il fait assez jour.

La vieille cligna de l'œil.

— C'est bien, dit-elle, tu es un bon garçon. Je te préparerai du café au lait.

Julien se hâta de rentrer. Lorsqu'il arriva, tout le monde se mettait à table.

— Qu'est-ce que tu as foutu? demanda M. Petiot.

— Mme Raffin m'a demandé de lui fendre du bois.

Le patron haussa les épaules.

— En tout cas, dit-il, que tu fasses ça quand il y a quelqu'un ici et que ton travail est terminé, moi je veux bien, si ça t'amuse. Mais autrement, ne t'avise pas de perdre ton temps chez elle. Tu y vas pour porter des gâteaux, un point c'est tout.

Mme Petiot avait fait la moue. Lorsque le patron eut terminé, elle cessa de le regarder et tourna vers Julien un visage qui se détendit d'un coup. Elle inclina la tête sans le quitter des yeux et elle dit.

— Vous êtes un brave garçon, mon petit Julien. C'est très bien de venir en aide aux personnes âgées.

Dès qu'ils eurent quitté la table, Maurice entraîna Julien dans le couloir. Arrivé au milieu, il s'arrêta. Julien buta contre lui dans l'obscurité.

— T'es un vrai con, dit Maurice. Si tu te laisses avoir par la vieille, tu es foutu. Mais aussi, j'aurais dû te prévenir, bon Dieu, je suis rudement bille, je n'y ai pas pensé.

Ils allèrent jusqu'aux volets. Maurice décrocha le premier en disant :

— On va se dépêcher de boucler pour pouvoir partir pas trop tard.

Le magasin fermé, ils montèrent dans la chambre.

— Tu enfiles tes espadrilles, dit Maurice, et ta veste bleue. Quand tu seras prêt on éteindra.

Ils attendirent un moment dans l'obscurité. Ils parlaient à voix basse.

— Elle ne t'a rien donné, la vieille, évidemment?

— Elle m'a fait boire un verre de cassis.

— Moi, je ne l'aurais pas bu, elle me dégoûte trop.

— C'était pas mauvais.

— Elle a peut-être bavé dedans en le faisant.

Julien ne répondit pas. Il attendit un moment puis, comme Maurice ne parlait plus, il se décida.

— Elle m'a demandé d'aller bêcher, demain matin.

— J'espère que tu l'as envoyée aux prunes, lança Maurice.

— Un peu.

— Comment, un peu?

— Elle voulait que j'y reste jusqu'à midi. J'ai dit une demi-heure seulement.

Maurice se mit à rire.

— Pauvre bille, dit-il. Quand tu y seras, elle est capable de te garder toute la journée et de te faire bouffer sa tambouille. En tout cas, n'oublie pas que tu dois rentrer à 5 heures pour allumer le four.

Il se tut un instant. Une porte venait de s'ouvrir dans la cour. Julien reconnut le pas du patron qui s'éloignait dans le couloir. Puis la porte de la rue grinça.

— C'est bon, dit Maurice. On peut y aller. Le singe est parti, ça n'est pas la patronne qui montera dans la chambre à cette heure-ci.

On ne voyait pas la lune, mais la nuit n'était pas très noire et sa clarté entrait par la fenêtre. Sans allumer la lampe, Maurice montra à Julien comment il fallait installer des vêtements dans un lit pour faire croire qu'il était occupé. Puis, après avoir encore écouté les bruits de vaisselle et les voix qui montaient de la salle à manger, ils se dirigèrent vers la fenêtre.

16

Lorsqu'ils eurent enjambé la fenêtre, Maurice s'accroupit sur le petit toit de zinc.

— Ne bouge pas, murmura-t-il.

Ils demeurèrent quelques instants à écouter. Julien entendait surtout le battement de son cœur. La cour des bûchers n'était qu'un puits d'ombre d'où montait une odeur de moisi. Au-dessus d'eux, les maisons se découpaient en lignes anguleuses sur le ciel lumineux. Il y avait quelques fenêtres éclairées. L'une d'elles était ouverte. Des gens parlaient.

Maurice murmura :

— Faut faire attention. Tu regardes bien où je pose les pieds, il y a des endroits où le zinc est mal tendu, si tu passes dessus, ça fait comme des coups de canon.

Ils avancèrent lentement, à quatre pattes sur le toit. Une fois au bout ils se couchèrent à plat ventre, la tête au ras du chéneau. Une autre cour était là, séparée de celle où se trouvaient les bûchers par un mur assez épais.

— Tu vois, expliqua Maurice. De l'autre côté c'est la rue Dusillet. On va suivre ce mur, puis l'autre, et ensuite on descendra.

— Qu'est-ce qu'il y a dans cette cour-là?

— Je ne sais pas, je ne l'ai jamais vue de jour. En tout cas, fais gaffe de ne pas y tomber, elle doit être plus profonde que la nôtre puisque tout le quartier est en pente.

Maurice s'allongea au bord du toit, empoigna le chéneau, laissa pendre ses jambes et disparut. Durant un instant, Julien ne vit plus que ses mains cramponnées à la tôle. Il entendait son espadrille frotter contre le crépi.

— Allons, viens, dit Maurice.

Julien descendit à son tour. C'était facile. Il avait fait beaucoup de gymnastique. Il redoutait davantage la marche en équilibre sur le mur. Les pierres étaient irrégulières, certaines bougeaient sous le pied. A gauche, les toits des bûchers étaient visibles, et ne se trouvaient guère qu'à cinquante centimètres en contrebas, mais à droite c'était la nuit. Il pouvait y avoir de l'eau, de la vieille ferraille ou une verrière. Maurice avançait très vite. Deux fois il se retourna pour attendre Julien.

Ils atteignirent enfin le mur qui donnait sur la rue. Ils s'arrêtèrent. Il n'y avait personne. La lampe la plus proche se trouvait à l'angle de la rue de la Bière, c'est-à-dire à une trentaine de pas. En dessous d'eux, le trottoir était à peine éclairé. Le mur était haut de quatre mètres au moins, mais les pierres disjointes offraient de bonnes prises. Maurice fit descendre Julien le premier et se coucha sur le mur pour l'aider.

— Tu prendras vite l'habitude, expliqua-t-il dès

qu'ils furent en bas. Depuis le temps que des gars y passent, les trous se sont agrandis, à présent, ça vaut presque un bon escalier.

Ils partirent en direction de la place Nationale. Ils longeaient les murs. A chaque carrefour, avant de traverser, Maurice regardait longuement et écoutait.

— Qu'est-ce que tu crois qu'on risque? demanda Julien.

— De tomber sur le patron ou sur un couillon qui lui dise qu'il nous a rencontrés. Il connaît tout le monde ici. Quand on rentre, il faut se méfier aussi que des flics ne nous voient pas grimper contre le mur, cons comme ils sont, ils seraient foutus de nous tirer dessus.

Ils n'empruntèrent que de petites rues, descendirent presque jusqu'au quartier des Tanneurs, pour remonter ensuite, par des venelles tout en paliers successifs et en escaliers, jusqu'en haut de la rue des Arènes.

— Ça fait un sacré détour, expliqua Maurice, mais tu vois on n'a pas rencontré un chat. Par le centre, on se ferait repérer à tous les coups.

Ils entrèrent dans le couloir obscur. A l'odeur, Julien comprit qu'ils passaient devant un laboratoire de pâtisserie. Au fond d'une cour, Maurice ouvrit une porte, puis une autre et ils furent dans une pièce longue et étroite, blanchie à la chaux.

Il y avait deux lits. Sur l'un d'eux, Julien reconnut Zef, l'apprenti qu'il avait rencontré plusieurs fois en ville. Zef se leva.

— Salut, dit-il en tendant la main.

Sur l'autre lit, un garçon brun et maigre, très noir de cheveux, lisait un journal illustré. Il les salua sans bouger.

— Allez, dit Zef, remue-toi, on a besoin de la place.

L'autre grogna et se leva. Il était petit, mais certainement plus âgé que les apprentis. Il alla s'asseoir sur une chaise tout au bout de la chambre et se remit à lire. Maurice et Zef empoignèrent son lit, le poussèrent devant lui et le mirent debout incliné, deux pieds contre le mur. Ensuite ils posèrent l'autre en face dans la même position, si bien que le garçon se trouva comme emprisonné. Ils mirent encore entre les lits une petite table et deux chaises.

— On commence tout de suite? demanda Maurice.

— Oui, dit Zef. Je sais pas ce qu'ils font, les autres, ils devraient être là.

Ils quittèrent leurs vestes, puis leurs chemises. Julien remarqua que Zef était très musclé et bien bronzé. Maurice se tourna vers lui.

— Allez, dit-il, défringue-toi.

— Pas ce soir, dit Julien, j'aime mieux vous regarder.

— Non, non, il faut que tu essaies.

— Il n'a jamais boxé? demanda Zef.

— Non, dit Maurice. Mais il a fait d'autres sports. En tout cas, il s'est rudement bien défendu pour descendre de la piaule.

La porte s'ouvrit et trois garçons entrèrent. Ils étaient tous trois vêtus en pâtissier. L'un d'eux était tout petit et large d'épaules, les deux autres avaient à peu près la même taille que Julien. Ils se serrèrent la main. Maurice dit simplement :

— C'est Julien. Il remplace Denis chez nous.

— Il tapait sec, Denis. S'il avait fumé un peu moins, il pouvait se défendre.

— C'est un mec qui fera jamais rien, il est pas sérieux.

— On pouvait pas compter sur lui, il venait quand il en avait envie.

— C'est les nerfs, chez lui. Tout vient des nerfs. Ça ne dure jamais longtemps, un type qui est trop nerveux.

Tout le temps qu'ils mirent à quitter leurs vêtements, ils parlèrent de Denis. Ensuite, Maurice et l'un des nouveaux arrivés, que les autres nommaient Pilon, mirent les gants. Zef dirigeait le combat. Julien et les deux autres se tenaient contre la porte d'entrée, et repoussaient les combattants vers le centre lorsqu'ils venaient trop près d'eux. De temps à autre, les boxeurs heurtaient les cloisons. Des coups sourds se répercutaient. Du plâtre tombait du plafond et des nuages de poussière montaient du plancher qui craquait. A la fin de la première reprise, la chambre était comme envahie par une brume épaisse. Maurice et Pilon avaient le visage couvert de sueur, leur dos luisait sous la lampe. Derrière les lits, le garçon maigre lisait toujours. De temps à autre, lorsqu'une tête heurtait un mur ou qu'un coup bien appliqué arrachait un juron à l'un des boxeurs, il levait les yeux, regardait un instant, puis se remettait à lire. Au milieu de la deuxième reprise, Pilon se mit à saigner du nez. Un garçon sortit et revint avec une casserole pleine d'eau. Lorsque celui qui tenait la montre ordonna l'arrêt, Pilon se trempa le visage dans la casserole, renifla, cracha rouge et s'essuya sur son gant avant de recommencer. Zef lui passa une serviette sur la figure.

Ils firent cinq rounds sans parvenir à se départager. Puis, comme le nez de Pilon saignait de plus en plus, Zef arrêta le combat.

— Ça devient de la boucherie, dit-il.

Les autres approuvèrent.

— Non, dit Pilon, je peux continuer. Le nez, c'est de la rigolade.

Il y eut une discussion de quelques instants avec beaucoup de cris. Tous parlaient en même temps et personne n'écoutait. A la fin, Pilon tendit ses mains, et les autres lui délacèrent ses gants. Zef empoigna le bras de Maurice, lui leva le poing en criant :

— Maurice Laurent, de chez Petiot, vainqueur par arrêt de l'arbitre au cinquième round.

— Non, protesta Maurice, match nul, c'est à refaire.

Les autres semblaient de son avis. Pilon ne disait rien, mais Zef maintint sa décision.

Ils ouvrirent la porte un moment. Il y eut un grand remous d'air qui fit tourbillonner la poussière et balancer l'ampoule au bout de son fil. Julien respira profondément. Le petit trapu s'approcha de lui avec les gants que Pilon venait de quitter.

— Allez, dit-il, à toi.

— Non, pas ce soir.

— Si, à toi. A toi.

Les autres criaient également. Julien tendit ses mains. L'intérieur des gants était chaud et humide. Pendant que l'on serrait les lacets, Julien vit que c'était Zef qui mettait les autres gants. Quand ce fut terminé, les garçons s'écartèrent. Seul resta au centre le petit trapu qui devait arbitrer. Il les laissa se serrer les mains, puis il dit :

— Allez! Et pas de coups bas.

Julien se recula d'un pas et leva ses gants devant son visage. Il vit la tête brune de Zef qui allait de droite à gauche derrière ses propres gants couverts de sang, puis, d'un coup, il se sentit le souffle coupé. Ployé en deux, il tomba sur les genoux, posa ses poings sur le plancher et resta la bouche ouverte. Il entendait des rires. Il voyait les pieds du petit trapu qui se tenait debout devant lui et comptait : Une... Deux... Trois... Il eut envie de se coucher. Une grande douleur envahissait sa poitrine. Mais, lorsque l'arbitre compta huit, il ferma la bouche, serra les dents sur sa douleur et se releva. Les autres criaient. Maurice battait des mains à côté de Pilon qui tenait son mouchoir tout rouge sous son nez.

— Laisse-le récupérer, cria le petit trapu.

Pendant tout le reste de la première reprise, Julien se contenta de parer les coups, fuyant et esquivant. Plusieurs fois il fut touché sur les bras et les épaules, mais jamais au corps ni à la tête. Pendant l'arrêt, Maurice lui jeta un peu d'eau à la figure et lui dit à l'oreille.

— Attaque d'entrée. Fonce dans sa garde comme une brute et frappe à la gueule. Il va être surpris. Tu ne peux l'avoir que comme ça. Faut pas lui laisser le temps de réaliser.

Ils revinrent au milieu de la pièce.

— Ça va? demanda Zef.

— Ça va.

— Allez, dit l'arbitre.

Julien se détendit de toute sa force. Fonça sur son adversaire qui recula en direction des lits. Il le frappa au visage deux, trois, quatre, cinq fois.

Il y eut un bruit de ferraille.

— Merde, faites gaffe! cria le garçon qui lisait.

— Allez, allez, hurlaient les autres.

Julien frappa encore. Zef s'était baissé, les coudes au corps, la tête entre les gants. Il avait avancé un peu et se trouvait à présent l'épaule contre le mur. Julien hésita un instant, puis, comme il allait se remettre à frapper, l'autre se redressa vivement et se mit à cogner à son tour. Julien l'entendit qui grognait :

— Vache, salaud.

Julien pensa à son estomac. Il baissa ses poings et se courba en avant, mais déjà l'autre était sur lui. Il sentit le mur contre son dos, reçut un premier coup sur la joue, voulut se protéger mais il y eut un choc terrible. Un grand bruit comme si sa tête eut éclaté; puis ce fut le noir avec des taches de lumières qui voltigeaient, et enfin le vide.

Lorsqu'il revint à lui, il était assis par terre, jambes écartées, adossé à la cloison. On lui avait déjà retiré les gants. Il était trempé. L'eau ruisselait de son torse sur son pantalon et le plancher était une grande flaque tout autour de lui. Par la porte ouverte l'air frais entrait dans le brouillard de la pièce. Les autres parlaient au fond d'une grotte, très loin de lui. Il referma les yeux. Sa tête allait de droite à gauche et il sentait comme un gros caillou qui remuait dans son crâne.

Une main empoigna son bras et le secoua. Il leva la tête et ouvrit les yeux. Maurice, penché sur lui, demanda :

— Ça va?

Il fit oui de la tête.

— Repose-toi un moment.

Ils l'aidèrent à se mettre debout, déplacèrent l'un des lits et le poussèrent derrière, où le petit maigre s'arrêta de lire le temps de déplacer sa chaise.

— Fous-toi dans le coin, lui dit-il, il t'a sonné, le Zef. D'un côté le poing, de l'autre côté le mur, en général ça pardonne pas.

Julien s'assit dans l'angle.

— Colle-lui sa veste sur le dos qu'il n'attrape pas la crève, dit Maurice en lançant les habits de Julien au petit maigre.

De l'autre côté de la barrière des lits, le combat reprenait déjà. Julien avait peine à le suivre. Tout était encore confus. Il y avait seulement dans la pièce un grand tumulte qui ébranlait tout, de la poussière qui montait sans cesse vers la lampe et des ombres qui dansaient et cognaient. Un cri, des rires, un juron et puis çà et là, un grand coup dans une cloison. Julien les sentait dans sa tête. Il pensait au noir avec les petites étincelles qui partent en tous sens. Il porta sa main à sa tempe. Au-dessus de l'oreille gauche une grosse bosse commençait à se former. Il la tâtait de temps à autre, et chaque fois elle lui paraissait plus grosse. La douleur tenait toute sa tête et de longs élancements partaient vers son œil et vers son oreille. De l'autre côté, sous la mâchoire, il avait également un point très sensible qui commençait aussi à enfler.

17

Chaque jour, à midi, la sirène de la mairie hurlait.

Ce matin-là, Julien ouvrit les yeux en l'entendant.

Le soleil entrait dans la chambre par la fenêtre grande ouverte. Les autres lits étaient vides. Julien regarda autour de lui sans comprendre. Il s'assit, et une douleur au-dessus de son oreille lui rappela sa soirée de la veille. Il réfléchit encore un instant, tout en touchant du bout des doigts les bosses de son crâne, et, se levant d'un bond, il murmura :

— La vieille!

Il regarda le réveil de Victor. Il était bien midi. Il soupira, hésita un moment, puis s'habilla.

En bas, tout était fermé et il n'y avait pas de lumière dans la salle à manger. Les patrons devaient être partis. Julien se passa la tête sous le robinet de la cour et but longuement. Puis, sortant sa bicyclette, il prit le chemin de Falletans.

En longeant le canal où le soleil jouait sur l'eau couverte de feuilles jaunes, il pensa plusieurs fois à la mère Raffin et grogna :

— Merde pour la vieille.

Lorsqu'il entra dans la cuisine, son oncle et sa tante étaient à table.

— Eh bien, lança l'oncle Pierre, c'est ça que tu appelles de bonne heure!

— Je commençais à me faire du souci, dit la tante. J'avais peur qu'il te soit arrivé un accident. Qu'est-ce que tu as fait?

— Je dormais. Les autres sont partis sans faire de bruit, c'est la sirène qui m'a réveillé.

L'oncle se mit à rire en disant :

— C'est encore une chance, sinon, on ne t'aurait pas vu de la journée.

Julien vint embrasser sa tante. Elle se leva et lui posa la main sur la joue pour l'obliger à tourner la tête du côté de la fenêtre.

— Mais... mais tu as reçu des coups, dit-elle. Qu'est-ce que tu as fait, tu es tombé ou bien tu t'es battu?

Julien hésita. L'oncle s'était levé à son tour pour regarder.

— Tu t'es fait foutre une raclée, dit-il.

— Non, je suis allé faire de la boxe avec les copains.

L'oncle eut un grand rire.

— Ah, dit-il, tu as dû prendre quelque chose. Tu y es allé hier soir je parie.

Julien fit oui de la tête.

— Et pardi, c'est ça qui t'a abruti, c'est pour ça que tu n'arrivais pas à te réveiller.

— Mais c'est une honte, dit la tante. Tu es tout marqué. Si ta mère te voyait dans cet état, elle se ferait du souci, je t'assure. Je ne comprends pas que M. Petiot vous laisse faire des choses pareilles, il est responsable des enfants qu'on lui confie.

— Laisse donc, coupa l'oncle Pierre. Ça lui fait du bien. Moi je suis bien tranquille que son père ne trouverait rien à redire, il est allé à Joinville, lui. De son temps, on faisait du bâton, de la savate et de la boxe française. C'était bien autre chose, tu peux en être certaine.

La tante avait posé une assiette sur la table et servait Julien. L'oncle avait beau rire et plaisanter, elle n'en continuait pas moins de ronchonner. La chienne était venue poser sa tête sur la cuisse de Julien qui la caressa un moment.

— Du coup, expliqua l'oncle, je ne suis pas sorti ce matin, je pensais toujours que tu allais arriver. Mais ça ne fait rien, nous allons partir aussitôt mangé, et nous monterons jusqu'à la brèche de Rochefort (Il se mit à rire en ajoutant) : Un boxeur, ça doit avoir du muscle, et la barque, c'est un sacré entraînement.

Julien mangea quelques bouchées.

— Ça te va? dit l'oncle.

— On sera rentré à quelle heure?

— A la nuit.

— Tu es drôle, dit la tante, il est peut-être fatigué. Il n'avait pas l'habitude de ce travail.

— Non, non, dit Julien, mais il faut que je sois rentré à 5 heures.

L'oncle fronça les sourcils.

— A 5 heures? Mais pour quoi faire?

— Pour allumer le four.

L'oncle parut réfléchir puis demanda :

— Je ne comprends pas. C'est bien le mardi ton jour de sortie?

— Oui.
— Et il faut que tu sois là-bas le soir?
— Oui.
— Chaque mardi?
— Non, expliqua Julien. C'est assez compliqué : il y a un mardi par mois où je suis libre toute la journée. Parce qu'il n'y a pas que le four, il faut aussi pétrir la brioche et les croissants pour le lendemain. Le chef le fait une fois par mois. Les autres mardis, c'est soit le second, soit l'autre apprenti qui le font. Moi, je fais le four. Le jour où j'ai ma grande sortie, c'est l'autre apprenti qui fait le four à ma place.

L'oncle hocha longuement la tête, regarda sa femme, puis son neveu. Il passa plusieurs fois sa main sur sa moustache, repoussa son assiette et s'accouda à la table. Là, après avoir encore réfléchi un instant, il dit :

— C'est bien compliqué, en effet. Mais enfin, que ce soit compliqué, moi, je m'en fous. Ce que je trouve étonnant, c'est qu'on ne te donne qu'un jour de repos par mois.

La tante intervint pour demander à Julien.

— Est-ce que tu es sûr d'avoir bien compris, au moins?

— Oh oui. Les autres me l'ont expliqué. Et puis, le patron m'a dit : « Ce jour-là, tu peux en profiter pour aller voir tes parents, tu peux partir le lundi soir au car de 7 heures, et revenir le mardi soir à celui de 9 heures. » Bien entendu je ne risque pas d'y aller une fois par mois; ça fait trop cher de voyage pour si peu de temps.

L'oncle et la tante avaient achevé leur repas. Julien continua de manger. La tante se leva pour faire chauffer le café, et l'oncle roula une cigarette. Quand il eut soufflé la première bouffée de fumée, il demanda :

— Vous commencez à quelle heure, le matin?

Julien expliqua l'horaire de chaque jour. L'oncle écoutait, les yeux mi-clos, fumant à petites bouffées, et approuvant de temps à autre d'un hochement de tête. Plusieurs fois il ouvrit les yeux et regarda Julien, le temps de demander un renseignement complémentaire. Lorsque Julien eut terminé, l'oncle demeura silencieux quelques instants, marmonna sous sa moustache, puis, levant la tête d'un coup, il dit en regardant sa femme :

— Si mon compte est exact, voilà des garçons qui font une moyenne de soixante-dix heures de travail par semaine. Si on ajoute à cela le four à allumer tous les soirs, les esquimaux à porter aux cinémas, le magasin à fermer et tout le tremblement. Si on tient compte du fait que ce sont encore eux qui servent à table, qu'ils n'ont pas le droit de s'absenter ni le dimanche après-midi ni le soir à cause des courses qu'on peut leur demander de faire, je ne sais plus très bien où on va. Tout compté, on doit arriver à quelque chose comme quatre-vingts heures de travail. Quant à la présence effective, n'en parlons pas, ça irait chercher dans les seize à dix-huit heures par jour. C'est proprement ahurissant! Et comme ils passent le reste du temps dans leur chambre, on peut dire qu'ils sont à la disposition du patron vingt-quatre heures sur vingt-quatre.

L'oncle se tut et ralluma son mégot. La tante le regardait, puis regardait Julien.

— Il est certain, dit-elle, que ce gosse a une sale tête.

— Est-ce que vous mangez bien, au moins? demanda l'oncle.

— Oui, très bien.

— Ces gens-là ont une bonne réputation dans la ville, dit la tante. Ça m'étonnerait beaucoup qu'ils ne soient pas convenables avec leur personnel.

L'oncle eut un geste des bras et laissa retomber ses larges mains sur la table en disant :

— Enfin, quoi, il y a des lois, elles ne sont pas faites pour les chiens. Ou bien Julien nous raconte des histoires, ou bien ces gens-là vont un peu fort.

— Je t'assure que c'est ça, dit Julien. Mais ça doit être normal puisque les autres ne disent rien.

L'oncle balança la tête. Tout son visage se plissa dans une grimace qui remonta sa moustache et ses gros sourcils.

— Voilà, dit-il. Voilà par où le ver pénètre dans le fruit. Les gamins ne connaissent pas leurs droits. Ils entrent dans une boîte où ils prennent des habitudes, ils donneront ces habitudes à d'autres qui viendront après eux et ainsi de suite. Et pendant ce temps, il y a des types qui se crèvent à faire admettre la semaine de quarante heures, qui risquent leur place et parfois même leur peau pour que ça change. Bon Dieu de bon Dieu, le petit patronat est encore plus dangereux que la grosse entreprise. Quand il y a trois ou quatre ouvriers dans une boîte, le patron les tient avec des conneries, des bricoles, des avantages de rien, une espèce de fausse camaraderie qui lui rapporte gros. Et en fin de compte, jamais personne ne se plaint.

A mesure qu'il parlait, sa voix montait. Il gesticulait, jurait et semblait avoir un peu oublié Julien pour parler des travailleurs en général et de l'exploitation de la main-d'œuvre mal organisée.

— Tu t'emportes, disait la tante. Ça n'avance à rien. Tu as été comme ça toute ta vie. Tu t'es toujours disputé avec tout le monde pour des questions de politique et, en fin de compte, c'est toujours la même chose.

— Evidemment, c'est toujours la même chose parce qu'il y a toujours des gens comme toi pour considérer qu'il n'y a rien à faire; que tout est bien ainsi, et que si les choses doivent changer un jour, ce sera par la volonté de je ne sais quel Bon Dieu. Eh bien, si un Bon Dieu quelconque avait dû s'occuper du bien-être des travailleurs, il y a belle lurette qu'on aurait la semaine de huit heures et la retraite à trente ans!

Il repoussa sa chaise et se leva d'un coup.

— Allons, dit-il, viens. On va toujours prendre la barque et monter du côté de Rochefort. Si on ne va pas jusqu'à la brèche, on fera tout de même les enrochements et ce serait bien étonnant qu'on ne touche pas un ou deux brochets.

Ils sortirent. La chienne se planta au milieu de la cour et les regarda. Lorsqu'elle vit Julien prendre les rames dans la grange, elle fila vers la rive et sauta dans le bateau. Quand ils y montèrent, elle était déjà installée, allongée sur le plancher de proue, les pattes sur le bordage et le nez pointé vers l'avant.

— On va monter en traînant jusqu'au début des enrochements, dit l'oncle.

Avant de s'asseoir au banc de nage, Julien quitta sa veste et sa chemise.

— Tu as raison, dit l'oncle, faut prendre le soleil et respirer avec sa peau, à ton âge.

La tante, qui était debout sur la rive, demanda :

— Mais dis donc, Julien, qu'est-ce que tu as? Tu es plein de boutons.

Julien regarda son ventre et sa poitrine.

— C'est rien, dit-il, ce sont les punaises, je me suis un peu gratté les premiers jours et ça fait des croûtes.

— Viens voir ici.

Il sauta à terre. Tandis que sa tante l'examinait de plus près, l'oncle, qui l'avait suivi, demanda :

— C'est dans la chambre où tu couches, qu'il y a des punaises?

— Oui, quelques-unes.

L'oncle explosa.

— Quelques-unes? Ah, merde alors, tu en as de bonnes, toi! J'ai couché dans une caserne où c'en était pourri, je n'étais pas plus abîmé que toi. Et les autres ne disent rien?

— Ils ne les sentent plus. Il paraît qu'on s'habitue très vite. Déjà moi, elles ne m'empêchent plus de dormir.

— Avec les journées que vous faites, c'est pas surprenant que vous dormiez comme des souches, mais enfin, il me semble que ton patron pourrait faire désinfecter!

Julien expliqua que c'était inefficace à cause du four où les bêtes se réfugiaient; mais l'oncle, cette fois-ci, était très en colère. Il menaça d'aller le soir-même trouver M. Petiot pour obtenir quelques explications.

— Non, non, dit Julien, ne viens pas. Vaut mieux pas. Il ne me garderait pas.

— Et alors, lança l'oncle Pierre; tu tiens tant que ça à rester dans la crasse et à te crever la paillasse pour des gens qui s'emplissent les poches?

Julien regardait sa tante. L'oncle se tut. Pendant quelques secondes, ils demeurèrent ainsi, sans mot dire, dans le soleil. Il faisait chaud. Il n'y avait pas un souffle d'air. De temps à autre une feuille se détachait du tilleul et tombait lentement en tourbillonnant. La chienne, assise dans la barque, les regardait en battant le plancher de son fouet. L'oncle, s'adressant à sa femme, demanda :

— Enfin, qu'est-ce que tu en penses, on ne peut pas tolérer cet état de choses, faut tout de même intervenir d'une façon ou d'une autre?

— Il ne faut pas s'emballer, dit-elle. Il faut réfléchir. On peut attendre encore un peu.

L'oncle avait sorti sa blague et ses feuilles. Il roula une cigarette, l'alluma puis demanda :

— Est-ce que les autres t'ont parlé du syndicat?

— Qu'est-ce que c'est? demanda Julien.

Le front de l'oncle se plissa et ses sourcils se rapprochèrent. Il repoussa en arrière son chapeau de toile pour se gratter la tête, puis, retirant sa cigarette de ses lèvres, il tenta d'expliquer :

— C'est... ce sont les ouvriers qui s'unissent pour faire respecter leurs droits. Tu payes une cotisation, et on te donne une carte... Ils ne t'ont pas parlé de ça?

— Non, dit Julien. Pas du tout.

L'oncle regarda sa femme, et haussa les épaules en bougonnant.

— Bon Dieu, c'est triste de voir ça. On croit que c'est arrivé, et puis un jour, on s'aperçoit que tout reste à faire.

— De toute façon, observa la tante, il faut qu'il achète un produit pour se passer sur le corps. Les piqûres, ce n'est pas sain, ça peut s'infecter. Si ma sœur qui le couve tant le voyait dans cet état!

— Tu ferais peut-être bien de lui écrire pour la mettre au courant.

— Non, surtout pas, dit Julien. N'écris pas, tante, n'écris pas.

L'oncle s'avança d'un pas. Regardant Julien dans les yeux, il demanda :

— Qu'est-ce qu'il t'arrive?

— Rien, mais c'est inutile d'écrire à ma mère pour qu'elle se fasse du souci.

— Non, dit l'oncle, il y a autre chose. Toi, je te connais. Tu ne t'es jamais beaucoup occupé d'éviter du tracas à tes parents. Tu nous caches quelque chose.

Il se fit bourru. Empoignant de sa grosse main rêche le bras nu de Julien, il le secoua un peu en demandant :

— Allons, voyons, tu es assez copain avec moi pour me parler franchement. Tu ne vas pas me dire que tu tiens à rester dans cette boîte pour ton plaisir. D'abord, je n'ai jamais bien compris pourquoi tu avais décidé brusquement de te faire pâtissier. Mais enfin ça, c'est ton affaire. Seulement, que tu tiennes à rester chez Petiot dans de telles conditions, j'avoue que ça me dépasse. Tes parents ne sont pas sans rien. Ça n'est pas comme si tu attendais après les vingt-cinq francs par mois que tu vas gagner et ta croûte de chaque jour! Tu peux très bien retourner chez toi et qu'on te trouve une autre place!

Julien avait baissé la tête. Il ne disait rien. L'oncle lui prit le menton, et, l'obligeant à le regarder, il demanda :

— Alors, qu'est-ce qu'il y a?

— Il ne faut pas écrire chez moi.

— C'est entendu, ta tante n'écrira pas. Seulement moi, je veux savoir pourquoi tu y tiens tant.

Julien haussa les épaules.

— Comme ça, dit-il. J'aime mieux rester là.

L'oncle fit claquer sa langue contre son palais.

— Non, dit-il, ça ne me suffit pas. Tu as certainement une raison bien précise. Seulement, tu ne veux rien me dire parce que tu n'as pas confiance en moi. Allons, c'est bon. Restons-en là. Tu rentreras chez ton patron, et moi, demain, j'irai à l'Inspection du Travail. J'expliquerai ce qui se passe et on verra bien si ton patron est le plus fort. On verra bien si un type peut encore se foutre des lois et de tout sans que personne ne dise rien.

— Non, demanda Julien, il saurait que ça vient de moi, peut-être qu'il me renverrait.

— Tu n'y perdrais pas grand-chose. Et puis d'ailleurs tu as bien signé un contrat d'apprentissage?

— Pas encore, au bout d'une semaine. Je vais certainement le signer vendredi.

— Tu ferais mieux de ne rien signer du tout et de rentrer chez tes parents.

La tante intervint :

— Ecoute, Pierre, mieux vaut attendre encore

quelques jours. Samedi, je vais au marché, je tâcherai de me renseigner un peu pour savoir ce qu'on pourrait faire sans rien bousculer.

L'oncle eut un ricanement.

— Ah ben alors, si on compte sur toi pour défendre les ouvriers, on sera tout de suite servi!

Il se retourna et fit un pas vers le bateau.

— Allons, lança-t-il, monte et prends les rames. Sinon, à 5 heures du soir, nous serons encore en train de discuter.

Ils s'éloignèrent. La tante leur fit signe de la main et cria :

— Surtout, n'oubliez pas l'heure.

— T'inquiète pas, lança l'oncle, il l'allumera son four!

Pendant un long moment, Julien rama en silence. L'oncle laissait traîner dans l'eau le fil que le moulinet dévidait lentement. La canne vibrait. Il la relevait par instant, la faisait passer d'un bord à l'autre ou bien lui imprimait une brusque secousse qui faisait ployer le bambou et siffler le fil à la surface de l'eau. Des gouttelettes couraient le long de la soie, et tombaient en brillant sur l'eau aveuglante. De temps à autre, la cuiller venait tourner tout près de la surface et jetait dans un remous une étincelle d'or.

Ils passèrent sous le pont. L'eau chantait contre les roches des piles. De longues herbes noires ondulaient comme de gros serpents. Çà et là, un poisson sautait.

Après un long moment de silence, l'oncle toussa deux fois, cracha dans l'eau et demanda :

— Alors, entre nous, tu ne veux pas me dire pourquoi tu as si peur que ta tante écrive à ta mère?

Julien hésita, tira deux fois sur les avirons avant de dire :

— Si ma mère le savait, elle voudrait que je rentre.

— Et alors, c'est de ça que tu as peur? C'est ce que je disais tout à l'heure, tu tiens à rester dans cette boîte de merde!

L'oncle sembla laisser sa phrase en suspens. Julien attendit encore un peu, puis, comme l'oncle le regardait toujours avec l'air de demander une réponse satisfaisante, il finit par expliquer :

— Quand je suis parti, mon père a dit à maman : « Tu verras que ce sera comme à l'école. Il ne foutra rien. Ou bien il trouvera une raison pour revenir, ou bien il se fera foutre à la porte. En tout cas, je suis prêt à parier n'importe quoi qu'avant un mois il est revenu. »

L'oncle eut un petit sourire qui souleva à peine sa moustache. Il hocha la tête, tourna un peu la manivelle de son moulinet et dit simplement :

— A présent, traverse, je voudrais donner un coup sous ces buissons, avant d'attaquer les enrochements.

DEUXIEME PARTIE

18

Chaque année, l'oncle Pierre et la tante Eugénie allaient passer le mois de décembre à Paris, où habitait leur fils. Avant de prendre le train, l'oncle dit à Julien :

— Je ne t'ai jamais reparlé de ton patron, mais je sais très bien que c'est toujours pareil. Tu ne veux pas que je m'en occupe, c'est ton affaire. J'aime trop la liberté pour ne pas respecter la tienne, même si elle te conduit à en baver. Seulement, avant de partir, je tiens à te dire une chose : si jamais tu avais besoin de quoi que ce soit, va à la Bourse du Travail, tu sais, c'est ce bâtiment qui se trouve à l'entrée du Pasquier, avant le terrain de sport. Là, tu demanderas Paul Jacquier, de ma part. Tu peux avoir confiance et tout lui expliquer. Il te conseillera.

Julien nota le nom sur un carnet où il avait inscrit quelques adresses de camarades, embrassa son oncle et sa tante et regarda le train s'éloigner. C'était le mardi 30 novembre. Il était 5 heures après midi, le temps était gris, déjà les vitrines des magasins s'éclairaient.

Julien revint à la pâtisserie et alluma le four. Les patrons étaient sortis. Tout était fermé, sauf le laboratoire. Victor avait dû pétrir de bonne heure les croissants et la brioche, il était déjà reparti. Lorsque le four ronfla et que le coke fut monté du bûcher, Julien se lava, remit sa veste, et s'assit sur le marbre. Seule était éclairée la lampe de la plonge qui laissait dans l'ombre toute une partie de la pièce. Rien ne vivait que le feu qui bourdonnait. De temps à autre, une braise rouge tombait dans l'eau du cendrier où elle chantait un instant avant de s'éteindre. La chatte du patron était entrée avec Julien. Elle l'avait regardé travailler, assise sur la platine du four; puis, lorsqu'il s'était installé sur le marbre, elle était venue s'allonger sur ses genoux. Elle ronronnait à présent, cardant le tissu mince du pantalon. Plusieurs fois, Julien lui prit les pattes de devant qu'il emprisonnait dans sa main. Elle continuait alors de remuer ses griffes, mais sans jamais faire mal.

Depuis deux mois qu'il était ici, Julien s'était installé dans la routine de la maison. Les coups de gueule du patron et du chef, les minauderies de la patronne, les sorties nocturnes par les toits et le travail, tout se tenait, s'enchaînait de telle sorte qu'il n'avait guère le temps de penser. Il connaissait à présent les clients et savait, avant de partir faire une livraison, le montant du pourboire qu'il encaisserait. Depuis longtemps, il avait appris à mettre chaque matin dans sa corbeille quelques croissants de plus que le compte, et savait aussi en quelle partie de sa tournée il valait mieux les manger. Une fois par semaine, il écrivait à sa mère, qui répondait toujours en lui disant qu'il ne parlait pas assez de sa santé, de son travail, de la façon dont ils étaient nourris.

Sur ce chapitre de la nourriture, Maurice lui avait donné quelques bonnes leçons. Lorsque la table n'était pas suffisamment garnie, il était assez facile de se rattraper sur les gâteaux. Il suffisait de prendre parmi ceux qui n'étaient pas encore terminés, c'est-à-dire pas encore comptés. D'ailleurs, seul le chef aurait pu s'apercevoir de quelque chose et Maurice affirmait qu'il ne dirait jamais rien.

— Il sait bien que le singe est radin. Avant de se marier, il mangeait ici aussi, et il a eu le temps de comprendre. Parce qu'on mange à la même table qu'eux, les patrons se figurent qu'on est assez nourris, seulement, faut voir ce qu'ils s'envoient en dehors des repas. Et puis, ils ne font pas tant de boulot que nous. Ils n'ont pas besoin de forces.

Maurice bougonnait souvent, et il lui arrivait de faire la tête pendant des heures. Mme Petiot riait. Elle plaisantait en disant qu'il avait l'air d'un gros bébé qui a perdu sa sucette. Maurice ne soufflait mot, mais, dès qu'elle avait tourné les talons, il disait invariablement :

— Le bébé, y t'emmerde.

Et, presque aussi invariablement, il ajoutait :

— Quand je vois comment le personnel est traité chez mon père!

Mme Petiot devait avoir un flair particulier pour déceler ce qui n'allait pas. Alors, toujours, avec son sourire qui faisait monter ses pommettes jusqu'à ses tempes, elle joignait les mains, esquissait une courbette qui entrouvrait son corsage sur la naissance de ses seins blancs et disait par exemple :

— Vous avez l'air tout endormi, mon petit Julien, il faut vous réveiller. Autrement, M. Petiot va crier. Tenez, prenez le vélo et allez vite porter ça chez Mme Untel, je suis persuadée que l'air frais vous fera du bien.

Et c'était ainsi chaque fois que, moulu de fatigue, Julien sentait ses yeux se fermer et pensait pouvoir se reposer un moment avant le repas du soir.

Le patron passait à peu près la moitié de sa journée au café. Chaque fois qu'il revenait au laboratoire, c'était pour crier ou pour commenter l'actualité politique et sportive. Les ouvriers l'écoutaient. Le chef lui répondait parfois. Certains jours aussi, il revenait en courant, et, aussitôt la porte ouverte, il lançait :

— Je viens d'en apprendre une bonne!

Il racontait son histoire et riait en tenant à deux mains son petit ventre rond qui roulait sous sa veste. Tout le monde riait avec lui.

Le mardi, lorsque les patrons ne partaient pas de bonne heure, Maurice et Julien étaient obligés de faire très attention pour sortir. Si M. Petiot les entendait, il ouvrait la porte de la salle à manger, venait sur le seuil avec un seau à charbon et, souriant, il semblait tout surpris de les voir.

— Ah, tiens, disait-il, tu es donc là, toi? J'allais justement charger le feu. Tu ne voudrais pas aller me chercher du charbon?

Et les apprentis allaient, en maugréant, mais ils allaient tout de même. Ainsi, un mardi matin, Julien avait perdu plus d'une heure à laver la voiture du patron. A présent, il savait choisir son moment, entrouvrir la porte de sa chambre pour écouter et guetter avant de s'engager dans l'escalier. Parfois, il sentait le patron à l'affût, rentrait et attendait. Il attendait rarement bien longtemps car le patron était heureusement moins patient que rusé.

Julien avait une ennemie : la mère Raffin qui ne lui avait jamais pardonné de n'être pas allé bêcher son jardin. Lui-même détestait cette femme qui le dégoûtait. Chaque fois qu'il s'occupait du fourneau de la salle à manger, il pensait à ses crachats et à ses mégots tout mouillés de salive. Plusieurs fois, il l'avait entendu dire à l'une de ses filles :

— Ce Julien ne vaut pas cher. Vous n'avez pas fait une belle acquisition, en le prenant. Moi, je suis persuadée qu'il vous jouera de sales tours.

— Laisse-la déconner, disait Maurice. C'est une vieille dingue, et les patrons se foutent pas mal de ce qu'elle raconte.

Julien voyait peu les autres femmes de la maison qui ne venaient à la salle à manger que pour prendre leurs repas. Seule la bonne, Claudine, passait la plus grande partie de son temps à la cuisine, et Julien attendait toujours avec impatience le vendredi après-midi. Cependant, au moment de la rejoindre pour préparer avec elle les cervelles et la viande des pâtés, il avait comme un poids sur le cœur, quelque chose qui lui coupait le souffle. Une fois dans la cuisine, il s'approchait d'elle jusqu'à frôler son bras qu'elle ne retirait pas. Toujours elle parlait de Tino Rossi et chantait ses dernières créations.

Dans toute cette maison, la meilleure amie de

Julien était la chatte. Elle allait souvent le rejoindre au bûcher ou bien au laboratoire lorsqu'il s'y trouvait seul. Chaque fois qu'il le pouvait, il prenait pour elle un morceau de viande à pâté.

Ce soir-là, Julien demeura longtemps immobile dans la pénombre, avec la chatte sur ses genoux. La nuit collait aux vitres. Aucun bruit ne venait du dehors. Il y avait simplement, de loin en loin, le craquement d'une poutre du plafond ou le claquement sec d'un morceau de coke éclatant dans le foyer.

Julien avait déjà terminé la deuxième charge du four, lorsque Victor rentra. Il reconnut son pas sur les dalles de la cour.

— Qu'est-ce que tu fais, on dirait que tu veilles les morts avec cette loupiotte, dit Victor en refermant la porte.

Julien sourit. Le second alluma la lampe du plafond, la chatte s'étira et s'en alla miauler à la porte. Julien ouvrit et la laissa filer. Victor avait étalé sur le tour une revue de cinéma, et Julien s'accouda près de lui pour la regarder.

Pendant un long moment il conserva en lui le sentiment d'un vide, d'un regret. Cette lumière vive et la présence du second semblaient avoir détruit quelque chose de précieux qu'il ne parvenait pas à définir.

Ils regardèrent quelques images de films et de vedettes.

— Tu as vu la nouvelle bonniche du café du Commerce? demanda le second.

— Oui.

— Tu ne trouves pas qu'elle ressemble à Marlène Dietrich?

— Un peu, oui.

— Moi, j'aime bien ce genre de fille.

Julien hésita. Réfléchit un instant, puis il dit :

— Il y a une fille qui passe là devant tous les soirs et qui doit habiter du côté de la rue Pasteur, elle lui ressemble encore bien plus.

— Je ne vois pas, dit le second, je ne la connais pas.

Il regarda Julien et se mit à rire en ajoutant :

— Tu aurais fait une touche avec elle que ça ne m'étonnerait pas.

Julien se sentit rougir.

— Non, non dit-il. Je l'ai simplement vu passer.

— Alors, comment sais-tu qu'elle habite rue Pasteur?

— Elle descend toujours la rue de la Bière.

— Mais la rue de la Bière ne mène pas uniquement rue Pasteur. Allez, dis-le, tu frayes avec.

— Non, non, je vous assure, je ne lui ai jamais parlé. Seulement, en faisant des courses, je l'ai rencontrée plusieurs fois rue Pasteur. C'est tout.

— Si elle te plaît, faut pas te dégonfler, dit le second. Et surtout, faut pas attendre. Tu la guettes un soir, et tu la suis. A un moment où il n'y a personne dans la rue, tu l'abordes carrément. Sur le coup, elle va sûrement t'envoyer bouler. Mais ça, c'est normal. C'est le coup classique pour que tu insistes.

Julien ne dit rien. Il sourit et soupira.

— Tu me la montreras, reprit Victor, moi je te dirai tout de suite si elle est bonne à faire.

— Entendu, je vous la montrerai.

Ils bavardèrent encore un moment en continuant de feuilleter le journal illustré, puis les patrons arrivèrent. Ils les entendirent ouvrir la porte de la salle à manger. Le second regarda le réveil.

— Il n'est que 6 heures et demie, grogna-t-il. Si on les avait entendus entrer dans le couloir, j'aurais éteint.

— Pourquoi ?

— C'est pas pour moi, mais pour toi. Tu verras, s'ils ont besoin de quelque chose, ils sauront bien te trouver.

Il avait à peine terminé sa phrase que la porte de la salle à manger s'ouvrit de nouveau. Aussitôt le patron appela :

— Julien! C'est toi qui es là, Julien?

— Qu'est-ce que je t'ai dit, souffla le second. Tu y as droit. Te voilà bon comme la romaine.

Julien sortit sans rien dire.

Le patron était en pardessus et en chapeau.

— Viens vite mon petit, dit-il. Tu vas me rendre un service.

Devant la glace, Mme Petiot retouchait son maquillage tout en soulevant la voilette d'un grand chapeau bleu ciel. Elle s'interrompit le temps de dire en souriant :

— Vous êtes mignon tout plein, mon petit Julien. Mignon tout plein, vous savez.

— Tu vas aller à l'hôtel Central, expliqua le patron. Nous devons dîner chez des amis, ce soir. J'ai téléphoné pour qu'on me prépare une langouste à la bordelaise. Tu la prendras, et tu la porteras directement à cette adresse. Quand tu arriveras, nous y serons déjà. Allez, va vite et prends une corbeille pour mettre le plat dedans.

Julien sortit. Une fois dans la rue, avant de monter sur le vélo, il lut la fiche que le patron lui avait remise. Il connaissait l'adresse pour avoir déjà livré des gâteaux à ces gens qui habitaient assez loin du côté de Plumont.

— Saloperie, grogna-t-il, pouvaient pas aller bouffer plus près.

Il partit rapidement et arriva bientôt dans la cour de l'hôtel. Là, il posa son vélo, prit sa corbeille et s'approcha d'une verrière éclairée par une grosse ampoule. Un garçon d'une quinzaine d'années, vêtu à peu près comme lui, mais coiffé d'une toque très haute, cassait des œufs dans une grande bassine.

— Salut, dit Julien.

— Salut pâtissier, dit le garçon. Qu'est-ce que tu veux?

— Mon patron m'envoie chercher une langouste.

— Ah, tu es de chez Petiot?

— Oui.

— Va voir le chef.

Sans lâcher une coquille d'œuf d'où coulait un filet gélatineux, le cuisinier montra une porte. De là, venaient des cris et des bruits de casseroles.

— Entre là, dit-il.

Julien ouvrit la porte. Il vit tout d'abord deux cuisiniers debout devant un long fourneau noir qui tenait tout le centre de la pièce. Le plus âgé des deux, un gros homme ventru à la trogne rouge, se tourna vers lui en criant :

— Qu'est-ce qu'il veut, le pâteux?

— Je viens chercher la langouste pour M. Petiot.

Sans cesser de remuer dans sa casserole, le gros homme se mit à hurler :

— La langouste à Petiot. La langouste à Petiot. Qui c'est qui s'occupe de la langouste à Petiot?

Du fond de la cuisine, un garçon cria :

— C'est moi, chef!

— Alors, magne-toi, peau d'hareng, tu vois bien que ce mec attend.

Il poussa vers le centre du fourneau sa casserole qui découvrit le foyer incandescent; puis il s'avança de Julien. Il titubait légèrement.

— Viens boire un canon, dit-il.

Julien le regarda, mais ne bougea pas. L'homme prit un litre de vin blanc qui se trouvait sous une table, dans un seau rempli de glace pilée.

— Viens boire un coup, répéta-t-il.

— Non, merci, monsieur, dit Julien.

L'autre se retourna, un verre plein de chaque main.

— Viens boire un coup, nom de Dieu! cria-t-il.

Julien s'avança et prit le verre qu'on lui tendait.

— Pas tant que ça, murmura-t-il.

Le gros homme se mit à rire.

— Qu'est-ce que tu me chantes, dit-il. T'es un homme ou une merde? Allons, à la tienne.

Ils choquèrent leurs verres et Julien sentit un peu de vin froid lui couler sur les doigts. Le chef vida son verre d'un trait. Julien but deux gorgées et s'arrêta. Le gros homme le regardait.

— Alors quoi, fit-il, tu vas pas me dire qu'il n'est pas bon.

— Il est très bon, dit Julien.

— Alors, s'il est bon, vide ton verre.

Julien vida son verre.

— Ah, voilà un homme! fit le chef en retournant vers son fourneau.

Julien ne le quittait plus des yeux. Il fixait sa tête énorme et boursouflée où les petits yeux noirs clignotaient sans cesse. Lui aussi portait une toque très haute, dont la sueur marquait tout le bas de grandes taches grises. Il gesticulait sans cesse. Allait de son fourneau à une table, goûtait une sauce d'un côté, un potage de l'autre, et n'arrêtait guère de crier. Les autres ne semblaient pas se soucier de sa présence. Plusieurs fois, il revint à la table et se versa un demi-verre de vin blanc qu'il vidait d'un trait. Celui qui travaillait à côté de lui vint également boire.

— En veux-tu un canon? demanda-t-il à Julien.

— Non, merci monsieur, dit Julien qui sentait déjà sa tête un peu lourde.

A un certain moment, le chef prit une grande casserole pendue à une tringle munie de crochets, qui se trouvait au-dessus du fourneau. S'approchant de la lampe, il examina la casserole un instant, puis explosa.

— Saloperie, vieille pourriture! hurla-t-il, en se précipitant vers le fond de la cuisine.

Julien remarqua alors une vieille femme qui lavait une bassine dans un grand bac en fer. En voyant approcher le chef, elle posa sa bassine et sembla se recroqueviller sur elle-même, la tête rentrée dans les épaules, les mains croisées sur sa poitrine.

Arrivé à quelques pas d'elle, l'homme lança la casserole. Julien entendit un bruit de métal, puis la vieille poussa un cri aigu en se baissant. Pendant un instant, Julien ne vit que son dos rond et noir qui seul dépassait la table. Elle gémissait en répétant :

— Ma cheville... Encore ma cheville.

Le chef empoigna une spatule de bois et frappa plusieurs fois sur la table.

— Grouille-toi de laver ça, vieille tordue, grouille-toi où je vais te faire chialer pour quelque chose.

La vieille se releva. Elle tenait la casserole qu'elle se mit à laver.

— J'attendrai pas longtemps, dit encore le chef en revenant vers Julien.

Arrivé à la table où se trouvait le vin, il emplit de nouveau deux verres.

— Allons, pâtissier, viens vider un godet.

Julien fit non de la tête. Il tremblait. Quelque chose se serrait dans sa poitrine, son cœur battait fort.

— Viens boire un godet, cria l'homme.

Malgré lui, Julien s'approcha et prit le verre.

— Tant qu'on nous foutra des femelles dans une cuisine, on pourra pas travailler en paix, grogna le chef. C'est pas ton avis, petit?

Julien hocha la tête. L'autre vida son verre.

— Allons, cul sec, dit-il.

Julien but à son tour. Le vin était glacé et lui brûlait la gorge. Quand il eut terminé, le chef lui tapa sur l'épaule en disant :

— Les femmes : de la merde. Ça mérite que des coups de pied au cul. C'est juste bon dans un plumard, seulement, faut pas que ce soit des vieilles mochetées comme celle-là.

La vieille venait d'apporter la casserole. Elle la tendit au chef, puis fit rapidement un pas en arrière. Le chef retourna sous la lampe et examina de nouveau la casserole.

— Ça va, dit-il. Mais fais attention, un jour je t'en défoncerai une sur le crâne.

A présent, Julien voyait tout dans une espèce de brume lumineuse qui s'ajoutait à la vapeur montant des fourneaux. Les voix et les bruits résonnaient de façon étrange, et, par instant, il se sentait comme soulevé par une force inconnue.

Malgré tout, lorsque la vieille regagna sa plonge, il remarqua qu'elle boitait. Ses jambes étaient enflées et sa cheville droite saignait.

Arrivée devant son bac, avant de reprendre sa tâche, elle se retourna le temps de lancer vers Julien un regard comme il n'en avait jamais vu.

19

Ce regard de la vieille plongeuse, Julien l'emporta.

Lorsqu'il sortit dans la cour, il posa sa corbeille sur le porte-bagages du vélo, et demeura un long moment immobile. Il n'y avait plus personne sous la verrière, et la lumière de la lampe ne venait pas jusqu'à lui. Il respira profondément. La nuit était froide. Devant le portail, des voitures passaient, éclairant un instant l'entrée de la cour. De la cuisine, malgré la porte fermée, venaient des cris et des bruits de casseroles. Julien regarda encore dans cette direction. Il y avait bien une fenêtre, mais les carreaux étaient en verre dépoli, et l'on pouvait seulement voir, de temps en temps, une ombre floue passer devant la lampe. D'ailleurs, pour Julien, tout était flou.

— Je suis saoul, murmura-t-il. On est comme ça, quand on est saoul.

Il hésita encore longtemps avant de reprendre sa corbeille. A l'intérieur, la gamelle posée au milieu, et que rien ne retenait, glissa un peu. Il rétablit l'équilibre et partit en poussant son vélo. Une fois dans la rue, il posa sa corbeille sur sa tête, s'assura qu'elle était parfaitement en place, et enfourcha sa bicyclette.

— Si je me casse la gueule, quelle histoire!

Il répéta cette phrase plusieurs fois. Il s'efforçait à fixer la chaussée pour éviter les trous, mais l'éclairage de sa machine n'était pas très puissant et il n'osait pas rouler vite, si bien que la dynamo donnait à peine. Malgré le froid, il transpirait. Très vite, son bras qui tenait la corbeille se mit à trembler. Il avait par instant des hoquets qui le secouaient. Le vin lui brûlait l'estomac.

Il fixait la route, mais le regard de la vieille plongeuse était toujours là. Deux yeux. Simplement deux yeux. Le visage, il l'avait oublié. Ou plutôt, il ne l'avait pas remarqué. Deux yeux sous un chignon gris mal fait. Le reste, c'était simplement une peau ridée, toute ridée. Au fond de deux rides : un regard. Il voyait aussi les jambes bosselées de varices et la cheville qui saignait.

Et puis, soudain, il revit toute la cuisine avec cette vapeur, cette fumée, l'air fait de tant d'odeurs mêlées, les cris, les jurons, le foyer rouge et le chef. Le gros chef avec sa nuque à bourrelets, son visage rouge et luisant, sa toque trempée de sueur et toute grasse. Il sentit monter en lui une grande force, et, en même temps, une espèce de dégoût acide comme le vin qui le brûlait. Il était dans la cuisine, le chef venait de frapper la vieille; et lui, Julien, lui l'apprenti boxeur qui, depuis deux mois, s'entraînait en cachette à frapper les sacs de farine de la cave, lui, l'apprenti de chez Petiot, il empoignait le gros homme rouge. Il le giflait à tour de bras, lui crachait au visage puis, d'un direct en plein milieu de sa bedaine, il l'envoyait cuver son vin et ruminer sa rage sous une table.

Tout se passait si vite que les autres cuisiniers n'avaient même pas le temps d'intervenir. Et, avant de quitter la cuisine, Julien se tournait vers la vieille. Elle n'avait plus son même regard. Elle souriait. Elle avait l'air de dire qu'elle n'osait pas croire à un tel bonheur.

Julien quitta l'avenue de Chalon, longea la caserne des Gardes et atteignit la dernière lampe. Au delà c'était la nuit qu'éclairait seule la lueur vacillante de son phare. Il pédala plus vite, mais le chemin était mauvais, il roula encore un peu, puis s'arrêta et mit pied à terre.

Plus il avançait, plus les vapeurs du vin l'excitaient. A chaque instant il grommelait :

— Salaud. Gros salaud. J'aurais dû. Il m'aurait peut-être foutu une raclée, mais tout de même, j'aurais dû.

Le regard de la vieille était toujours là. Un regard dont Julien se demandait ce qu'il pouvait bien vouloir exprimer. Une grande terreur, certainement, mais autre chose aussi. Une chose mystérieuse.

Il marcha longtemps encore dans l'obscurité presque complète. Loin, sur sa droite et sur sa gauche, des fenêtres minuscules étaient éclairées. Il les voyait danser un moment, puis elles disparaissaient pour reparaître un peu plus loin.

Julien tournait et retournait en lui cette grande colère. Ce n'était plus seulement au gros homme rouge qu'il en voulait, mais à lui-même. Et puis, tout se mêlait; tout devenait de plus en plus trouble.

Enfin, il arriva devant la villa qu'il cherchait. Il reconnut la voiture de M. Petiot, traversa le jardin et sonna.

Les patrons étaient là, avec un homme et une femme.

— Ah! mon cher ami, voilà votre chef-d'œuvre, cria la femme.

— Attendez d'avoir goûté pour le dire, fit le patron.

— Mais j'espère que vous avez goûté vous-même.

— Ah! non, un vrai chef ne goûte jamais ce qu'il fait. Il doit être sûr de lui. Il se contente de goûter ce que font les marmitons qu'il a sous ses ordres. Moi, j'en ai eu jusqu'à vingt-cinq sous mes ordres, quand j'étais en hôtel à Paris. Alors là, je vous prie de croire que je goûtais, oui.

L'homme se mit à rire.

— Nous verrons, dit-il, depuis le temps que tu nous parles de ta langouste à la bordelaise, si jamais ça n'est pas bon, tu la mangeras tout seul, et sans boire.

Ils riaient tous les quatre. Julien les regardait, un peu hébété. La patronne ouvrit la corbeille et souleva le couvercle de la gamelle.

— En tout cas ça sent bigrement bon, dit l'homme.

Sa femme se pencha et renifla un moment, avant de dire :

— Ce que j'aurais voulu, c'est que vous veniez la faire ici.

— Non, non, c'est plus facile au laboratoire, dit le patron.

Et tout de suite, joignant les mains et se courbant à demi, la patronne ajouta :

— D'ailleurs, si vous saviez ce qu'il fait comme dérangement et ce qu'il salit comme vaisselle, quand il se met à cuisiner... N'est-ce pas, mon petit Julien?

Elle s'était tournée vers Julien et le regardait avec son grand sourire. Comme il ne parlait pas, elle répéta :

— N'est-ce pas? Vous le savez bien, vous qui faites la plonge, mon petit Julien?

Julien approuva d'un signe de tête. Pour lui, les visages se mouvaient dans une brume claire, les voix résonnaient toujours de façon insolite. Il essayait de comprendre. Par instant, les yeux de la vieille plongeuse reparaissaient devant lui, et il sentait remuer sa colère.

— Vous avez l'air tout drôle, mon petit Julien, dit la patronne.

L'autre femme s'avança.

— Il est très gentil et bien poli, dit-elle. Il est déjà venu plusieurs fois m'apporter des gâteaux.

Le patron avait sorti la gamelle de la corbeille. Il se retourna.

— C'est bien, dit-il, tu peux remporter la corbeille.

Julien ne fit pas un geste. Simplement il ferma les yeux un instant. La brume qu'il voyait s'empourpra. Il y eut un grand tourbillon où se mêlaient les yeux de la vieille plongeuse, la trogne du chef, des voix, des bruits, des cris et puis, brusquement, Julien rouvrit les yeux. Les quatre personnes étaient là, immobiles, à le regarder. Alors sans qu'il ait rien préparé, sans réfléchir une seconde, un peu comme si les mots étaient sortis de sa bouche contre sa volonté, il dit très fort :

— Et la gamelle, il ne faut pas la reporter à l'hôtel Central tout de suite?

La patronne écarquilla les yeux. Le rouge de ses pommettes envahit soudain tout le reste de son visage. Julien regarda son patron qui fronça simplement les sourcils en bredouillant :

— Ce... c'est vrai, je... je n'aurais pas dû prendre cette gamelle qui n'est pas à nous... Mais tu leur rendras demain. Tu y penseras demain matin en portant les croissants.

Il s'avança, prit la corbeille qu'il tendit à Julien.

— Tiens, dit-il. Va vite..., va vite, les autres doivent t'attendre pour manger.

Il le poussa vers la porte. Mme Petiot se précipita pour ouvrir. Julien recula, sortit.

Des mots, des phrases se pressaient à présent en lui. Il aurait voulu crier : « C'est pas vrai, ce n'est pas lui qui l'a faite, c'est le second de l'hôtel Central. »

Le patron sortit avec lui et tira la porte. S'approchant à le frôler, il murmura :

— Qu'est-ce qui t'a pris? Tu es fou, non?

Julien sentit la barre d'appui du perron contre ses reins. Le patron se tut un instant, puis dit encore très vite entre ses dents serrées :

— Mais tu as bu. Tu sens le vin. Fous le camp. Fous le camp! Mais tu me le paieras cher. Très cher. Je te préviens!

Julien descendit l'escalier. Il entendit la porte se refermer. Comme il achevait de traverser le jardin, la lampe du perron s'éteignit. Il s'arrêta. Dans la maison, on parlait fort. Il lui sembla aussi entendre des rires.

Encore ébloui, il tâtonna le long de la barrière pour trouver son vélo. Il posa la corbeille sur le porte-bagages, mais, avant de monter, il demeura immobile, le souffle coupé, essayant encore d'entendre ce qui se disait dans la villa. Le murmure des voix était de plus en plus vague.

A présent, Julien avait froid. Tout autour de lui, c'était la nuit.

Machinalement, il murmura :

— Bon Dieu, c'est vrai, qu'est-ce qui m'a pris?

Et il se mit à pédaler lentement dans le chemin où la lumière de son phare tremblotait sur le sol inégal.

20

Assommé par le vin, Julien dormit d'une seule traite.

Le lendemain, lorsqu'il descendit au laboratoire, il avait la tête lourde et la bouche pâteuse. Le chef roulait ses premiers croissants.

— Allez, presse un peu, dit-il, tu n'as pas l'air bien réveillé.

Victor demanda :

— Qu'est-ce que tu avais, hier soir, tu n'étais pas malade au moins?

— Non, dit Julien.

— Quand tu es rentré, je t'ai entendu monter. Le patron avait laissé à manger pour nous deux au labo. J'ai attendu. Je croyais que tu allais redescendre tout de suite. Au bout d'un moment, je suis monté voir, tu étais couché et tu roupillais. Alors j'ai mangé tout seul.

— J'avais pas faim, dit Julien.

Ils travaillèrent un moment en silence, puis il y eut un bruit de pas dans l'escalier. Le chef regarda le réveil, écouta encore et dit :

— Je ne suis pas fou, quoi, le réveil n'est pas arrêté. C'est déjà le patron. Il est tombé du lit, ma parole.

Julien avait le souffle court. Il se rendait compte que ses mains tremblaient. Les pas sonnèrent sur les dalles de la cour. La porte s'ouvrit et le patron entra. Il grogna et les autres répondirent :

— Bonjour, m'sieur.

Julien ne broncha pas. Il sentait ses jambes faiblir. Il continuait de travailler sans se retourner. Le patron devait être derrière lui. Il sentait comme un poids sur sa nuque. Lorsque la plaque fut pleine, il s'arrêta. Il fallait l'empoigner, se retourner et la porter dans l'étuve. Le chef roula un croissant qu'il posa devant Julien, puis un deuxième, puis un troisième. Julien ne bougeait toujours pas.

— Alors, demanda le chef, tu dors?

Julien aspira une grande bouffée d'air, prit la plaque et se retourna d'un coup. Le patron était debout, à mi-chemin entre le tour et l'étuve. Il se tenait un peu voûté, les bras croisés devant la poitrine, comme posés sur son petit ventre. Il regardait Julien.

Julien avança, sa plaque sur la main gauche. Il ouvrit l'étuve, posa la plaque sur l'échelle et referma les portes. Il allait prendre une plaque vide sur la table du four lorsque le patron demanda :

— Alors, tu te sens bien?

Julien s'immobilisa. Le patron avait parlé fort, d'une voix qui vibrait un peu, mais il n'avait pas crié. Le chef et le second se retournèrent aussitôt. Maurice, qui desséchait la pâte à choux sur le fourneau, retira sa casserole et se retourna également. Tous regardèrent Julien qui se tenait debout devant le four.

Il y eut un long silence. Julien baissa un peu la tête, mais sans quitter des yeux le patron.

— Ah, ça, tu peux être fier de toi, lança M. Petiot. Il y a de quoi!

Il attendit encore un instant, décroisa ses bras, posa ses poings sur ses hanches puis, se tournant vers les autres, il demanda :

— Vous n'avez jamais vu un con?... Une ordure?... Une petite fripouille?... Une... un... voyou? Eh bien, regardez-le. Regardez celui-là! Regardez-le bien!

A mesure qu'il parlait, le ton montait; les mots étaient plus saccadés, arrachés du fond de sa gorge et jetés comme des pierres.

Il injuria encore Julien puis, bondissant d'un coup, il voulut le gifler des deux mains. Mais Julien attendait son geste. Deux mois de boxe l'avaient déjà habitué à voir venir les coups, et les gifles tombèrent sur ses coudes levés. Furieux, M. Petiot serra les poings et se mit à frapper à toute volée. Julien s'abrita derrière sa garde fermée. Les coups pleuvaient sur ses épaules et ses bras. Entre ses mains, il voyait le petit ventre de M. Petiot qui remuait sous la veste blanche. Il pensa un instant au chef de l'hôtel Central. Mais un instant seulement. En lui, une voix murmurait :

— Le creux de l'estomac. Là, juste devant, au-dessus du petit ventre. Un crochet à peine plongeant...

Le patron cognait toujours, mais ses coups ne faisaient pas mal. Ils étaient trop rapides, trop désordonnés. Julien leva le regard au ras de ses sourcils. Il vit aussi la pointe du menton qui s'offrait.

Un coup de pied atteignit l'apprenti en haut de la cuisse et lui arracha un gémissement. Alors, le patron s'arrêta de cogner et recula d'un pas. Son visage était livide. La sueur perlait à son front. Sa poitrine creuse se soulevait à un rythme accéléré. Un peu de salive luisait au coin de sa bouche. Il répéta encore :

— Une ordure... Une ordure... que tu es!... Pas autre chose!

Puis il se tut, essayant de reprendre son souffle. Toujours appuyé contre la platine du four, Julien s'était relevé à demi, prêt à se remettre en garde. Le patron le fixa un instant, puis lança :

— Tu ne voudrais tout de même pas te rebiffer, des fois? Non mais sans blague, regardez-moi cet avorton. Cette espèce de ficelle, ce restant de giclée! On dirait bien qu'il croit m'impressionner!

S'avançant de nouveau, il grogna :

— J'en ai sonné de plus durs que toi, tu sais!

Il allait peut-être se remettre à frapper, quand le chef demanda :

— Qu'est-ce qu'il a donc fait?

M. Petiot se retourna, s'approcha du chef et se racla la gorge.

— Ce qu'il a fait? dit-il. Demandez-lui donc, ce qu'il a fait. Il vous le racontera peut-être.

Tournant seulement la tête vers Julien, il lança :

— Alors, dis-leur, ce que tu as fait. Explique-leur, puisque tu crânes tant... Non, tu ne veux rien dire?

Le patron haussa les épaules, resta silencieux un moment et reprit :

— Un abruti, je vous dis! Un abruti, pas autre chose!

Et il se mit à expliquer ce qui s'était passé la veille. Tout en l'écoutant, le chef avait recommencé de rouler les croissants. Se retournant, il fit signe à Julien de reprendre son travail. Julien avançait déjà lorsque le patron, interrompant son récit, s'écria :

— Non, non, pas question. Il est foutu à la porte. Je ne veux pas de voyou chez moi.

Puis, poursuivant ses explications, il aligna lui-même les croissants sur les plaques. Lorsqu'il eut raconté deux fois la scène de la veille, il fit volte-face et recommença de crier en demandant à Julien :

— Mais qu'est-ce que tu crois, pauvre mec, que je ne suis pas capable de faire une langouste à la bordelaise? C'est ça que tu crois? Pauvre imbécile, tu ne me connais pas. Mais la cuisine, c'est mon premier métier. J'ai fait à bouffer pour des rois, pour des ministres et des présidents de la République. Espèce de merdeux. Je le tuerais, cet avorton, si je ne me retenais pas!

S'arrêtant brusquement il revint au tour où les croissants s'entassaient. Il en aligna encore une demi-plaque puis, comme s'il se fut souvenu soudain d'un détail oublié, il se retourna encore et cria :

— Mais le comble, c'est qu'il était saoul, il avait bu. Je suis certain qu'il avait bu. Et sans doute du vin qu'il m'avait fauché.

Il s'approcha de Julien qui déjà remontait sa garde. L'empoignant par le bras, il le secoua en demandant :

— Avoue que tu m'as volé du vin. Avoue, abruti!

Julien fit non de la tête. Il sentait les ongles du patron entrer dans son biceps.

— C'est du vin que tu m'as volé, je le sais. Avoue!

— Non, m'sieur.

— Si. J'en suis certain.

— Non, m'sieur, la cave était fermée.

— Ah, tu vois, donc quand elle est ouverte, tu en prends.

— Non, m'sieur.

Lâchant son bras, le patron essaya de le gifler par surprise, mais cette fois encore Julien fut plus rapide. Retournant vers les autres, le patron grogna :

— Je suis certain qu'il me vole du vin.

— Hier soir, j'étais ici avant lui, dit le second. Je suis resté jusqu'à ce qu'il parte faire cette course. Quand il est rentré, nous avons mangé ensemble, je peux vous assurer qu'il n'a pas bu une goutte de vin.

Le patron se tut. Il avait couvert sa plaque : comme il allait l'emporter, le chef lui dit :

— Vous en avez mis un de plus par rangée, monsieur, en levant, ils vont se toucher.

Le patron empoigna la plaque, la porta dans l'étuve où on l'entendit heurter la cloison de brique puis, revenant au marbre, il leva les bras en hurlant :

— Cet abruti me rendra malade. Ça m'a toujours révolté, moi, de voir des crétins pareils. Je ne veux plus le voir... Je ne veux plus le voir... plus le voir, vous m'entendez!

Il sortit en claquant la porte. Ils l'écoutèrent traverser la cour et entrer dans la salle à manger.

Un instant ils se regardèrent tous, puis le second lança :

— Ben, mon vieux t'as gagné le cocotier en sucre et la belle montre en bois!

Julien se raidit un instant, mais très vite il sentit les larmes brûler ses yeux et couler sur ses joues.

— Viens ici, dit le chef.

Il avança.

— Dépêche-toi de mettre ces croissants sur plaque, sinon on n'en finira jamais. Et surtout ne chiale pas, ça sert à rien.

— Et tu vas saler la pâte, plaisanta Victor. Et c'est encore moi qui me ferai engueuler.

— T'inquiète pas, dit Maurice, il ne te foutra pas à la porte. On ne peut pas vider un arpète qui a un contrat.

— Si, on peut, dit le chef. Mais il faut donner la raison.

Victor se mit à rire. Puis, imitant le patron, il expliqua :

— Il s'est foutu de moi, messieurs, il s'est foutu de moi. La langouste, c'est moi qui l'avais faite. La cuisine, c'est mon métier. C'est même mon premier métier.

Il se tut un instant et, reprenant sa voix normale, il ajouta :

— Mes fesses! S'il est aussi fort en cuisine qu'en pâtisserie, vaut mieux qu'il fasse des nouilles à l'eau, à ses copains. S'il les loupe, ça fera au moins de la colle.

21

Ce matin-là, M. Petiot ne reparut pas au laboratoire.

Le chef s'occupa du four et chacun put goûter aux croissants sans avoir à se cacher.

Une fois la tournée des hôtels terminée, comme chaque jour, Julien entra dans la salle à manger pour regarder la liste des livraisons. Il n'y avait rien avant 11 heures, et il allait monter quitter sa veste blanche lorsque la patronne arriva. Elle avait les yeux rouges et son sourire resta inachevé. Julien la salua.

— Je ne devrais même pas vous dire bonjour, mauvais garçon que vous êtes, fit-elle.

Julien baissa la tête. Claudine parut à la porte de la souillarde.

— Ne montez pas faire la chambre, dit la patronne, M. Petiot est couché.

— Il est malade? demanda Claudine.

La patronne eut un sanglot.

— Bien sûr qu'il est malade, dit-elle en se tamponnant les yeux avec son mouchoir. Bien sûr. On le serait à moins. Quand je pense à tout ce qu'il fait pour vous tous. Quand je pense aux sacrifices qu'il faut consentir pour apprendre leur métier à des garçons... Et dire qu'on est toujours remercié par l'ingratitude... Vraiment, c'est affreux, vous savez... C'est affreux.

Elle s'arrêta pour pleurer.

— Pauvre madame, dit Claudine, pauvre madame.

Elle demeurait plantée à côté de la patronne les bras ballants, comme embarrassée de ses mains.

— Non, laissez-moi, dit Mme Petiot. Laissez-moi, j'ai trop de chagrin.

— C'est peut-être grave, dit encore Claudine.

La patronne cessa de pleurer. Reniflant encore et essuyant ses joues, elle dit :

— C'est toujours grave, ma pauvre Claudine, d'être blessé comme l'a été M. Petiot. C'est grave surtout quand on est sensible comme il l'est.

— Blessé? Monsieur est blessé? demanda Claudine en ouvrant de grands yeux.

La patronne posa ses deux mains sur son sein gauche qu'elle écrasa un peu.

— Oui, Claudine, dit-elle. Blessé, là, au cœur. Quand on a trop de cœur, c'est comme ça, c'est toujours là qu'on est blessé. Mais vous ne pouvez pas comprendre, vous êtes une brave fille, ma petite Claudine.

Elle se tourna vers Julien qui se tenait immobile à un pas de la porte. Elle avança lentement, hochant la tête, les mains toujours jointes sur son sein.

— Vous pouvez être content, petit misérable. Vous pouvez être content de vous. M. Petiot qui vous aime comme si vous étiez ses propres enfants, qui ne sait jamais quoi inventer pour vous être agréable, qui est toujours à se faire du souci pour vous dès qu'il ne vous voit plus, voilà comment vous le remerciez!

Elle se tut un instant. Son visage ébaucha une grimace qui fit trembler ses pommettes dont le rouge avait été estompé par le mouchoir; ses sourcils se soulevèrent, puis elle eut un long soupir.

— Enfin, reprit-elle presque suppliante, enfin, mon petit Julien, vous n'êtes pourtant pas bête. Vous ne pouvez pas avoir fait une chose pareille par bêtise. Et moi qui vous croyais un bon enfant. Moi qui vous ai toujours défendu. Est-ce que vous voudriez me prouver que maman a raison de dire que vous êtes un garçon sans intérêt? Pauvre maman, va. Moi qui me suis encore disputée avec elle l'autre jour à cause de vous. Pauvre, pauvre maman!

Sa voix tremblait. Julien pensa qu'elle allait se remettre à pleurer. Tout d'abord, il avait eu envie de demander pardon à Mme Petiot; à présent, il la regardait durement en se répétant sans cesse :

— Ça prend pas..., tu peux y aller, ça prend pas. Tu voudrais m'avoir au sentiment, mais ça prend pas.

La porte de la cour s'ouvrit. Maurice demanda sans entrer :

— Madame, le chef voudrait savoir combien il faut prévoir d'entremets, pour la génoise?

La patronne retint ses larmes. Réfléchit une seconde avant de dire :

— Qu'il vienne jusqu'ici. Qu'il vienne.

Maurice disparut. La patronne alla jusqu'à la

porte du magasin, écarta le rideau et jeta un coup d'œil. Puis, s'adressant à Claudine qui, le visage tendu, demeurait figée à l'entrée de la souillarde, elle dit :

— Allons, ma petite Claudine, ne perdez pas votre temps, va! Nous avons déjà assez de misère comme ça.

Le chef entra.

— Qu'est-ce qu'il y a? demanda-t-il.

La patronne s'approcha de lui.

— Mon pauvre André, nous sommes bien malheureux.

Le chef avait le visage fermé, le regard dur.

— Bien sûr, dit-il, bien sûr. Mais j'ai le four à surveiller, qu'est-ce qu'il y a?

— Vous savez, dit-elle, que M. Petiot a été très touché par... par la conduite de ce malheureux. Enfin, André, est-ce qu'on peut imaginer des choses pareilles?

— Que voulez-vous que j'y fasse, moi?

Elle lui lança un regard comme pour appeler à l'aide.

— Je voudrais tellement éviter qu'on renvoie ce garçon, André. Comprenez-moi. Il faut penser à ses parents qui sont de braves gens. Oh ça n'est pas pour lui, bien sûr, et encore moins pour nous.

Elle s'arrêta. Hocha la tête un moment en regardant le chef qui haussa les épaules comme pour dire : « Bien sûr, et alors, je n'y peux rien! » La patronne attendit encore, puis, comme il ne parlait toujours pas, elle reprit :

— Ça, mon mari ne peut plus le voir. Et je le comprends. N'importe qui à sa place l'aurait déjà mis à la rue. Seulement, je sais comme il est. S'il le renvoie, dès qu'il sera parti il sera torturé par le remords, et il se rendra malade encore plus qu'il ne l'est à présent.

Le chef pinçait les lèvres. Il lança un coup d'œil rapide vers Julien, puis, se frottant lentement les mains, il dit, en cherchant un peu ses mots :

— Peut-être..., je ne sais pas, moi, il y a sans doute un moyen.

— Dites, André, dites vite. Aidez-moi, fit la patronne.

— Vous savez, on est au début de décembre. Je vais commencer la pièce d'étalage pour les fêtes.

— Mon Dieu, c'est vrai. Encore un souci de plus.

— D'abord, on ne peut guère renvoyer quelqu'un juste à cette époque.

— Oh, fit-elle, un apprenti pareil.

— Naturellement, dit le chef, il ne sait pas encore faire grand-chose; mais je crois qu'il ne dessine pas mal, il m'a montré des croquis de lui, je pourrais le prendre avec moi pour m'aider à faire la pièce.

— Mais vous ne travaillez à la pièce que l'après-midi?

Le chef haussa les épaules.

— Oui, mais enfin, ce serait toujours ça. Le reste du temps, peut-être que le patron arrivera à le supporter. A condition, bien entendu, qu'il se tienne tranquille.

Il avait haussé le ton sur la dernière phrase. Julien baissa la tête. Le chef s'approcha et lui prit le menton en demandant :

— Est-ce que tu tiens vraiment à rester ici?

— Oui, chef.

— Est-ce que tu crois pouvoir faire oublier à M. Petiot les âneries que tu as faites?

— Oui, chef.

— Vous avez de la chance, Julien, dit la patronne, d'avoir un chef comme André. Vous pouvez le remercier.

— Merci, chef, dit Julien.

— Oh, ce n'est pas comme ça qu'on remercie, dit-elle, c'est par son travail et par sa conduite.

Le chef le prit par l'épaule et le poussa vers la porte.

— Allons, dit-il, file. J'ai du feuilletage au four, moi. Regardez ce qu'il faut comme entremets, madame, je vais mettre la génoise en route.

Ils retournèrent au laboratoire où le second les accueillit en imitant Mme Petiot.

— Vous êtes un mauvais enfant, j'ai de la peine, vous savez, beaucoup de peine. Et mon pauvre mari qui est retourné se coucher...

— Ça suffit! cria le chef. Si tout le monde déconne, on n'est pas encore sortis du cirque. Fermez vos gueules et travaillez un peu.

Le second n'insista pas.

Le travail continua en silence, avec juste les mots qu'il fallait dire pour demander un conseil ou lancer un ordre bref. Julien partit à 11 heures pour faire ses courses et revint un peu avant midi. Il s'était hâté. Lorsqu'il ouvrit la porte de la salle à manger, la patronne l'empêcha d'entrer et sortit dans la cour. Il eut juste le temps d'apercevoir M. Petiot accoudé à la table, la tête dans ses mains et sa chatte sur les épaules. La patronne referma la porte. Un doigt sur la bouche, l'œil sévère et les lèvres en avant, elle lui dit :

— Surtout n'entrez pas à la salle à manger tant

que M. Petiot y est. Surtout n'y entrez pas. S'il y a d'autres courses, je vous appellerai.

Il retourna au laboratoire. Le chef s'en allait.

— Tâche de te tenir à carreau, lui dit-il en sortant.

Le second était devant le fourneau et battait de la purée dans une grande casserole. Il se retourna, son fouet à la main.

— Avec tes conneries, lança-t-il, c'est moi qui suis obligé de faire la croûte.

Il se remit à remuer dans sa casserole en ajoutant :

— En tout cas, pour une fois on bouffera de la vraie mousseline. J'aime mieux vous dire, les mecs, que j'ai pas pleuré le beurre ni la crème.

— C'est toujours ça de gagné, observa Maurice.

Julien s'était approché de Victor. Il le regarda un moment sans mot dire, puis, après avoir toussé deux fois, il commença :

— Je voulais vous dire... pour ce matin... vous avez été chic...

— Ah ça va, hein! Tu vas pas nous faire une pendule!

— Mais c'est vrai, j'ai pas volé de vin.

Le second le regarda.

— Je m'en doute bien. Et pourtant, tu étais sûrement rond, pour t'être couché sans manger.

— C'est le chef de l'hôtel Central qui m'a forcé à boire du blanc.

Maurice et Victor se regardèrent.

— Il me dégoûte ce sac à vin, dit Maurice.

— N'empêche que tu as été un peu con de faire ce que tu as fait. Qu'est-ce que ça peut bien te foutre que le patron se fasse briller partout en disant qu'il sait tout faire? Ça ne nous regarde pas, nous autres.

Julien ne répondit pas. Tous se turent un instant puis, se retournant pour préparer des biftèques, le second se mit soudain à rire en disant :

— Tu parles d'une gueule qu'il a dû faire devant ses copains! J'aurais voulu être derrière les persiennes, histoire de me marrer cinq minutes.

Maurice s'était mis à rire aussi. Julien revoyait la scène de la veille, la tête du patron, celle de la patronne et le sourire que l'homme et la femme essayaient de réprimer. Il eut envie de rire à son tour, mais il pensa soudain à la cuisine de l'hôtel Central. Il réfléchit un moment et demanda :

— Vous le connaissez bien, ce chef de l'hôtel Central?

— Tu parles, si on le connaît, dit Victor. Sur le plan travail, c'est un sacré type.

— Hier, il a lancé une bassine à une plongeuse, il l'a blessée à la jambe.

— Oh, mon vieux, dit Victor, c'est pas rare, ces choses-là. Surtout en cuisine. Les types boivent beaucoup et ils sont toujours énervés. Lui, je sais qu'il est vraiment brute, mais dans ce métier, c'est fréquent.

Il marqua un temps. Dans la grande poêle, le beurre grésillait. Il y posa un à un les biftèques, le bruit s'amplifiait et la fumée bleue monta en tourbillon. Comme il retirait un peu sa poêle, le foyer rouge apparut et une grande flamme bondit d'un coup, enveloppant la viande. Julien fit un pas en arrière. Le second repoussa sa poêle en la secouant et la flamme s'éteignit. Avec une longue fourchette, il retourna ses biftèques, puis, se reculant un peu il dit, comme achevant une phrase interrompue :

— D'ailleurs, en pâtisserie aussi il y a des coups de feu et des périodes où on est sur les dents. Tu verras, on en reparlera après le nouvel an.

Il retira sa poêle et aligna les tranches de viande sur un plat. La dernière, il la posa sur une assiette.

— Tiens, dit-il. Ce ne sera pas toi le plus mal servi. La purée, je t'en laisse dans la casserole.

Julien le regarda, puis regarda l'assiette posée sur le zinc de la table du four avec une fourchette, un couteau, un verre et une grosse tranche de pain. Le second se gratta le derrière de la tête en repoussant sa toque sur son front.

— Ben oui, dit-il. Paraît que le patron ne veut pas voir ta tronche. Nous, tu sais, on n'y peut rien.

Julien haussa les épaules.

— Au fond, remarqua Maurice, moi je préférerais qu'on mange ici tous les trois, on serait bien plus peinards... Allez, bon appétit, mon petit, et ne te casse pas la tête.

Maurice et Victor prirent chacun un plat et s'en allèrent. Resté seul, Julien considéra un instant son assiette où la viande fumait, empoigna la casserole et se servit une bonne portion de purée. Ensuite, ayant ramené devant la table un grand tiroir à roulettes il y posa une plaque, s'assit dessus et se mit à manger.

22

Au début de l'après-midi, le chef termina le plus gros de son travail tandis que Julien faisait la plonge et les courses. A 3 heures, comme le patron achevait sa sieste, le chef donna quelques instructions à Victor; puis, prenant de grandes feuilles de papier blanc, il en fit un rouleau qu'il tendit à Julien en disant :

— Viens, on y va.

Dans la cour, ils croisèrent le patron qui ne les regarda même pas. Le chef ouvrit la porte de la salle à manger et lança :

— Claudine, vous direz à la patronne que je suis parti avec Julien.

Ils descendirent la petite rue de la Bière. Le chef habitait un rez-de-chaussée, rue Pasteur.

Ils s'installèrent devant la table de la cuisine, assis côte à côte, face à la fenêtre. La femme du chef était une petite blonde très vive qui souriait sans cesse. Elle s'absenta un moment et revint avec un paquet de petits-beurre.

— Je vais vous préparer une tasse de thé, dit-elle.

— On n'est pas des bonnes femmes en visite, dit le chef.

— Ça ne fait rien, vous en boirez tout de même.

Elle posa sur le fourneau une casserole d'eau qui se mit bientôt à chantonner. Il faisait chaud. Tout était calme. La petite femme s'était assise près de la fenêtre. Elle cousait.

Le chef avait commencé par sortir plusieurs cartes postales d'une boîte à chaussures.

— J'ai des cartes, dit-il, et puis j'ai un livre aussi où on voit des choses chinoises.

— Et le dictionnaire? demanda Julien.

— Tiens, c'est vrai, on pourrait regarder. Je n'y avais pas pensé.

Sur le petit Larousse du chef, ils trouvèrent également une pagode.

— Avec tout ça, on doit pouvoir faire quelque chose.

— Vous voulez la faire comment? demanda Julien.

— Tout en chocolat, tu verras, ça paraît terriblement difficile, mais en fin de compte, c'est simple comme tout. Il suffit d'être un peu adroit et de faire très attention. Ça te plaît de m'aider?

— Bien sûr, chef.

— Alors, essaie de dessiner quelque chose. Tu vois la petite vitrine, celle de gauche, eh bien il faut que ça tienne à peu près toute la largeur.

Julien se mit à dessiner. Il n'avait suivi que quelques cours du soir pendant sa dernière année d'école, mais, naturellement, il avait toujours su dessiner. Son crayon courait sur le papier, laissant des traits fermes et précis. Il fit quatre ou cinq croquis rapides.

— On verra les détails après, dit le chef. Tu as raison, il faut chercher l'ensemble pour commencer.

Ils discutèrent sur ces premiers croquis.

— Avec ça de celui-ci, et ce côté de celui-là, et peut-être bien cet escalier au milieu, expliquait le chef, je crois qu'on pourrait faire quelque chose de pas mal.

Julien fit un autre dessin plus poussé.

— Bonsoir, tu en as de la veine, dit le chef, de savoir dessiner comme ça! Tu sais que ça te sera sûrement très utile dans le métier... Ce que je voudrais, c'est qu'on puisse mettre de l'eau. De l'eau avec des poissons rouges.

— On pourrait faire un bassin, dans un jardin, devant la pagode. Seulement, vous croyez que l'eau tiendra dans le chocolat?

— Non, on fera le bassin en zinc, on cachera les bords avec du sucre rocher.

— Qu'est-ce que c'est, chef?

— Tu verras : avec du sucre cuit, on fait comme des rochers et on peut faire de la mousse aussi avec de la pâte d'amande.

Julien réfléchit un instant.

— Si on pouvait faire des arbres, dit-il.

— Des arbres, c'est pas facile. Ou alors, faudrait mettre du fil de fer.

— On peut.

Le chef fronça les sourcils.

— Non, non, dit-il. Je ne veux pas truquer. Si on fait une pièce en chocolat, faut qu'elle soit uniquement en chocolat, autrement ça ne veut plus rien dire.

— Et vous pensez pouvoir faire tout ça uniquement avec du chocolat?

— Dessine toujours, t'inquiète pas. Quand je dis chocolat, ça comprend aussi le sucre, la pâte d'amande et tout ça.

Julien dessina le jardin, devant trois pagodes reliées entre elles par de petites passerelles ajourées. En fin de compte, à cause de l'escalier central qui venait jusqu'au milieu du jardin, ils décidèrent de faire un petit bassin de chaque côté.

— Quel travail ça va faire! dit Julien.

— Te tourmente pas. Ça ira plus vite que tu ne crois.

Julien plaça encore quelques détails, puis il dit :

— Si on pouvait faire un petit pont en dos d'âne au-dessus des deux bassins.

— Ah oui, dit le chef, c'est une sacrée idée. Ça fera très chinois. Vas-y, dessine, dessine, je te dis qu'on le fera toujours.

A mesure que le travail avançait, le chef s'excitait. Quand sa femme se leva pour servir le thé, elle regarda les croquis.

— Ça sera certainement très joli, dit-elle. Plus beau que le bateau que tu avais fait l'an dernier.

— Bien sûr, dit le chef. Et puis, au moins, ce ne sera pas du copié, ça. C'est une invention.

— Seulement, il n'y aura pas de lumière, dit-elle. Pour le bateau, il y en avait. C'était très joli, le soir, tous ces hublots éclairés.

Le chef réfléchit un instant.

— Mais si, dit-il, on peut en mettre. Les murs, je les ferai au cornet, tout ajourés. On les collera sur du papier transparent de toutes les couleurs et on mettra des petites ampoules à l'intérieur.

— Et ça ne fera pas fondre ton chocolat?

— Ne t'inquiète pas, je ménagerai des trous derrière, pour que l'air puisse circuler.

Julien avait dessiné les ponts. Il demanda :

— Vous pensez qu'ils tiendront sans armature?

— Ils tiendront, dit le chef. Faudra qu'ils tiennent.

La femme se mit à rire.

— Oh, vous savez, dit-elle, vous avez un drôle de chef. Quand il se met en tête de réaliser une chose, il faut qu'il en vienne à bout. Il ne s'arrête pas avant.

— On le fait, ou on ne le fait pas, dit le chef. Et si on le fait, il faut que ce soit sans tricher.

Il réfléchissait en regardant les dessins. Son gros doigt suivait les traits, à chaque geste qu'il faisait, les muscles de ses avant-bras roulaient sous sa peau poilue.

— Et les bassins, demanda Julien, ça ne fait rien qu'ils soient en zinc?

Le chef fit la moue et se gratta le menton.

— Evidemment, fit-il, si on pouvait faire autrement. Seulement, là, ce n'est pas tricher. Tout le monde peut le voir, que c'est du métal. Et puis, on sait très bien qu'en chocolat c'est impossible. Non, ce qui m'ennuie le plus, c'est ce jardin sans arbres.

Il réfléchit encore un moment, le front plissé par l'effort, puis se redressant soudain, il sourit.

— Ça y est, dit-il, j'ai trouvé. On peut faire des palmiers. Avec de la pâte d'amande on peut faire des palmiers. Dessine-moi quelques palmiers, là-dessus, pour qu'on voie un peu la gueule que ça aura.

Julien se remit à dessiner.

— Pas trop grands, dit la femme, faut pas cacher la pagode.

— Laisse-le faire, il a le sens des proportions.

— Prenez un gâteau et buvez votre thé pendant qu'il est chaud, dit-elle.

Julien acheva ses palmiers, puis ils mangèrent des petits-beurre en buvant le thé. Quand ils eurent terminé, le chef se leva et prit une cigarette dans un tiroir du buffet. Julien ne l'avait jamais vu fumer. Il tenait sa cigarette du bout des doigts et rejetait sa fumée sans aspirer complètement. Avant de revenir s'asseoir, il alla allumer la lampe. Le jour baissait, la rue était étroite et sombre. De temps à autre, des gens passaient. Leur pas sur les pavés résonnait entre les murs.

Plusieurs fois, Julien pensa à la fille qui ressemblait à Marlène Dietrich. Elle devait habiter un peu plus loin.

Pendant quelques instants ils restèrent sans parler. Le chef examinait toujours le dessin. Sa femme s'était approchée d'eux et cousait à présent à la clarté de la lampe. Elle levait la tête de temps en temps et leur souriait. Ses mains étaient fines et menues, ses ongles longs griffaient parfois le tissu. Quand elle coupait son fil avec ses dents, une fossette se creusait au milieu de ses joues.

— A présent, dit le chef, il faut faire un plan grandeur nature, c'est le meilleur moyen.

Il sortit un calepin de sa poche, le feuilleta, puis se leva pour prendre un mètre.

— Voilà, dit-il, la vitrine mesure un peu plus d'un mètre soixante et, comme profondeur, pas tout à fait quatre-vingts centimètres.

Il réfléchit un instant. Il se tenait debout, et l'abat-jour assez bas laissait dans l'ombre tout de haut de sa poitrine et son visage. Seuls ses yeux luisaient.

— Je crois qu'il faut faire environ cent quarante sur soixante.

Ils collèrent plusieurs feuilles de papier qu'ils coupèrent ensuite à la dimension exacte puis, prenant comme règle un long morceau de baguette électrique, le chef dessina le plan. Tout en travaillant, il chantonnait. Julien qui s'était levé également tournait autour de la table, tenant le papier quand le chef traçait.

Lorsque le plan fut terminé, le chef regarda l'heure à une pendulette posée sur la cheminée.

— Déjà 5 heures, dit-il. Le temps passe vite, quand on fait du travail intéressant. Tu ne trouves pas, petit?

— Si, chef.

Ils se regardèrent un instant, sans mot dire. Le chef souriait. Il avait un bon visage et un regard franc.

Julien baissa la tête. Il chercha un mot à dire pour remercier, mais le chef parla le premier.

— A présent, dit-il, tu vas remonter. Roule les dessins, tu les donneras à la patronne. Si tu vois que le patron est à la salle à manger, n'entre pas, pose-les au labo, elle les verra plus tard.

Julien roula les papiers. Il lui semblait que le chef aussi avait encore envie de dire quelque chose. Quand le rouleau fut prêt, il leva la tête de nouveau. Le chef le regardait toujours. Ils restèrent ainsi quelques secondes, puis le chef lui tendit la main.

— Bonsoir, Julien, dit-il, et fais pas l'imbécile, surtout.

— Bonsoir, chef, et merci bien.

Julien salua également la petite femme qui souriait, puis suivit le chef qui ouvrit la porte et s'effaça pour le laisser sortir.

Dans la rue, Julien se retourna. Le chef était sorti pour fermer les volets des fenêtres, il lui fit un petit signe de la main et dit encore :

— Va vite.

Julien partit en courant jusqu'à la rue Dusillet. Là, il s'arrêta. Il était heureux, il lui semblait qu'il emportait en lui quelque chose de chaud et de précieux. L'image de la cuisine bien propre ne le quittait pas. En revoyant le chef, grand et fort, avec ses yeux noirs qui souriaient, il pensait un peu à l'oncle Pierre.

Cependant, lorsqu'il atteignit la rue de Besançon, quelque chose se modifia peu à peu. La chaleur qu'il portait en lui se fit moins vive. En passant devant le café du Commerce il essaya de voir si le patron s'y trouvait, mais les hommes qui se tenaient debout devant le bar ne permettaient pas que l'on vît le fond de la salle.

Arrivé à la pâtisserie, il poussa doucement la porte du couloir, écouta, puis avança sans bruit. Il ne vit personne dans la salle à manger. Le cœur battant il entra, posa son rouleau de papier sur la table et fila au laboratoire. Maurice achevait de vider la plonge. Il le regarda entrer et, ricanant un peu, il demanda :

— Alors, Léonard de Vinci, tu l'as pondu ton chef-d'œuvre?

Julien demeura un moment immobile. Il y avait de la colère dans la voix de Maurice qui reprit :

— C'est pas tout ça, je me suis appuyé la plonge, mais le four n'est pas allumé. Si tu penses que ça ne risque pas de te gâter la main, tu peux toujours t'en occuper.

Julien ne dit rien. Il soupira, quitta sa veste qu'il posa sur le marbre, et commença de tirer les cendres.

23

Le lendemain encore Julien mangea seul au laboratoire. En venant chercher les plats, Maurice grogna :

— Tu t'en fous, ça t'évite de te déranger à table, et moi, ça m'oblige à faire deux voyages. Au fond, c'est toi qui fais les conneries, et c'est moi qui suis puni.

— Qu'est-ce que tu veux que j'y fasse? dit Julien, c'est tout de même pas moi qui ai demandé à manger ici!

Maurice s'en alla en claquant la porte.

A la reprise du travail, un menuisier apporta une grande planche que le chef avait commandée le matin même. Le patron semblait vouloir ignorer la construction de cette pagode. Toute la matinée, il avait travaillé sans desserrer les dents. Lorsqu'il était au laboratoire, personne ne parlait. Quand il s'absentait, le second plaisantait, mais il y avait malgré tout une espèce de malaise, et personne ne riait franchement. Maurice surtout était bourru. Le chef travailla seul à la pagode. Il fallait commencer par poser un fond de chocolat sur la planche. C'était simple, ce fut vite fait. Il appela seulement Julien lorsqu'il fallut reporter sur le chocolat encore tiède le tracé du plan.

Ensuite, le chef se mit à préparer des marrons glacés et des chocolats fourrés pour les fêtes de fin d'année. Tout cela était du travail supplémentaire, et, peu à peu, les journées s'allongeaient. Bien souvent, à 6 heures du soir la plonge n'était pas encore faite, et il fallait allumer le four avant même d'avoir terminé de pétrir les croissants et la brioche.

Le patron continua de faire la tête pendant près d'une semaine puis, un matin, aussitôt arrivé, il se mit à plaisanter. L'atmosphère se détendit, mais il y avait de la fatigue qui commençait à peser et, bien souvent, le travail se faisait en silence. Le chef avait de brusques colères qui éclataient comme des orages de printemps, mais ne duraient pas. Il criait, donnait parfois un coup de pied au derrière, mais toujours à plat et sans faire mal.

A la fin de la première semaine de décembre, la pagode commença de prendre tournure. M. Petiot la regardait de temps à autre, donnait un avis, un conseil, ou bien posait une question. Le chef répondait sans cesser de travailler. Julien dessinait les panneaux ajourés sur des papiers où le chef laissait ensuite couler de son cornet de minces filets de chocolat tiède qui suivaient fidèlement les traits de crayon. Lorsque tout était dur, il enlevait avec précaution les papiers et ajustait ensemble ces petits éléments de fine dentelle. Ses gros doigts accomplissaient tout ce travail minutieux avec une adresse étonnante. Pendant les heures qu'il passait ainsi, jamais il ne s'énervait, jamais on ne l'entendait jurer.

Maurice aussi avait cessé de bouder. Julien s'efforçait de préparer très vite les dessins du chef, de façon à faire ensuite tout son propre travail sans que personne n'ait à lui venir en aide.

Un froid vif et sec s'était installé. Le matin, lorsqu'il faisait sa tournée des croissants, Julien sentait la bise lui mordre les doigts et le visage. Il filait, s'arrêtant le plus qu'il pouvait au buffet de la Gare où la serveuse lui préparait un verre de café au lait brûlant. Il y trempait les deux ou trois croissants qu'il avait réussi à glisser dans sa corbeille au nez et à la barbe du patron. La serveuse était une brave fille d'une trentaine d'années, qui riait en disant :

— Bah, tu as bien raison, ils en gagnent assez tes patrons, il suffit de voir les robes que se paye Mme Petiot, avec le prix d'une manche, je me ferais un ensemble complet. Et je ne parle pas des fourrures.

Parfois, elle acceptait de partager les croissants de Julien.

Le soir, il faisait trop froid pour demeurer longtemps sur le seuil du couloir, et puis, le travail durait souvent jusqu'à l'heure des repas. Pourtant, Julien avait remarqué que la fille qui ressemblait tant à Marlène Dietrich, passait régulièrement entre 18 h 30 et 18 h 45. Elle marchait vite, se tenait bien droite, la tête rejetée en arrière, ses longs cheveux châtains flottant un peu. Avec son manteau, elle paraissait plus élancée encore. Jamais elle ne tournait la tête en direction de la pâtisserie. Lorsque l'heure approchait, Julien trouvait presque toujours quelque chose à faire dans la cour et se précipitait jusqu'au bout du couloir. Entrouvrant la porte, il regardait vers la gauche. Dès qu'il l'avait aperçue, il ne la quittait plus des yeux, se reculant à mesure qu'elle avançait : puis, lorsqu'elle avait dépassé la boutique, il se penchait à nouveau pour suivre du regard sa silhouette jusqu'à ce qu'il la vît disparaître dans la rue de la Bière.

Un soir, il eut une course à faire dans le bas de la ville, un peu avant 6 heures. Il se dépêcha et attendit au bout de la rue Pasteur. Puis il approcha de la rue de la Bière. Depuis le bas il la reconnut lorsqu'elle passa sous la première lampe, alors, debout sur les pédales, il se mit à grimper cette côte terrible, pourtant interdite aux véhicules. Crispé au guidon, appuyant de tout son poids, mettant toutes ses forces dans chaque mouvement, il monta à sa rencontre, sans la quitter des yeux. Elle descendait à petits pas, toujours bien droite, le regard fixé très loin devant elle. Pas un seul instant elle ne regarda Julien.

Arrivé en haut de la rue, il mit pied à terre et se retourna.

La fille n'était plus qu'une petite tache claire qui dansait dans la pénombre, tout en bas, et qui disparut bientôt à l'angle d'une maison.

Julien demeura là un bon moment avec son cœur qui battait, son souffle court et la bise qui collait à son dos sa veste de toile trempée par la sueur. A côté de lui, des gens passaient qu'il ne voyait pas. Deux fois il murmura :

— J'oserai jamais... j'oserai jamais.

De plus en plus, il pensait à cette fille, et il découpait dans les journaux des photographies de Marlène Dietrich.

Un soir qu'il se trouvait sur le seuil avec Victor et Maurice, il leur désigna la fille. Victor sourit en hochant la tête.

— Cette môme, dit-il. Tu n'as aucune chance. D'abord elle a au moins seize ans. Tu es trop jeune, et puis, tu vois que c'est une pimbêche, elle se foutra pas mal d'un apprenti. Ça, c'est le genre de fille qui fraye avec des étudiants ou des fils à papa, pas avec des mecs comme nous.

Victor sortit. Julien et Maurice allèrent s'asseoir au laboratoire, le dos contre les portes du four pour attendre l'heure du dîner. Ils restèrent un long moment sans parler, puis Maurice dit :

— Tu as tort de t'entêter comme ça sur cette fille. Tu n'arriveras jamais à rien, Victor a raison.

Julien soupira. Maurice le regarda un instant, puis il reprit :

— Ou alors, si tu veux essayer, faut tenter ta chance carrément. Faut pas attendre.

— Je peux pas, dit Julien. Elle... (Il chercha ses mots :) elle m'impressionne.

— C'est vrai, elle est impressionnante. Victor dit qu'elle a seize ans, ça doit être vrai, mais de tête, elle fait plus vieux que ça. Elle est trop sérieuse. C'est une fille qui rigole jamais. Et puis, presque toujours toute seule, c'est pas normal.

— Justement, fit Julien.

Il n'acheva pas. Maurice attendit un peu, balança ses jambes en tambourinant des talons contre la porte de l'étuve qui vibrait comme une grosse caisse, puis demanda :

— Tu n'as pas l'impression qu'elle est malade?

— Tu crois?

— Faut se méfier. Une fille maigre comme ça.

— D'après toi, elle pourrait être tuberculeuse?

Maurice eut un geste vague et un haussement d'épaules.

— Ce sont des choses qu'on ne peut jamais affirmer, mais il vaut toujours mieux faire attention.

— Attention à quoi?

— Ben, ça se donne. C'est un microbe, tu ne le sais pas?

— Si, mais je m'en fous pas mal.

Maurice porta son doigt à sa tempe.

— Non mais, dit-il, ça ne va pas?

Julien n'avait jamais pensé à cela. A présent, il ressentait une joie nouvelle.

— Si c'était vrai, dit-il, j'aurais davantage de chances. Peut-être que personne ne veut aller avec elle à cause de ça. Bon Dieu, si c'était vrai!

Il y avait un grand espoir dans sa voix et dans ses yeux. Maurice le regarda, vraiment surpris.

— Ben merde alors, fit-il. J'ai jamais vu ça. Tu as une fille dans la peau, tu penses qu'elle est peut-être tubard, et ça te fait plaisir! Ça alors, c'est un peu fort.

— Tu ne peux pas comprendre, murmura Julien. Tu ne peux pas...

— Dis tout de suite que c'est moi qui suis timbré!

Julien ne l'écoutait pas. Pour lui, tout le laboratoire était à présent inondé de brume. Loin, très loin, il LA voyait, ELLE marchait, droite et silencieuse, mais il y avait sur son visage une ébauche de sourire.

Maurice parla un long moment, mais Julien n'entendait qu'un murmure, une suite de mots inconnus. Lorsque Maurice s'arrêta, il dit à mi-voix :

— Si au moins, pour commencer, je pouvais avoir une photo d'elle.

— Une photo? Faut lui demander, dit Maurice en riant.

— Tu peux pas comprendre, murmura encore Julien.

— Remarque bien, si tu tiens vraiment à avoir une photo, tu peux très bien la prendre au moment où elle passe devant le couloir. En te tenant un peu en retrait, elle ne te verra pas.

— C'est vrai, dit Julien en souriant. C'est vrai.

Puis, tout de suite, son sourire fit place à une moue de déception et il ajouta :

— Faudrait avoir un appareil.

— Mon père en a bien un, mais jamais il ne voudra me le prêter pour l'apporter ici.

— Tu vois bien, c'est impossible.

— Achètes-en un.

— Que j'achète un appareil photo? Avec quel pognon?

— Tes pourboires et ta paye.

— Ma paye, tu parles, vingt-cinq francs par mois, j'ai déjà pour dix-huit à vingt francs de blanchissage, tu vois où ça mène. Les pourboires, j'en ai mis une bonne partie de côté, depuis que je suis là, ça me fait cent soixante-dix francs.

— De toute façon, remarqua Maurice, tu ne peux pas prendre une photo d'elle tant qu'il ne fait pas jour au moment où elle passe. C'est-à-dire que ça te mène au printemps. Tu verras, pour les fêtes, il y a des courses en pagaille, et les pourboires tombent mieux. Si tu fais attention, tu peux t'acheter ton appareil avant Pâques.

Julien réfléchit.

— Combien tu crois que je peux faire d'ici là?

Maurice calcula un instant.

— Tu dois bien pouvoir arriver à tes quatre ou cinq cents balles, dit-il. Peut-être plus si tu as de la chance.

— Et combien ça peut valoir un bon appareil?

— Je ne sais pas, faudrait voir.

Il y avait un photographe à quelques pas de la pâtisserie. Maurice alla regarder le livre pour s'assurer qu'aucune course n'était à faire, puis il dit :

— Viens, on y fait un saut en vitesse.

Pour éviter de passer devant la boutique d'où la patronne et sa sœur pouvaient les voir, ils firent le tour par la rue Dusillet. Ils entrèrent tout essoufflés chez le photographe qui était un vieil homme jaune et ridé, un peu voûté, avec d'énormes lunettes à verres tintés. Il grimaça un sourire et demanda :

— Qu'est-ce que vous voulez, les pâtissiers?

— On voudrait savoir le prix d'un appareil photo, dit Maurice.

— Ça presse donc tant, que vous avez couru ainsi?

Maurice sourit.

— Non, m'sieur, dit-il, on a couru comme ça...

— Et quel appareil vous voulez?

— Un bon appareil.

L'homme se retourna et désigna du doigt une boite carrée noire, qui se trouvait dans une petite vitrine.

— Comme celui-là? demanda-t-il.

Maurice regarda Julien. Julien fit oui de la tête.

— Il fait 1 120 francs, dit le vieux.

Les deux garçons s'observèrent en hochant la tête.

— C'est trop cher? demanda l'homme.

— Un peu, dit Maurice.

— Combien pouvez-vous y mettre?

— Dans les quatre cents francs, dit Julien qui sentait sa gorge sèche.

Le vieux eut un froncement de nez qui souleva ses lunettes, et se dirigea vers le fond de sa boutique en grognant :

— Oh, alors, nous sommes loin du compte.

Il sortit d'un tiroir un petit appareil en fer.

— Voilà ce qu'il vous faut, dit-il.

Julien prit l'appareil qui était très léger.

— Ne le laisse pas tomber, dit le vieux.

— Ça marche bien? demanda Maurice.

— Evidemment, que ça marche!

Maurice hésita, puis demanda :

— Quel est le prix exactement?

Le vieux regarda l'étiquette.

— Quatre cent quatre-vingts francs.

Maurice se tourna vers Julien et demanda :

— Qu'est-ce que tu en penses?

— Ce serait bien, dit Julien.

Il se tut un instant, puis demanda au marchand :

— Est-ce qu'on pourrait prendre, par exemple, une personne dans la rue, là devant, quand il fait bien clair?

— Certainement, dit l'homme qui se mit à rire en ajoutant : Tu peux même en prendre plusieurs, si tu veux, c'est pas parce que l'appareil est petit...

— Et une personne qui marche? demanda Maurice.

— Ah ça dit-il, faut tout de même pas qu'elle courre trop vite, ça ne fait que du vingt-cinquième.

Ils se regardèrent encore sans parler et, au bout d'un moment, l'homme s'impatienta :

— Alors, demanda-t-il, vous le prenez ou vous ne le prenez pas?

— On va réfléchir, dit Maurice. On reviendra, c'est tout à côté.

L'homme grogna un peu et ne répondit pas lorsqu'ils le saluèrent en sortant.

— Il n'avait pas l'air content, remarqua Julien.

— Ça, on s'en balance. Qu'est-ce que tu en penses, de cet appareil?

— Ça n'a pas l'air mal, dit Julien.

Ils marchèrent un moment. Julien imaginait la photographie réussie. Après un temps, il murmura :

— Faut absolument que j'y arrive. Quatre cent quatre-vingt-dix francs, c'est tout de même pas le diable. Je dois y arriver.

— Ça ne fait rien, remarqua Maurice, ça fait cher pour la gueule d'une môme qui se fout certainement de toi comme de l'an quarante.

24

Pendant toute une semaine, le chef consacra ses après-midi entiers à la pagode. Il revenait même le soir, après avoir mangé, et restait quelque fois jusqu'à 11 heures. Maurice et Julien demeuraient avec lui, s'efforçant à lui préparer ses cornets, à tenir le chocolat à la température voulue, à lui passer les petites pièces qu'il assemblait sans jamais perdre patience. Entre ses mains, tout paraissait simple et facile. La matière se pliait à sa volonté.

Les patrons venaient souvent. Ils regardaient. M. Petiot donnait des conseils dont le chef ne se souciait jamais; quant à sa femme, elle ouvrait de grands yeux, avançait les lèvres en lançant aux apprentis des regards entendus. Elle esquissait une courbette et murmurait :

— C'est tout simplement merveilleux. Regardez bien, mes enfants. Regardez bien, vous n'aurez pas souvent l'occasion de contempler d'aussi belles choses.

La plupart du temps, le patron finissait par raconter un de ses exploits.

— Quand j'étais à Nice (ou bien à Paris, ou bien à Londres), j'ai fait une pièce en nougatine (ou bien en sucre filé, ou bien en biscuit), si vous aviez vu ça...

Les autres l'écoutaient, le chef approuvait d'un : « Oui, oui » incolore, et la patronne poussait une série de petits gémissements qui semblaient vouloir dire : « Mon Dieu, est-il possible qu'un seul homme puisse réaliser tant de merveilles! »

Si Victor se trouvait là, invariablement, dès que les patrons étaient partis, il disait :

— Et mes fesses dans un moule à brioches, qu'est-ce que ça donnerait, monsieur Petiot?

Deux ou trois fois, la femme du chef vint passer la veillée avec eux. Elle s'asseyait sur une planche à biscuits que l'on posait en travers d'un tiroir à sucre, regardait un moment la pagode, puis tirait son tricot d'un grand sac en papier et se mettait au travail. Ses aiguilles cliquetaient, ses cheveux blonds se balançaient sur son front où leur ombre dansait, et lorsqu'elle levait les yeux, c'était pour sourire un instant sans arrêter le mouvement de ses doigts. Il y avait de longs moments de silence avec simplement ce cliquetis léger des aiguilles, le craquement d'une poutre, une braise qui crachait en tombant dans l'eau du cendrier. Il faisait chaud. Dehors, la nuit glacée poussait parfois la fenêtre en gémissant.

Enfin, le 17 décembre, la pièce fut terminée.

— Ça tombe bien, dit le patron. C'est demain samedi, on va la mettre en place dès ce soir.

Victor et le chef empoignèrent la planche, Julien passa devant pour ouvrir les portes, et la pagode fut apportée à la salle à manger.

Tout le monde était là, silencieux et attentif.

— Attention, Victor, dit la patronne, attention!

— Dix mille francs par mois, ou je laisse tout tomber, dit le second.

— Fais pas le con si tu tiens à tes os, lança le chef.

Ils posèrent doucement la planche sur la grande table, tout le monde rit et soupira.

— Nous allons tout de suite débarrasser la petite vitrine et enlever les rayons, dit la patronne, allons, mes petites, pressons-nous, pendant ce temps je vais chercher du velours pour le fond.

Colette et Claudine suivirent Mlle Georgette, tandis que la patronne fouillait dans le bas du buffet. Le chef achevait de monter la prise électrique lorsque la porte du magasin sonna. Le patron écarta le rideau.

— C'est Mme Jeannin, dit-il.

La patronne se releva, un coupon de velours rouge à la main.

— Il faut la faire entrer ici, dit-elle, c'est une personne qui a beaucoup de goût, elle nous dira ce qu'elle en pense.

Le patron passa au magasin et ils l'entendirent bavarder avec Mme Jeannin. Victor, qui avait une belle écriture, s'était installé au bout de la table et s'appliquait à recopier sur un bristol une phrase que le patron avait écrite au brouillon : « Cette pièce d'étalage entièrement en chocolat et en sucre a été exécutée à la maison. »

Mme Jeannin entra, suivie du patron. Elle salua les ouvriers d'un signe de tête, serra la main de la patronne, puis s'avança lentement, les yeux fixés sur la pièce. Il y eut un long silence. Mme Jeannin avait à peu près trente ans, elle était moins grande que Mme Petiot, et plus mince. Son visage était régulier, un peu rougi par le froid. Elle portait un petit chapeau vert et un manteau de fourrure ouvert sur une robe noire. Debout derrière elle, le patron la regardait des pieds à la tête.

Lorsqu'elle eut bien examiné la pagode, elle se tourna vers lui en disant :

— J'ai vu toutes vos pièces d'étalage depuis que vous êtes ici, monsieur Petiot, je crois que jamais vous n'avez réussi quelque chose d'approchant. C'est merveilleux. Absolument merveilleux.

Elle se tut, revint près de la table, regarda encore.

— La prise est prête? demanda le patron.

— Oui, dit le chef, je vais brancher.

Il se baissa, et aussitôt toutes les petites ampoules s'allumèrent. Les parois ajourées de la pagode laissaient filtrer la lumière verte, rouge ou jaune à travers les papiers de couleur.

Mme Jeannin et la patronne battirent des mains.

— Mais voyons, monsieur Petiot, dit la cliente, vous n'allez pas me faire croire qu'il n'y a pas du bois, ou bien du carton, ou... je ne sais pas, moi, du fil de fer pour soutenir tout cela!

Le patron hésita, se redressa de toute sa taille, fit des yeux le tour de la salle comme pour prendre tout le monde à témoin, puis, s'approchant de la pièce, il montra le socle où tout reposait, le jardin et la pagode elle-même, puis il toucha du doigt le fond des petits bassins de zinc.

— Voilà, dit-il, il y a une planche, c'est indispensable pour la base, et puis, à cause de l'eau qu'on va y mettre, les deux petits bassins sont en zinc. Autrement tout le reste est en chocolat et en sucre.

Il avait appuyé sur : « Tout le reste. »

Mme Jeannin hochait la tête. Joignant les mains, elle dit encore :

— Il faut que ce soit vous qui me l'affirmiez pour que je le croie.

Le patron désigna d'un geste le chef, le second et les deux apprentis qui demeuraient immobiles, à l'autre bout de la table.

— Tenez, dit-il, j'ai des témoins, ils peuvent vous le dire.

— Non, non, fit Mme Jeannin. C'est inutile. Je vous connais assez. Mais quand je dis que c'est incroyable c'est parce que ça tient du prodige. Vraiment, il n'y a que vous pour réussir de telles merveilles.

Julien observa le chef qui demeurait impassible, le regard fixé sur Mme Jeannin.

Le patron donna ensuite encore quelques explications, puis Mme Jeannin demanda :

— Et vraiment, vous avez fait ça tout seul, monsieur Petiot? Mais il a dû vous falloir un temps infini.

Le patron sourit.

— Pensez-vous, dit-il, il y a à peine un mois, je ne savais même pas encore ce que je ferais cette année. Vous savez quand on possède bien son métier dans la tête, et au bout des doigts, tout cela est une plaisanterie.

Mme Petiot avait son sourire le plus large.

— Vous savez comme mon mari est nerveux, dit-elle. Eh bien, quand il fait un travail pareil, il n'est plus le même homme. Il a une patience, mais une patience, c'est extraordinaire!

Julien regardait tour à tour le patron et le chef. Le chef était toujours dans la même position, comme figé, comme sourd. Seules ses paupières battaient de temps à autre sur ses yeux noirs dont le regard s'était à peine durci. Le patron continuait de parler, gesticulant et montrant du doigt chaque détail de la pièce, il expliquait comment tout était fait.

— Tenez, disait-il, ces petits palmiers, est-ce qu'ils ne sont pas mignons? Eh bien, ils sont tout en pâte d'amande. Evidemment, il fallait y penser. Et la mousse aussi. Et les petites fleurs; et le lierre qui grimpe sur les rochers, vous voyez, c'est de la glace royale, tout est fait au cornet.

Les deux femmes admiraient. Les ouvriers et les apprentis écoutaient, les bras croisés ou les mains dans les poches. De temps à autre, Victor se grattait la tête et soupirait. Au bout d'un moment, comme le patron reprenait son souffle, le chef demanda :

— Est-ce que vous voulez qu'on la mette en place tout de suite?

— Mais bien sûr, tout de suite, dit le patron.

— Sauvons-nous, fit la patronne. Laissons-leur la place, qu'ils n'aillent pas la faire tomber, ce n'est pas le moment.

Elles allèrent au magasin. Maurice se précipita pour tenir la porte ouverte.

— Allez, dit M. Petiot, prenez chacun d'un côté... Là... comme ça... Ne penchez pas trop... Ah! Attention au fil électrique.

Julien ramassa la prise qui traînait à terre et la garda dans sa main. Ils passèrent au magasin et le patron suivit, portant le coupon de velours et continuant de prodiguer des conseils.

Les femmes regardaient de loin. Elles parlaient à mi-voix avec des exclamations admiratives. Julien entendit Mme Jeannin qui disait :

— Vos ouvriers ont de la chance d'avoir un patron comme M. Petiot. Ils doivent en apprendre des choses, avec lui. C'est un artiste, un grand artiste.

Lorsque tout fut en place, les hommes retournèrent au laboratoire. Le patron continuait de donner des explications à Mme Jeannin.

— Les poissons rouges, je les mettrai demain matin. J'espère même que je pourrai avoir des poissons chinois. Vous savez, ceux qui ont de grandes queues comme de la soie...

Sorti le dernier, Victor claqua la porte de la salle à manger en ricanant :

— Et la tienne, elle est en soie ou en flanelle?

Ils traversèrent la cour puis, une fois au laboratoire, le second dit encore :

— Tout de même, il est gonflé, ce vieux tocard. On lui foutrait un cornet à décorer entre les pattes, il demanderait si ça se mange ou si c'est fait pour se nettoyer les oreilles, et le voilà qui fait son numéro devant la mère Jeannin. Ah, Bon Dieu, moi ça me dépasse, un culot pareil!

Tous regardaient le chef qui venait de quitter son tablier et enfilait ses chaussures.

— C'est vrai, fit Julien, c'est dégoûtant.

Le chef ne parlait toujours pas. Il acheva de lacer ses chaussures, et, lorsqu'il se redressa, Julien remarqua qu'il avait un sourire un peu crispé. Il les regarda un instant, enfila sa veste puis, ouvrant la porte, il dit simplement avant de sortir :

— Ben oui, quoi, c'est comme ça. Et on n'y peut rien. Faut gagner sa croûte.

25

Le samedi matin, en entrant dans la chambre, le chef cria, comme d'habitude :

— Debout là-dedans!

Puis, s'approchant du lit où Julien s'étirait en se frottant les yeux, il reprit :

— En allant faire la tournée des croissants, tu prendras un sac pour rapporter du sucre glace.

Julien le regarda, hésita une seconde et demanda :

— Du sucre glace? Mais il y en a dans la réserve, et où voulez-vous que j'en prenne?

Le chef semblait tout heureux. Il souriait.

— Tu n'auras qu'à te baisser pour en ramasser, dit-il.

Aussitôt Maurice sauta du lit et se précipita vers la fenêtre. Julien le suivit.

— Bon Dieu, cria Maurice, il y en a au moins trente centimètres.

La nuit était épaisse, mais la lueur qui tombait de la fenêtre sur le petit toit de zinc éclairait la neige. Quelques flocons tournaient devant les vitres, lentement, avec des glissades presque horizontales, puis des chutes obliques qui les entraînaient vers les ténèbres de la cour où ils disparaissaient.

— Ça tombe encore, annonça Julien, et on dirait bien qu'elle va tenir.

— Pour tenir, elle tient, dit le chef. Tu t'en apercevras en déblayant le trottoir. Mais ce qui tombe à présent, c'est une queue de nuages, quelques flocons à la traîne.

Il se frotta les mains, secoua un peu Julien et Maurice, puis disparut en disant :

— Allez, pressez-vous, c'est pas une raison pour traîner. Au contraire, il vaut mieux essayer de prendre un peu d'avance, la tournée des croissants ne sera pas facile à faire aujourd'hui.

Ils descendirent en galoches. Même par les jours les plus froids, ils se lavaient au robinet de la cour qu'il fallait alors dégeler en brûlant dessous quelques journaux. Il y eut un début de bataille dans la demi-obscurité. La neige cuisait la peau. Le chef ouvrit la porte du laboratoire et cria :

— Commencez pas, vous êtes des vrais gamins, vous allez réveiller toute la baraque.

Cette neige avait amené la joie. Une excitation qui les poussait à tout faire très vite, sans cesser de plaisanter. La fatigue des journées étirées jusqu'aux soirs semblait avoir disparu.

Aussitôt les croissants terminés, avant même que le patron ne fût descendu, Julien prit la pelle à coke et un balai pour déblayer la cour.

— Tu devrais faire le trottoir tout de suite, dit le chef, avant que les gens commencent à piétiner, c'est plus facile.

Julien sortit. Déjà plusieurs vitrines étaient éclairées et, çà et là, des commerçants nettoyaient devant leur boutique. Le mitron avait déjà presque terminé. La bonne du café du Commerce criait en se protégeant des boules que lui balançait l'ouvrier du charcutier. Dans la rue, quelques voitures avaient creusé des ornières. Des piétons étaient passés et, à l'endroit où avaient appuyé leurs chaussures, il fallait gratter la neige durcie. Julien commença devant le couloir, enlevant d'abord le plus gros à la pelle, pour terminer ensuite avec son balai. Dans le caniveau, la neige s'entassait, formant comme un rempart entre la rue et le trottoir.

Julien avait accompli la moitié du travail, lorsqu'il reçut derrière la tête une boule de neige qui lui glaça la nuque; il se pencha en avant et secoua le col de sa veste. Puis se retournant, il chercha d'où cela pouvait venir. Il n'y avait personne dans cette direction, mais la porte du couloir était entrouverte. Quelqu'un la tenait. Julien pensa que ce devait être Maurice. Il prépara une énorme boule, et s'approcha sans bruit, collé aux volets de la devanture. Arrivé à un pas de la porte, il fit un bond et tira au jugé en criant :

— Salaud, tu m'as possédé!

Il y eut un juron étouffé et M. Petiot sortit sur le trottoir en se frottant le visage et en s'ébrouant. Il riait. Julien s'était reculé. Il demeura un instant indécis, puis il se mit à rire aussi quand le patron lui dit :

— Là alors, tu m'as eu à la surprise. Mais reconnais que j'avais drôlement bien visé.

Le père Pillon, le charcutier dont la boutique

se trouvait presque en face de la pâtisserie, était sorti pour voir son ouvrier.

— On les attaque? proposa le patron.

Ils lancèrent des boules. Les autres crièrent puis se mirent à riposter. Quelques coups atteignaient leur but, mais la plupart des projectiles portaient contre les volets de bois ou les rideaux de fer des magasins qui résonnaient sourdement.

Lorsqu'ils s'arrêtèrent, M. Petiot traversa la rue en courant et se précipita sur la bonne du café, pour lui faire manger une poignée de neige. Julien remarqua qu'il essayait surtout de lui toucher les seins. La fille criait en se débattant. Elle finit par se dégager et s'enfuit dans le couloir. Des ouvriers passaient en poussant leur vélo. Tous riaient.

Le patron revint près de Julien.

— Allez, dit-il, je vais te donner la main. Continue à la pelle, je fignolerai au balai. Ensuite, on mettra du sel pour éviter que ça gèle.

Lorsqu'ils revinrent au laboratoire, leurs mains et leurs visages étaient rouges.

— Bon Dieu, ça fait du bien, dit la patron. Ça réveille.

Les premiers croissants étaient cuits. Ils commencèrent de les compter, et c'était drôle de les sentir tout chauds dans les mains, après la neige glacée.

De temps à autre, le patron s'arrêtait de compter pour parler de la bataille.

— Julien m'a eu en pleine gueule, disait-il en riant. Mais après, on s'est mis tous les deux contre le père Pillon et son second, qu'est-ce qu'ils ont pris!

Il compta un moment puis, s'arrêtant de nouveau, il dit :

— J'ai fait bouffer de la neige à Ginette, la bonne du Commerce. La petite garce, elle se frottait contre moi, elle a de ces petits nichons durs et ronds comme des pommes! Je crois qu'elle en veut, cette fille.

Lorsque la corbeille fut prête, Julien sortit et dépendit le vélo. Le patron l'avait suivi.

— Tu peux la mettre sur le porte-bagages, ce matin, dit-il, avec la neige, ça va amortir les cahots. Et puis, tu seras obligé d'aller à pied en poussant le vélo. Allons, va vite, et tâche tout de même de ne pas te bagarrer avec tous les chiens coiffés que tu rencontreras.

Julien partit. Dans les petites rues, la neige était sans traces. La roue avant du vélo, où pesait tout le poids de la corbeille, y pénétrait avec un long crissement presque régulier. Une main sur la selle, l'autre au guidon, Julien poussait de toute sa force, couché en avant, le visage à peine plus haut que la corbeille dont il respirait la chaleur odorante.

Il sentait la neige entrer dans ses galoches où elle fondait.

Ses pieds étaient froids et trempés, la fraîcheur de l'aube collait à ses épaules sa veste de toile humide de sueur, mais il était heureux. Il riait tout seul en poussant sa machine, qui dérapait parfois jusque contre les bordures de trottoir.

Lorsque Julien sortit du buffet de la Gare, le ciel pâlissait. Une lueur terreuse montait derrière les toits, et la grisaille s'éclairait lentement, basse, lourde et uniforme.

Tiré par trois énormes chevaux, le chasse-neige

passait au milieu des rues principales. Des camions de la voirie venaient ensuite avec des équipes de cantonniers qui enlevaient les plus gros tas.

A 10 heures, la circulation à bicyclette était de nouveau possible et Julien eut beaucoup de courses à faire. Les clients hésitaient à sortir, téléphonaient et se faisaient livrer leurs gâteaux. A 11 heures, il y eut de grandes batailles à chaque carrefour et aussi une bousculade devant la petite vitrine où les enfants se pressaient pour voir la pagode en chocolat. Des grandes personnes aussi s'arrêtaient, le trottoir était constamment encombré sur toute la largeur. Des gens riaient; d'autres, que l'attroupement contraignait à patauger dans la neige à demi fondue de la rigole, se plaignaient. Du magasin, les patrons regardaient en souriant et en adressant de petits saluts aux personnes qu'ils connaissaient. De temps à autre, M. Petiot ouvrait la porte, serrait quelques mains et donnait les explications. Si les enfants étaient trop nombreux, il criait :

— Allez, allez, les gosses, laissez un peu regarder les grandes personnes!

Les enfants se dispersaient en piaillant, puis revenaient quelques minutes plus tard.

Pendant tout le repas de midi, le patron ne cessa de plaisanter. Il répéta au moins dix fois que Julien « l'avait eu en pleine gueule », et chaque fois Mme Petiot disait :

— Tu es un vrai gamin, plus gosse encore que les gosses.

En quittant la table, Maurice demanda :

— M'sieur, on peut descendre jusque rue Dusillet, en attendant 2 heures?

Le patron se leva.

— Allez, on y va tous, dit-il. On fait une grande bagarre. Les hommes contre les femmes.

— Non, non, cria Mme Petiot. Tu es fou!

Il prit sa belle-sœur par le bras et voulut l'entraîner.

— Allez, Georgette, venez, ça vous fera du bien.

— Vous n'y pensez pas, dit-elle. Je n'y vois pas à dix mètres, moi. Et puis je ne veux pas me faire casser mes lunettes.

Claudine enfila ses bottes et Colette, la petite vendeuse, mit son manteau.

— Allez, allez, dit la patronne en riant, c'est de votre âge, mais ne revenez pas avec un œil au beurre noir, ça ferait mauvaise impression au magasin.

Ils partirent en courant et descendirent la rue Grilleton en faisant quatre pas, puis en se laissant glisser sur quelques mètres. En bas, Victor s'aplatit de tout son long en butant contre un pavé. Il y avait des cendres sur la neige et il se releva avec sa veste blanche toute tachée. Mais il riait malgré tout.

Le patron s'éloigna d'un côté en entraînant Maurice et Colette. Julien partit de l'autre avec Victor et Claudine. La bagarre commença tout de suite. Ils tirèrent d'abord de loin, mais la neige poudreuse tenait mal. Les boules éclataient en petits nuages blancs que le vent dispersait. Ils se rapprochèrent et la bataille devint pagaille. Il n'y avait plus de camps distincts, chacun tirait pour soi. Une dizaine de gamins, qui glissaient dans la rampe du Cour, s'approchèrent, se mêlèrent à eux. Les mains et les visages brûlaient, la buée sortait des bouches par saccades, il y avait des chutes, des cris et de grands rires qui sonnaient entre les façades des maisons. Plusieurs fenêtres s'étaient ouvertes et des gens riaient en regardant.

Trois garçons avaient attaqué Claudine qui se débattait, le cou et les cheveux pleins de neige. Julien la vit et courut à son secours. Tandis qu'il attaquait les garçons, Claudine se réfugia dans un couloir. Surpris d'abord, les trois enfants réagirent vite, et Julien fut contraint de reculer.

— Entrez là, cria Claudine.

Il se précipita vers elle et claqua la porte où les coups se mirent à pleuvoir. Dehors, les enfants criaient en essayant d'ouvrir :

— C'est pas du jeu. Ils se sont enfermés. Ils ont bouclé!

La porte, en effet, ne s'ouvrait pas de l'extérieur. Le couloir très long conduisait à une petite cour certainement couverte par une verrière, car la lumière y était faible. Adossé à la porte, Julien entendait, tout près de lui, le souffle court de Claudine.

— Vous êtes là? murmura-t-elle.

— Oui, ils sont furieux.

Julien sentit une main qui touchait son bras. Il avança la main lui aussi et Claudine murmura encore :

— Vous êtes là?

Puis, tout de suite, elle fut contre lui. Elle le serrait très fort sur sa poitrine. Sa bouche mordait ses lèvres. Il sentait une respiration, des cheveux mouillés sur ses yeux, un corps qui pressait le sien contre la porte.

A son tour il ferma les bras, puis ses mains cherchèrent la poitrine de Claudine. Dehors, les enfants criaient toujours. La voix du patron approcha.

— Holà! qu'est-ce que vous faites là-dedans, tous les deux?

Claudine s'écarta d'un coup.

— Ouvrez! cria le patron.

— Ouvrez, souffla Claudine, ouvrez vite!

Julien tâtonna, trouva le loquet qu'il tira. Ils sortirent et furent un instant éblouis. Le patron demanda :

— Qu'est-ce qui vous prend?

— Je n'arrivais pas à ouvrir, dit Julien.

Les enfants qui s'étaient éloignés, attaquèrent de nouveau et le patron dut se mettre avec Claudine et Julien pour riposter. La bataille reprenait lorsque Victor cria :

— Le chef. Tous contre le chef!

Ce fut une galopade en direction de la rue de la Bière. Un instant, le chef fut la seule cible, puis la mêlée redevint générale.

Enfin, s'éloignant un peu, M. Petiot cria :

— Au travail! Hé, les gamins, et l'école?

La bataille cessa. Tous balançaient leurs bras ou serraient leurs doigts violacés sous leurs aisselles. Claudine avait les larmes aux yeux et gémissait :

— Hou lala, mes doigts. Hou, mes doigts!

Un garçon demanda :

— Il est quelle heure, monsieur Petiot?

— Pas loin de 2 heures.

Les enfants déguerpirent en criant.

A bout de souffle, battant des mains et riant encore, toute la troupe s'engagea dans la ruelle et reprit le chemin de la pâtisserie.

26

Longtemps encore, en travaillant, ils parlèrent de la neige et des batailles. Le patron passait le plus clair de son temps au magasin à présenter sa pagode. De temps à autre il venait au laboratoire, pérorait quelques minutes, puis repartait.

Vers le milieu de l'après-midi, le ciel s'assombrit. Les bordures des toits chargés de neige se détachaient presque lumineuses sur les nuages gris et bas qui avançaient lentement.

La nuit vint très tôt, envahit rapidement les cours, et se colla aux vitres. A mesure qu'elle approchait, la fièvre tombait; la fatigue reprenant le dessus imposait le silence et ralentissait le rythme du travail.

Pour Julien, rien ne changeait. Dès le début de l'après-midi, la fièvre de la neige avait fait place en lui à une brûlure nouvelle. Il sentait encore contre sa poitrine la poitrine de Claudine. Sa bouche conservait le goût de ce baiser un peu fou, presque violent.

Il eut plusieurs occasions de se rendre à la

salle à manger, mais toujours il y trouvait la patronne ou sa sœur. Claudine était dans la souillarde, il l'entendait travailler en chantonnant. Une fois elle vint à la salle. Leurs regards se croisèrent. Elle sourit et disparut rapidement, comme effrayée. Un peu plus tard, il la vit en blouse blanche. Il devait y avoir beaucoup de monde au magasin, elle allait faire les paquets, elle ne reviendrait peut-être pas à la cuisine avant le repas. Julien sentit une immense angoisse s'installer en lui.

Il ne cessa pourtant de guetter, saisissant chaque occasion d'aller dans la cour.

Vers 6 heures enfin, comme il revenait d'une longue course et accrochait le vélo boueux et dégoûtant de neige à moitié fondue, il vit s'ouvrir la porte de la salle à manger. Claudine parut sur le seuil. De l'intérieur, la patronne lança :

— Vous trouverez bien, c'est sur le rayon du haut, dans la petite réserve qui est à côté de ma chambre.

Claudine referma la porte et monta l'escalier en courant. Il n'y avait personne dans la cour. Julien, le souffle coupé, bondit derrière elle. La chambre des patrons était au deuxième étage, audessus du magasin. Il rattrapa Claudine au moment où elle ouvrait la porte.

— Non, non, fit-elle, vous êtes fou!

Il la poussa vers l'intérieur et referma la porte du pied. Elle éclaira. Julien n'était jamais venu là. Il vit seulement qu'ils se trouvaient dans une petite entrée carrée où il n'y avait aucun meuble. L'ampoule électrique était emprisonnée dans un abat-jour de tissu vert dont les quatre pointes liées ensemble ne laissaient filtrer qu'une lumière très faible.

Il approche de Claudine qui fait un pas en arrière et se trouve contre le mur.

Il la regarde. Elle tourne un peu la tête, il cherche sa bouche qu'elle essaie mollement de défendre. Il se colle contre elle et l'embrasse. Cette fois, c'est lui qui la mord. C'est lui qui appuie de toute sa force son corps contre le sien. Ils sont exactement de la même taille. Un instant, elle l'attire aussi et répond à son étreinte. Puis elle tourne la tête et leurs lèvres se séparent.

— Vous êtes fou, dit-elle, dans un souffle.

— Je t'aime... Je t'aime, répète Julien.

— Non, j'ai été folle tout à l'heure. Je ne sais pas ce qui m'a pris. Laissez-moi... La patronne va venir.

Julien essaie de nouveau de l'embrasser, mais elle se débat et le repousse. Elle est forte.

— Je monterai dans ta chambre, cette nuit, dit-il.

Une grande peur se peint soudain sur le visage de Claudine qui lance d'une voix étranglée :

— Non, non surtout pas. Vous êtes fou!

Elle s'éloigne. Julien la suit. Il ne voit plus que son visage et son corps moulé par la blouse blanche.

— Pourquoi..., dit-il. Pourquoi?

Elle le repousse de ses deux mains ouvertes.

— Non. Faut pas. Je vous expliquerai... Laissez-moi, laissez-moi, je vous en supplie.

Elle va pleurer. On dirait qu'elle va se mettre à pleurer. Julien la regarde s'éloigner. Elle ouvre une porte et disparaît, le laissant seul dans l'entrée. Il demeure immobile, le regard rivé à la porte qu'elle a repoussée derrière elle.

Le sang bourdonne aux oreilles de Julien. Il y a

en lui comme un torrent furieux, comme une rivière folle avec de grands remous.

La rivière coule, s'apaise un peu. Et puis, perçant ce bruit d'eau, une voix monte de la nuit.

— Claudine! Vous ne trouvez pas, mon petit?

C'est la patronne. Elle va venir, peut-être.

Dans la tête de Julien, le tumulte renaît. Différent pourtant, avec la peur qui résonne; la peur qui fait son bruit de caverne immense.

Il hésite un instant. Se retourne, ouvre doucement la porte et sort. L'escalier est obscur. La lampe de la cour n'éclaire pas jusque-là.

— Claudine! Est-ce que vous trouvez ou s'il faut que je monte?

Un temps. Une, deux secondes peut-être. Une éternité pour Julien qui s'est réfugié à l'étage supérieur.

Claudine sort.

— Ça y est, madame. J'ai trouvé.

La porte palière se referme. En bas, celle de la salle à manger claque aussi. Claudine descend très vite. Son pas sonne, sonne... La porte encore... Puis plus rien.

Plus rien pour Julien, que le tumulte de son sang. Il respire. Il écoute. Il attend encore.

Enfin, sans bruit, lentement il descend jusqu'à sa chambre. Il entre. La chaleur l'étreint. La lumière l'éblouit. Il sent que la sueur ruisselle sur son visage.

Il marche vers la fenêtre. Dans la vitre, il se voit approcher, blanc sur fond noir de la nuit. Il ouvre. Le souffle froid coule dans la chambre. Julien respire profondément et se penche au-dehors. La cour est obscure. La lumière de la chambre éclaire la neige du petit toit où l'ombre de Julien s'étire avec, très loin, sa tête que la toque fait carrée. Julien murmure :

— Une ombre de cosaque.

Il respire encore. C'est frais, c'est apaisant. Le tumulte qui était en lui s'éloigne. Il tend l'oreille. Quelque chose grignote la nuit. On dirait que des centaines de petites bêtes sautillent sur la neige.

Julien se penche davantage et tend la main. Il pleut. Julien lève la tête vers le ciel obscur. Des gouttes froides tombent sur son front brûlant. Il ouvre la bouche pour en boire.

Il reste ainsi un long moment puis, lentement, il se retire; il ferme la fenêtre sur la nuit.

Dans la chambre, il hésite encore.

Enfin, après un soupir qui ressemble un peu à un sanglot, il commence à retirer sa veste blanche.

27

La pluie tomba toute la nuit. Avant de s'endormir, longtemps Julien écouta pleurer les gouttières. Il pensait à Claudine qui couchait seule dans une petite chambre au quatrième étage, presque sous le toit. Elle aussi devait entendre la pluie, et, peut-être, le frôlement de la neige lorsqu'elle se désagrège et glisse sur les tuiles.

Enfin, la fatigue fut la plus forte, Julien s'endormit.

La journée du dimanche fut très pénible. La pluie continua. Une pluie régulière et tranquille, qui faisait de la neige une boue épaisse et sale. Partout les caniveaux étaient obstrués, de grandes flaques s'étendaient sur les pavés des rues et des places. Les voitures les traversaient en soulevant des gerbes d'eau, et les passants criaient en se réfugiant dans les encoignures des vitrines.

De 8 heures à midi passé, Julien ne quitta pas son imperméable. Sous la toile cirée que la pluie parvenait à traverser à l'endroit des coutures, il transpirait. Ses chaussures étaient transpercées et, jusqu'aux genoux, son pantalon était trempé.

La patronne se lamentait.

— Mon pauvre garçon, vous voilà propre!

Julien tordait sa toque. La secouait comme un vieux chiffon, s'essuyait le visage et repartait.

Le patron était de mauvaise humeur et ronchonnait sans arrêt, s'en prenant au ciel, à la boue, au manque de courage des clients qui restaient chez eux, et aussi à Julien qui traînait en route.

Vers le milieu de la matinée, Julien, qui emportait dans sa corbeille un énorme moka décoré de roses et d'œillets en pâte d'amande, dérapa sur une plaque de neige et tomba. Il ouvrit sa corbeille, essaya de réparer les dégâts, mais comprit bien vite qu'il n'y parviendrait jamais. Les fleurs étaient brisées et le gâteau déformé avait laissé une partie de sa crème dans le fond de la corbeille. Julien revint, la tête basse.

Lorsqu'il ouvrit sa corbeille, la patronne leva les bras au ciel.

— Mon Dieu! cria-t-elle. Mon Dieu, quel malheur!

La mère Raffin arriva, regarda, puis, se tournant vers Julien, haussa les épaules en disant :

— Bon à rien! A rien, je vous dis... Un voyou!

La patronne intervint :

— Tais-toi, maman. Il faut admettre que ça n'est pas facile de rouler avec un temps pareil.

La vieille cherchait un mégot. Lorsqu'elle l'eut trouvé et allumé, elle se mit à crier.

— C'est ça, dis qu'il a bien fait. C'est moi qui suis une imbécile. On dirait qu'il ne vous a pas fait assez de bêtises, pour vous permettre de savoir ce qu'il vaut. Il l'aurait fait exprès que ça ne m'étonnerait pas.

Elle s'approcha de Julien. Le regarda de la tête aux pieds et reprit :

— Mais vois donc ce qu'il ressemble. Un égoutier n'est pas plus crasseux. Il a de la boue jusque sur la figure.

La patronne était sortie pour appeler M. Petiot. Elle revint avec lui.

— Regardez-moi sa toque, un torchon à vaisselle, criait la vieille. Ça fait honneur à la maison, je vous jure, un individu pareil!

Le patron empoigna la corbeille en criant.

— Taisez-vous maman. Ça n est pas la peine de faire tant de foin! On le sait, que c'est un imbécile. A présent, il n'y a plus qu'à recommencer. C'est le chef qui va être content, tiens!

Il disparut en emportant le gâteau abîmé.

La vieille toussait et crachait dans le fourneau.

— Mon pauvre Julien, se lamentait Mme Petiot. Mon pauvre Julien, mais on ne pourra donc jamais compter sur vous?

Des glaires plein la gorge, la vieille referma le poêle en glapissant :

— Faites donc des apprentis, voilà le bénéfice. Ce que vous pouvez être bêtes tout de même!

L'après-midi, la pluie continua. Elle était de plus en plus froide et tombait à présent en rafales, fouettée par une bise glacée qui débouchait à l'angle des rues et tourbillonnait sur les places.

Après une livraison dans le bas de la ville, Julien s'était changé et étendu sur son lit. Victor était sorti. Maurice dormait, la bouche entrouverte, tout habillé, un bras pendant hors du lit. La lumière qui entrait dans la chambre était triste. Sur les vitres, la pluie crépitait par moments, des gouttes ruisselaient, la porte palière et le panneau de bois qui fermait la cheminée résonnaient, secoués par la bourrasque.

Julien demeurait immobile. Peu à peu, le sommeil le gagnait. Son corps et ses membres devenaient plus légers.

Il somnolait depuis un moment, lorsqu'il entendit la sonnerie du téléphone. Il ne bougea pas. La sonnerie cessa presque tout de suite. La patronne devait répondre. Julien tendait l'oreille, mais seuls venaient jusqu'à lui les bruits du vent et de l'eau.

Il entendit s'ouvrir la porte de la salle à manger.

— Julien, en course!

Il ne dit rien. Il se sentait vide. A bout de forces. Depuis des jours et des jours, la fatigue s'était accumulée en lui.

La patronne appela encore. Sa voix se fit plus aiguë.

— Julien! Allons, ne perdez pas de temps!

Il se leva. Marcha jusqu'à la porte qu'il entrouvrit pour crier :

— Voilà, madame, je descends.

Une bouffée d'hiver mouillé était entrée. Il referma vite et revint s'asseoir sur son lit pour enfiler ses chaussures encore trempées. Il avait sur les épaules un poids énorme. Quelque chose le tirait en arrière vers ce lit tiède. Maurice s'était retourné; sans ouvrir les yeux, il grogna :

— Elle fait chier, cette vieille con.

Et aussitôt, il se rendormit. Julien le regarda un instant avant de sortir.

Il fit cette course, très loin, tout au bout du faubourg de Paris. Et cette fois, il eut beau pédaler vite, il ne parvint pas à se réchauffer. Les rues étaient presque désertes. Le ciel touchait les toits, et la pluie, sans doute trop froide, ne parvenait pas à faire fondre la neige pourrie qui s'entassait encore le long des trottoirs.

Lorsque Julien rentra, ses vêtements étaient mouillés. Ceux du matin, qu'il avait étendus devant la porte du four, fumaient. Ils étaient chauds, mais pas encore secs. Il se déshabilla et se coucha. Il faisait bon, dans la chambre où montait la chaleur du four. Cependant, Julien ne se réchauffait pas. L'hiver semblait être venu le retrouver dans son lit, et de longs frissons aussi froids que les rafales de bise, couraient dans son dos.

Quatre fois encore, au cours de l'après-midi, il dut se lever, enfiler ses habits humides et repartir.

Alors qu'il préparait une corbeille, la vieille, qui venait de dormir dans un fauteuil, à côté du poêle, le regarda en fronçant les sourcils.

— Qu'est-ce qu'il a? fit-elle. On dirait une momie. Mais réveille-toi donc, empoté. Réveille-toi!

— Laisse-le partir, maman, dit Mme Petiot, la fraîcheur de la rue le réveillera. N'est-ce pas, mon petit Julien?

La patronne souriait. Julien hocha la tête. A présent, chaque pas qu'il faisait, chaque cahot de la rue qui secouait la bicyclette agitait comme un poids dans son crâne. De longues douleurs partaient de ses tempes pour se répercuter jusque dans sa nuque.

Au repas du soir, il mangea peu. Victor était allé se coucher en rentrant du cinéma et ne se leva pas pour dîner. Maurice ne parvenait pas à ouvrir les yeux. Le patron continuait de ronchonner.

— On va dauber, disait-il. Si c'est comme ça pour les fêtes de Noël, ce sera une catastrophe. Il n'y aura plus qu'à boucler la boutique.

Le magasin fermé, le four chargé, les chocolats glacés livrés au cinéma, Maurice et Julien montèrent lentement l'escalier, se déshabillèrent avec des gestes lourds, et se couchèrent sans un mot.

Julien se réveilla au milieu de la nuit. Il était trempé de la tête aux pieds et il lui parut un instant que son lit se balançait, montait, descendait, se dérobait sous lui. Il fut secoué par une toux sèche qui lui brûla le fond de la gorge. Ses oreilles bourdonnaient. Il se souleva pour écouter la nuit. Il ne pleuvait plus, mais la bise heurtait toujours la porte et le paravent de la cheminée. Elle sifflait aussi en longeant le bord du toit de zinc et venait pousser la fenêtre dont le bois gémissait.

Julien se rendormit.

Lorsque le chef arriva, Julien pédalait dans l'eau et la boue sous la pluie qui ruisselait sur tout son corps.

Victor se frotta les yeux, s'étira et dit :

— Tu as la crève, toi. Je t'ai entendu remuer et tousser comme un tubard toute la nuit.

Le chef s'approcha du lit et posa sa main glacée sur le front de Julien.

— Tu as la fièvre.

Julien ne bougeait pas. Il se mit à tousser.

— Ça sent le sapin, dit Maurice.

— Il a l'air de tenir quelque chose, dit le chef.

Les autres s'étaient levés. Julien rejeta ses couvertures.

— Non, dit le chef. Je ne peux pas te laisser

descendre avec une fièvre pareille, reste couché. On verra quand les patrons seront levés.

Julien se recoucha.

— Ça va être gai, grogna Maurice.

Les autres partis, la lumière éteinte, Julien regarda le plafond qu'éclairait à peine la lueur du laboratoire. Il entendit rouler les portes du four, sonner sur le marbre les plaques à croissants, tinter les cercles du fourneau. Le bruit des voix lui arrivait confus. Tout se brouillait par moments, et des visages passaient devant ses yeux. Sa mère; la fille de la rue Pasteur; Claudine; le chef; la plongeuse de l'hôtel; la patronne. Tout cela défilait, se mêlait, se confondait en un grand tourbillon.

La lumière le réveilla. Le patron et le chef étaient debout à côté de son lit. Il se souleva.

— Attends, dit le chef. Tu vas prendre ta température.

Il lui tendit un thermomètre.

— Bah! dit M. Petiot. A son âge, on a de la fièvre pour un rien.

Julien avait 39°8. Le patron haussa les épaules.

— Essaie de dormir, dit le chef.

Ils sortirent. Une fois la porte fermée, Julien entendit le chef qui parlait de médecin. Il ne comprit pas la réponse du patron. Tout devenait flou et lointain. Il y avait des cloches qui sonnaient sans arrêt.

A 8 heures, Mme Petiot lui apporta une infusion. Elle lui tâta le pouls en disant :

— Ce ne sera rien. C'est demain mardi. Vous resterez couché, et mercredi il n'y paraîtra plus.

A midi, Maurice lui monta un bol de bouillon.

Il en but un peu, mais il eut tout de suite envie de vomir.

Il ne dormait pas vraiment. Il était engourdi. Souvent revenait devant ses yeux l'image de la petite maison de ses parents, de sa mère, des matins d'hiver où il faisait semblant de tousser pour ne pas aller à l'école. Il murmura :

— Ça prenait toujours... Ça prenait toujours.

Il restait alors dans la cuisine bien chaude, à regarder des livres ou à dessiner. Son père grognait un peu, mais la mère se fâchait. On ne pouvait pas envoyer à l'école un enfant malade!

Après midi, le chef revint de bonne heure et lui posa des ventouses. Ensuite, il lui appliqua sur la poitrine un cataplasme de farine de lin et de moutarde.

— Je reviendrai t'en mettre demain, dit-il.

— Mais demain, murmura Julien, c'est mardi, chef, vous ne travaillez pas.

Le chef sourit. Il s'était assis au pied du lit. Julien le voyait mal à cause de la fièvre qui lui brouillait les yeux, mais il lui semblait qu'il allait demeurer toujours ainsi, à veiller sur lui.

La patronne vint deux ou trois fois. Elle ouvrait, faisait deux pas dans la chambre et demandait :

— Ça va mieux?

Julien hochait la tête.

— Eh bien, vous voyez. Ça ne sera rien. Tenez-vous bien au chaud. Et dépêchez-vous de guérir, que ce pauvre Maurice est obligé de tout faire.

Maurice était maussade. Il bougonnait :

— Tu parles d'une poisse!... A quelques jours de Noël, avec le travail qu'il y a!

Le mardi, les patrons s'absentèrent toute la

journée. Le chef vint trois fois. Une fois même, sa femme l'accompagna.

Ils demeurèrent un long moment, assis, silencieux, dans la nuit qui envahissait la chambre. Les cheveux blonds de la petite femme faisaient une tache de lumière sur le mur gris. Ils parlèrent. Julien hochait la tête de temps en temps. Les voix bourdonnaient; elles s'éloignèrent très vite, puis tout parut se fondre dans le crépuscule

Cette nuit-là, dans le sommeil de Julien, le visage de sa mère revint souvent. Elle se penchait sur lui, et, à côté d'elle, se penchait un autre visage mince et frêle, encadré de longs cheveux où le vent jouait.

Julien était un homme. Il était malade et sa mère était là, avec sa femme, sa femme qui était la fille de la rue Pasteur.

28

— Tu iras chercher la viande pour les pâtés.

— Mais, chef, c'est mercredi, fit remarquer Julien.

— C'est mercredi, mais nous sommes le 22 décembre, mon gars, et dans deux jours, c'est Noël. Tu n'as pas l'air de te figurer que ça chamboule un peu le programme.

Julien partit. La viande pour les pâtés, ça voulait dire aussi plus d'une heure seul dans la souillarde avec Claudine.

Le temps s'était éclairci, et il avait même gelé pendant la nuit. Il ne restait plus trace de neige, mais on avait semé partout, sur les pavés et les trottoirs, du sel rouge et du sable.

Julien s'était levé, la tête un peu vide. Sa fièvre avait disparu. Il sentait bien encore par moments une bouffée de chaleur lui monter au front, il toussait bien encore un peu, mais il n'y pensait pas. Avec le ciel plus clair, la joie semblait être revenue sur la ville, et Julien la sentait aussi en lui.

Il se hâta et revint avec la viande.

— Allez, allez, dit M. Petiot, dépêche-toi avant que Claudine ne soit obligée d'aller au magasin.

Il y avait beaucoup plus de viande à préparer que d'habitude. Il faudrait au moins deux heures.

Ils se mirent à l'ouvrage. Mme Petiot était dans la salle à manger. Julien l'écoutait remuer ses plateaux, marcher, s'arrêter. Il guettait l'instant où elle partirait au magasin. Il regardait Claudine. Penchée vers la table, elle travaillait avec application, sans lever les yeux de son ouvrage. Julien frôla son bras. Elle le retira sans tourner la tête.

M. Petiot entra dans la salle, vint jusqu'à la porte de la souillarde et se pencha pour demander :

— Ça va?

— Oui, monsieur, dit Claudine.

Le patron était plus gai. Le travail marchait bien. La maison ressemblait à une ruche en été. On se levait une heure plus tôt; à midi, on s'arrêtait juste le temps de déjeuner; et le soir, il y avait toujours quelque chose à faire. Pourtant, malgré la fatigue, personne ne se plaignait. Ce travail était un peu comme une roue lancée qui ne peut plus s'arrêter de tourner, entraînée par son propre élan.

M. Petiot s'affairait du magasin au laboratoire, se frottant les mains et répétant sans cesse :

— Allons, allons, dépêchons-nous, c'est le coup de collier, il faut le donner... On aura tout le temps de faire roue libre après les fêtes!

De la souillarde, Julien et Claudine entendaient les bruits du laboratoire. Les plaques grinçaient sur la bouche du four, un fouet battait le fond d'une bassine, le chef criait. Bientôt, la broyeuse se mit en marche. Elle se trouvait dans un recoin tout proche de la souillarde et son moteur faisait vibrer le mur. Lorsqu'il peinait, tout tremblait, même le claquement de la courroie parvenait jusque-là.

M. Petiot était sorti. Julien entendit battre la porte du magasin. Il jeta un coup d'œil dans la salle : personne.

Trempant ses mains dans l'eau, il les essuya très vite après son tablier bleu, puis, passant un bras derrière les épaules de Claudine, il essaya de l'embrasser. Elle recula et tenta de le repousser.

— Non, dit-elle. Non, je ne veux pas. Lâchez-moi.

— Pourquoi? Il n'y a personne.

Elle ne pouvait plus reculer. L'évier était derrière elle. Julien mit toutes ses forces dans cette lutte.

— Non, non, répétait Claudine. C'est impossible... Il ne faut plus.

Elle avait dans le regard cette peur que Julien avait déjà remarquée quand il était monté la rejoindre dans l'appartement des patrons. Lorsqu'il essayait de prendre sa bouche, elle détournait la tête. Ses cheveux frôlaient le visage de Julien qui murmurait :

— Je t'aime. Tu ne vois pas que je t'aime?

— Vous ne savez pas ce que c'est.

— Je t'aime.

Soudain elle cessa de lutter. Il l'embrassa. Julien sentait battre contre sa poitrine le cœur de Claudine. A côté, la broyeuse tournait toujours, ébranlant le mur où ils s'appuyaient, mais le tumulte qui était en eux couvrait ce bruit-là. Leur étreinte dura longtemps. Claudine n'empêchait plus les mains de Julien de pétrir ses seins.

Et puis, d'un seul coup elle le repoussa. Il faillit tomber. Il comprit à son regard qu'elle fixait quelque chose derrière lui. Il se retourna juste assez vite pour voir disparaître une veste blanche.

Le pas du patron sonna sur le carrelage de la salle. La porte de la cour s'ouvrit et claqua très fort. La broyeuse tournait toujours.

Julien regarda Claudine. Elle pleurait. Il hésita quelques secondes, puis s'approcha d'elle.

— Non, supplia-t-elle, les mains en avant.

— Pourquoi tu pleures? demanda-t-il. Il n'a rien dit.

Elle secoua la tête. Un gros sanglot souleva sa poitrine.

— Tu peux pas savoir, murmura-t-elle. Tu peux pas savoir.

Sa voix s'étranglait.

— Dis-moi... Il y a quelque chose? Dis-moi...

Elle essuya ses yeux avec un coin de son tablier et se remit au travail. Les sanglots la secouaient toujours. Julien recommença également de couper la viande. Au bout d'un moment, il demanda :

— Enfin, pourquoi tu pleures comme ça?

— Faut pas me tutoyer, dit-elle.

Il y eut un silence avec toujours le ronronnement de la broyeuse et les bruits du laboratoire.

— Vous avez peur à cause de votre fiancé? demanda-t-il.

Elle eut un geste vague de la tête qui n'était ni un oui ni un non.

— Vous avez peur que le patron lui dise? Qu'est-ce que ça peut lui foutre, ça ne le regarde pas.

Un sanglot monta. Julien vit qu'elle essayait de le contenir, mais son chagrin éclata de nouveau.

— Vous pouvez pas comprendre, dit-elle. C'est un vieux dégoûtant... dégoûtant.

Julien s'arrêta de travailler. Il avait peur de n'avoir pas bien compris.

— Quoi, demanda-t-il, le patron? Il aurait voulu...

Elle secoua la tête. Cette fois, elle disait : oui.

Julien sentit grandir en lui à la fois un dégoût et une grande colère.

La porte du magasin s'était ouverte. Julien reconnut le pas de la patronne qui s'éloigna, revint, s'éloigna encore et s'arrêta. Claudine s'était essuyé les yeux. Le pas recommença, s'approcha. Julien vit l'ombre de la patronne traverser le carrelage, se briser dans l'angle et monter contre le mur. Il se remit à travailler.

— Alors, vous y arrivez, les petits? demanda Mme Petiot.

— Oui, madame, dirent-ils presque ensemble.

Elle entra pourtant dans la souillarde, se pencha en avant et dit :

— Regardez-moi, Claudine.

Claudine la regarda, s'efforçant de sourire à travers ses larmes.

— Mais, dit Mme Petiot, vous avez pleuré?

Julien se sentit rougir.

— Oui, madame, dit Claudine, les oignons, madame.

— D'habitude ça ne vous fait rien?

— Mais non, madame, mais, comme une imbécile, je me suis frotté l'œil avec ma main qui venait de toucher l'oignon. C'est terrible ce que ça brûle.

La patronne s'en alla en disant :

— Ma pauvre Claudine, ça ne m'étonne pas de vous.

Après cela, il y eut presque toujours quelqu'un à la salle à manger et Julien ne put rien savoir de plus.

Dès qu'ils eurent terminé, il lui fallut emporter la marinade et regagner le laboratoire.

Le patron sortait du four des plaques de meringues. Lorsque Julien entra, il se retourna pour le regarder. Leurs regards se croisèrent l'espace d'un instant, mais Julien eut le temps de comprendre que le patron le haïssait.

Presque aussitôt il fut appelé pour une course. Il partit, roula dans les rues froides, revint, remonta se changer, tout cela sans jamais pouvoir se débarrasser de ce regard de M. Petiot. Un regard dur, froid, ironique, un regard où il y avait comme une espèce de rire, un rire indéfinissable... Une promesse.

Julien ne revit ni Claudine ni le patron avant le repas du soir; mais lorsqu'ils arrivèrent pour se mettre à table, Maurice et lui, tout le monde était déjà là. Le poste de radio fonctionnait. C'était l'heure des informations. Personne ne parlait. M. Petiot se mit à fixer Julien dès son entrée. Julien baissa les yeux, mais il sentait malgré tout ce regard peser sur lui.

Contrairement à son habitude, le patron n'arrêta pas le poste une fois terminé le bulletin d'informations.

— Tu nous laisses de la musique, dit Mme Petiot, tu as raison, ça repose.

— Nous en avons besoin, dit Mlle Georgette.

Le patron ne répondit pas. Sa chatte sur les épaules, il mangeait.

Julien essaya plusieurs fois de lever les yeux. Chaque fois il rencontrait ce même regard où il retrouvait toujours cette même promesse. Alors, très vite, il se remettait à fixer son assiette.

La radio diffusait un programme de variétés. Les rengaines en vogue avec ce refrain qui revenait sans cesse : *Et la musique vient par ici, oua oua oua, puis s'en va par là...* Rina Ketty chanta *Sombreros et Mantilles,* de la musique encore et puis, Tino Rossi.

Aussitôt, tous les regards se portèrent sur Claudine dont le visage s'empourpra d'un coup. Elle baissa la tête.

— Pauvre Claudine! dit Mme Petiot. Vous la faites rougir. Quoi, elle aime Tino, c'est son droit, après tout.

Le patron se racla la gorge.

— C'est même son droit d'aimer n'importe qui, dit-il.

Tout le monde riait. Sauf Claudine et Julien.

— Taisez-vous, dit le patron. Laissez-la au moins écouter tranquillement.

Il se pencha pour augmenter la puissance du poste. Le filet de voix du ténor monta : *Loin des guitares, au chant si doux, Loin des guitares sans cesse je pense à vous...*

Sans lever la tête, Julien regardait Claudine. Elle s'était arrêtée de manger. Il vit sa poitrine et ses épaules se soulever. Il comprit qu'elle retenait un sanglot.

Rejetant sa chaise d'un coup, elle se leva. Courut jusqu'à la porte de la cour, et sortit. Ils entendirent son pas pressé monter l'escalier.

— Qu'est-ce qu'elle a? demanda M. Petiot.

La patronne fit la grimace.

— Vous vous moquez toujours d'elle. Ça la contrarie. Elle est déjà fatiguée comme nous tous, cette petite. Et puis, vous savez bien que son fiancé est loin. Il devait venir pour Noël, il paraît qu'il ne viendra pas.

Le patron eut un ricanement.

— Oh alors, si c'est ça! fit-il.

Malgré lui, Julien leva la tête. L'œil dur de M. Petiot était toujours rivé à lui. Et cet œil souriait.

« Une promesse, pensa Julien. Une promesse. »

29

La journée du 23 fut abrutissante. Commencée à 4 heures, elle se prolongea, presque sans interruption, jusqu'au repas du soir.

— C'est comme dans une course de fond, disait le chef, faut prendre le deuxième souffle. Une fois qu'on l'a trouvé, ça va mieux. Aujourd'hui, c'est le jour critique. Demain, ça ira tout seul.

Le temps s'était couvert de nouveau. Le patron était grincheux et il répéta plus de vingt fois :

— Vous verrez qu'il va se remettre à neiger. Vous verrez que ça va être catastrophique. On aura toutes les poisses.

Il continuait de lancer à Julien des regards terribles.

— Je ne sais pas ce qu'il a, disait le chef, ça s'est déjà vu, quoi, de la neige pour Noël, ça n'empêche pas les gens de faire le réveillon!

Le matin du 24, ils se levèrent à 2 heures. Leur fatigue était encore en eux, intacte; et les premiers mouvements la réveillaient. Ils grimaçaient en s'étirant. L'eau froide du robinet, la bise qui coulait jusqu'au fond de la cour, parvenaient seules à les réveiller vraiment.

Debout devant le tour, Julien se sentait vaciller par instants. Il s'ébrouait comme un cheval, essayant de secouer le sommeil qui pesait sur ses paupières. Dans ses jambes, ses reins, le long de ses flancs et jusqu'au bout de ses doigts couraient de longues douleurs diffuses.

Ce jour-là, il lui fallut plus d'une heure pour s'échauffer vraiment. Deux ou trois fois, le chef lui botta les fesses en disant :

— Allez, allez, réveille-toi avant que le patron descende. Tu sais, des jours comme aujourd'hui, il ne te laissera pas mettre tes deux pieds dans la même galoche.

De fait, M. Petiot, qui n'avait pas adressé la parole à Julien la veille, s'en prit à lui en arrivant.

— Alors quoi? Tu roupilles! Toi!

Julien se hâtait. Il évitait de regarder le patron, mais il avait pourtant constamment devant lui son œil dur. Il y avait beaucoup plus de croissants que les autres jours, et, lorsque l'étuve fut pleine, Julien resta un instant indécis, une plaque sur la main, poussant du pied la porte entrouverte. Le patron s'approcha.

— Eh bien, fit-il, tu accouches?

Julien le regarda.

— Qui, quoi, c'est pas de me regarder avec cet air abruti que ça va faire de la place pour ta plaque!

Julien repoussa la porte de l'étuve.

— Mais il est con, hurla le patron. Con à bouffer de la paille!... Pose-la cette plaque et enlèves-en d'autres.

Julien posa sa plaque sur la platine du four. Les deux poings sur les hanches, M. Petiot le regardait.

— Ma parole, fit-il, il doit se masturber toute la nuit, pour être abruti pareillement quand il se lève.

Il n'y eut aucun rire. Julien serrait les dents sur sa colère.

La matinée fut interminable. Tournée, trottoir à balayer, laboratoire, courses, plaques, plonge, courses de nouveau, encore laboratoire. Et partout, de la salle à manger à la glacière, du bûcher au laboratoire, la fatigue se muait en une colère mal contenue et qu'un rien faisait éclater. Plus on faisait de travail, plus il en restait à faire.

A la salle à manger, on ne savait plus où mettre les bûches de Noël. Les cagibis à gâteaux étaient pleins. Il n'y avait plus une planche de libre, et tout se touchait sur les plaques. A mesure que les plateaux garnis partaient au magasin, d'autres les remplaçaient sur la table de la salle à manger.

Au laboratoire, sans relâche, Victor et le chef continuaient d'en faire. Maurice préparait de grandes bassines de crème au chocolat, au praliné, au moka, au kirsch, et montait de la cave des piles de fonds de biscuits de la grandeur d'une plaque à four et collés sur les papiers qui avaient servi à les cuire. L'humidité de la cave les avait ramollis à point. Victor y étalait la crème, puis roulait le biscuit en le décollant du papier. Il coupait ensuite en biseau les deux bouts qu'il masquait de crème, d'un seul coup de spatule. D'un mouvement rapide et souple du poignet, il faisait tourner la grande lame arrondie qui laissait une surface parfaitement lisse. Sur l'extrémité du marbre, les rognures de biscuit s'entassaient. De temps à autre, Maurice prenait le balai pour pousser jusqu'à la caisse à coke les papiers déchirés qui s'amoncelaient par terre.

Une fois les bûches roulées et coupées, Victor les passait au chef qui les enrobait. Il tenait une grande poche de toile garnie d'une douille plate, par où la crème sortait en claquant chaque fois qu'une bulle d'air crevait. L'odeur du beurre fondu emplissait toute la pièce. Dès qu'une série de bûches était prête, on passait à la décoration. Le chef posait sa poche et prenait un cornet empli de glace royale verte. Il faisait courir le lierre sur l'écorce et formait les feuilles en ouvrant un peu plus la pointe de son cornet. Il ne restait plus ensuite qu'à ajouter quelques champignons en meringue et à saupoudrer d'amandes fines ou de chocolat granulé.

Julien lavait les bassines, les fouets, les spatules. Il raclait les plaques, alignait les bûches sur des planches qu'il emportait ensuite soit à la salle, soit dans une des réserves.

— Plus vite, plus vite, grognait le patron qui n'arrêtait guère sa navette du magasin au laboratoire.

Dans la salle il passait de longs moments derrière la porte vitrée, écartant d'une main le rideau pour contempler le magasin. Tout l'après-midi, ce fut un défilé ininterrompu de clients. La mère Raffin avait à peine le temps de venir en courant tirer deux bouffées d'un mégot et cracher dans le poêle que déjà la patronne ouvrait la porte pour crier :

— Maman, on attend à la caisse. Vite, vite!

La vieille repartait, en s'essuyant la bouche d'un revers de main.

Le patron avait l'œil à tout. Quand une cliente hésitait trop, il entrait au magasin et se mettait à parler de *Sa* pagode. Lorsqu'il avait terminé son numéro, la cliente s'en allait avec un gros paquet; venue pour acheter une bûche, elle emportait également des chocolats et des petits fours. Alors, M. Petiot revenait en se frottant les mains. Son œil luisait de plaisir, et ne s'assombrissait plus qu'à la vue de Julien.

Pour gagner du temps, la patronne avait groupé toutes les courses après 3 heures de l'après-midi. Et Julien, que l'odeur du laboratoire et la chaleur avaient assommé, fut heureux de monter se changer et de décrocher le vélo. Il avait mis dans le fond de sa toque deux mouchoirs pliés en quatre. Il fallait bien cela, car les livraisons, faites par quartiers, l'obligeaient à prendre la plus grande corbeille qu'il emplissait chaque fois.

Il faisait froid. Le ciel était bas et gris, mais l'air trop vif empêchait la neige de tomber. Seuls quelques flocons minuscules tourbillonnaient çà et là, sans jamais se décider à se poser.

Julien rencontra plusieurs fois d'autres apprentis.

— Salut, Zef, criait-il sans s'arrêter.

— Adieu, petite tête, répondait l'autre en appuyant sur les pédales.

A mesure que le soir approchait, la foule devenait plus dense tout le long des trois rues principales de la ville.

Julien louvoyait entre les groupes de piétons, sifflait pour prévenir ou faisait couiner son pneu sur les pavés. Les gens ne se fâchaient jamais. Tout le monde semblait heureux.

De chaque vitrine, la lumière coulait sur les groupes bruyants. Il y avait partout des arbres de Noël chargés de boules et d'étoiles; des crèches; de longues branches couvertes de coton hydrophile. Plusieurs Pères Noël se promenaient, entourés d'enfants qui criaient.

Des jeunes gens chantaient, d'autres jouaient de l'harmonica et, toujours, revenait ce même refrain : *Et la musique vient par ici, oua oua oua... puis s'en va par là...*

Julien aussi fredonnait de temps à autre. Des gens qu'il ne connaissait même pas se retournaient sur son passage pour lui crier :

— Alors, pâtissier, ça marche ces bûches de Noël?

Il répondait en souriant. Toute cette joie le gagnait. A présent, il faisait partie de la rue bien plus que de la pâtisserie. Il partait souvent pour des séries de livraisons qui duraient une demi-heure. Et la joie qui était dans la rue semblait s'attacher à lui. Elle le suivait jusque dans les maisons. Lorsqu'il entrait avec sa corbeille, les gens riaient. Les enfants se précipitaient, le nez au ras de la table, se haussant sur la pointe des pieds pour regarder ce qu'il avait apporté.

Les pourboires tombaient bien. La joie et la fête rendent généreux. Dans certaines maisons, les invités ajoutaient quelques pièces à ce que donnait la maîtresse de maison. Julien n'avait pas le temps de compter, mais il sentait s'alourdir sa poche, où les pièces tintaient sous son mouchoir. Ce poids contre sa cuisse lui faisait penser à l'appareil photographique qu'il avait un peu oublié les jours précédents.

Lorsqu'il revenait à la maison, il lui semblait

que la joie se détachait de lui sur le seuil du couloir sombre. Il se hâtait de remplir sa corbeille et de repartir. Si le patron se trouvait à la salle, il disait invariablement :

— Dépêche-toi, Bon Dieu! Dépêche-toi, mais qu'est-ce que tu peux bien foutre en route!

Julien ne répondait pas. Il repartait en courant, tout heureux de retrouver la joie qui l'attendait sur le trottoir.

Lorsque la nuit arriva, la foule se fit encore plus serrée dans le centre de la ville, mais les petites rues se vidèrent complètement. Il y faisait plus froid. La bise sifflait à chaque carrefour, seules les fenêtres éclairées mettaient encore un peu de vie, mais toute la chaleur semblait s'être réfugiée où grouillaient les passants. Et chaque fois qu'il s'éloignait du centre, Julien retrouvait un peu de fatigue; un peu d'angoisse aussi. Dans les ruelles les plus sombres, du côté du port ou bien dans le quartier du cimetière, c'était la solitude, la nuit noire entre des haies ou des murs à peine visibles. Et là, presque toujours, Julien retrouvait le regard du patron.

Les côtes devenaient plus dures à monter, les étages plus hauts, la corbeille pesait chaque fois davantage. Julien avait le sommet du crâne endolori. Il avait aussi l'estomac vide. Bien souvent, lorsqu'une porte s'ouvrait, il sentait une bonne odeur de cuisine. Quelquefois on le faisait entrer dans la salle où la table du réveillon était prête. Les cristaux brillaient. Des plats de charcuterie étaient déjà en place, ou bien d'énormes langoustes posées entre des pyramides de fruits. Julien ouvrait sa corbeille et se réchauffait les mains en les frottant l'une contre l'autre pendant que l'on prenait ce qu'il avait apporté. Puis il repartait. Il retrouvait la rue plus vide et plus froide; il emportait avec lui un peu de la bonne odeur de cuisine et de la tiédeur d'un logis où se préparait une nuit de fête.

Au retour d'une course qui l'avait entraîné tout au fond du faubourg de Chalon, il vit que la table était dressée. La patronne était à la salle à manger avec sa mère et Claudine. Il n'y avait plus au magasin que quelques clients.

— Ça va être terminé, mon petit Julien, dit Mme Petiot. Vous n'avez plus que cette bûche à porter rue du Collège.

Ce n'était pas loin. Julien repartit. Cette fois, même la rue Besançon était vide. Seules quelques passants se hâtaient vers des maisons chaudes. La plupart des boutiques étaient déjà fermées, et bien des fenêtres avaient leurs volets clos. La chaleur et la joie s'étaient réfugiées dans les maisons. La rue appartenait à présent à la nuit et à l'hiver.

Julien se dépêcha. C'était sa dernière course. Il allait pouvoir manger, puis se hâter de fermer le magasin, et enfin dormir.

En revenant, il rentra le vélo qu'il suspendit au crochet de l'auvent. Les autres étaient à table. Lorsqu'il entra, son regard rencontra tout de suite celui du patron. Un patron souriant. Julien enleva sa toque. Seule Mme Petiot n'était pas là. Julien hésita. Le sourire du patron n'était plus le même que celui des jours précédents, son regard était moins dur, et pourtant Julien se sentait oppressé. La soupe fumait dans les assiettes. Une soupe au viandox avec de petites pâtes en forme de lettres. Julien tira sa chaise. Le patron le regardait toujours, soufflant doucement sur la buée qui montait de son assiette. Julien prit sa cuillère, mais il n'eut pas le temps de goûter sa soupe.

— Tu as rentré le vélo? demanda M. Petiot.

— Oui, m'sieur.

Le patron eut un ricanement.

— Eh bien, tu n'as plus qu'à le dépendre.

Julien ne bougea pas. M. Petiot souriait toujours. Il attendit quelques secondes, puis, sans crier, mais d'une voix qui vibrait un peu, il dit :

— Alors, tu bouges, oui?

Julien sentait un poids sur ses épaules. Cette fois, la voix du patron monta d'un ton.

— Alors quoi? Tu te dépêches de prendre ta corbeille, oui, ou si tu attends que je te grolle les fesses?... Non mais, regardez-moi un peu cet abruti. Est-ce qu'on ne dirait pas qu'on cause à une brique! Qu'est-ce que tu as à rouler des yeux pareils? Oui quoi, il reste une course à faire. Un coup de téléphone juste à présent pour une grosse bûche à livrer.

Il marqua un temps. Avala une cuillère de soupe et reprit en riant :

— Et j'aime mieux te dire que ça n'est pas à côté d'ici. C'est au fin fond de la Bédugue. La côte te réchauffera.

Mme Petiot revint du magasin, un paquet dans les mains.

— Mon pauvre Julien, fit-elle, les gens n'ont pas pitié de vous, hein?

Elle souriait.

— Ça le réveillera, fit le patron. Il a l'air à moitié endormi... Et pourtant, après ça, il n'aura pas encore fini sa journée.

Les autres ne bronchaient pas. Seules Claudine et Colette regardèrent Julien qui crut voir dans leurs yeux un encouragement. Le patron prit le temps d'avaler quelques cuillerées de potage avant de dire :

— C'est qu'à présent, je le connais, l'oiseau; il fait traîner les livraisons en se disant que, pendant ce temps-là, les autres lui font sa plonge.

Il regarda Julien, parut reprendre son souffle, puis, criant plus fort, il ajouta :

— Eh bien, non, mon vieux. C'est fini ce truc-là! Ta plonge, tu iras la faire en rentrant. Et tu auras tout intérêt à te manier, parce qu'il y en a un paquet, et n'oublie pas qu'on recommence le travail à minuit. Alors, si tu as envie de roupiller une heure ou deux, je te conseille de faire ficelle!

Julien baissa la tête et sortit. Le vélo lui parut lourd à décrocher. La rue était déserte. La bise courait, poussant toujours quelques flocons.

Il descendit la rue Besançon, puis la Grande-Rue. Le martèlement des pavés résonnait dans sa tête. Parfois, d'une fenêtre mal fermée coulait une bouffée de musique ou un éclat de rire.

Arrivé sur le grand pont qui enjambe le Doubs, avant de monter la côte, Julien s'arrêta. Laissant son vélo au bord du trottoir, il posa sa corbeille sur le parapet de pierre et quitta sa toque. Il tâta son crâne meurtri et replaça convenablement les mouchoirs.

Ici, c'était la nuit presque parfaite. Il y avait simplement une fenêtre du moulin dont le reflet doré dansait sur les remous du déversoir. Toutes les autres lumières étaient loin. Derrière, c'était la ville qui scintillait de toutes ses lampes groupées, blotties l'une contre l'autre sous le poids du ciel noir d'où tombaient de grandes gifles glacées. Julien frissonna. Devant lui, sur l'autre rive, les lumières du faubourg de la Bédugue clignotaient aussi, plus clairsemées et plus lointaines encore. Il y avait la grande montée, puis, par-delà les maisons, la route qui s'enfonçait dans la nuit.

Une route avec des villages. Et dans chaque village des maisons où l'on réveillonnait; de petites églises où les gens viendraient des fermes les plus éloignées; des gens qui chemineraient en chantant, en suivant la lueur d'une vieille lanterne de voiture.

Et puis, après cinquante kilomètres de cette route, il y avait une autre ville. Une petite maison au milieu d'un grand jardin. Julien se souvint qu'il était 9 heures passées lorsqu'il avait quitté la pâtisserie. A cette heure-là, son père devait être couché. Il imagina sa mère, toute seule, assise au coin de son feu dans la petite cuisine bien chaude. Elle devait raccommoder ou tricoter. Tricoter pour lui, peut-être; penser à lui aussi. Certainement elle pensait à lui. Un instant il ferma les yeux.

Il était immobile, la main sur sa corbeille. Il avait un geste à faire. Un tout petit geste et la corbeille basculerait dans l'eau. Il se pencha par-dessus la pierre glacée. L'eau était invisible. Il l'entendait seulement gronder contre une pile. Il jetterait la corbeille, reprendrait le vélo et partirait sur la route. Cinquante kilomètres... cinquante kilomètres.

Encore une fois il ferma les yeux. Malgré lui il murmura :

— Ça, ou faire la plonge en rentrant...

Une rafale de bise l'enveloppa. Il soupira, souleva sa corbeille qu'il posa sur sa tête, enfourcha le vélo et reprit son chemin.

La cliente habitait tout en haut de la côte, après l'église. Julien la connaissait, elle donnait toujours de bons pourboires.

Lorsqu'il arriva devant la maison, il était essoufflé et dut s'essuyer le front.

On le fit entrer dans une grande salle où des gens bien habillés l'accueillirent avec des cris de joie. Des enfants se précipitèrent.

— Eh bien, au moins, en voilà un garçon qui a de bonnes couleurs, dit une vieille dame.

Dans un angle de la pièce, il y avait un grand sapin tout illuminé. Une jeune fille qui jouait du piano s'arrêta et vint aussi regarder la bûche.

— Vous en avez de la chance de faire de si bonnes choses, dit-elle.

Julien entendait tout cela, mais loin, très loin, avec des résonances bizarres. Les lumières s'entouraient d'un halo. Le rire des enfants n'en finissait plus de se perdre dans cette pièce immense où dansaient des étoiles.

On lui mit plusieurs pièces de monnaie dans la main. Il entendit encore plaisanter et rire tandis qu'il s'éloignait, sa corbeille vide sous le bras.

Et puis ce fut la nuit. Une rumeur affaiblie où la bise taillait de longs soupirs.

Julien traversa le trottoir, posa la corbeille sur le porte-bagages, puis, d'un coup, sans rien faire pour se retenir, il se mit à pleurer.

TROISIEME PARTIE

30

Julien reçut une carte annonçant le retour de sa tante et de son oncle pour le lundi 3 janvier. « *Nous t'attendons le mardi matin* », écrivait la tante. Et le mardi matin, à 9 heures, Julien se mit en route.

Il faisait très froid. Par endroits, le canal du Rhône au Rhin était gelé sur toute sa largeur. La glace fendillée étincelait au soleil; les arbres nus dessinaient une dentelle d'ombre sur le givre des talus. Sur le chemin, les flaques gelées craquaient au passage des roues et s'émiettaient.

Julien était tout surpris de rouler sur sa bicyclette au guidon bas et à la selle allongée. Il se redressait par moment, lâchant le guidon il tournait la tête de côté et regardait la buée sortir de sa bouche et disparaître aussitôt, effacée par la vitesse.

Il était parti encore mal réveillé, après une nuit comme il n'en avait pas connu depuis des semaines. A mesure qu'il s'éloignait de la ville, il lui semblait que tout devenait plus clair, que l'air qu'il respirait lui redonnait toutes ses forces, qu'il suffisait de regarder le miroitement de l'eau et la fuite de la prairie d'Assaut pour que la fatigue accumulée en lui s'évanouît.

Dès qu'il aperçut la maison de l'oncle, il se leva sur ses pédales pour avancer plus vite. Quelque chose le poussait, le soulevait, emplissait de joie sa poitrine.

Les arbres étaient dépouillés et la maison paraissait plus proche. De sa cheminée, la fumée blanche montait tout droit sur le ciel bleu. Elle montait longtemps avant de s'effilocher et de se perdre.

Quand Julien entra, Diane se précipita sur lui, le fouet battant. Elle lui léchait les mains en gémissant doucement. L'oncle riait.

— Allons, criait la tante, en bas... en bas!

Après avoir embrassé Julien, sa tante s'écarta de lui et le regarda.

— Tu as grandi, fit-elle. Oui, oui, tu as grandi, mais nom d'un chien que tu as une sale mine!

— C'est vrai, dit l'oncle. Il est maigre, et il a les yeux jusqu'au milieu des joues.

Ils allèrent s'asseoir près du feu.

— Tu n'as pas été malade? demanda la tante.

Julien expliqua qu'il était resté couché deux jours.

— Son chef est bien gentil, de l'avoir soigné comme ça, fit la tante, mais tout de même, c'était à la patronne de s'occuper de lui. Ces gens-là m'ont tout l'air de faire passer leur commerce avant tout.

— S'ils n'étaient pas comme ça, ils ne seraient pas commerçants, ricana l'oncle.

Il y eut un silence. Julien caressait la tête de Diane qui avait posé ses deux pattes de devant sur son genou. L'oncle se leva, découvrit la cuisinière et mit une bûche dans le foyer.

— La maison est froide, dit-il. Quand une maison reste comme ça plusieurs semaines sans être ouverte, les murs sont pleins d'humidité. C'est très long, pour les réchauffer.

— Tu avais promis que tu viendrais voir Diane que nous avions laissée à Failletans. Les Matrait m'ont dit que tu n'es pas venu.

— Je n'ai pas pu, dit Julien.

— Pourquoi? demanda la tante.

— Je n'ai pas eu le temps.

— Même pas les mardis?

— J'ai été fatigué. Et puis, il y a deux mardis où nous avons travaillé.

L'oncle fronça ses gros sourcils.

— Vous n'avez pas eu de congé pendant deux semaines?

— Non. Il paraît que c'est toujours comme ça, pour les fêtes de fin d'année.

— Et vous allez les récupérer quand donc, ces deux jours?

Julien hésita, regarda son oncle et demanda :

— Qu'est-ce que tu veux dire?

— Enfin, on va bien vous les rendre, ces deux jours de repos.

— Oh non, je ne pense pas.

L'oncle fit claquer sa langue contre son palais, tordit un peu ses moustaches entre ses gros doigts bruns, puis hocha la tête.

— Oui, dit-il comme pour lui, oui, oui.

Il sortit sa blague de sa poche et se mit à rouler une cigarette. La tante avait posé par terre, à ses pieds, une bassine d'eau et un panier de pommes de terre. Avec un petit couteau pointu, elle pelait ses pommes de terre dont elle laissait tomber la peau dans le creux de son tablier. Le feu ronflait. Diane avait posé sa grosse tête dans la main de Julien.

L'oncle alluma une cigarette et demanda :

— Tu ne nous as même pas écrit un mot pour le 1er janvier. Je sais bien que tu nous attendais, mais enfin, tu n'as pas eu du travail au point de ne pas trouver une minute pour faire une carte.

Julien ne dit rien.

— J'ai reçu à Paris une lettre de ta mère. Elle dit que tu écris de moins en moins, et que tes lettres ne veulent plus rien dire.

Julien soupira.

— Il ne faut pas laisser comme ça ta maman sans nouvelles, reprit la tante. Ce n'est pas gentil, tu sais. Elle se fait du souci.

Julien ne parlait toujours pas. La tête baissée, un peu recroquevillé sur sa chaise, il continuait de caresser la chienne. Il y eut un long silence un peu lourd, et Julien eût aimé s'endormir ainsi. Cependant, au bout d'un moment, la grosse voix de l'oncle bourdonna.

— Il y a quelque chose qui ne va pas, dit-il. Ça se voit. Tu n'es plus le même. Ou bien tu as fait une bêtise et tu ne veux pas le dire, ou bien tu es malade.

L'oncle se pencha vers Julien. La tante s'était arrêtée de peler ses pommes de terre.

— Allons, allons, dit l'oncle, explique-toi, quoi. On est là pour t'aider, si quelque chose ne va pas. Pour te donner des conseils si tu en as besoin. A ton âge, il n'y a pas de honte à demander conseil à des vieux.

A présent, Julien avait envie de se lever. De sortir. De reprendre le vélo et de rentrer très vite à la pâtisserie. Une idée folle. Une idée vraiment absurde.

Il lutta un moment. Il cherchait quelque chose à dire, mais rien ne venait. Simplement, se gonflait peu à peu en lui quelque chose qu'il redoutait, qu'il essayait de maîtriser.

L'oncle s'inclina davantage, souleva sa chaise et l'approcha de lui.

— Ton patron t'a puni? demanda-t-il.

Julien fit non de la tête.

— Est-ce qu'il t'a battu? demanda la tante.

Elle avait parfois des intonations qui rappelaient à Julien la voix de sa mère. Et, en entendant cette phrase, il crut vraiment, l'espace d'un instant, que sa mère était là, à côté de lui.

Il lutta encore, serrant les dents, fermant ses paupières, mais ce fut plus fort que lui. Son chagrin éclata d'un coup.

La chienne leva la tête, parut surprise et alla se coucher derrière la cuisinière. L'oncle et la tante se regardèrent. Julien pleurait, le visage dans ses mains, à gros sanglots que rien ne pouvait arrêter.

L'oncle le laissa pleurer un moment, puis, quand les sanglots s'espacèrent, il lui posa la main sur l'épaule.

— Allons, fit-il, tu vas nous raconter un peu ta vie depuis notre départ. Allez, on t'écoute. Ça m'intéresse, moi, de savoir comment on vit dans une pâtisserie.

Julien essuya ses larmes, regarda l'oncle et la tante, mais il ne put rien dire.

— Vous vous levez à quelle heure? demanda l'oncle.

— Ça dépend des jours.
— Le lundi?
— Tout le mois de décembre, entre 4 et 5 heures.
— Le mardi?
— Pareil.

Ainsi, sans se lasser, sans hausser le ton, l'oncle, qui d'habitude s'emportait pour un rien, questionna Julien sur sa vie, sur son emploi du temps. Il lui arrivait de s'arrêter pour tirer sur son mégot ou le rallumer avec une brindille, qu'il enflammait en la passant entre deux barreaux de la grille fermant le foyer de la cuisinière. A plusieurs reprises la tante grogna :

— Tout de même, ils vont un peu fort, ces gens-là.

L'oncle la faisait taire d'un geste de la main et posait à Julien d'autres questions. A la fin, il demanda :

— Et le chef ne dit rien non plus?
— Non, c'est comme ça. C'est le métier. Et puis, le patron nous a doublé notre mois. Ce sont les étrennes.

L'oncle hocha la tête et se mit à rire.

— Il peut, dit-il. Il peut vous faire des cadeaux. D'ailleurs il ne te double pas ta paye, puisque tu es nourri et logé. Il te double seulement les vingt-cinq francs en espèces qu'il te donne chaque mois. Vingt-cinq francs non pas pour être apprenti, mais pour faire le travail d'un homme de peine et d'un garçon de course qui lui coûteraient bigrement plus cher que toi... Un apprentissage! Dire qu'on appelle ça un apprentissage!

Il marqua un temps puis, s'adressant à sa femme, il reprit :

— Tu vois, une preuve de plus que tout reste à faire dans ce genre d'entreprise. On donne vingt-cinq francs de plus à un arpète à la fin de l'année, et, avec ça, on lui boucle la gueule. On le fait trimer vingt heures par jour, et encore, il est tout content de s'en tirer avec des étrennes. Et, en fin de compte, c'est encore lui qui devra remercier le patron.

Il s'arrêta, serra le poing et frappa à l'intérieur de sa grande main en criant :

— Mais, nom de Dieu, quand est-ce que les ouvriers comprendront qu'il faut tordre le cou au paternalisme! Quand est-ce qu'ils comprendront que le plus dangereux pour eux c'est le patron bon enfant, le patron qui paye l'apéro de temps en temps et qui blague avec vous! Et ils s'y laissent prendre, et ils marchent tous comme des benêts. Ils ne comprendront donc jamais qu'il est impossible d'être copain avec un patron sans finir par être sa victime! Que le seul moyen de ne pas être roulé c'est de ne rien accepter qui ne soit absolument dû. De jouer toujours cartes sur table. De refuser les cadeaux mais d'exiger un payement intégral du travail effectué!

Il s'arrêta, poussa un long soupir avant d'ajouter, beaucoup moins fort, d'une voix fatiguée.

— Bon Dieu, ils en sont encore à la charité... La charité. Ils n'ont pas compris que le jour où ils obtiendront la justice, la charité crèvera toute seule, parce qu'elle n'aura plus de raison d'être.

Il y eut un long silence. Julien se sentait las, à demi engourdi. Ses yeux ne quittaient plus la grille du foyer où les braises chantaient, où dansaient de longues flammes qui se couchaient sur les bûches.

La tante s'était levée pour prendre sa poêle qu'elle apporta sur la cuisinière. La graisse se mit bientôt à grésiller. La chienne s'étira, leva le nez et flaira en direction du fourneau.

— Je me demande si tu n'as pas fait une grosse bêtise le jour où tu as choisi ce métier, dit l'oncle.

— Il est jeune, remarqua la tante; s'il décidait de changer, ce ne serait pas un grand malheur.

— Est-ce que ça te plait, au moins, le travail proprement dit? demanda l'oncle.

Julien réfléchit un instant. Il pensa aux courses, à la plonge, puis il pensa également à la pagode, et aux autres vrais travaux de pâtisserie que le chef lui avait fait faire.

— Oui, dit-il, c'est intéressant.

— Tu ne dis pas ça avec beaucoup d'enthousiasme, remarqua la tante.

— En ce moment, il est fatigué, dit l'oncle; il ne peut pas juger sainement. Il faut qu'il puisse voir avec plus de calme.

— J'espère que mardi prochain tu vas aller à Lons voir tes parents.

— Non, dit Julien. Ma grande sortie sera le dernier mardi de janvier.

L'oncle hocha la tête.

— Non, dit-il, il faut vraiment le voir pour le croire. Et dire que nous sommes en 1938... En 1938!

Il se leva soudain, fit quelques pas en direction de la porte, revint vers Julien et lui dit :

— Allez, viens avec moi, en attendant que les patates soient prêtes, on va se dégourdir un peu les jambes et faire courir la chienne.

Diane était déjà vers la porte.

Ils sortirent et firent une bonne promenade dans les chemins de la prairie, en direction de la forêt de Chaux. Le soleil était haut. Le givre tenait encore au revers des talus, mais ailleurs il fondait. Toute la campagne luisait comme un grand lac. Le sol restait dur et sonnait sous le pas.

De toute la journée, l'oncle ne posa plus une seule question à Julien. La pâtisserie était loin, presque oubliée.

Cependant, lorsque le soleil commença de descendre vers la buée violette qui montait de la terre, Julien sentit renaître en lui sa fatigue. Il reprit son vélo et s'éloigna en direction de la ville. La ville qu'il apercevait là-bas, derrière les arbres nus, tapie dans la grisaille du soir, comme une grosse bête à l'affût tout au fond de la plaine.

31

Il était à peu près 10 heures lorsque Mme Petiot, ouvrant la porte de la salle à manger, appela son mari :

— Ernest! Ernest! On te demande au magasin!

Le patron quitta le laboratoire en disant :

— Encore un représentant. Ah, ceux-là, alors!

Dès qu'il fut sorti, Victor dit :

— Râle toujours, tu es assez content d'aller boire l'apéro avec eux!

Ce matin-là encore, ils s'étaient levés de bonne heure. Et le chef avait promis une semaine pénible, à cause de la fête des Rois dont le gros coup serait donné le dimanche.

— Là, disait Victor, si tu n'as jamais vu de la brioche, Julien, tu en verras. Des baquets et des baquets. Et de la pâte feuilletée à t'en dégoûter pour le reste de tes jours et du commeau...

— Ça va, ça va, criait le chef, t'excite pas d'avance, on sait bien que tu aimes le travail.

Malgré ce mardi de repos la fatigue subsistait.

Le rythme rompu était bien difficile à reprendre. Le patron, que le bénéfice réalisé à la fin de l'année avait déridé durant quelques jours, s'était de nouveau montré bougon dès son arrivée. Il avait, plus de vingt fois déjà, traité Julien de gourde et d'empaillé. Mais l'apprenti semblait ne pas entendre.

M. Petiot resta absent un bon quart d'heure. Quand il revint, il riait. Un rire nerveux, qui s'arrêtait, reprenait pour s'arrêter de nouveau. Le chef et Victor lui lancèrent un coup d'œil surpris. Julien qui graissait des moules à madeleines s'arrêta un instant pour lever les yeux, mais son regard rencontra celui du patron. Et, aussitôt, le patron fronça les sourcils. Les muscles de son visage roulèrent sous sa peau. Il fit encore un aller et retour entre le four et le marbre, puis, s'adressant à tous, il lança :

— Formidable... Formidable! Trente-six ans de métier : jamais vu ça.

Le chef l'observa un instant, puis se remit à l'ouvrage. Le patron s'approcha de lui et continua :

— Vous m'entendez, André. Jamais vu ça.

Il hésitait. Il regardait tantôt l'un, tantôt l'autre. Et, chaque fois qu'il se tournait vers Julien, Julien baissait la tête. Quelque chose lui disait qu'il se trouvait en cause. Le patron se promena encore en répétant qu'il n'en revenait pas; puis, s'arrêtant brusquement, il montra Julien du doigt et se mit à crier :

— Vous voyez cet individu? Vous le voyez bien?

Les autres s'étaient retournés.

— Allons, fit le patron, regardez-le bien, vous

n'aurez pas tous les jours l'occasion d'en rencontrer des pareils. Savez-vous ce que c'est?

Il fit une pause, mit ses poings sur ses hanches et tendit son petit ventre en avant. Les autres ouvraient de grands yeux.

— Vous ne devinez pas? reprit M. Petiot. Vous ne devinez pas? Allons, regardez-le bien. (Il s'adressa à Julien.) Tourne-toi!

Julien ne bougea pas. Le patron cria plus fort :

— Allez quoi, tourne-toi.

Julien se retourna. Il y avait la table à plaques entre le patron et lui.

— Allons, tourne-toi qu'on te voie bien... A le regarder comme ça, il ne vous inspire pas pitié?

Le chef fit mine de se remettre à travailler. Le patron l'arrêta du geste et reprit très vite :

— Eh bien, puisque vous ne devinez pas, je vais vous le dire, moi. Ce garçon-là est un martyr!... Un martyr. Vous savez ce que c'est, oui, un martyr? Eh bien, vous voyez regardez bien celui-là. Ça ne court pas les rues. Moi, je vous le dis, ça fait trente-six ans que je suis dans le métier, c'est le premier que je rencontre.

Il fit une pause.

— Je ne comprends pas, dit le chef.

— Ah, vous ne comprenez pas, mon pauvre André? Eh bien, il faut croire que vous êtes aussi bête que moi. Parce que moi non plus je ne comprenais pas. Seulement, moi, j'ai eu la chance de rencontrer un monsieur très éloquent qui m'a tout expliqué.

Il se tourna cette fois vers Julien, fit deux pas dans sa direction, puis, se penchant vers lui pardessus la table, il demanda :

— M. Dantin, ça ne te dit rien, abruti? M. Pierre

Dantin. Un grand monsieur très digne, avec une grosse voix et des grandes moustaches.

Le patron fit le geste de rouler de longues moustaches entre ses doigts. Il se levait sur la pointe des pieds et se redressait tant qu'il pouvait.

— Un grand monsieur, reprit-il, qui vous regarde du haut de son mètre quatre-vingt-dix pour essayer de vous faire peur.

D'un seul coup, il changea de ton. Son débit s'accéléra. La bave aux lèvres, il se mit à vomir des injures. Il était devenu blême.

— Non, mais sans blague! hurla-t-il. Vous voyez un peu, ce trou du cul qui s'en va chialer dans le gilet du tonton! Et cette vieille baderne qui s'amène ici pour essayer de me faire la morale, de m'impressionner! Cette vieille bourrique qui me parle d'inspecteur du travail et de lois sociales! De brutalités! D'horaires prolongés! De je ne sais quelle merde de foutre de tous les diables!

Il s'arrêta un instant, le souffle court, les bras croisés sur sa poitrine concave. Moins fort, cherchant à être plus ironique, il poursuivit :

— Ce monsieur admet les coups de pied au cul... A la rigueur... Il sait que ça peut arriver d'être énervé... Et voyez-vous ça!... Il admet ça, mais pas le reste. Et surtout pas les journées prolongées. Il n'a pas dû en faire beaucoup, lui, des journées prolongées. Ancien fonctionnaire, ancien tout ce qu'on veut; encore un qui a toujours été à la retraite. Un retraité de profession, quoi! Un homme qui n'a jamais rien foutu de ses dix doigts et qui voudrait me donner des leçons, à moi?

Il se frappait la poitrine. Il gesticulait de plus

en plus et ne cessait de marcher du four au marbre. Les autres s'étaient remis à l'ouvrage. A chaque instant le patron les prenait à témoin, mais ils ne répondaient jamais.

Il finit par se taire, mais ne s'arrêta pas de marcher. Julien graissait toujours ses moules, mais le pinceau tremblait dans sa main. M. Petiot s'arrêta soudain devant lui et regarda dans la casserole de graisse.

— Fais attention à ce que tu fais, abruti! cria-t-il. Regarde! Ta végétaline est à moitié figée. Tu en fous une épaisseur terrible et après on dira que les madeleines puent le graillon. Ma parole, tu le fais exprès. Exprès pour me faire perdre des clients!

Le patron empoigna la casserole qu'il mit à l'entrée du four du bas, puis, allant se planter à côté du chef, il lui dit :

— Vous voyez, il faut se méfier. Une petite crapule pareille, il saboterait le travail, rien que pour me faire des vacheries. Faut le surveiller de près. De très près!

Il revint vers Julien en criant :

— Alors, tu vas attendre quoi? Que je te la donne, cette gamelle?

Julien fit le tour de la table pour ouvrir le four. Au moment où il arrivait devant l'étuve, le patron lui allongea un terrible coup de pied dans les fesses en criant :

— Tu te dépêches un peu, oui! Ah, le père Dantin veut bien admettre les coups de pied au cul. Eh bien, on va pas se priver! Tu vas t'en payer un petit festival, c'est moi qui te le dis.

Julien retira sa casserole, retourna de l'autre côté de la table et se remit à graisser les moules.

Prenant cette fois le ton de la lamentation, le patron hocha la tête et dit :

— Quand je pense que son père a été boulanger..., boulanger avant la guerre de 14; au moment où on pétrissait encore à bras! Il devait certainement la faire, lui, la semaine de quarante heures. Mais c'est toujours comme ça, plus le père est courageux, plus le fils est fainéant.

Personne d'autre ne soufflait mot. Chacun poursuivait sa tâche sans tourner la tête. Le patron maugréa encore, parla des générations pourries et de l'amour du travail qui disparaît avec le temps, puis, après avoir recommandé au chef de s'occuper du four, il sortit en promettant d'examiner le cas de Julien.

Comme toujours, Victor attendit d'avoir entendu se refermer la porte de la salle à manger, puis, prenant un couteau spatule, il le passa contre la série de boîtes alignées sur le rayon pour imiter le cliquetis des grandes roues de loterie. Ensuite, mettant sa main en visière sur ses yeux et promenant son regard comme pour chercher quelqu'un parmi une immense foule, il désigna soudain Julien en criant :

— Le 15. Le numéro 15 gagne un kilo de sucre et deux nougats. Au petit jeune homme blond le numéro 15. Allons, messieurs dames, faites vos jeux, rien ne va plus!

Seul Maurice se mit à rire. Le chef haussa les épaules et dit doucement :

— Vous pouvez vous marrer, il y a de quoi.

Julien leva les yeux vers lui, mais le chef ne se retourna pas et n'ajouta pas un mot.

Les autres se remirent à travailler, et un silence épais s'installa entre eux.

A travers les vitres, le soleil entrait encore, éclairant un coin de marbre. Par instant, un peu de farine volait; des remous se produisaient, puis tout retombait lentement, comme de la neige indécise.

32

Quelques jours après la fête des Rois, la petite vendeuse, les ouvriers et les apprentis reçurent une lettre circulaire. Chaque fois que l'un d'entre eux avait du courrier, la patronne le posait sur la table avant le repas de midi. Donc, ce jour-là, en venant manger, ils trouvèrent tous une enveloppe portant en-tête de la Confédération générale du Travail. Le patron était déjà assis; son journal déplié devant lui, il les observait à la dérobée. Victor ouvrit sa lettre le premier, puis les autres l'imitèrent. Dès que Victor eut fini de lire, il tendit la feuille au patron.

— Tenez, monsieur, si vous voulez voir.

Le patron parut surpris, hésita et dit :

— Mais c'est votre courrier. Victor, ça ne me regarde pas.

— Si, si, vous pouvez regarder, c'est une circulaire.

Le patron commença de lire et aussitôt la patronne demanda :

— Qu'est-ce que c'est?

Alors le patron se mit à lire à haute voix :

— En vue de la création à la C.G.T. d'une section locale de la pâtisserie, vous êtes invité à assister à la réunion d'information qui se tiendra jeudi soir, à 20 heures, à la Bourse du Travail. Espérant... Salutation et tout le fourbi...

Le patron se tut, rendit la lettre à Victor et fit du regard le tour de la table.

— Leur réunion, dit Victor, on s'en tape!

— Vous avez tort, dit le patron. Ils vous invitent gentiment, il faut y aller.

— Moi, j'ai autre chose à foutre.

— Enfin, sur ce plan-là, chacun de vous est libre, dit M. Petiot. En tout cas, ceux qui voudront y aller pourront sortir... Je m'arrangerai pour fermer le magasin.

— Oh, moi, fit Maurice, ça ne m'intéresse pas.

Julien ne dit rien. La petite Colette non plus, mais Julien remarqua qu'elle le regardait.

— Et vous, ma pauvre Claudine, demanda Mme Petiot, vous n'êtes pas invitée?

Claudine eut un geste vague, comme pour s'excuser.

— C'est normal, dit M. Petiot. Elle n'est pas vendeuse. Elle fait partie du personnel gens de maison. Il doit y avoir une autre section syndicale pour cette catégorie de salariés.

Jusqu'à la fin du repas, il ne fut plus question de cela. Comme chaque jour, le patron commenta l'actualité sportive et politique. Il ne cessait guère de s'en prendre à ce qu'il nommait cette pourriture de gauche. Ces raclures de communistes.

Julien n'écoutait que d'une oreille. Chez lui, il avait toujours entendu son père répéter que le

Front Populaire était un grand malheur et que les communistes mèneraient le pays à sa perte. Seuls les termes changeaient ici, il y avait la violence en plus, mais tout cela revenait au même. Julien, d'ailleurs, ne savait absolument pas ce qu'étaient le communisme et le Front Populaire. Il laissait crier le patron qui parlait sans cesse de coups de balai, et finissait toujours par conclure que puisqu'on ne pouvait compter ni sur la police ni sur l'armée, il faudrait bien qu'un jour les sections de Croix de Feu se décident à balayer toute la vermine qui pourrissait la France.

Ce jour-là, il fut particulièrement violent et, plusieurs fois, la patronne l'arrêta en disant :

— Ne crie pas comme ça, tu vas te rendre malade. Tu prends cela trop à cœur, et, en fin de compte, personne ne t'en saura aucun gré.

Il se taisait un instant, puis se remettait à discourir en demandant si on lui avait su gré de tout ce qu'il avait fait jusqu'à présent; si on le remercierait un jour d'avoir bien servi son pays pendant la guerre de 1914.

Il commençait chaque période sur un ton à peu près normal qui montait très vite, jusqu'à la colère. Et c'était ainsi chaque fois qu'il parlait de sport, de guerre, de politique ou bien encore de ses concurrents. Et pourtant, jamais personne ne s'avisait de le contredire.

A la reprise du travail, le chef annonça qu'il avait également reçu, chez lui, l'invitation de la C.G.T.

— Et qu'est-ce que vous comptez faire, demanda Victor, vous y allez à cette réunion?

— J'ai d'autres chiens à fouetter, dit simplement le chef.

Et il n'en fut plus question jusqu'au lendemain matin. Là, en arrivant, et avant même que le patron ne fût descendu, le chef demanda :

— Qui est-ce qui va à la réunion, ce soir?

Tous se regardèrent. Personne ne répondit. Le chef attendit quelques instants, puis reprit :

— Eh bien, toutes réflexions faites, je pense que nous ferions bien d'y aller. Après tout, ça ne nous engage à rien.

— Moi, dit Victor, je ne peux pas, j'ai un rancard.

— Tu en as un chaque midi et chaque soir, dit le chef, pour une fois, tu peux bien t'en passer, non? Tu n'en crèveras pas et ta petite non plus. D'ailleurs, ça m'étonnerait bien que ça dure plus d'une demi-heure. Qu'est-ce que tu veux qu'ils nous racontent?

— Alors, vous voulez vraiment y aller, vous, chef? demanda Victor.

— Oui, et j'espère bien que vous viendrez tous avec moi.

Il les regarda l'un après l'autre.

— C'est bon, dit Victor, je m'arrangerai.

— D'accord, chef, dit Julien. J'irai aussi.

Seul Maurice ne disait rien.

— Alors, lui demanda le chef, tu ne vas pas faire bande à part?

— Vous comprenez, chef, c'est surtout à cause de mon père. S'il apprenait que je suis allé dans un machin comme ça, je crois bien qu'il râlerait.

Le chef se gratta la tête.

— Evidemment, dit-il, mais enfin, pour le moment, tu es apprenti, ce serait normal que tu viennes avec nous.

Il s'arrêta, parut réfléchir, regarda tour à tour Julien et Maurice puis finit par dire :

— Julien aussi sera sûrement patron un jour ou l'autre. Son père avait un fonds, il l'a envoyé en apprentissage pour qu'il s'installe quand il saura le métier. (Il se mit à rire.) Et puis, nous autres aussi, nous pouvons y arriver. C'est pas parce que nous sommes fauchés aujourd'hui, on ne sait jamais ce que l'avenir nous réserve.

Maurice ne promit rien. Cependant, lorsque le patron arriva, après avoir doré et enfourné les premières plaques de croissants, sur un ton très détaché, il demanda :

— Alors, c'est ce soir, cette réunion?

Le chef expliqua qu'ils iraient tous, sauf Maurice. Le patron s'étonna et finit par dire :

— Va avec eux, Maurice. Si ton père gueule, je lui expliquerai que c'est moi qui t'ai dit d'y aller.

Et le soir, aussitôt le repas terminé, ils accrochèrent en vitesse les volets du magasin que M. Petiot acheva de fermer. M. Petiot souriait.

— Allons, allons, dit-il, filez vite, vous allez être en retard.

Ils partirent tous les quatre : Colette, Victor et les deux apprentis. Au passage ils s'arrêtèrent chez le chef qui enfila sa veste et se joignit à eux.

La nuit était claire, la lune déjà haut dans le ciel, se reflétait dans l'eau noire du port. Les petites fenêtres des péniches étaient éclairées et des ombres passaient derrière les rideaux de couleur. Le temps était calme; en traversant le canal, ils entendaient les gouttes tomber des voûtes du pont.

A la Bourse du Travail, on les fit entrer dans une salle du rez-de-chaussée. Il y avait là une petite table de bois blanc et une chaise. En face étaient alignés des bancs de bois. Quelques ouvriers et apprentis des autres pâtisseries de la ville étaient déjà assis. Ils se serrèrent les mains et s'installèrent. Dès que la concierge qui les avait accompagnés se fut retirée, Victor alla s'asseoir en face d'eux, derrière la table, et se mit à faire le pitre. Tous les autres riaient. Puis il y eut un bruit de voix dans l'entrée et Victor regagna rapidement sa place. Un autre groupe arrivait. Julien retrouva ses camarades de boxe. Zef vint s'asseoir à côté de lui. Le petit maigre qui lisait toujours et ne parlait jamais s'était installé au premier rang. Julien remarqua aussi que Colette était la seule femme.

Ils attendirent encore quelques instants en bavardant, puis un homme entra, tenant des papiers à la main. Il était petit et mince. Il avait des cheveux noirs très longs qui encadraient son visage pâle au grand nez un peu tordu. Il salua et alla s'asseoir derrière la table où il posa ses papiers. Il toussa deux fois, regarda la salle sans fixer personne vraiment et commença d'une voix sourde qui portait mal :

— Voilà, nous vous avons convoqués parce qu'il nous semble anormal que votre profession soit encore inorganisée.

— Plus fort, lança une voix.

L'homme se troubla, hésita, puis reprit un peu plus haut.

— Le camarade Paul Jacquier devait vous recevoir lui-même, mais il n'a pu se libérer. Il m'a chargé de vous exposer les buts principaux de cette première réunion.

Il marqua un temps. Plusieurs ouvriers parlaient à voix basse. Le petit maigre qui se tenait au premier rang se retourna pour lancer :

— Vos gueules, quoi! Ceux que ça n'intéresse pas n'ont qu'à sortir.

Les voix se turent. Personne ne bougea.

— Voilà, reprit l'homme de la C.G.T. Il semble que dans votre métier — tout au moins dans certaines maisons — la loi des quarante heures ne soit pas respectée.

Il y eut des rires et des murmures. L'homme promena son regard sur l'assistance. Il paraissait gêné. Sa voix assez forte au début de chaque phrase allait toujours en décroissant et les derniers mots étaient à peine perceptibles. Il parla encore un bon moment malgré les murmures, puis il s'arrêta. Se redressant un peu, il respira, parut se concentrer et, profitant d'un instant de silence, il acheva :

— Alors, nous constituons une section de pâtisserie. Ceux qui veulent prendre leur carte tout de suite peuvent le faire, pour les autres — ceux qui aimeraient réfléchir encore — je signale qu'il y a une permanence ici tous les soirs de 5 heures à 9 heures, et le dimanche toute la matinée. Je vous remercie de votre attention.

Tout le monde se leva en parlant très fort. La plupart riaient. Julien regarda vers la table. Seuls s'étaient approchés le petit maigre du premier rang et un ouvrier que Julien ne connaissait pas encore. Il hésita, regarda son chef qui parlait avec le chef de Zef tout en se dirigeant vers la porte. Il les suivit. Au moment de sortir, il se retourna. L'homme de la C.G.T. tendait à l'ouvrier que Julien ne connaissait pas une carte rouge. L'homme la prit, la glissa dans la poche arrière de son pantalon, puis ils se serrèrent la main.

Dehors, les groupes s'étirèrent un peu. Ils remontèrent lentement la rampe du cours. Julien marchait entre Zef et Maurice. Ils parlèrent un moment de la réunion, puis Maurice dit :

— Si ce temps continue, on pourra bientôt s'entraîner dehors et aller se baigner.

Alors ils oublièrent la réunion. C'était la première fois que Julien passait dans cette rue-là aussi tard. Arrivé où débouche la rue Dustillet, il vit, sur le trottoir qui borde la promenade, une femme d'une cinquantaine d'années, debout sous un lampadaire et qui les regardait approcher. Lorsqu'ils furent à sa hauteur, elle fit un pas en avant et un geste de la main. D'un groupe quelqu'un cria :

— Va te cacher, hé, vieille salope!

La femme eut un geste obscène et s'éloigna :

— Qui est-ce? demanda Julien.

Les autres se mirent à rire.

— C'est une rampeuse, dit Maurice.

— Comment?

— C'est une putain, quoi. Ici, on les appelle des rampeuses parce qu'elles se tiennent dans la rampe du cours. Celle-là, c'est la plus vieille. Mais des fois, il y en a deux ou trois jeunes qui ne sont pas mal.

— Tu sais combien elle prend? demanda Zef.

— Non, dit Maurice, et même si c'est bon marché, elle est trop vieille, ça ne m'intéresse pas.

— Moi non plus. Mais je le sais par un copain qui y est venu. Elle prend cent sous.

— Et les autres? demanda Maurice.

— Ça dépend; mais ça peut aller jusqu'à cinquante balles.

— Cinquante balles! Merde alors, deux mois de salaire pour une crampette, faut être marteau! Et encore, avec le risque d'attraper une bonne chaude-lance!

Julien ne disait rien. A deux reprises il se retourna. La vieille prostituée avait repris sa place sous le lampadaire. Elle était un peu voûtée, et son manteau s'ouvrait sur de gros seins qui tombaient sur son ventre.

33

Quand ils rentrèrent, il y avait encore de la lumière dans la salle à manger. Ils s'engageaient dans l'escalier lorsque le patron sortit du laboratoire.

— Ah, tiens, fit-il, l'air surpris, vous voilà déjà? Je viens de regarder la température du four, j'allais monter me coucher.

— Bonne nuit, monsieur, dit Victor.

Le patron était à présent devant la porte de la salle. A l'intérieur, la patronne était debout près du placard. Pendant un instant, ils restèrent sans bouger et sans parler, le patron, la main posée sur la poignée de la porte; les autres sur les marches de l'escalier, appuyés à la rampe et dominant le patron. Victor, qui était en tête, monta une marche. Les apprentis allaient suivre, lorsque le patron demanda :

— Alors, ça s'est bien passé, oui?

— Très bien, dit Victor; on s'est bien marrés.

— Vous n'étiez pas allés là-bas pour vous amuser, remarqua M. Petiot.

La silhouette de la patronne s'approcha de la porte, s'immobilisa derrière la vitre, puis la porte s'ouvrit.

— Ah! Ce sont eux? C'est vrai, je ne pensais plus qu'ils étaient sortis. Je me disais : « Avec qui peut-il bien bavarder à cette heure-ci? »

La lampe était derrière elle. Julien ne pouvait voir son visage, mais il devinait son sourire, les grimaces de ses lèvres et le mouvement de ses pommettes. Il y eut encore un bref silence, puis elle reprit :

— Vous bavardez sur le seuil comme si vous n'osiez pas entrer, tu pourrais tout de même les faire entrer, Ernest, on dirait qu'ils ne sont pas de la maison.

Elle s'effaça pour les laisser passer. A présent, son visage était éclairé. Elle souriait. Le patron souriait aussi.

— Allons, dit-il, entrez cinq minutes.

Julien hésita. C'était lui, à présent, qui se trouvait en tête. Il se retourna et vit que le second s'apprêtait à redescendre, alors il approcha de la porte et entra derrière le patron.

Claudine et Mlle Georgette devaient nettoyer le salon de thé et le magasin. On entendait le bruit des tables et des fauteuils déplacés, et aussi le balai-brosse qui frottait le carrelage.

— Alors, dit Mme Petiot en riant, vous voilà syndiqués!

— Des nèfles! lança Victor.

— Comment, dit-elle, avec un mouvement de surprise un peu exagéré, vous êtes allés là-bas pour rien!

— Pas pour rien; on s'est drôlement marrés et c'est moins cher que le cinéma.

Le patron riait, mais sa femme continuait de feindre l'étonnement. Julien cessa de la regarder. A présent, il prévoyait chacune de ses réactions, et cette façon qu'elle avait de jouer la comédie l'agaçait.

— Mais enfin, demanda-t-elle, vous n'êtes pourtant pas allés à une séance récréative?

— Presque, dit Victor. En tout cas, le numéro du mec était rudement fortiche. Tenez, je vais vous montrer.

Il alla jusqu'au buffet, prit un journal et revint vers la porte. Là il s'arrêta un instant, tira sur les pans de sa veste, fit mine d'arranger son col et sa cravate, puis, son journal roulé à la main, il marcha jusqu'au bout de la table. Il y posa le journal, salua et s'assit. Il regarda les patrons et les deux apprentis, fit comme s'il se trouvait devant une salle immense, fronçant les sourcils et mettant sa main sur ses yeux pour voir jusqu'au fond, et il dit :

— Admettons : vous êtes les mecs.

Mme Petiot grimaçait, souriait, faisait la moue, riait en gloussant, ouvrait des yeux immenses, portait sa main devant sa bouche, puis riait de nouveau. Le patron se tordait. Après quelques instants, Maurice se mit à rire également.

Victor s'était mis à parler en imitant le petit homme de la C.G.T. Il forçait un peu, mais à vrai dire, il l'imitait assez bien. Julien éprouvait une certaine gêne. Cependant, malgré lui, il fut obligé de rire à plusieurs reprises.

— Oh, c'est incroyable, gloussait la patronne... Oh! ce Victor, il nous fera mourir de rire!

Victor avait presque achevé son numéro lorsque Claudine entra, un grand seau plein d'eau sale à la main. La patronne se retourna :

— Mon Dieu, s'exclama-t-elle, Claudine qui n'a pas vu, et ma sœur.

Claudine allait vers la souillarde pour changer son eau et rincer la serpillière. La patronne l'arrêta.

— Restez là, mon petit. Restez, ça vaut le coup.

Claudine s'arrêta, elle essuya dans un pan de sa blouse bleue ses mains et ses avant-bras rouges. Elle regardait tout le monde sans comprendre. La patronne avait ouvert la porte du magasin.

— Georgette, viens vite, viens vite, il ne faut pas manquer ça.

Mais déjà Victor s'était levé.

— C'est fini, madame, dit-il. Ça ne dure pas deux heures, une réunion syndicale. Qu'est-ce que vous croyez?

Les deux mains sur son ventre, le patron riait toujours.

— Oh! recommencez, Victor... Faites. Faites encore pour que ma sœur et Claudine vous voient.

Victor se fit un peu prier.

— Allons, dit le patron, pour Georgette.

Mlle Georgette s'était approchée et tendait le cou pour mieux voir. Victor reprit son souffle, retourna chercher le journal et recommença. Il en rajoutait un peu. Il fignolait. Pour tout le monde, ce fut du délire. Julien lui-même rit presque sans s'arrêter. Ce que Victor faisait ressemblait de moins en moins à ce qu'ils avaient vu et entendu au cours de la réunion, mais devenait de plus en plus amusant.

Et Victor dut recommencer le lendemain à midi, à cause du chef et de la petite Colette. Et chaque fois il imaginait un gag nouveau. Julien riait beaucoup moins que les autres. Il remarqua que le patron l'observait. Colette ne semblait pas rire de très bon cœur non plus, et Julien crut lire dans ses yeux comme un accord.

L'après-midi, au retour d'une livraison, Julien rencontra Zef qui lui fit signe de s'arrêter. Il freina et, sans descendre de vélo, il s'appuya de la main contre un arbre du petit square qui se trouve en haut de l'avenue Rockefeller. Il n'y avait personne sur les bancs. Le jet d'eau ne fonctionnait pas et le bassin était vide. Zef tourna au milieu de la rue et vint se ranger à côté de Julien.

— Alors, demanda-t-il, ça gaze?

— Ça va, et toi?

Zef approuva de la tête, parut chercher ses mots, puis demanda :

— Et le syndicat, tu y vas, en fin de compte?

— Et toi?

— Oui, dit Zef. Mais boucle-la.

— Tu parles.

Il y eut un moment de silence. Quelques voitures passaient sur le boulevard Wilson.

— Je ne t'ai pas vu prendre de carte, après la réunion, dit Julien.

— Non, à cause de notre chef. C'est pas un mauvais bougre, mais il est trop bien avec les singes. Seulement, tu as vu, Dominck ne s'est pas dégonflé, lui. (Dominck était le petit noir.)

— Il est ouvrier, lui.

— Victor aussi est ouvrier, il n'a pas bougé pour autant.

Julien eut envie de raconter comment Victor représentait aux patrons ce qui s'était passé au cours de la réunion, mais il se retint.

— Alors, demanda Zef, qu'est-ce que tu comptes faire?

— C'est difficile.

— Qu'est-ce qui est difficile?

— Eh bien, d'abord, faudrait pouvoir retourner là-bas.

— Tu parles, faut cinq minutes. Tu peux tout de même bien t'arranger avec Maurice pour te tirer un moment. Tu n'es pas obligé de lui dire où tu vas.

— Vaut mieux pas.

— Parce que son père est patron, bien sûr, mais pourtant, je suis persuadé que c'est pas lui qui te moucharderait.

— Ça se peut.

— Alors, demanda Zef, tu viens ce soir? Moi j'y vais entre 6 heures et demie et 7 heures, si tu veux, on se retrouve là-bas. Je pense que Dominck y sera.

Julien demeura quelques instants sans rien dire. Il regarda Zef qui ajouta :

— Allez, quoi. Viens. Plus on sera, mieux ça vaudra. Viens.

— C'est bon, dit-il, si je réussis à me tirer, j'y vais.

Tout le reste de l'après-midi, il imagina la salle de la Bourse du Travail. Il voyait l'homme du syndicat, Dominck et Zef. Il pensait aussi à la raison qu'il pourrait bien donner à Maurice pour sortir, et il ne trouvait rien.

Enfin la nuit tomba, les autres s'en allèrent et Maurice monta dans la chambre tandis que Julien bourrait de coke le foyer du four. Dès qu'il eut terminé, il se lava lentement au robinet de la cour et rejoignit Maurice. Il alla vers son placard, l'ouvrit, regarda un moment, referma et revint vers son lit. Maurice lisait *Miroir-Sport*. Julien marcha jusqu'à la fenêtre, regarda un moment la nuit où les toits se devinaient à peine. Cette lueur derrière le mur, c'était la rue Dusillet. Tout au bas se trouvait la rampe du Cours. Il suffirait d'aller jusqu'en bas, de passer le pont qui enjambe le canal, de traverser le jardin où se trouve la statue de Jaurès...

— Qu'est-ce que tu regardes?

Julien sursauta et fit demi-tour. Assis sur son lit, Maurice avait posé son journal.

— Rien, dit Julien.

Maurice tapota du doigt la revue en disant :

— J'ai lu un machin qui parle de Joe Louis, tu liras ça. Tu verras un peu l'entraînement qu'il s'appuie. C'est pas un petit travail, tiens!

Julien n'écoutait pas. Il était debout au milieu de la pièce. Soudain, presque malgré lui, il demanda :

— Tu restes là?

— Ma foi, qu'est-ce que tu veux faire?

— Oh rien, mais ma tante m'avait demandé de faire un petit saut chez une bonne femme, là derrière, en descendant vers le port; j'ai envie d'y aller à présent, j'en ai pour cinq minutes.

— Ça va, dit Maurice, tu peux y aller, je ne bouge pas.

Il reprit son journal et s'étendit de nouveau. Julien sortit. Une fois sur le palier, il demeura un instant à regarder la porte de la salle à manger. Rien ne bougeait. Il descendit sans bruit, et suivit le couloir.

Dans la rue il y avait beaucoup de monde. Julien se pencha, fit deux pas sur le trottoir dans la lumière de la vitrine où se trouvait encore la grande pagode de Noël, et regarda au magasin.

Mme Petiot servait un client. Julien revint en arrière et regarda cette fois sur sa droite, vers le café du Commerce. Sans quitter des yeux la devanture éclairée, il avança. Des ombres remuaient derrière les rideaux. Sans doute M. Petiot était là. Arrivé en face du café, Julien marqua un temps, se retourna pour jeter un coup d'œil à la pâtisserie et partit en courant.

Il atteignit tout de suite la rue de la Bière, étroite et sombre, où il s'enfila sans se retourner. Un couple montait à sa rencontre. Julien ralentit et s'arrêta.

— Tiens, dit le chef, où est-ce que tu cours aussi vite?

La femme du chef se mit à rire en disant :

— Tu es bien curieux, ça ne te regarde pas.

— Je vais faire une course chez une amie de ma tante, bredouilla Julien.

Le chef se mit à rire également.

— Ça va, dit-il, une amie de dix-sept ans, allez, file vite, nous, on n'a rien vu.

Julien salua et se remit à courir. En bas il se retourna. Le chef et sa femme n'avaient pas encore atteint la rue Besançon. Julien hésita, eut un regard à gauche où la lampe du carrefour éclairait la rampe du Cours et les rochers qui se trouvent au pied de la Promenade, mais il obliqua pourtant à droite. Il se mit à marcher normalement et s'aperçut qu'il avait très chaud. Il fit le tour du pâté de maisons et rentra.

— Te voilà déjà, dit Maurice. Tu as eu vite fait.

— Oui, murmura Julien... Il n'y avait personne.

Il se laissa tomber sur son lit. Quelque chose l'oppressait. Et il sentit soudain une grande fatigue sur ses épaules.

34

Chaque matin, avant de commencer le travail, le chef regardait le cadran du pyromètre. Si le four était trop chaud, il en ouvrait les portes. S'il ne l'était pas assez, il redonnait du tirage, et Julien grattait le foyer où, si c'était nécessaire, il jetait quelques pelletées de coke. Ainsi, lorsque M. Petiot se mettait à cuire ses brioches et ses croissants, le four était-il toujours à 210°, la température idéale.

Or, ce matin-là, lorsque le chef regarda le cadran, l'aiguille indiquait moins de 120°. Le chef cogna de l'index sur la vitre, l'aiguille tremblota mais demeura au même point.

— Bon Dieu, mais qu'est-ce qui s'est passé? lança-t-il.

Julien s'approcha, regarda le cadran, puis le chef dont le visage s'était durci.

— Sais pas, murmura-t-il.

Déjà le chef avait empoigné le ringard et ouvert la porte du foyer, Maurice et Victor se tenaient derrière Julien. Le chef tisonna, puis se redressa en disant :

— Eteint. Complètement éteint. Tout le coke est intact. Comment as-tu fait ton compte?

— J'ai fait comme d'habitude, chef.

— C'est impossible. Tu as dû le couvrir trop tôt, il n'était pas assez pris, ou bien alors tu as trop mouillé les cendres que tu as foutues sur le charbon. C'est pas possible... Nom de Dieu, tu vas entendre le vieux!

— Là, dit Victor, je crois qu'on va se payer une aubade!

— Déconne pas, lança le chef. Allez, au boulot pour les croissants, et toi, petit, dépêche-toi de rallumer.

Il s'éloigna en ajoutant :

— Mais ça m'étonnerait que tu puisses le faire monter à 210 avant que le patron soit là.

Julien empoigna le rable et se mit à vider le foyer. Le charbon encore chaud dégageait une odeur qui prenait à la gorge. Des nuages de cendres montaient dans la pièce.

— On va être comme des ramoneurs, grognait Victor.

Lorsque le papier et le bois furent enflammés, le chef s'approcha.

— Allez, dit-il, commence à balancer du charbon.

— Mais c'est trop tôt, chef, le bois va s'éteindre.

— Fais ce que je te dis, nom de Dieu, et discute pas.

Julien obéit. Le chef avait empoigné un estagnon de fer blanc. A grands coups d'un long couteau pointu, il détachait des morceaux de végétaline qu'il lança dans le foyer. Bientôt la graisse se mit à grésiller et il y eut un grondement d'orage dans la cheminée.

— C'est la voiture des pompiers qui va réveiller le vieux, lança Victor, ce sera plus amusant, le temps qu'il discute avec eux, ce sera toujours ça de gagné. Pour peu qu'il leur paye un verre, on gagne quarante degrés.

Julien remit du coke, débarrassa les cendres et se hâta de venir prendre sa place devant le tour. Le feu ronflait toujours. De temps à autre, le chef allait jusqu'au cadran et tambourinait sur la vitre.

— 125, même pas 130, annonçait-il. On n'y arrivera jamais.

Tout en travaillant, Julien tendait l'oreille vers la cour et regardait le réveil dont l'aiguille avançait plus vite que celle du pyromètre.

Le four était à peine à 170 lorsqu'ils entendirent M. Petiot traverser la cour.

— Il ne risquait pas de rester endormi, souffla Victor.

Julien regarda le chef qui eut un geste comme pour dire : « Mon pauvre vieux, c'est foutu! »

Le patron entra.

— Salut.

— Jour, m'sieur, dirent-ils tous en chœur.

Julien n'écoutait plus que le pas un peu traînant de M. Petiot qui allait de l'étuve à la table du four; il n'écoutait plus que cela et le battement de son sang à ses tempes. Le patron cassa des œufs pour la dorure, tira de l'étuve une première plaque de croissants.

— Sont pas bien levés, grogna-t-il.

Personne ne répondit. Julien l'entendit qui ouvrait à nouveau les portes de l'étuve, les refermait, puis ouvrait le four du bas. Il ne le voyait pas, mais devinait le geste de sa main avancée dans le four pour en tâter la température. Il se tourna vers le chef dont, une fois encore, le regard lui sembla promettre un orage. Les portes du four claquèrent. Le patron marcha. Julien, tournant à peine la tête, le vit s'approcher du cadran, taper de l'index sur la vitre, puis revenir au centre de la pièce.

— Mais ma parole, lança-t-il, le four vient d'être allumé!

Le chef se retourna.

— Non, dit-il, mais le tirage devait être mauvais, cette nuit, il n'a pas chauffé beaucoup, on vient de le recharger.

Le patron ne leva même pas les yeux vers lui. Il s'avança vers Julien et dès qu'il fut à distance, son pied partit. L'apprenti attendait le coup qu'il guettait par-dessus son épaule. D'un bond de côté, il esquiva. Le pied du patron heurta le tiroir à sucre. Sans doute ne se fit-il pas très mal, mais sa colère éclata d'un coup.

— Fumier! hurla-t-il. Petite crapule! Tu as juré de faire couler la boîte. Tu fais tout ce que tu peux pour nous mettre dans la mélasse. Ah, tu veux la guerre, eh bien, tu l'auras! Et on verra bien qui sera le plus fort!

Julien avait reculé jusqu'à la porte. Le patron tenta deux ou trois fois de le frapper, mais ses coups arrivaient sur les bras de l'apprenti qui savait de mieux en mieux se garder. Il y eut un instant de silence. Les trois autres regardaient. M. Petiot se recula d'un pas et lança encore une bordée d'injures. Puis il se retourna vers les autres en disant :

— Je ne veux même pas le rosser. Il me dégoûte trop; j'aurais peur de me salir. Je suis certain, absolument certain que ce mec-là se masturbe toute la nuit pour être aussi abruti que ça!

Julien vint se mettre au travail. Le patron avait renoncé à cuire et marchait derrière lui, bousculant de temps à autre une plaque ou une bassine, lâchant un juron lorsqu'il en trouvait un nouveau. Au bout d'un moment, il alla se planter entre Victor et le chef.

— Vous comprenez, dit-il, il n'a aucune raison de se priver, il se sent soutenu par son oncle. Il se figure que c'est ce vieil imbécile qui va venir faire la loi chez moi.

Personne ne semblait prêter attention à ce qu'il disait. Il repartit vers le four, tapa sur le cadran.

— 180, dit-il. Du sabotage. Un petit saboteur.

Il revint derrière Julien et demanda, d'une voix qui tremblait :

— Mais qu'est-ce que tu as donc dans la peau? Qu'est-ce que je t'ai donc fait pour que tu cherches à me couler par tous les moyens?

Julien ne broncha pas. Le patron attendit quelques instants, puis, retournant vers le chef, il reprit :

— Parce que, l'histoire de la C.G.T je ne suis pas dupe : c'est lui... Vous ne vous en êtes pas doutés un peu, vous autres?

Le chef et Victor se regardèrent.

— Moi, vous savez, dit le chef, pour ce que je veux en foutre.

— Très bien, dit le patron. Vous n'êtes pas des imbéciles. C'est bon, mais n'empêche que tout a été monté par le père Dantin. Enfin, quoi, vous savez aussi bien que moi qu'il est communiste!

Julien sentait la chaleur lui monter au front.

— Et moi, continuait M. Petiot, moi, je suis persuadé que cette petite vermine avait déjà sa carte de la C.G.T. avant même que son oncle fasse organiser cette réunion.

Il vint à côté de Julien, qu'il empoigna par le bras pour l'obliger à lui faire face. Aussitôt, Julien se mit en garde.

— Oh, n'aie pas peur, dit M. Petiot. Je ne veux pas te battre, je te l'ai dit, je ne tiens pas à me salir. Regarde-moi en face, si tu en es capable.

Julien le regarda; le front plissé, le visage tendu.

— Avoue que tu avais déjà ta carte, avant la réunion.

Julien fit non de la tête.

— Tu es un menteur. Un sale petit menteur.

— Non, m'sieur.

Le patron s'était retourné.

— Il n'a même pas le courage de ses opinions, fit-il.

Il s'éloigna pour regarder encore une fois le cadran du pyromètre.

— On va être dans une belle merde, aujourd'hui, grogna-t-il en revenant. Et tout ça, à cause de cet avorton... Un meneur. Un meneur qui n'a même pas quinze ans. Ça promet.

Il hésita, puis, se décidant soudain, il sortit rapidement. Le travail continuait, mais chacun écoutait décroître le pas du patron. Il avait traversé la cour lorsque Victor se mit à fredonner :

C'est la lutte finale!...

— Ta gueule, grogna le chef... Ecoutez.

On marchait au-dessus du laboratoire.

— Il est dans la piaule, fit Maurice. Il va fouiller ton placard, Julien. Il l'a déjà fait pour Denis. Ça, il n'a pas le droit.

— Tais-toi, et travaille, dit le chef. Tu t'inquiéteras plus tard des droits du patron.

La fouille ne dura que quelques minutes. Lorsque M. Petiot reparut, il tenait une poignée de papiers.

— J'aurais dû m'en douter, dit-il; sa carte, elle doit être chez son oncle, évidemment. Seulement, l'imbécile est encore plus couillon que je ne croyais.

Les autres s'étaient retournés. Le patron prit son temps, regarda Julien, puis les papiers. Il en tira un qu'il montra. C'était un croquis rapide au crayon.

— Monsieur dessine, dit le patron, on le savait. Mais Monsieur est amoureux... Regardez.

Il laissa tomber le papier qui glissa en biais pour aller s'enfiler sous le tour où il disparut. Il en tira un autre de la liasse.

— La même tronche, de profil, annonça-t-il... Ça ressemble un peu à Marlène Dietrich. Vous ne trouvez pas?

— Un peu, dit Victor. Ça n'est d'ailleurs pas trop mal.

— Evidemment, ricana M. Petiot, ça doit être décalqué sur des journaux de cinéma.

Il laissa tomber le dessin et en prit un autre représentant cette fois la silhouette entière.

— Toujours la Marlène, railla le patron.

Julien avait envie de crier : « Non, ce n'est pas elle. Non, ce n'est pas décalqué ni même copié. C'est la fille de la rue Pasteur. Je l'ai seulement vu passer devant le couloir. »

Mais il ne dit rien. Le patron montra ainsi une dizaine de dessins; puis, après un temps, il désigna les autres papiers qu'il tenait roulés dans sa main.

— Mais ce n'est pas le plus beau. Le bouquet, il est là. Monsieur est également poète. Monsieur fait des vers... Comme Victor Hugo, ni plus ni moins.

Il déplia une feuille et se mit à lire.

— Tenez-vous bien : « Que j'aime voir, chère indolente, De ton corps si beau, Comme une étoffe vacillante, Miroiter la peau! » Non mais, vous pigez un peu, ce charabia?... Ecoutez-moi ça : « Que j'aime voir... »

Il relut les quatre vers. Julien serrait les dents sur son envie de crier : « Pauvre con, mais c'est de Baudelaire! »

M. Petiot lut encore quelques vers puis, tendant le papier pour le montrer aux autres, il ajouta :

— Et c'est illustré. Vous pouvez voir. Toujours la même greluche!

Julien sentait sa rage se durcir en lui. Il n'avait plus aucune envie de se jeter sur le patron et de le frapper de toutes ses forces. Au contraire, un calme étonnant l'envahissait. Ses muscles se détendaient peu à peu. Ses mâchoires se desserraient. Il ne pensait à rien de précis, mais quelque chose lui disait qu'un jour prochain, il serait plus fort que le patron. Déjà il lui semblait qu'il le dominait un peu.

M. Petiot avait déplié le dernier papier.

— Et voilà le plus gratiné, dit-il. Ecoutez bien : « Nous aurons des lits pleins d'odeurs légères. Des divans profonds... »

Il interrompait souvent sa lecture pour rire ou

placer un commentaire. Puis, lorsqu'il eut lancé les trois derniers vers, il se tourna vers Julien pour crier :

— Eh bien, mon vieux, ici c'est pas les anges qui ouvrent les portes, mais un de ces jours je vais ouvrir celle-ci toute grande et te foutre dehors définitivement. Et tu iras ranimer des flammes mortes où tu voudras. Moi, j'en trouverai un moins con que toi pour chauffer mon four!

Il ricana en regardant tour à tour le chef et Victor qui s'étaient remis à travailler. Il parut un peu déçu, fit une grimace et cria en s'adressant à Julien :

— Allez, triple buse, empoigne le balai et colle-moi tous ces torchons dans le foyer, pour une fois tes cochonneries serviront à quelque chose. En attendant, ça va être l'heure de la tournée, et il n'y a pas encore un croissant de cuit. Et tout ça, à cause de cet abruti.

Il ponctua sa phrase d'un violent coup de pied que Julien, cette fois, ne put esquiver.

35

Le froid était revenu, poussé par un petit vent d'est qui courait entre la terre et le ciel gris. L'eau du canal était presque noire, avec de longues taches couleur d'étain qui se déplaçaient en zigzags, comme des coups de lanière. Dans les rues, les gens marchaient vite, le col de leur manteau relevé et la tête enfouie entre les épaules.

Cependant, Julien ne sentait ni le froid ni le vent. Il pédalait de toute sa force, l'œil rivé aux pavés sales.

Il fit sa tournée de croissants, revint au laboratoire, repartit pour d'autres courses plus lointaines; et tout cela les dents serrées, l'œil dur, le front ridé. Quelque chose s'était figé en lui, quelque chose qui ne s'en allait plus. Il n'avait pas mal. Il ne luttait contre aucun chagrin. Il travaillait, il pédalait, il répondait aux clients sans s'en apercevoir. Tout ce qu'il regardait était pour lui un second plan. Le premier plan, c'était un visage. Un visage immobile, pétrifié au moment précis de sa grimace la plus haineuse. Toute la journée aussi, il entendit ses injures, les insultes à son oncle et à lui-même. Il ne pensait pas à cela. C'était une chose immobile qui s'était attachée à lui et ne le quittait plus. Rien ne pouvait l'en distraire. Rien non plus ne pouvait plus ajouter à ce visage et à cette voix.

Pendant le repas de midi, M. Petiot raconta ce qu'il avait découvert dans le placard de Julien. Sans doute Mme Petiot fit-elle plusieurs grimaces, peut-être y eut-il des rires; Julien ne broncha pas. Il fixait son assiette et le visage de M. Petiot était là, au fond de cette assiette, crachant ses injures et bavant sa haine.

Après le repas, en attendant la reprise du travail, Julien monta comme d'habitude dans la chambre en compagnie de Maurice. Il se planta debout devant la fenêtre, le regard sur le petit toit de zinc.

— Faut pas te faire du mouron, dit Maurice, si tu avais pu voir ce que Denis a pris comme raclées, tu comprendrais que tu es encore dans la bonne moyenne.

Julien soupira. Il laissa s'écouler quelques secondes, puis, sans se retourner, demanda :

— Ce soir, faut absolument que j'aille faire cette course pour ma tante. Ça ne t'ennuie pas de rester là?

— Non, va. Mais fais attention de pas tomber sur le patron. Un jour comme aujourd'hui, vaut mieux te tenir peinard.

Un peu avant 6 heures et demie du soir, Julien sortit. S'étant assuré que la patronne n'était pas sur le seuil du magasin, il partit en courant, jeta un regard vers le café du Commerce, puis, à droite, dans la rue de la Bière. Là, il n'y avait personne, mais il fila pourtant tout droit jusqu'au cours Saint-Maurice. La Promenade paraissait déserte. Les lampes trop faibles éclairaient mal les grands arbres dont les ombres floues s'étiraient sur les allées. Julien continua de courir, s'arrêtant seulement deux ou trois fois, plaqué contre le tronc d'un tilleul, pour s'assurer que personne ne le suivait.

A la barrière du belvédère il demeura quelques instants dans le vent plus vif qui venait tout droit de l'espace nu, invisible, où la nuit cachait la prairie et la forêt. On devinait le canal Charles-Quint au reflet tremblotant de trois fenêtres éclairées.

Julien aperçut un couple assis sur un banc, regarda encore derrière lui où les troncs bien droits se découpaient sur les lumières déjà lointaines de la place Grévy, puis il descendit vers le port. Là, il n'y avait d'autre lampe que celle qui, tout en bas, éclairait l'entrée du pont. Julien marcha lentement sous des voûtes de branches et de rochers où la nuit était épaisse, longea une haie, prit encore une autre allée qui dévalait très vite et s'arrêta derrière le dernier buisson. A présent, il lui restait à traverser la zone éclairée. Il attendit. Deux voitures passèrent. Puis un cycliste descendit de sa machine et se mit à gravir à pied la rampe du cours. Le quai Pasteur était mal éclairé. Mais pourtant, dans cette direction, rien ne semblait remuer. Julien, la main sur la poitrine, respira longuement, hésita encore, puis d'une seule traite, courut jusqu'à l'autre bout du pont. Là, il se retourna, et repartit moins vite vers la Bourse du Travail.

La porte de la salle de permanence était fermée, mais un peu de lumière passait au ras du sol. Julien tendit l'oreille et perçut un bruit de conversation, que couvrait par moments le sifflement du vent dans les grands arbres du Pasquier. Des rafales s'engouffraient aussi sous la voûte, quelque part sur la gauche un volet claquait.

Julien frappa. Les voix se turent, puis l'une d'elles cria :

— Entrez!

Julien ouvrit et s'arrêta, ébloui.

— Entre, répéta la voix, et ferme la porte.

C'était le petit homme qui avait parlé le soir de la réunion. Il était à demi assis sur le bord de la table, un pied au sol, l'autre ballant. Dominck était à cheval sur un banc, en face de lui. Il se leva et vint au-devant de Julien, la main tendue.

— Salut, petit, dit-il. Je savais que tu viendrais.

— Bonsoir, camarade, dit l'autre. Tu viens chercher ta carte?

— Oui, souffla Julien.

Il toussa un peu, pour s'éclaircir la voix, puis ajouta :

— Je voulais venir plus tôt, je n'ai pas pu.

— Je sais, dit Dominck, je sais.

L'homme du Syndicat se mit à rire en disant :

— Nous savons beaucoup de choses.

Julien les regarda un instant et sourit.

— Mon oncle a dû parler à M. Jacquier, dit-il.

Dominck eut un clin d'œil en direction de l'autre homme.

— On sait beaucoup de choses que même ton oncle ignore encore.

Julien fronça les sourcils. Les autres attendaient en souriant.

— Allons, dit Dominck, tu es venu, c'est le principal. Le secrétaire va te donner ta carte.

L'homme de la C.G.T. s'était installé à sa table. Il demanda les nom et prénoms de Julien, et remplit une carte.

— Signe ici, dit-il ensuite.

Julien signa, paya sa cotisation et plia la carte qu'il glissa dans la poche arrière de son pantalon.

— Alors, qu'est-ce que vous savez donc? demanda-t-il.

— Que tu reçois de bonnes raclées. Que tu n'es pas encore allé chez toi une seule fois depuis que tu es ici...

Le secrétaire du Syndicat interrompit Dominck et lança :

— En un mot, nous savons que ton singe est un salopard, et qu'il est grand temps que ça change!

Il y eut un silence. Le vent pleurait sous la voûte et secouait la porte. Au milieu de la pièce, un gros poêle rond, en fonte, ronflait derrière une grille. Un instant, Julien revit le fourneau de l'école maternelle : le même, exactement, et la même grille.

— Ne cherche pas, dit Dominck, il y a déjà quelqu'un de ta boîte qui a pris sa carte ici.

Julien les regarda. Ils souriaient toujours.

— Devine, dit Dominck.

Julien hésita.

Les deux autres éclatèrent de rire.

— Le chef, dit-il.

— Ah non, ça ne risque pas! Surtout pas celui-là, fit le secrétaire.

— Alors, dit Julien, je ne vois pas.

Les deux hommes eurent encore un regard entendu, puis ce fut Dominck qui dit :

— Colette Parisot.

— Colette?

— Oui, Colette. La petite Colette. Ça t'étonne tant que ça?

Julien réfléchit un instant avant de répondre :

— Non, après tout. Non, c'est normal.

— Son père est un vieux cégétiste, dit le secrétaire.

— Oui, remarqua Dominck, mais c'est un ivrogne notoire, et ce n'est pas bon, comme publicité.

L'autre fit un geste vague et revint s'asseoir sur le bord de la table.

— Assieds-toi une minute, dit Dominck à Julien, je vais partir, nous remonterons ensemble.

Julien alla s'asseoir sur le banc, à côté de lui.

— Tout à l'heure, dit le secrétaire, tu as parlé de ton chef; tu crois qu'il aurait pu prendre sa carte?

— C'est un brave type, remarqua Julien. Avec moi, il est très chic.

Les autres recommencèrent à rire.

— Est-ce que tu sais qu'il est Croix de Feu?

Julien fit non de la tête, hésita, puis finit par dire :

— Qu'est-ce que ça peut faire?

Les autres recommencèrent à rire.

— Tu n'as pas l'air très au courant, fit le secrétaire. Je crois qu'on aura beaucoup de choses à t'apprendre. En tout cas, un bon conseil : ne va pas raconter à ton chef que tu veux l'amener ici, je ne crois pas qu'il apprécierait.

— Je vous assure, pourtant, que c'est un brave type, répéta Julien.

— Ça, remarqua Dominck, j'en suis absolument persuadé...

L'autre l'interrompit pour lancer :

— Si c'était vrai, il ne serait pas parmi cette racaille.

— Il n'est pas très actif, remarqua Dominck. Je pense que c'est un faible avant tout. Son singe est P.S.F., il l'a embringué là-dedans. Il a dû le faire mousser un peu en lui disant qu'ils avaient besoin de mecs costauds comme lui.

— Ça, pour être costaud, dit Julien, il l'est. Il prend un sac de farine de cent kilos à bras-le-corps et il le monte au troisième étage sans s'arrêter.

— Je sais, dit Dominck. Et il est très fier de sa force. Je sais aussi que quand il s'énerve, au lieu de taper sur les apprentis, il balance des coups de poing dans les boîtes en fer qui sont sur les rayons du tour, en face de lui.

Julien se mit à rire en disant :

— C'est vrai. Et quand d'un seul coup il les aplatit complètement, c'est qu'il est vraiment en colère.

— Et ça suffit à le calmer? demanda le secrétaire.

— Oui, dit Dominck. Tant qu'il n'y aura que des Croix de Feu comme lui, je pense qu'on ne risquera pas grand-chose.

— Et l'ouvrier? demanda le secrétaire.

— Victor, c'est un bon gars aussi, expliqua Julien, mais je crois que le syndicat ne l'intéresse vraiment pas.

— Je sais qu'il fait le guignol à ce sujet, dit Dominck en adressant un clin d'œil à Julien, mais il le fait à tout propos. Seulement, lui, c'est le gars qui fait sa pelote. Il fraye avec une fille qui en fait autant. Le jour où ils auront assez de pognon, ils se marieront et achèteront un fonds.

— Bien sûr, dit le secrétaire, ces gens-là sont perdus.

— D'ailleurs, reprit Dominck. Victor va partir au régiment cette année, alors, de toute façon...

Ils restèrent un moment sans parler, puis Dominck se leva et retourna vers la table. Julien le suivit. Ils saluèrent le secrétaire et sortirent.

Dehors la nuit les empoigna. Julien frissonna. Ils passèrent le pont sans parler, puis Julien demanda :

— Ça ne vous fait rien qu'on évite la rampe, en prenant par la promenade?

— Faut me tutoyer, dit Dominck, c'est pas parce que je suis ouvrier, je crois qu'on peut être bons copains, tous les deux.

Julien obliqua vers la droite. Dominck le suivit en ajoutant :

— Tu as peur qu'ils te voient? Ne t'inquiète pas, ils le sauront un jour ou l'autre. D'ailleurs, s'ils ne le savaient pas, ça ne servirait à rien que tu sois syndiqué.

Il marqua un temps, puis demanda :

— Tu n'as pas peur, au moins?

Ils avaient quitté la zone éclairée et montaient l'allée qui serpente entre les rochers et les buissons. Julien tenta de regarder son compagnon, mais l'obscurité était trop épaisse.

— Peur de quoi? demanda-t-il.

— Tu as raison. Je suis idiot. Tu es de taille à te défendre. Ce qu'il faut, c'est que tu connaisses exactement tes droits. Je t'expliquerai tout ça. Faudra qu'on se rencontre un mardi. En tout cas, s'il y a quoi que ce soit qui cloche, fais un saut à la permanence ou bien fais passer un mot par Colette Parisot.

La montée essoufflait Dominck qui s'arrêta de parler. Un fois à la barrière, il reprit :

— Elle est très bien, cette petite Colette. Gonflée, drôlement gonflée et pourtant, la pauvre gosse...

Il n'acheva pas. Quelques minutes ils marchèrent en silence, puis Julien entendit Dominck qui murmurait :

— Au fond, c'est peut-être à cause de ça... A cause de tout ça.

36

Le soir, la petite Colette quitta le magasin au moment où Julien partait vers le cinéma, portant le rafraîchissoir plein de chocolats glacés. Le vent pinçait toujours. La rue était presque déserte. Julien fit quelques pas à côté de Colette. Il tourna la tête. La petite souriait. Un sourire à la fois triste et qui semblait vouloir parler de courage.

Ils marchèrent encore en silence. Plusieurs fois déjà ils s'étaient trouvés ainsi, et chaque fois ils avaient marché côte à côte jusqu'à la place Grévy, presque sans parler. Là, ils se séparaient, et Julien traversait la place en direction du cinéma tandis que la petite vendeuse disparaissait dans l'obscurité des grands arbres bordant le trottoir.

Julien n'attendit pas d'être à la place. Dès qu'ils furent assez loin de la pâtisserie, il se retourna un instant, puis demanda à mi-voix :

— Vous pouvez m'attendre une minute?

— Pas ici, non.

— Non, bien sûr, après la place Grévy. Vous marcherez moins vite, je vous rattraperai.

— Pour quoi faire?

Il hésita, la regarda encore et ajouta :

— Faut que je vous parle, à cause du syndicat.

— Dépêchez-vous, dit-elle. Je vous attendrai avant la rue Malet.

Il marcha plus vite, courant par instant en changeant souvent de main son rafraîchissoir.

Au cinéma, il entrait quelquefois dans la salle, le temps de voir une partie des actualités ou du documentaire. Certains soirs, il lui était arrivé de revenir très vite à la pâtisserie, de monter dans la chambre et de claquer la porte de façon que le patron l'entendît, puis comme pour les séances de boxe, de repartir par les toits en compagnie de Maurice pour venir assister à la deuxième partie du spectacle. Les ouvreuses les faisaient asseoir tout au fond, sur les strapontins les plus proches de la sortie et ils se sauvaient en courant au moment précis où s'achevait la dernière image du film.

Ce soir-là, l'ouvreuse demanda :

— Tu veux entrer un moment?

— Non, merci, dit Julien en posant son rafraîchissoir.

— Tu préfères revenir?

— Non, non, pas ce soir.

— Tu as tort, c'est un beau film : *Tarzan et sa compagne.*

Julien partit très vite. L'ouvreuse souriait. Il l'entendit plaisanter avec la caissière, sans comprendre ce qu'elle disait. Il traversa la place et courut le long de la promenade. Colette l'attendait, debout près des premiers arbres.

— Vous avez fait vite, dit-elle. Pourtant, c'est lourd ces rafraîchissoirs.

— Oui, haleta Julien, surtout ce grand-là.

— Dire que ce serait si facile de le mettre sur le porte-bagages du vélo.

— Oui, mais le patron ne veut pas. Il dit que ça secoue trop. Les chocolats glacés, c'est fragile.

— Vous parlez, durs comme du bois!

Elle marqua un temps, regarda autour d'eux et reprit :

— Restons pas là, il peut passer des gens qui me connaissent.

Ils pénétrèrent sous le couvert des arbres, par la dernière allée bordée de grands buis dont les feuilles minuscules crépitaient. Au-dessus d'eux, le vent malmenait les branches nues.

— Vous n'avez pas froid? demanda-t-il.

— Non, et vous, avec juste votre veste de toile. Je ne sais pas comment vous faites, pour n'avoir jamais froid en étant toujours habillé comme ça.

Ils marchèrent jusqu'au premier banc.

— On s'assied? dit Julien.

— Si vous voulez.

Une fois assis l'un à côté de l'autre, ils restèrent un long moment à écouter la nuit. Puis, ce fut elle qui demanda :

— Est-ce que vous savez que le patron n'a pas le droit de vous faire porter des rafraîchissoirs aussi lourds?

— Je ne sais pas.

— Eh bien, c'est pourtant vrai.

Elle se tut. Ils se voyaient à peine. Les ombres des branches passaient, et la lumière très vague d'une lampe qui se trouvait assez loin d'eux, leur arrivait par moments seulement.

— Alors, demanda-t-elle, vous vouliez me parler du syndicat?

— Oui... Ça y est, j'ai ma carte.

— Ça, c'est très bien, fit-elle. Je suis bien contente. Nous voilà deux dans la boîte.

Il ne dit rien. Les rafales redoublaient, mais le vent semblait se tenir surtout dans le haut des arbres. Çà et là, une branche craquait, une brindille tombait.

— A table, dit Colette, le patron a été vraiment dégoûtant. On dirait qu'il vous en veut vraiment d'avoir écrit des poèmes.

— Ce n'est pas moi qui les ai écrits. Je les ai relevés dans un livre. *Les Fleurs du Mal*, vous savez?

— Oh moi, dit-elle, les livres!

Il y eut un temps, puis elle reprit, parlant plus fort :

— Mais ça ne change rien. Il n'a pas le droit de se mêler de vos affaires, de fouiller, de se moquer de vous comme ça sans arrêt. Il n'a pas le droit non plus de vous faire jeter au feu vos dessins.

— Oh ça, vous savez, j'en referai d'autres. Ça m'est bien égal.

— C'est pour le principe. Même si c'était un bout de papier de rien du tout, du moment qu'il vous appartient, il ne doit pas y toucher.

Elle s'énervait en parlant. Sa voix devenait plus nette, plus cassante.

— Vous n'auriez pas dû les mettre au feu. Cet homme-là, il faut de temps en temps le remettre à sa place. Si vous le faites une bonne fois, vous verrez qu'après il vous respectera un peu plus.

Elle s'arrêta encore puis, moins fort, plus lentement, elle ajouta :

— Moi je l'ai fait une fois. Une seule fois. Depuis, il n'a jamais recommencé... Je sais bien que ce n'est pas la même chose, mais pourtant...

Elle se tut. Julien attendit quelques instants; se pencha un peu pour tenter de mieux distinguer le visage de Colette, puis demanda :

— Vous êtes malheureuse?

Elle se redressa d'un coup, tourna la tête vers lui et se pencha à son tour en disant :

— Moi? Mais qui vous a dit une chose pareille? Je ne suis pas malheureuse du tout. Je fais mon travail. C'est tout... C'est tout...

Elle parut chercher quelque chose à ajouter. Elle avait parlé vivement, presque sur le ton de la colère. Elle ne dit plus rien, et, lentement, son buste se courba et ses épaules s'appuyèrent de nouveau contre le dossier du banc. Julien demeura un moment à l'observer. La lueur de la lampe courait sur son visage. Le vent faisait trembler les mèches de cheveux qui dépassaient de son bonnet de laine. Jamais Julien ne s'était trouvé seul avec elle. Jamais non plus, il ne l'avait aussi bien regardée. Elle leva lentement son visage vers lui. Ses yeux brillaient.

— Vous n'allez pas vous faire encore attraper? demanda-t-elle.

— Non, fit-il, j'ai encore cinq minutes.

Il se souleva un peu sur le banc et s'approcha d'elle. Puis, passant son bras sur la planche du dossier, il la prit par l'épaule et l'attira contre lui. Elle se dégagea en se penchant brusquement en avant.

— Qu'est-ce qui vous prend? demanda-t-elle.

Il voulut lui empoigner les mains, mais elle se dégagea encore en disant :

— Non, c'est inutile.

— Pourtant...

— Non, allons, finissez!

— Mais, pourquoi?

Elle eut un petit rire sec et lança :

— Pourquoi? Mais c'est plutôt moi qui devrais vous demander pourquoi.

Il s'avança encore et bredouilla :

— C'est parce que je vous aime bien, Colette.

— Moi aussi, je vous aime bien... Mais, comme ça, en copains.

Elle se leva d'un bond et brossa de la main les plis de son manteau.

— Allons, dit-elle, venez, c'est l'heure.

Ils firent quelques pas. Au bout de l'allée, des branches folles s'entrecroisaient devant les lampes.

— Vous m'en voulez? demanda-t-il.

Elle se mit à rire.

— Pourquoi je vous en voudrais?

Il la prit par le bras et demanda :

— Alors, pour quelle raison vous ne voulez pas...

Elle l'interrompit.

— Ah non, hein! Ne recommencez pas.

Il baissa la tête et reprit sa marche. Après quelques pas en silence, Colette murmura :

— C'est pas la peine, on a assez d'embêtements comme ça.

— Vous voyez bien, que vous êtes malheureuse.

— Et vous, vous êtes heureux?

Il soupira. De nouveau, quelque chose se gonflait en lui. Il eut peur de se mettre à pleurer.

— J'en ai marre, par moments, souffla-t-il.

Elle lui prit la main et la serra très fort en disant :

— Bonsoir Julien... Et si ça ne va pas, à présent, on sait comment se défendre... On n'est plus seuls.

Plus près de la lampe, ils se voyaient mieux. Julien remarqua qu'elle souriait. Mais il vit que ses paupières battaient vite, sur ses yeux qui brillaient un peu trop.

37

La colère de M. Petiot s'apaisa peu à peu. Il recommença de plaisanter et de raconter les histoires qu'il entendait au café. La vie reprenait un cours moins rapide, mais Julien demeurait un peu en retrait. Chaque fois que son regard rencontrait celui du patron, il comprenait que rien n'était effacé, que le moindre incident pouvait de nouveau faire exploser la rage de ce petit homme dont le visage ne s'éclairait jamais vraiment pour lui.

Mme Petiot multipliait ses sourires, joignait ses mains, ou les posait sur sa poitrine, et demandait toujours davantage de travail. Mais à présent, Julien avait vaincu sa fatigue.

— Tu as pris le rythme, disait le chef. Il te manque encore un peu de vitesse et ça ira bien.

La dernière semaine de janvier arriva enfin. Le lundi soir, dès le travail du laboratoire terminé, Julien alla trouver Mme Petiot.

— Je peux partir, madame? demanda-t-il.

— Partez, mon petit, partez. Votre travail est terminé, oui?

— Oui, madame.

— Alors, dépêchez-vous, et faites bien mes amitiés à vos parents.

Julien grimpa dans la chambre et commença de s'habiller. Il n'avait pas enfilé ses vêtements de ville depuis son arrivée.

— Bon Dieu, dit le second, ton pantalon est drôlement court.

— Il m'allait pourtant bien quand je suis venu.

— T'as rudement grandi, remarqua Maurice. C'est là qu'on s'en rend compte. Tes fringues de travail sont déjà justes, et pourtant, elles sont plus grandes, et la toile, ça se prête mieux.

Lorsque Julien passa sa veste, les deux autres pouffèrent. Il n'osait plus bouger.

— Respire pas, lança Victor, tu vas la faire péter aux jointures.

Maurice se leva en disant :

— Tu ne peux pas prendre le car avec ça, tout le monde se foutrait de toi. Je vais te prêter mon costard.

Il ouvrit son placard et sortit une veste et un pantalon suspendus à un cintre. Julien les enfila.

— Comme ça, dit le second, tu jettes du jus. Tu feras certainement des ravages dans ton patelin.

Il hésita un peu, ouvrit à son tour son placard et ajouta :

— Tiens, je te prête mon chapeau, si tu veux.

Il tendit à Julien un petit chapeau bleu, à fond rond et à bord relevés. Julien remercia, acheva de se préparer, leur serra la main et partit en courant.

— Tu peux y aller, cria Victor, t'es beau comme un litre!

Dans la rue, tandis qu'il se hâtait vers la gare, il sentit une grande joie s'installer en lui. Il avait envie de saluer tous les passants d'un grand coup de son petit chapeau bleu; il avait envie de leur crier : « Regardez, je suis un homme. Je m'en vais à Lons. Je vais voir mes vieux! »

Il prit place dans le car, à droite dans le deuxième fauteuil. Ainsi, il pourrait voir la route. Il n'y avait guère qu'une dizaine de voyageurs, et personne ne vint s'asseoir ni devant ni à côté de lui.

Le car traversa une partie de la ville, puis le faubourg de la Bedugue. En haut de la grande montée, Julien se retourna. Le soir tombait sur la ville. Les maisons du port et des bas quartiers étaient déjà noyées dans une pénombre bleutée, mais le clocher carré se dressait dans la lumière encore vive. La route tournait, la ville disparut et Julien, de nouveau, regarda devant lui.

Un long moment il se laissa aller, heurtant parfois de la tempe la vitre froide. Puis, peu à peu, tout s'éloigna de lui et le bruit du moteur se fit plus léger. Il posa ses mains sur la barre chromée fixée au dossier du siège qui se trouvait devant lui, et étendit ses jambes, les pointes de pieds levées.

A présent, il n'y a plus de car. La route défile, vite, très vite. Julien conduit en souplesse, le coude droit posé sur le rebord de la portière. Sa grosse voiture américaine dévore les kilomètres, avale les côtes les plus raides sans peiner. Lorsqu'il roule sur une ligne droite, il tourne parfois la tête à gauche et sourit. A côté de lui, sur le siège de la voiture bien trop large pour eux deux, il y a sa femme. Et les regards qu'ils échangent veulent dire : « Tu m'aimes? — Bien sûr que je t'aime. — Tu es heureuse? » Là, elle ne répond pas, elle se contente de sourire.

Ils sont mariés depuis quelques jours seulement; Julien a passé par Dole, revenant de New York, où il vient de battre Joe Louis pour le titre de champion du monde toutes catégories. A présent, il emmène sa femme à Lons-le-Saunier, chez ses parents. Ensuite, ils iront sur la Côte d'Azur où Julien a acheté une grande villa. Tout autour de la villa il y a un parc; dans le parc, un terrain d'entraînement et une piscine. Et puis, entre les rochers, il y a une petite plage. Un canot est amarré. La mer et le ciel sont bleus.

La voiture roule.

— Ça ne te fait rien de quitter Dole et ta rue Pasteur? demande Julien en riant.

Elle rit aussi.

— Oh non, pas avec toi.

— Quand je pense qu'on aurait pu se connaître au moment où j'étais apprenti chez ce vieux salopard de père Petiot.

— Moi, je te connaissais. Je t'avais vu plusieurs fois sur le pas de la porte; le soir, après le travail.

— Mais tu te moquais éperdument de moi.

Elle rejette en arrière ses longs cheveux fous et prend un air mystérieux pour dire :

— Qu'en sais-tu?

Julien la regarde. Il a envie de l'embrasser. Il ralentit un peu, serre bien sa voiture sur la droite de la route et il l'embrasse. Il l'embrasse longuement, puis ils repartent. Tout de suite la voiture reprend de la vitesse. La glace est ouverte et l'air fait voler les cheveux de sa femme. Elle est très belle, comme ça, les yeux mi-clos. Julien la regarde encore, puis, fixant la route, il dit :

— Il y a une chose que je n'ai jamais osé te raconter parce que tu te moquerais de moi.

— Non, je t'aime trop. Raconte.

— Tu te moqueras de moi.

— Je te jure que non.

Il hésite encore un peu, puis il dit :

— Quand j'étais apprenti chez Petiot; quand je te regardais passer sans jamais oser te parler, je voulais une photo de toi. Alors pendant trois mois j'ai mis tout mon argent de côté, et j'ai acheté un petit appareil, quatre cent quatre-vingt-dix francs; je m'en souviens très bien.

— Et alors, tu as pris cette photo?

Julien se met à rire.

— Non, l'appareil ne marchait pas.

— Pauvre chéri. Et tu ris.

— Je ris aujourd'hui, mais sur le moment, j'avais une envie folle d'aller étrangler ce vieux filou de photographe. Il m'avait possédé... trois mois de salaire et de pourboires.

Cette fois, c'est elle qui passe son bras autour du cou de Julien et qui s'avance pour l'embrasser.

— Tu étais très malheureux, quand tu étais dans cette place, murmure-t-elle.

— Je pensais à toi... Je pensais que je n'oserais jamais...

— Et tu as osé.

Il la regarde et sourit.

— Bien sûr, dit-elle, quand on est champion du monde...

— Est-ce que tu pensais à moi, toi?

— J'écoutais la radio, je regardais les journaux.

Et je me disais : « Dire qu'il a habité Dole, qu'il était là, tout près... »

Elle paraît se perdre un instant dans un rêve, puis elle demande :

— Tu sais, ce qui me plaisait le plus?

— Non, dis.

— Quand les journaux mettaient en titre : « Le Boxeur Poète. »

— Nous aurons beaucoup de livres dans notre maison, dit-il.

— Oh oui, soupire-t-elle, beaucoup.

— Nous aurons des lits pleins d'odeurs légères. Des divans profonds comme des tombeaux...

Sans quitter la route des yeux, d'une voix grave et lente, il lui dit tout le poème, puis, après un long silence, il reprend :

— J'écrivais des vers, ou j'en recopiais, et je dessinais des portraits de toi.

Il serre les dents et ajoute en ricanant :

— Et cette vieille rosse de père Petiot les foutait au feu.

Elle l'embrasse encore, puis elle dit en riant :

— Quand je pense qu'aujourd'hui tu n'aurais qu'à éternuer un peu fort pour qu'il s'étale par terre, de tout son long, ce vieux microbe anémique.

— Bah, dit Julien, c'est un pauvre type : hier, quand nous sommes passés devant chez lui, tu as vu comme il regardait notre voiture?

— Oui, il en bavait.

La nuit est tombée. A présent, les phares sont éclairés; les arbres et les buissons courent à la rencontre de la voiture en faisant des grimaces et des gestes de fous. Les villages défilent : Mauffans, Saint-Germain-les-Arlay, Plainoiseau, la grande descente de l'Etoile avec sa voûte d'arbres qui fait comme un long tunnel...

— Je me souviens, dit Julien, quand je faisais cette route par le car.

— Tu pensais aux filles que tu allais retrouver...

— Non, je pensais à toi.

Ils se taisent... La route, encore la route, puis la jeune femme murmure :

— Je voudrais qu'on soit déjà tous les deux, dans notre belle maison au bord de la mer.

38

L'autocar s'arrêta devant la gare. Julien descendit, donna son billet à l'homme en blouse brune qui se tenait debout sur le trottoir et traversa la place. Il prit ensuite le boulevard Jules-Ferry jusqu'à l'ancien octroi de Courbouzon et tourna à droite pour descendre la rue Saint-Désiré. Il allait sans penser à son chemin. Il retrouvait sa ville, mais il était encore à moitié pris par son rêve. Plusieurs fois il tourna la tête. Personne ne marchait à côté de lui. Il croisa quelques piétons. Un cycliste le dépassa, ralentit et cria :

— Salut, Dubois, je te reconnaissais pas, avec ton galure!

— Salut, Goyet! cria Julien.

Puis, malgré lui, il murmura :

— C'était un copain, à l'école...

Il s'arrêta soudain en s'apercevant qu'il parlait seul. Autour de lui, la rue était vide. Alors, il repartit et prit à gauche. Il passa devant le lycée, sous les grands arbres, longea le mur de l'école annexe d'où les gros marronniers de la cour débordaient. Il y avait encore de la lumière dans la classe du directeur où des normaliens devaient travailler. Julien respira profondément et ralentit un peu. Devant la grille, il s'arrêta un instant, soupira et repartit. Cent mètres encore, une vieille barrière noire rafistolée, la grille peinte au minium..., le loquet cliquette..., le jardin est là. Il entre, il referme... Entre les arbres, perdue dans la nuit, la maison se devine, à peine plus claire que le hangar noir qui se trouve tout au fond de la propriété.

Julien suivit l'allée dont son pied reconnaissait chaque caillou. A droite, au flanc de la colline de Monciel, les fenêtres du séminaire clignotaient.

Il gravit sans bruit l'escalier de pierre. Cependant, il entendit les lapins courir dans leurs cages en heurtant les cloisons de planches qui résonnaient. Sur le palier, il s'arrêta, approcha son oreille de la porte. Une voix étouffée par l'épaisseur du bois demanda :

— Tu as entendu les lapins?

— Oui, ça doit être lui qui arrive.

Alors Julien ouvrit. Clignant des yeux, il dit en entrant :

— Oui, c'est moi.

— Mon Dieu! fit sa mère.

Le père, qui était assis, les deux pieds posés sur la porte ouverte du four de la cuisinière, se leva en silence. Il laissa son journal et ses lunettes sur la table, fit un pas et regarda Julien.

— Tu as l'air d'un voyou, avec ce chapeau, dit-il.

Julien ôta son chapeau. Sa mère était obligée de se lever sur la pointe des pieds pour l'embrasser.

— Comme tu as grandi, disait-elle. Comme tu as grandi.

Il dut se baisser pour embrasser son père.

— Mais ce costume n'est pas à toi, dit la mère.

— Je ne peux plus enfiler le mien.

— Mon Dieu! répéta-t-elle. Mais alors, tous tes habits doivent être trop petits.

— C'est juste, mais je peux encore les mettre.

— Tu m'as rapporté du linge à raccommoder?

— Ah! non.

— Mais enfin, je te l'ai dit sur ma dernière lettre, à quoi penses-tu?

Julien haussa les épaules.

— Et ce chapeau, demanda le père, ce n'est tout de même pas à toi?

— Non, c'est un copain qui me l'a prêté.

— Je ne veux pas te voir avec ça. Vraiment, tu as l'air d'un voyou.

— Tu dois avoir faim, dit la mère.

— Oui, un peu.

— Est-ce que tu manges bien, là-bas?

— Il a forci, constata le père en regardant les épaules de Julien.

— J'arrive à monger un étage avec un sac de cent kilos sur le dos, dit Julien.

Le père sourit. Il passa sa main sur sa moustache, puis sur son crâne luisant, à peine couronné de quelques cheveux blancs très courts, il toussa un peu avant d'expliquer :

— De mon temps, les sacs de farine faisaient cent vingt kilos. Ça venait tout par le chemin de fer. J'allais chercher tout ça en gare avec le cheval. A deux, mon commis et moi, on déchargeait cent sacs dans notre après-midi...

— Tu lui as déjà raconté ça vingt fois, Gaston, dit la mère.

— C'est bon, je sais bien que rien ne vous intéresse.

Le père reprit son journal. La mère s'était approchée de son fourneau et remuait ses casseroles. Julien regarda la cuisine qui lui semblait toute petite.

— Et ton patron, demanda la mère, il est gentil?

Le père reposa son journal, et fit glisser vers le milieu de son nez ses petites lunettes à monture de fer. Baissant un peu la tête et levant les yeux, il regarda Julien par-dessus les verres.

— Il n'est pas méchant, dit Julien.

— Tu n'as pas l'air très emballé, remarqua le père. Est-ce que le travail te plaît, au moins?

Julien fit oui de la tête.

— Bien sûr... Bien sûr.

— Qu'est-ce que tu sais déjà faire? demanda le père.

Julien réfléchit. Il pensait au four, à la plonge, aux courses. Comme il ne répondait pas, le père questionna :

— Tu sais pétrir la brioche?

— Non, pas encore. On n'apprend pas ça la première année.

— Alors, les autres pâtes?

— Je sais faire la crème cuite, la pâte à choux..., monter des blancs pour la meringue.

— A la main?

— Non, à la batteuse.

— Et encore?

— Il y a un tas de choses, je ne peux pas tout t'expliquer.

Le père se gratta de nouveau le crâne, tapota de la main son journal et dit encore :

— C'est curieux, à l'entendre parler, je n'ai pas l'impression que son métier lui plaise tellement.

La mère haussa les épaules et retourna près de son fourneau.

— C'est encore bien nouveau, dit-elle. Tu en voudrais trop, toi.

Le père soupira, remonta ses lunettes et se remit à lire. Julien le regardait. Il semblait plus voûté, plus tassé sur lui-même, son visage brun était plus ridé. Une ligne presque nette partageait en deux son front, hâlé vers le bas, blanc et luisant vers le haut. La mère avait toujours son chignon gris, sa nuque bronzée, son corps sec et menu, ses avant-bras musclés et ses grosses mains dures, tannées.

— Est-ce que tu vois régulièrement ta tante? demanda-t-elle.

— Oui.

— Comment vont-ils?

— Bien.

Elle se tut, alla jusqu'au placard où elle prit trois assiettes qu'elle posa sur la table. Le père plia son journal. Plus personne ne parlait. Dehors, la nuit était calme. Dans la cuisinière, le feu de bois ronflait doucement et la bouillotte soufflait en silence un long jet de buée.

Julien regardait tout autour de lui. Il retrouvait tout : la tapisserie, la lampe avec son abat-jour de perles, l'escalier de bois montant vers les chambres, le petit meuble, le vide-poche avec son paysage de neige... Il retrouvait tout. C'était SA maison. Et pourtant, il y avait là comme une gêne, comme une angoisse indéfinissable.

La mère servit la soupe et s'assit en face de Julien. Elle le regarda, sourit, respira longuement et demanda :

— Tu n'es pas malheureux, au moins, là-bas?

— Mais non, maman, je suis très bien.

Elle regarda le père puis de nouveau Julien et finit par dire :

— J'ai vu le directeur de ton école, l'autre jour. Il m'a demandé de tes nouvelles. Il m'a dit... (Elle chercha ses mots) il m'a dit que si tu voulais retourner, ce ne serait jamais trop tard. Il t'aimait bien, tu sais.

Julien baissa la tête. Sa mère attendit un instant avant de poursuivre :

— Il dit que c'est dommage que tu aies quitté. Il sait bien que ton maître ne t'aimait pas. Je crois que lui-même ne l'estime pas beaucoup. Tu n'es pas le seul à avoir quitté à cause de cet homme. Mais le directeur m'a dit : « Un coup de « tête : ça se comprend... Mais s'il revenait, il ne « serait plus dans la même classe, il aurait vite « rattrapé. »

Elle hésita. Julien mangeait. Il ne répondit pas. Alors, presque à mi-voix, la mère demanda :

— Tu ne penses pas que ce serait encore temps?

Julien leva la tête. Il cherchait une réponse, mais le père lança :

— Allons, ça ne rime à rien. Dans la vie, il faut choisir une bonne fois, il ne faut pas être toujours à s'asseoir entre deux chaises.

Julien sourit en regardant sa mère, et il lui sembla qu'elle avait une larme au bord des paupières.

39

Le lendemain, Julien passa une partie de la matinée dans le jardin. Le temps était clair, il faisait chaud, mais, pour la terre, c'était encore l'hiver. Le père avait seulement commencé de sortir le terreau des couches et bêché quelques carrés. Julien passa près du buis géant qui borde le chemin; il se baissa; sous les branchages, il y avait encore deux ou trois planches, une vieille balle crevée et un morceau de bois taillé en forme de fusil, Julien eut un instant envie de se glisser là, mais il se redressa et revint vers la maison. Le père donnait du foin à ses lapins. Julien en caressa un gros gris dont le poil était soyeux. Le père sourit :

— Ils te reconnaissent, dit-il.

— Là-bas, dit Julien, il y a une chatte, elle vient tout le temps près de moi.

— Les chats, c'est une belle saloperie, dit le père. Ils sont toujours en train de me saccager mes semis.

Julien s'éloigna lentement. Le père lança :
— Tu iras dire bonjour à ton frère!
Julien rentra à la cuisine.
— On dirait que tu t'ennuies, dit la mère.
— Non, je me promène. Je regarde tout.
La mère soupira. Elle leva vers lui des yeux qui semblaient supplier.
— C'est vrai, demanda-t-elle doucement, tu ne veux pas revenir?
Julien fit non de la tête en souriant.
— Papa dit qu'il faut que j'aille voir mon frère; j'y vais à présent?
— Oui, dit-elle, va. Après, tu pourras faire ce que tu voudras.
Julien partit. Les entrepôts de son demi-frère, Paul Dubois, n'étaient pas très éloignés. Devant le quai d'embarquement, deux chauffeurs déchargeaient d'un camion des caisses à claire-voie pleines de boîtes de conserves.
— Tu viens t'embaucher? demanda l'un d'eux.
— Non, dit Julien, je viens voir mon frère.
— Il n'est pas là, mais la patronne est au bureau.
Il entra dans le petit bureau vitré où se tenait sa belle-sœur.
— Alors, dit-elle, te voilà en congé!
Elle était petite et blonde, un peu boulotte sur des jambes courtes. Elle menait les ouvriers avec beaucoup d'autorité et pourtant, elle plaisantait constamment.
— Alors, ça marche la pâtisserie? demanda-t-elle.
— Ça va.
— Il paraît qu'il n'est pas commode, le père Petiot.

— Vous le connaissez?

— Non, mais nous avons des amis qui le connaissent. Ils disent que, chez lui, les apprentis sont menés dur.

Elle souriait. Julien resta indécis un long moment, puis demanda :

— Est-ce que vous avez parlé de ça à ma mère?

— Non, je ne l'ai pas vue ces temps derniers.

— C'est pas la peine de lui en parler, elle se ferait du souci.

— Parce que c'est vrai, il est très dur?

— Oh, dit Julien, il crie souvent, mais on s'y fait. Seulement, vous savez bien comme elle est, ma mère, elle se ferait du souci.

— Ne t'inquiète pas, je ne lui dirai rien.

Elle était assise dans un fauteuil pivotant. Elle se tourna de façon à approcher ses jambes d'un radiateur électrique qui se trouvait à côté de son bureau, et demanda :

— Tu ne regrettes tout de même pas d'être parti?

— Non, je suis bien.

— Est-ce que les autres ouvriers sont gentils?

— Oui, très gentils. Et puis, j'ai des copains dans les autres boîtes.

— Ah oui, tu sors beaucoup?

Il sourit.

— Ça non plus, faut pas le dire, fit-il, mais le soir, on sort en douce pour faire de la boxe ou aller au cinéma.

— Je vois que tu te débrouilles. Je crois que ta maman n'a pas à se faire de bile. Tu sauras te défendre tout seul.

Julien n'avait jamais bavardé aussi longuement avec Micheline. Il lui semblait qu'à elle, il pouvait tout confier. Il hésita pourtant un moment puis, comme elle se remettait à feuilleter un livre de comptabilité, il dit :

— Et puis, pour se défendre, on a le syndicat.

Elle leva la tête, le regarda en clignant des yeux et demanda :

— Ah oui, vous êtes syndiqués? C'est très bien ça.

— Oh, nous ne sommes pas nombreux. Les autres ont peur. Ou bien ils ne sont pas d'accord. On ne peut pas faire grand-chose pour l'instant. Mais le secrétaire prétend que la plupart finiront par y venir. Je crois qu'il a raison. Alors, une fois qu'on sera en force, il y aura sûrement du changement.

Micheline semblait très intéressée. Elle hochait la tête et se grattait la tempe avec un porte-plume.

— Et qu'est-ce que c'est, comme syndicat? demanda-t-elle.

— C'est la C.G.T. Ils ont l'air gonflés, vous savez.

Elle eut une moue et un mouvement de la tête admiratifs.

— C'est très bien, dit-elle. Très bien. Et ça, tu l'as expliqué à ta maman?

Julien la regarda un instant, puis, cherchant un peu ses mots, il demanda :

— Vous croyez qu'il faut que je lui dise?

Elle rit.

— Ah, moi, dit-elle, je ne sais pas. C'est à toi de voir.

— C'est toujours pareil, elle risque de se faire du souci.

— Au contraire, si elle sait que tu es bien défendu, elle sera plus tranquille.

— Ça se peut, mais elle n'est pas très au courant de ces choses, et mon père non plus. Savoir s'ils comprendront bien.

— Moi, à ta place, je leur dirais tout de même. En leur expliquant bien, ils comprendront certainement...

Elle n'acheva pas. Un homme en blouse blanche venait d'entrer dans le bureau. Elle le salua puis, embrassant Julien, elle le poussa doucement vers la porte en disant :

— Au revoir, Julien. Et travaille bien. Au revoir.

Julien retourna chez ses parents où il passa le reste de la journée à se promener d'une pièce à l'autre. Il monta aussi dans le grenier du hangar. Là, dans un coin, entre le tas de foin et deux vieilles malles, il y avait une grande caisse pleine de jouets. Julien s'assit un moment à côté, empoigna un saxophone que la rouille commençait à piqueter, fit jouer les touches qui ne joignaient plus, mais ne porta pas jusqu'à ses lèvres le bec couvert de poussière. En bas, la corde lisse et les anneaux pendaient à la grosse poutre.

Le père qui réparait de vieux vitraux demanda :

— Tu fais de la gym, à Dole?

— Non, dit Julien, je ne peux pas. Et toi?

— Moi, dit le père, je fais encore mes tractions et ma planche arrière tous les matins. Et l'autre jour, je suis passé devant la salle de la Lédonienne pendant qu'ils s'entraînaient. Turcot, le moniteur, leur a dit : « Tiens, les jeunes, voilà un

« ancien de Joinville, je suis sûr qu'il en remon-
« trerait à pas mal d'entre vous. » Je m'approche. « Ça se peut, » que je dis. Il me demande mon âge. « Soixante-quatre sonnés. » Dans ceux qui étaient là, il y avait deux de tes copains qui me connaissaient. Ils m'ont dit : « Allez, monsieur Dubois, les anneaux! » J'ai piqué une planche avant, bascule, descente en croix de fer et planche arrière. Si tu les avais vus, les gamins, quand je suis descendu!

Julien regardait son père qui s'était arrêté de travailler et pétrissait d'une main une boule de mastic. Les muscles secs de son avant-bras roulaient sous sa peau brune. Le vieux frappa sa poitrine de son autre main, et dit encore :

— Si ça n'était pas le souffle qui me manque, depuis cette sacrée congestion, ce serait bien autre chose, tu peux être tranquille!

Il se remit à mastiquer ses carreaux. Julien s'éloigna dans le jardin. La mère rinçait du linge, dans une bassine, près de la pompe.

— Tu veux que je te tire de l'eau, maman? demanda-t-il.

— Non, mon grand, merci, j'ai fini.

Elle se releva en portant une main à ses reins.

— On dirait que tu t'ennuies, ici.

Julien eut un geste vague.

— Mais non, dit-il, mais non.

Il chercha ses mots, se pencha un peu vers l'eau du grand bac fait d'une ancienne cuve de pétrin en bois, puis, s'approchant de sa mère, il expliqua très vite :

— Tu comprends, c'est trop court, je ne peux rien commencer. En une journée, qu'est-ce que tu veux que je fasse?

— C'est vrai, murmura la mère, il va déjà être l'heure que tu repartes.

Ils restèrent un long moment immobiles, à se regarder en souriant.

Le ciel était toujours clair mais le soleil avait déjà disparu derrière la colline.

40

Pour Julien, le départ de Lons fut un soulagement. Il avait bien retrouvé sa maison, son jardin, ses parents, mais quelque chose semblait avoir disparu. Tout paraissait un peu vide, presque inaccessible.

Dans l'autocar, il essaya de reprendre le cours de son rêve de la veille, mais il y avait beaucoup de monde et il dut faire le voyage debout. Durant toute la première moitié du trajet, il s'imposa de penser seulement à la fille de la rue Pasteur, se répétant constamment :

— Faut lui parler... Je lui parlerai... Je lui parlerai.

Ensuite, il eut du mal à fixer sa pensée. Des images revenaient sans cesse : celles de sa mère, la maison, le jardin, le hangar et son grenier. A mesure que le car approchait de Dole, Julien devait lutter contre une envie ridicule de pleurer, qui lui serrait la gorge. A présent, c'était le visage grimaçant de M. Petiot qui s'imposait à lui.

Il arriva à 8 heures du soir. Maurice l'attendait.

— Tu viens t'entraîner, les singes ne rentreront pas avant minuit, on est peinards.

Julien s'était laissé tomber sur son lit.

— Qu'est-ce que tu as, demanda Maurice, ça ne va pas?

— Si, ça va.

Maurice se mit à rire.

— C'est rien, dit-il. Un peu de cafard, je connais ça, les premières fois qu'on retourne chez soi, ça fait toujours cette impression; après, on ne s'en soucie même plus. On s'en va, on revient, des fois même on est content de se retrouver ici.

Julien le regarda. Il était au bord des larmes. Son camarade s'approcha et s'assit sur le lit à côté de lui. Ils demeurèrent un long moment sans parler, puis Maurice proposa :

— Si tu veux, je reste ici avec toi, on discutera le coup. Mais je crois que tu ferais mieux de venir t'entraîner, ça te changerait les idées.

— Ça ne me dit rien.

— Bien sûr, mais une fois que tu seras là-bas, ça ira mieux. Tu sais, quand on prend des pains sur la gueule, on ne pense qu'à les rendre, c'est un bon truc contre les idées noires.

Julien quitta le costume de Maurice, enfila ses vêtements de pâtissier et ils sortirent.

Dans la chambre de la rue des Arènes, les autres cognaient déjà. Seul dans son coin, derrière les lits entassés, Dominck lisait. Julien le rejoignit, ils bavardèrent quelques instants puis Zef appela Julien.

— Allez, c'est à toi.

— Je suis crevé, dit Julien.

— Tu te dégonfles parce que c'est ton tour de rencontrer Barnaud, ça va; c'est pas la peine que tu aies mis presque k.-o. la semaine dernière Pilon qui fait dix kilos de plus que toi.

— C'était un coup de veine, dit Barnaud.

— Il a dû revoir une petite, à Lons, ça l'a pompé, lança Zef.

Les autres riaient. Julien se leva et commença de quitter sa veste.

Il n'avait encore jamais boxé contre Barnaud qui ne venait pas s'entraîner régulièrement. Tandis que Maurice lui lançait ses gants, il l'examina. Barnaud était à peine plus grand que lui, mais sans doute un peu moins lourd. Ses bras étaient secs, ses muscles longs apparaissaient comme des câbles sous sa peau blanche. Il avait trois ans de plus que Julien et était ouvrier chez un boulanger-pâtissier de la place Nationale. Les autres l'appelaient parfois le pétrisseur de pain bénit, parce que la porte du fournil de son patron donnait tout près de la cathédrale.

— Prêts? demanda Pilon.

— Prêt, dit Barnaud.

— Prêt, répéta Maurice en poussant Julien vers le centre de la pièce.

Julien se mit aussitôt à danser, promenant sa garde de bas en haut et de gauche à droite. L'autre bougeait moins que lui. Ils l'observèrent quelques secondes.

— Allez, pas de chiqué, cria Zef, boxez!

Barnaud plongea, le gant droit en avant, mais Julien le vit arriver et ferma sa garde où le coup fut bloqué net. Les camarades s'animèrent. Barnaud attaqua trois fois et, trois fois, Julien esquiva ou bloqua. Comme un mouvement rotatif l'avait amené devant Maurice, il l'entendit qui lui soufflait :

— Contre... Contre!

A présent, Julien se trouvait bien. Il ne pensait plus qu'au combat. Le regard au ras de sa garde, il observait le visage anguleux de son adversaire, devançant ses attaques. L'autre, très calme au début, s'énervait un peu. Ses coups partaient plus rapides et plus appuyés, mais arrivaient mal. Les autres criaient :

— Appuie, Barnaud!

— Bien, Julien!

— Attaque, Julien. Attaque, bon Dieu!

Julien les entendait, mais sans prêter attention à ce qu'ils disaient. Il essayait seulement de saisir les conseils de Maurice. Par instants, il lui semblait que ce n'étaient pas seulement quelques copains qui criaient dans une chambre où la poussière volait en nuages épais, mais toute une foule massée autour d'un ring, dans une immense salle. A la fin du premier round, tandis qu'il était assis dans son coin, devant les lits, Maurice lui expliqua :

— Tu as loupé dix occasions de l'appuyer. Tu bloques au poil mais tu n'as pas contré une seule fois...

— Tais-toi donc, tu déconnes.

Ils se retournèrent. C'était Dominck qui parlait. Dominck qui ne se mêlait jamais de ces choses-là et qui venait de se pencher par-dessus le lit.

— Qu'est-ce que tu racontes, dit Maurice.

— Tais-toi! Ecoute-moi, Julien. Ce mec est à ta main. Il est nerveux comme une jument folle; toi, ce soir, tu es calme. Tiens encore un round comme ça, sans attaquer...

— Non, dit Maurice, faut qu'il contre.

Dominck se fâcha.

— Tu vas la boucler, morpion! Fais ce que je te dis, Julien. Tu vas le mettre hors de lui. Au début du troisième round, il n'aura plus de souffle. Alors là, à toi de jouer : le paquet d'un seul coup!

Dominck n'ajouta pas un mot. Il retourna s'asseoir et se remit à lire. Maurice ricanait :

— Fais comme tu veux, si tu te fais sonner, tu verras bien.

En regagnant le centre de la chambre, Julien ne savait pas comment il allait agir. Cependant, lorsqu'il vit Barnaud attaquer de façon désordonnée, il comprit que Dominck avait certainement raison. Les coups étaient encore très forts, mais de moins en moins précis. Le visage de Barnaud se tendait, se contractait de plus en plus. Par deux fois Julien vit l'ouverture et le coup au but possible, mais il évita d'attaquer, pour ne pas se découvrir. A la fin de ces trois minutes, il était à peine essoufflé.

— Tu as encore manqué des occasions, ragea Maurice. Tu vas faire le con jusqu'à ce qu'il te touche. Fais gaffe; il cogne plus sec que toi.

Julien ne répondit pas. Tournant la tête, il regarda en direction de Dominck. Dominck qui l'observait par-dessus son livre, lui fit un simple clin d'œil. Julien sourit.

Dès la reprise du combat, toujours extrêmement nerveux, l'autre se précipita, frappant de toute sa force en directs et en crochets. Julien laissa passer la première rafale de coups qui arriva dans ses gants et sur ses épaules. Puis, comme l'autre se découvrait, au moment précis où il allait plonger dans cette ouverture, le poing droit en avant, il entendit la voix un peu rauque de Dominck qui lançait :

— Droite!

Julien eut l'impression que ce cri avait tiré son gant en avant, décuplant sa force. Le coup arriva exactement au plexus solaire de Barnaud qui se courba en deux avec un : « Han! » venu du fond de la gorge. Le poing gauche de Julien partait déjà lorsque Dominck cria :

— Gauche face!

La tête de Barnaud fut secouée et rejetée en arrière. Sa garde baissa. Julien le vit fléchir les jambes, vaciller comme s'il allait partir en arrière puis, revenant en avant, tomber à genoux.

Pilon qui arbitrait repoussa Julien et commença de compter.

— Un, deux, trois, quatre, cinq...

Barnaud se releva lentement. Déjà Julien s'approchait de lui lorsqu'il dit :

— Ça va, j'abandonne.

Il y eut un tumulte de cris et de pas. Julien sentit que Pilon lui levait la main en annonçant sa victoire. Il regarda vers les lits, mais Dominck, plongé dans son livre, ne semblait même pas s'être aperçu que des garçons boxaient à côté de lui.

Julien se rhabilla. A présent, dans la poussière de plus en plus épaisse sous l'ampoule qui se balançait au bout de son fil, c'était au tour de Pilon et de Zef de mettre les gants. Maurice arbitrait. Barnaud était sorti dans la cour. Julien revint s'asseoir près de Dominck qui posa son livre. Un temps ils se regardèrent en souriant.

— Merci, dit Julien.

L'autre haussa les épaules.
— Tu parles!
— Tu as donc fait de la boxe, toi?
— Oui, quand j'étais gosse. Mais j'ai surtout vu les autres en faire.
— Ici?
Dominck se mit à rire.
— Non, dit-il, c'est pas de la boxe, ici c'est de la rigolade.
— Où donc?
— Mes parents sont forains... Ils ont une boutique de confiserie et ils font toutes les fêtes foraines. Tu les verras, pour la Pentecôte, ils seront sur le cours. Quand j'étais gosse, j'étais toujours chez mon grand-père qui tenait une baraque de lutte et de boxe.
— Je croyais que c'était tout de la blague, ça?
— Bien sûr, mais il faut tout de même que les mecs sachent boxer, pour le cas où ils tomberaient sur un type qui ne soit pas dans le coup. C'est rare, mais ça arrive.
Julien suivait le combat qui se déroulait de l'autre côté des lits et, de temps à autre, il regardait Dominck.
— Tu pourrais leur donner des conseils, dit-il, pourquoi tu ne le fais pas?
— Je m'en fous, dit Dominck; et puis ce sont des toquards
Julien hésita et finit par demander :
— Et moi, alors, pourquoi tu m'as dit ce qu'il fallait faire pour battre Barnaud?
Dominck parut embarrassé. Il ouvrit son livre qu'il feuilleta pour le reposer ensuite sur la table.
— Ça m'amusait que tu dérouilles ce grand con

qui a trois ans de plus que toi et qui croit toujours que c'est arrivé.

Julien regardait Pilon dont le visage saignait. Il suivit encore le combat un moment avant de demander à Dominck :

— Et moi, tu crois que je pourrais boxer?

— La preuve, tu boxes bien, quand tu veux.

— Non, mais je veux dire : boxer vraiment... en professionnel. Faire une carrière, quoi!

L'autre hocha la tête, il souriait, mais pourtant, son regard semblait triste.

— Mon pauvre vieux, dit-il. Entre vos conneries et la boxe, il y a un monde... Tu ne te rends pas compte, tu es trop jeune.

Il s'arrêta, tourna la tête vers le centre de la pièce où les coups pleuvaient dans un concert de cris et de jurons.

— Regarde, dit-il, si c'est ça qu'ils appellent de la boxe... Enfin, si ça les amuse, moi, ça me laisse froid.

Il eut un long soupir et reprit son livre.

— Qu'est-ce que tu lis? demanda Julien.

— *Le Feu*, de Barbusse. Je ne le lis pas, je le relis.

Julien regarda le livre dont la couverture était une photographie représentant des soldats dans une tranchée.

— C'est un livre sur la guerre, dit-il.

— Non, c'est un livre *contre* la guerre. C'est pas pareil.

Il reprit sa lecture. Le combat était arrêté et les autres se chamaillaient. Julien les écouta un moment, mais la voix de Dominck lui revenait, répétant : « Entre vos conneries et la boxe, il y a un monde. » Tout à l'heure, en quittant ses gants,

Julien avait pensé à la fille de la rue Pasteur. Son rêve de l'autocar lui avait paru plus proche. Il avait imaginé un visage encadré de longs cheveux au premier rang des fauteuils de ring; un visage qui souriait pour lui seul.

Machinalement, il se mit à feuilleter un exemplaire d'une revue qui se trouvait sur la table. Il regardait les images sans chercher à comprendre ce qu'elles représentaient. A un certain moment, Dominck lui demanda :

— Qu'est-ce que tu en penses?

— De quoi?

— Ben, de ça, pardi.

Il lui désignait une page de photographies en couleur. Julien regarda mieux. Les photos représentaient un grand parc aux allées bien fleuries. Il y avait une énorme voiture américaine arrêtée devant le perron d'une villa. A côté, c'était l'intérieur d'une pièce entièrement tapissée de feuilles d'or.

— Tourne la page..., dit Dominck. Regarde, deux piscines, un bassin. Et si tu lisais le texte, tu serais écœuré.

— C'est très beau, dit Julien.

— Ça, pour être beau, c'est beau. Une belle pourriture. Eh bien, tu vois, si les gens étaient moins bornés, un journal comme celui-là qui est pourtant le plus dégoûtant des réactionnaires serait, pour nous, le meilleur moyen de propagande.

— Je ne comprends pas.

— Comment, tu ne penses pas qu'il devrait suffire à ceux qui crèvent de faim de regarder ça une seule fois pour devenir communistes?

Julien hocha la tête. L'autre poursuivit :

— Eh bien, ces connards-là trouvent encore

moyen de prélever du fric sur leur casserole de patates à l'eau pour acheter ces journaux-là! Et, s'ils les achètent, fais-moi confiance, c'est pas pour repérer les types qui étalent tout ce luxe et aller y foutre le feu le jour venu; non, c'est pour baver devant (Il se mit à rire.) Rêve de bonniche! Le prince charmant. La grosse bagnole. Une vedette fabriquée en un mois à coups de publicité et qui ramasse une fortune! Et quand je pense que les types qui achètent ces torchons ne veulent même pas payer une cotisation à la C.G.T.!

Il avait perdu un peu de son calme, mais pourtant, malgré la colère, sa voix demeurait égale. Il parla encore longtemps des vedettes, de l'admiration idiote des jeunes, du vrai talent et des fausses gloires qui s'écroulent après un bouquet d'étincelles. Julien l'écoutait. Il ne comprenait pas très bien cette colère, et pourtant, il lui semblait que ce petit homme chétif, aux yeux noirs et vifs, au visage mobile, détenait quelque chose d'indéfinissable, de précieux, que les autres ne soupçonnaient même pas.

Julien l'écouta longtemps; peu à peu, il se laissa aller, et cette voix qui coulait à côté de lui ne fut plus, bientôt, qu'un murmure confus. Cependant, il prêta de nouveau l'oreille lorsqu'il entendit parler de la guerre. Dominck disait des choses étranges, des choses que Julien n'avait jamais entendues. Pour lui, la guerre, c'étaient les histoires cent fois racontées par son père et quelques autres hommes de son âge; c'était aussi deux films : *Les Croix de Bois* et *A l'Ouest rien de nouveau.* Et puis, c'était surtout une tranchée creusée dans le fond du jardin où il s'était amusé longtemps. C'était la cabane sous le vieux buis et un fusil de bois; c'était un vieux casque cabossé et des mottes de terre lancées contre les murs où elles éclataient en libérant un petit nuage de poussière. Tandis que Dominck parlait, Julien revoyait certains jeudis matin : pendant que ses parents étaient au marché, des camarades venaient le retrouver, se terraient avec lui dans la tranchée pour repousser l'assaut des garçons de la rue des Salines. Mais c'était une chose qui n'était arrivée que trop rarement. Et la guerre pour lui, c'était en fin de compte une collection de *l'Illustration* feuilletée cent fois, et un immense désir d'être libre pour rejoindre les autres; les camarades de classe pour qui la bataille ne se limitait pas à un jeudi matin.

A présent, il entendait un garçon à peine plus âgé que lui de trois ou quatre années, qui parlait de désertion, de refus d'obéissance, de mouvement international, de montée du fascisme....

Soudain, Dominck se leva. Il posa sa main sur l'épaule de Julien en disant :

— Tu ne me crois peut-être pas, mais tu verras, tu verras que j'ai raison. Un jour ou l'autre, tu le verras.

Julien fut sur le point de dire : « Mais quoi donc? » Cependant il se tut. Il y avait un grand tumulte en lui. Sa tête sonnait, lui faisait presque mal.

Les autres étaient sortis se laver dans la cour. Dominck l'accompagna jusqu'à la porte et lui serra la main en disant :

— On se verra un de ces jours, on reparlera de tout ça, un peu plus tranquillement.

41

Les jours grandissaient très vite. A présent, lorsque Julien partait livrer les croissants, le soleil se levait. Parfois, un peu de brume demeurait dans les rues en pente, coulant lentement vers le port. Les soirs étaient tièdes, et quand ils ne pouvaient rester sur le seuil du couloir, Maurice et Julien allaient s'étendre, pour lire, sur le petit toit, devant la fenêtre de leur chambre. L'appproche du printemps avait aussi réveillé les punaises, et les apprentis retournaient sur le toit après le dîner. Ils y restaient, enroulés dans une couverture, jusqu'au moment où le froid et l'humidité de la nuit les obligeaient à rentrer.

— L'été, disait Maurice, quand il fait vraiment très chaud, avec le four en dessous, c'est intenable dans cette piaule, alors on couche sur le toit toute la nuit.

Un matin, en commençant le travail, le chef leur dit :

— Il faudra bien demander au patron qu'il

fasse désinfecter votre chambre avant les chaleurs, ça tuera toujours quelques bestioles. Il paraît qu'il existe de nouveaux produits qui font beaucoup d'effet.

— On est tellement bien reçu, quand on demande quelque chose, dit Maurice.

— Bien sûr, dit le chef, si nous étions syndiqués, ce sont des choses que le syndicat obtiendrait pour nous.

Les autres le regardèrent. Il continuait de parler, sans quitter des yeux son travail.

— J'ai bien réfléchi, dit-il. Ce qui est ennuyeux, avec la C.G.T. c'est que nous n'arriverons jamais à y amener tout le monde. C'est politique, alors c'est gênant.

Il s'arrêta un instant. Personne ne dit rien. Maurice desséchait sa pâte à choux sur le fourneau où la casserole faisait bringuebaler les cercles de fonte, le chef attendit le silence et reprit :

— Hier soir, j'ai rencontré Worms, vous savez, l'Alsacien qui est chef chez Morel. On a parlé de la question, lui aussi aimerait bien qu'on soit syndiqués. Et il prétend même qu'on peut très bien le faire comme ça, entre nous.

Personne ne répondit. Le rouleau de Victor sonnait clair sur le marbre. Le fouet de Maurice battit le fer d'un récipient où il préparait la crème cuite. Au bout d'un moment, le chef demanda :

— Alors, qu'est-ce que vous en dites?

— C'est à voir, fit Victor.

— Ma foi, fit Maurice.

— Moi, dit Julien, je ne sais pas.

Il tourna la tête, et son regard rencontra celui du chef qui lui parut dur et inquiet. Il empoigna une plaque garnie qu'il porta dans l'étuve. Lorsqu'il revint au tour, le chef expliquait :

— Voilà ce que Worms propose : il voudrait qu'on se réunisse un soir dans un café. Demain ou après-demain, par exemple, ce serait vite fait de prévenir tout le monde. Alors, là, on discuterait.

Ils fixèrent une date, et le chef demanda au patron, pour Maurice et Julien, l'autorisation de sortir ce soir-là.

— Bien entendu, dit M. Petiot. Former un syndicat autonome est votre droit le plus absolu, si la C.G.T. ne vous intéresse pas.

Ils se retrouvèrent tous dans une petite salle de café. Julien remarqua seulement que Dominck et Zef étaient absents. Colette non plus n'était pas venue. Worms parla le premier. Il était blond et trapu, avec une grosse voix et un accent alsacien très prononcé. Il expliqua ce qu'il entendait faire, puis il ajouta :

— Je propose qu'on vote pour élire un bureau.

A la demande générale, l'élection se fit à main levée. Worms fut élu président, André Voisin, le chef de Julien, secrétaire, et un ouvrier que Julien ne connaissait pas, fut nommé trésorier. Ensuite, le secrétaire commença son travail en inscrivant sur un calepin les noms et prénoms de tous ceux qui décidaient d'adhérer à ce syndicat. En même temps, le trésorier encaissait la première cotisation.

— Je connais un imprimeur qui nous fera des cartes tout de suite, dit Worms, et pour pas cher.

Julien donna ses cinq francs et signa sur le calepin du chef, en face de son nom. Tous ceux qui étaient présents à la réunion signèrent.

Lorsqu'ils sortirent, le chef, Maurice et Julien remontèrent ensemble la rue de Besançon. Victor les avait quittés pour passer par la place Nationale. Ils parlèrent peu. La réunion avait été gaie, mais, à présent qu'ils se retrouvaient seuls, il y avait entre eux comme une gêne. Arrivés devant le couloir, le chef leur serra la main en disant :

— Bonsoir. Avant de monter, regardez si le four est bon et fermez le tirage.

Maurice et Julien ne restèrent que quelques instants au laboratoire. Dès qu'il eut éteint et refermé la porte, Maurice demanda :

— Tu n'as pas faim, toi?

— Si, un peu, mais qu'est-ce qu'on pourrait bien manger?

— Ici, pas grand-chose, à part les raclures et de la pâte d'amande, dit Maurice. Faudrait qu'on descende à la cave.

— Il n'y a pas de lumière à la salle, les singes sont couchés.

— On essaie d'ouvrir le trappon en douce?

Ils hésitèrent.

— Et si on se fait poisser? demanda Julien.

Maurice réfléchit un instant.

— Je dirai que je n'étais pas certain d'avoir recouvert les pâtes à brioches et à croissants avant de partir.

Ils traversèrent la cour sur la pointe des pieds, restèrent immobiles quelques instants devant l'entrée de la cave; puis lentement, promenant sa main sur la tôle, Maurice chercha la poignée. Dès qu'il eut à demi soulevé le trappon, il murmura :

— Allez, passe là-dessous, après, tu tiendras pour que je puisse entrer.

Ils descendirent dans l'obscurité totale, les

mains en avant. Une fois au milieu de la cave, ils se dirigèrent en fixant la faible lueur qui marquait le soupirail. Soudain ils s'arrêtèrent.

— Tu entends? souffla Maurice.

— Oui.

Ils se remirent à avancer, avec davantage de précautions encore.

Devant la porte du magasin, à quelques pas du soupirail, le patron et le chef parlaient.

— Je me doutais bien que ça marcherait, disait M. Petiot. En définitive, ça vaut mieux pour tout le monde.

— Bien sûr, dit le chef. Bien sûr.

— Au fond, les gosses ne sont pas mauvais, mais ils se laisseraient facilement entraîner. Ces salauds de communistes sont très forts, vous le savez aussi bien que moi.

Il y eut un moment de silence, puis le patron reprit :

— Entrez cinq minutes, pour boire un verre, vous m'expliquerez ça en détail.

— Non, non, dit le chef. Je ne m'arrête pas. D'ailleurs, il n'y a rien à expliquer. Tout s'est passé très vite. Worms a été très bien.

— Vous lui avez dit de faire imprimer vos cartes chez Masson?

— Oui, il ira demain.

— Masson est un brave type, je le connais bien, il vous fera un prix. C'est la moindre des choses; moi, je fais imprimer tous mes papiers chez lui. Et puis, au point de vue politique, il est très bien.

Il y eut un autre silence. Julien et Maurice retenaient leur souffle. Des chaussures frottèrent le trottoir et une ombre passa sur le soupirail.

— Allez, dit le chef, je rentre. Bonsoir, monsieur.

— Bonne nuit, à demain.

Le pas du chef s'éloigna, la porte du magasin se ferma et les deux apprentis entendirent claquer les targettes que le patron poussait. Puis plus rien. Un peu d'air frais coulait du soupirail où un papier retenu par les toiles d'araignées tremblotait, à peine visible.

— Pourvu que le singe n'entre pas dans la chambre, en montant se coucher, dit Julien.

— Ça m'étonnerait.

Ils revinrent lentement vers le milieu de la cave.

— Qu'est-ce qu'on fait? demanda Julien.

— Ce qu'on fait? Ma foi, on est venus pour bouffer, on va bouffer. Faut seulement attendre qu'il soit monté. Reste là.

Julien demeura immobile dans la nuit. Il entendait à peine les espadrilles de Maurice frôler la terre battue en s'éloignant lentement vers l'escalier. Le patron quitta la salle à manger et monta l'escalier. Dès que le silence fut revenu, Maurice se rapprocha.

— C'est pas la peine d'éclairer, dit-il, on sait jamais.

A tâtons il ouvrit le placard grillagé où l'on empilait les fonds de gênoises et les biscuits.

— Tiens.

Julien chercha dans l'obscurité, et sa main trouva le bras de Maurice qui lui tendait la moitié d'un fond d'entremets.

— C'est pour huit personnes, dit Maurice, faut bien ça.

Il referma les portes et reprit :

— Qu'est-ce qu'on pourrait bien bouffer avec?... Tu veux des olives?

— Non, c'est salé. Avec le sucré, j'aime pas bien.

— Paraît que les Américains aiment ça.

Julien entendit Maurice remuer des boîtes de conserves, puis des bouteilles.

— Si on avait un ouvre-boîte, on se paierait des cerises ou des ananas.

— Est-ce qu'il n'y a pas une grande boîte de compote de pommes d'entamée?

— Ça se peut, je vais chercher.

Maurice fouilla encore un moment, évitant le bruit et la casse, puis il finit par dire :

— Ça y est, on a même laissé une spatule dedans. Tu parles d'une chance!

Julien le rejoignit. Ses yeux s'étaient habitués à l'obscurité et il commençait à deviner les objets les plus clairs. Le visage de Maurice n'était qu'une vague tache pâle qui se déplaçait de temps à autre. Ils retournèrent près du soupirail et Maurice posa sur le bord du bac à œufs une grande boîte de compote. Là, ils y voyaient assez pour mettre la compote sur leur biscuit.

Ils mangèrent en silence et Maurice chercha une boîte vide pour tirer du vin à un tonneau. Julien n'aimait guère le vin pur, mais il fallait bien boire quelque chose, car le biscuit séchait la gorge. Ils mangèrent aussi de la compote seule, se passant la spatule en bois qu'ils utilisaient comme une grande cuillère. Quand ils eurent tout remis en place, Maurice demanda :

— Qu'est-ce que tu en penses, toi, de cette histoire du chef avec le patron?

— Je ne sais pas, dit Julien.

— C'est drôle... C'est vraiment drôle.

Julien ne répondit pas. Les paroles du chef et de M. Petiot étaient encore là, elles résonnaient dans cette rue vide. Elles résonnaient jusqu'au fond de lui; au fond de lui où sonnaient encore les pas du chef qui s'éloignait; qui n'en finissaient plus de s'en aller pour se perdre dans la nuit.

42

Le lendemain soir, Julien venait de porter les chocolats glacés au cinéma, lorsqu'il vit Dominck qui faisait les cent pas sous les arbres du cours Saint-Maurice. Dominck l'appela d'un signe et il le rejoignit. Ils se serrèrent la main et, aussitôt, Dominck se dirigea vers le milieu de la promenade. Arrivé à l'endroit d'où l'on domine la grande montée, il s'arrêta, se retourna et s'assit sur la murette.

— Alors, demanda-t-il très calme, tu as fait l'imbécile?

Julien le regarda sans répondre.

— Oui, quoi, reprit Dominck, tu es tombé dans le panneau comme un bleu que tu es. Il faudrait tout de même savoir ce que tu veux. On ne peut pas appartenir à trente-six syndicats.

— Moi, tu sais...

— Oui, oui, je sais. Tu n'es pas bien fixé. Mais enfin, tu n'as pas vu qu'ils se foutaient de vous? Est-ce que tu sais au moins de qui est venue cette idée de syndicat autonome?

— C'est Worms qui en a parlé à notre chef.
— Comme ça..., par hasard?
— Je ne sais pas, moi.
— Je croyais te l'avoir déjà dit : Worms n'est pas un mauvais type, mais il est trop copain avec le patron pour qu'on puisse lui faire confiance.

Dominck se tut soudain. Il réfléchit quelques secondes et demanda :

— La veille de votre sacrée réunion, ton patron ne vous a parlé de rien, au sujet de la C.G.T.?
— Non, rien.
— Evidemment. Il est fort. C'est un emporté, mais quand il le faut vraiment, il peut aussi savoir faire le poing dans sa poche.

Il se tut encore. Julien attendit un peu et demanda :

— Pourquoi, il y a eu quelque chose de nouveau?
— Le secrétaire a envoyé une circulaire à tous les patrons pour leur demander d'appliquer un horaire de travail conforme à la loi.
— Il n'a rien dit.
— Non, mais ils ont dû tous se voir. Ils savent que plusieurs d'entre nous sont inscrits et ils ont voulu prendre les devants pour éviter que d'autres noms suivent.

Dominck descendit de la murette, s'approcha de Julien et, le regardant au fond des yeux, il dit lentement :

— Ce syndicat, c'est ton singe, et le mien et les autres qui ont demandé aux chefs de le former... Tu comprends? Comme ça ils pourront dire à la C.G.T. : « Mais de quoi vous mêlez-vous? Il y a un syndicat qui groupe la majorité du personnel, c'est à lui que nous avons affaire. » Pour vendre leur camelote, ils se bouffent le nez, mais pour nous posséder, t'inquiète pas, ils savent se tenir les coudes, ils sont moins cons que nous!

Julien respira profondément. Il entendait encore le chef et le patron s'entretenant sur le trottoir après la réunion.

— Pourtant, dit-il, notre chef est un brave type. J'en suis certain. Il m'a toujours soutenu. Il est très bien pour nous.

— Tu me fais marrer avec tes braves types. Le père Petiot a suffisamment d'influence sur lui pour l'avoir entraîné à faire partie des Croix de Feu; c'était une rigolade, après ça, de l'amener à former ce syndicat. Il suffisait de lui dire qu'il travaillait dans votre intérêt à tous, pour vous empêcher de sombrer dans le communisme. De tomber entre les mains de la racaille. Je connais tellement bien ce genre de type que je pourrais te dire mot pour mot le discours qu'il a dû lui tenir, à ton chef.

Dominck s'arrêta un instant et se mit à ricaner en reprenant :

— Ces gens-là, il suffit de leur parler des communistes pour qu'ils perdent les pédales... Ton chef, c'est un peu plus qu'un brave type : c'est un pauvre type. Et les pauvres types de ce genre sont un danger, parce qu'ils se laissent mener par le bout du nez.

Julien essaya de réfléchir un moment. Tout devenait bien compliqué; tout se brouillait. Le soir qui noyait la ville dans une brume grise et bleue semblait entrer en lui et se mêler à ses idées.

— Et Worms, demanda-t-il, c'est pareil?

Dominck eut un mouvement de tête et un sourire un peu amer.

— Oh non! expliqua-t-il. C'est bien plus simple; mais c'est plus dégueulasse aussi... Worms, c'est avec une bonne pincée de pognon que Morel a dû lui faire comprendre ce qu'il attendait de lui... Et tu vois, pour tout le monde, Worms aussi c'est un brave type. Est-ce qu'on peut en vouloir à un père de famille d'accepter une augmentation de salaire?

Dominck se retourna et s'accouda au mur. Julien s'accouda tout près de lui. Dans la rampe du cours, les lampes venaient de s'éclairer. Sur le trottoir, le vieille prostituée était immobile, son sac au bras. Dominck la désigna d'un mouvement de tête et demanda :

— Est-ce que tu es déjà allé avec une putain?

Julien hésita. Dominck se tourna vers lui et pencha la tête pour mieux le voir, dans la pénombre.

— Non, dit Julien, jamais.

— Tu n'as rien à regretter; mais pourtant, si tu y étais allé, il y a sans doute bien des choses que tu comprendrais plus facilement.

Il regarda de nouveau vers la femme qui s'était mise à marcher lentement sans sortir de la clarté du lampadaire; il soupira et, très bas, il ajouta :

— Les putains ne sont pas toujours sur les trottoirs. Et puis, une putain, est-ce qu'on sait jamais pourquoi elle est putain?

Ils demeurèrent encore un moment immobiles. Il n'y avait pas de vent. La ville dormait déjà. Seule de temps à autre, une voiture passait sur la place Grévy ou la rampe du Cours, et le bruit de son moteur s'éloignait, prolongé par l'écho des façades.

— Allons, dit Dominck, il faut que tu rentres,

maman et papa Petiot pourraient se faire du souci.

Julien se redressa.

— Qu'est-ce qu'il faut faire? demanda-t-il.

Son camarade haussa les épaules.

— Pour le moment : rien. Faut attendre. Faut toujours attendre. (Il baissa la voix.) Et faut toujours espérer.

Ils marchèrent côte à côte jusqu'à la place.

— Je te laisse aller, dit Dominck. Bonsoir.

Julien s'éloigna. Il allait lentement. En haut de la rue de la Bière, il s'arrêta. Il imaginait la cuisine où le chef était peut-être encore à écouter la radio, à côté de sa petite femme blonde qui souriait en tricotant.

Plus loin, en suivant la même rue, il y avait également une maison devant laquelle Julien s'était attardé souvent. Il revit le visage de la fille aux longs cheveux flous... Le chef encore... sa femme qui souriait...

Sur le trottoir, en face de lui, quelqu'un approchait. Julien reprit son chemin. La nuit était là, presque froide. La ville ne dormait pas : elle semblait morte.

43

Dans le travail, rien n'était changé. M. Petiot continuait de plaisanter, de crier et de distribuer aux deux apprentis quelques coups de pied au derrière.

Victor plaisantait aussi; seul le chef semblait un peu plus sombre. Mais la vie allait toujours du même pas rapide, poussée par la besogne qui ne variait guère. Julien travaillait comme les autres. Il regardait parfois le chef en se répétant les paroles de Dominck; mais il revivait toujours les heures qu'ils avaient passées ensemble, lorsqu'ils préparaient la grande pièce d'étalage.

Et puis, Julien pensait de plus en plus à la fille de la rue Pasteur. Il l'avait suivie plusieurs fois jusque chez elle. Il connaissait les fenêtres de l'appartement qu'elle habitait avec ses parents, et, le soir, quand il pouvait sortir seul un moment, il descendait dans cette rue étroite et mal éclairée où les promeneurs étaient rares. Il passait plusieurs fois devant chez elle; s'arrêtait, regardait sa fenêtre éclairée, avec à la fois le désir et la crainte de *la* voir apparaître.

Colette ne quittait le magasin qu'au moment des repas et Julien ne se trouvait jamais seul avec elle. Claudine parlait toujours de Tino Rossi, mais elle était plus calme : depuis près d'une semaine, son fiancé était en permission.

Trois jours passèrent. Et puis, un après-midi, le patron vint au laboratoire et s'approcha de Julien.

— Ecoute-moi, mon petit, dit-il.

Julien cassait des œufs dans une bassine. Il s'arrêta et regarda M. Petiot. La voix du patron était douce, un peu hésitante. Il semblait très embarrassé. Les autres s'étaient retournés. Le patron regarda le chef, le second, puis revint à Julien. Il passa plusieurs fois sa main sur son crâne, lissant la mèche grisâtre qui le traversait de droite à gauche, toussa, respira profondément, puis, empoignant doucement Julien par le bras, il dit lentement :

— Ton oncle est mort.

Julien ne bougea pas. Il regarda M. Petiot avant de se tourner vers le chef qui porta sa main à son visage et se gratta le menton. Ensuite ses lèvres remuèrent un instant, sa bouche s'entrouvrit, se referma et il soupira en demandant :

— M. Dantin?

— Oui, dit le patron, M. Dantin. C'est un de ses voisins qui m'a téléphoné. Il est mort tout à l'heure, au début de l'après-midi.

Julien était toujours immobile devant M. Petiot qui lui tenait le bras. Il y eut un long silence. Enfin, le chef demanda :

— Qu'est-ce que c'est, un accident?

— Non, dit M. Petiot. Il paraît qu'il est allé dans son jardin. Son voisin dit que c'est une embolie. Il est tombé. Sa femme a appelé des gens qui passaient. Ils l'ont emporté sur son lit, mais il était certainement déjà mort à ce moment-là.

Tout se déroulait en dehors de Julien. Il écoutait sans comprendre exactement ce que l'on disait. Il voyait le jardin de l'oncle, le chemin, la maison, le Doubs, mais partout il y avait l'oncle Pierre, grand et sec, souriant sous ses grosses moustaches.

M. Petiot s'éloigna. Il parla un moment avec le chef, puis, lorsqu'il revint près de Julien, ce fut pour lui dire :

— Si tu veux, tu peux partir, maintenant.

Julien ne répondit pas. M. Petiot le regarda quelques instants et répéta :

— Tu peux partir, si tu veux y aller à présent.

— Aller où? demanda Julien à voix basse.

Le chef laissa son couteau sur le tour et s'approcha de Julien. Il lui posa la main sur la nuque et dit doucement :

— Il faut aller... chez ton oncle... ta tante peut avoir besoin de toi.

Le chef avait le visage triste. Le patron sortit et retourna vers la salle à manger.

— Et la plonge? demanda Julien.

Le chef lui tapota la nuque.

— T'inquiète pas pour ça, mon vieux. Va... va vite. On se débrouillera.

— La plonge, c'est rien, dit Maurice, je la ferai.

Julien sortit, décrocha son vélo et partit.

Il faisait un beau soleil qui jouait sur l'eau du canal. Julien pédalait vite. A plusieurs reprises, il se répéta :

« J'aurais dû pleurer. Mon oncle Pierre est mort. »

Il pédala encore. Les arbres défilaient à côté de lui. Leur ombre courait sur l'eau et le chemin de halage. Soudain, Julien ralentit.

« Et si c'était une blague? »

Il faillit s'arrêter. Est-ce qu'il n'avait pas imaginé toute cette scène avec le patron? Est-ce qu'il n'était pas allé faire une course? Il regarda ses bras : il était en veste bleue. Il n'avait pas quitté ses espadrilles, et son pantalon était tout sale de sucre, d'œuf et de farine. Il ralentit encore et finit par repartir plus vite. Il ne savait pas. Il ne comprenait rien à tout cela.

Il roula très rapidement jusqu'au pont sur le Doubs. Là, il s'arrêta et mit pied à terre. Entre les jeunes saules qui commençaient à verdir, il pouvait voir l'entrée de la cour et une partie de la maison de l'oncle Pierre. Rien ne vivait. La porte de la grange était fermée, celle de la cuisine entrouverte. Diane n'était pas dans la cour. Julien allait continuer lorsqu'il vit s'ouvrir la porte de la cuisine. Deux hommes sortirent suivis de la tante. Ils étaient dans l'ombre de la façade et Julien les distinguait mal. Ils s'étaient arrêtés devant le seuil. Après un long moment, ils se dirigèrent vers le chemin et disparurent derrière les arbres. La tante était rentrée. Julien ne se décidait pas à reprendre sa route. A présent, il regardait la barque de l'oncle Pierre qui tirait sur sa chaîne, s'immobilisait un instant, revenait vers la rive en suivant le mouvement des remous pour filer de nouveau vers le large en tirant encore. Et chaque fois la chaîne se tendait lentement, sortait de l'eau en laissant s'égoutter des étincelles, puis plongeait à nouveau.

Julien se retourna. On marchait derrière lui. Il reconnut un vieil homme qui habitait une maison près de l'écluse de Mont-Plaisir. L'homme ne parut pas surpris de le voir là.

— Bonjour petit, dit-il, tu vas voir ton oncle?

Julien fit oui de la tête et, prenant son vélo à la main, il se mit à marcher à côté du vieux.

Arrivés au bout du pont, ils rencontrèrent les deux hommes que Julien avait vu sortir de la maison. Sans s'arrêter, ils les saluèrent. L'un d'eux lança :

— Bon Dieu, on est peu de chose, sur la terre!

— Pour sûr, dit le vieux.

Ils marchèrent encore puis, s'adressant à Julien, le vieux reprit :

— C'était pourtant un costaud, le Pierre. Toute l'année au bord du Doubs, et jamais un mal à la gorge. Celui qui m'aurait dit que je l'enterrerais!

Quand ils entrèrent dans la cour, la chienne se mit à aboyer.

— Ma Diane, cria le vieux, tais-toi, tais-toi, ma belle!

La chienne se tut un instant puis pleura doucement. Elle était enfermée dans la grange. Son museau noir et le bout de ses pattes mouchetées passaient sous la porte. Un peu de poussière volait au ras de ses narines. Julien lui parla doucement. Elle pleura davantage.

La tante parut à la porte de la cuisine. Julien laissa passer le vieux qui s'arrêta sur le seuil en bredouillant :

— Ma pauvre Eugénie... Ma pauvre Eugénie... Celui qui m'aurait dit...

Il n'acheva pas et hocha la tête un moment. La tante eut un geste des bras et un mouvement des épaules. Julien s'approcha et l'embrassa.

— Mon pauvre petit, murmura-t-elle. Il t'aimait bien, tu sais. Il t'aimait bien, ton oncle.

Julien ne dit rien. Sa gorge venait de se serrer d'un coup. Les larmes lui brûlèrent les yeux et roulèrent sur ses joues.

— Entrez, dit la tante.

Ils la suivirent dans la cuisine où il faisait sombre et frais.

— Venez, dit la tante. Si vous voulez le voir. Il n'a pas changé.

Une femme que Julien ne connaissait pas était assise à côté de la table. Elle se leva et dit :

— Oh non, ça, c'est bien vrai; il n'est pas changé du tout. On croirait qu'il dort. On croirait qu'il va parler.

Julien s'arrêta au milieu de la pièce. Arrivée devant la porte de la chambre, sa tante se retourna.

— Viens, murmura-t-elle.

Julien ne fit pas un geste. Les larmes continuaient de couler sur ses joues. La tante suivit le vieux dans la chambre et la femme s'approcha de Julien.

— Viens voir ton oncle Pierre, dit-elle doucement.

Elle voulut l'empoigner par la main, mais il s'éloigna d'un pas.

— Tu ne veux pas le voir? demanda-t-elle.

Julien secoua la tête et souffla :

— Non.

La porte de la chambre était restée ouverte. Julien entendait un murmure indistinct.

— Tu as peur? demanda la femme.

Julien la regarda un instant; puis se retournant d'un coup, il sortit en courant. Il l'entendit crier derrière lui, mais ne se retourna pas. Il empoignait déjà son vélo lorsque la voix de sa tante l'arrêta :

— Julien! Mon petit... Viens ici.

Il se retourna. La tante venait vers lui.

— Non, dit-il. Non, je ne veux pas le voir.

Sa tante l'embrassa.

— Mais non, murmura-t-elle. Mais non. Tu as raison. C'est pas la peine. Tu as raison... Tu le vois vivant... Tu le vois comme tu l'as toujours vu. Ça vaut bien mieux... Allons, viens boire un peu de café; ça te fera du bien.

Elle l'entraîna vers la cuisine. La chienne pleurait toujours.

— Viens, répéta la tante. Ensuite, tu prendras Diane avec la laisse et tu l'emmèneras faire un tour. Je ne peux pas la lâcher, elle file tout droit vers la chambre et elle ravage après la porte. Elle le sent là, tu comprends... C'est terrible.

Ils entrèrent. Le vieux était debout devant la table. La femme lui avait versé un verre de vin rouge. Il le vida d'un trait, s'essuya la bouche d'un revers de main et sortit en disant :

— Allons, si vous avez besoin, ne vous gênez pas, ma pauvre Eugénie. On est sur terre pour s'aider. Ma femme viendra demain.

— Merci, dit la tante... Merci bien.

Elle le regarda s'éloigner, revint et alla fermer la porte de la chambre.

— Tout à l'heure, dit-elle, j'avais laissé entrouvert, la chatte est allée se coucher sur ses pieds. Tout de même, ce que c'est, les bêtes.

Julien ne pleurait plus. Il fixait la porte de la chambre.

Il but son café. A présent, il avait envie de

dire : « Je voudrais voir l'oncle Pierre », mais il n'osait pas.

D'autes personnes arrivèrent que la tante accompagna vers le mort. Julien prit la laisse et sortit.

Diane tira un peu en direction de la maison, puis elle cessa de pleurer et suivit Julien sur le chemin. Ils allèrent jusqu'au pont du chemin de fer. Là, un peu en amont, il y avait une pointe de terre molle où poussaient quelques buissons et trois touffes de joncs. En dessous, le Doubs était calme. Entre les feuilles de nénuphars, de grandes araigndes d'eau couraient. Julien enjamba des ronces et prit pied sur un emplacement étroit où la terre piétinée était plus dure. La chienne flairait le sol. Des fourches de bois étaient plantées dans la berge au ras des joncs coupés. Julien s'assit sur une grosse souche que l'oncle Pierre avait tirée jusque-là.

Dans les buissons, deux oiseaux se poursuivaient. La chienne les observa un moment puis s'allongea, le museau sur les pattes, poussant de temps à autre un gémissement à peine perceptible.

Longtemps, Julien regarda l'eau tranquille où le ciel se balançait à peine. Peu à peu, tout devient plus flou, et, sans bruit, l'apprenti se mit à pleurer.

44

Les parents de Julien arrivèrent à Dole le matin de l'enterrement. Son père vint seul à la pâtisserie et M. Petiot le fit entrer au laboratoire.

— Nous sommes en plein travail dit le patron, mais vous savez ce que c'est.

— Certainement que je sais, dit M. Dubois.

Julien était devant le fourneau, remuant à l'aide d'une longue spatule en bois la compote de pommes qui cuisait dans une bassine.

— Est-ce qu'il s'y met? demanda son père.

— Ça va, ça va, dit M. Petiot.

Le chef souriait. Julien remarqua qu'il adressait un clin d'œil à son père. M. Petiot défournait les plaques de pâte à choux. Tout en continuant de surveiller sa compote, Julien jetait de temps à autre un regard vers son père qui se tenait debout près de la porte, une cigarette éteinte entre ses gros doigts bruns. Il était vêtu d'un complet noir un peu trop ample. Le col amidonné et luisant de sa chemise blanche était aussi beaucoup trop large pour son cou maigre où les veines et les tendons saillaient. Il portait un chapeau mou à larges bords, à fond très haut et dont le feutre noir passé avait des reflets verdâtres. Une grosse chaîne d'argent barrait son gilet, de la poche à la boutonnière. Il se tenait droit, et pourtant, son dos était voûté. Julien le trouva vieilli, et surtout amaigri.

— Votre beau-frère a été vite emporté, dit M. Petiot. Pourtant, il était fort. Quel âge avait-il, exactement?

— Nous avions quatre ans de différence. Moi je suis de la classe 93, lui était de la 97. Ça lui faisait juste soixante et un ans.

— C'est pas vieux.

— C'était un brave homme, dit le chef.

— Ici, remarqua M. Petiot, tout le monde l'aimait beaucoup. Et c'était un bon vivant. Toujours à plaisanter.

— Remarquez, dit M. Dubois, pour un homme comme lui, fort et nerveux et qui ne tenait pas en place, c'est une belle mort. Ça vaut mieux que de rester cloué sur un lit pendant des années à traîner.

Les autres approuvèrent. Julien pensait à la maison de l'oncle Pierre, à sa tante, à Diane, au Doubs qui coulait lentement devant le gros tilleul. « Une belle mort... Une belle mort. » En lui, ces mots continuaient de résonner.

Ayant vidé le four, le patron posa sa pelle et se retourna.

— Est-ce que vous avez une minute, pour venir prendre l'apéritif? demanda M. Dubois.

— C'est ce que j'allais vous proposer, dit M. Petiot en riant.

— Le chef pourra peut-être venir avec nous?
— Bien sûr, dit le patron.
— Alors, sur le pouce, dit le chef. Allez devant, je vous rejoins.
Les deux hommes sortirent.
— Il a l'air brave, ton père, dit le chef.
— Si Denis était encore là, remarqua Victor, il dirait qu'il n'a rien d'un probloc.
Le chef acheva de décorer un entremets, vida la poche de crème au beurre dans une terrine, se lava les mains dans le bac de la plonge et partit en courant. Il ne resta absent que quelques minutes. Lorsqu'il revint, il annonça :
— On ne reverra pas le patron ce matin, il est en train de parler de la guerre de 14 avec le père à Julien et le patron du café.
Un moment plus tard, Mme Petiot appela Julien :
— Venez, mon petit. Votre maman est là.
Julien trouva sa mère dans la salle à manger. Elle était vêtue de noir. Elle portait un vilain chapeau qui lui cachait tout le front et les oreilles et descendait très bas sur sa nuque.
— Mme Petiot veut bien te libérer dès à présent, dit-elle. Il faut que je t'achète un costume, puisque plus rien ne te va.
— Bien sûr, il a tellement changé. Je ne sais pas si ça vient de la table, mais ils sont tous pareils, quand ils nous quittent, leurs parents ne les reconnaissent jamais tellement ils ont profité.
Ils sortirent et se dirigèrent vers le centre de la ville. Ils marchèrent un moment sans rien dire, puis la mère demanda :
— Est-ce que tu as vu ton oncle?
— J'y suis allé. J'ai vu tante... Et puis, pour

oncle, je n'ai pas osé entrer dans la chambre.

La mère ralentit et regarda Julien.

— Pourquoi, tu n'as pas à avoir peur d'un mort?

Julien haussa les épaules.

— Je ne sais pas, murmura-t-il.

— Tu aurais dû le voir. Tu l'aimais bien, l'oncle Pierre. Il était gentil. Il t'a toujours beaucoup gâté.

— Oui, mais je ne sais pas... Je n'ai pas pu.

— Tu aurais dû, mon petit, à cause de ta tante. Tu lui as certainement fait de la peine.

— Non. Elle m'a dit que j'avais raison, qu'il vaut mieux que je garde son souvenir, autrement que mort.

Julien parlait bas, en cherchant ses mots.

Ils entrèrent au Magasin du Vêtement. Julien essaya plusieurs vestes, puis des pantalons. Sa mère discutait, examinait le tissu qu'elle palpait de ses doigts épais et rêches. Parfois, elle allait jusqu'à la porte, se penchait vers l'extérieur pour regarder la couleur à la lumière du jour, puis revenait en demandant à voir autre chose. Le vendeur était très grand, et, chaque fois qu'il parlait, la mère, gênée par le bord de son chapeau, devait lever la tête et l'incliner sur le côté pour le regarder.

Elle finit par se décider pour un complet bleu à rayures blanches. Elle acheta aussi une chemise blanche et une cravate bleue. Le vendeur emballa le tout dans un grand carton, et la mère s'approcha de la caisse.

— Vous allez me quitter quelque chose, dit-elle.

Le caissier calcula et accorda une remise de deux francs.

Ils sortirent.

— Ils ont de la patience, dit Julien.

— C'est leur métier. Si l'argent n'était pas aussi dur à gagner, je ne marchanderais pas comme ça, sois tranquille.

Ils remontèrent la rue Besançon.

— Et tes chaussures, demanda la mère, elles te vont encore?

— Les sandales, oui. Les autres sont trop petites.

— Alors, il faut aussi en acheter. Viens.

Ils se dirigèrent vers la place Nationale. Arrivée derrière l'église, la mère s'arrêta soudain, et regarda Julien.

— Je suis très peinée, dit-elle.

Julien pensa à la mort de l'oncle Pierre.

— Bien sûr, dit-il. Moi aussi.

La mère baissa la tête, puis, de nouveau, regarda Julien.

— On ne peut jamais se voir, dit-elle. Et sur les lettres il y a des choses qu'on ne peut pas mettre. Il faut bien que je profite que je suis ici pour te parler. Tu sais que tu m'as fait énormément de peine.

Julien fronça les sourcils. la mère hésitait. Des gens passaient. Elle les suivit des yeux un moment, puis reprit :

— Quand tu es venu à Lons, tu es allé chez ton frère. Il n'y était pas et tu as vu Micheline.

— Oui et alors?

— Alors, deux jours plus tard je me suis trouvée seule avec elle. Et tu sais, il y a des choses qu'une mère n'aime pas beaucoup entendre.

— Je ne comprends pas, dit Julien.

La mère soupira.

— Mon pauvre petit, tu n'es pas raisonnable. Enfin, tu sais bien que... que...

Elle se tut, réfléchit une seconde avant de poursuivre :

— Tu sais bien qu'elle ne m'aime pas beaucoup. Elle était trop contente de me faire de la peine. Quand je l'ai rencontrée, elle m'a dit : « Alors, vous avez des nouvelles de votre communiste? » Si tu crois que ce sont des choses qui font plaisir à une mère!

— Mais... Mais je n'ai jamais dit ça...

— Tu ne lui as pas raconté des histoires de syndicat, de C.G.T. et je ne sais trop quoi?

Julien hocha la tête.

— Est-ce que tu crois que c'est bien malin? demanda la mère.

— Je ne croyais pas mal faire. D'ailleurs, elle avait l'air de me donner raison.

— Mon pauvre grand, pour te faire parler qu'est-ce qu'elle n'aurait pas dit!

— Et alors, ça ne la regarde pas.

La mère hésita. Son visage était douloureux.

— Et moi, demanda-t-elle, moi, pourquoi tu ne m'as rien dit?

— Je n'y ai pas pensé.

— Ne dis pas ça, voyons. Si tu ne m'en as pas parlé, c'est que tu savais très bien que je ne serais pas contente. Enfin, pourquoi t'es-tu laissé entraîner comme ça?

— Mais personne ne m'a entraîné.

— Tu n'as tout de même pas eu tout seul l'idée de t'inscrire à la C.G.T. Est-ce que tu en avais seulement entendu parler avant de venir ici?

— Je ne sais pas... Il y a eu une réunion, tout le monde y est allé.

La mère semblait embarrassée.

— Il faut absolument te sortir de là, dit-elle. Je ne veux pas te sentir entre les mains de ces voyous.

— Mais ce ne sont pas des voyous, maman.

— Tu ne les connais pas.

Julien hésita et regarda sa mère dont les yeux suppliaient.

— C'est toi qui ne les connais pas, murmura-t-il.

— Mon pauvre grand, si ton papa savait ça!

— Tu ne lui as pas dit?

— Malheureux, je m'en garderais bien! et j'ai fait promettre à Micheline de ne pas lui en parler. Je ne crois pas qu'elle oserait le faire... Elle a promis.

Julien revoyait le petit bureau et Micheline assise dans son fauteuil. Il serra les poings.

— Ce n'est pas que j'aie grande confiance en elle, reprit la mère, mais je ne crois pas qu'elle oserait. Seulement, moi je lui ai promis de te faire la leçon. De t'expliquer ce que c'est que ces gens-là.

Elle s'arrêta. Son visage était tendu par l'effort de la réflexion. De longues rides descendaient de ses yeux vers ses joues creuses; d'autres se creusaient de chaque côté de sa bouche.

— Il ne faut pas faire de sottises, mon petit. Il ne faut pas. Tu sais bien comme je me fais du souci.

Julien hocha la tête.

— Je savais bien que tu étais trop jeune pour partir de la maison.

La mère avait dit cela très bas, lentement, d'une voix qui tremblait. Elle soupira et ajouta :

— Mon pauvre grand... Mon pauvre grand, tu ne connais pas encore les gens.

Ils se remirent à marcher. Plusieurs fois la mère répéta qu'il fallait se méfier, puis, après un long silence, elle dit encore :

— A présent, tu es en âge de comprendre. Tu sais bien que Paul n'est pas mon fils. Il ne m'aime pas beaucoup, et c'est de Micheline, surtout, qu'il faut se méfier.

Elle marcha encore en silence, s'arrêta devant la vitrine d'un magasin de chaussures, regarda un moment, puis murmura :

— Quand on pense comme on est peu de chose, sur cette terre, on se demande ce qu'ils ont à être si méchants.

La main sur le bec-de-cane, elle se retourna pour demander :

— Est-ce que tu as des chaussettes propres, au moins?

— Oui, dit Julien, j'ai changé ce matin.

Ils entrèrent dans le magasin.

45

Julien et ses parents arrivèrent au début de l'après-midi. Il y avait déjà beaucoup de monde dans la grande cuisine où la tante Eugénie se tenait à côté de son fils et d'autres personnes que Julien connaissait à peine. Ils restèrent là un moment, entourés de gens qui parlaient. Certains pénétraient dans la chambre de l'oncle, d'autres en sortaient. Des femmes pleuraient, les hommes avaient des gestes de lassitude et d'impuissance. Julien sentit que sa mère le prenait par le bras et l'entraînait vers la chambre.

Ils entrèrent. Julien ne reconnut pas la pièce. Tout était tendu de draps noirs à galons d'argent. Même la fenêtre était obstruée. Çà et là, une bosse des tentures laissait deviner la présence d'un meuble. Au milieu de la pièce, sur deux tréteaux assez hauts, le cercueil fermé était entouré de fleurs. Quatre cierges brûlaient. Il y avait là une odeur indéfinissable que Julien respirait pour la première fois.

Plusieurs personnes se tenaient immobiles. Une femme avança au pied du cercueil, prit un rameau de buis qui se trouvait dans une sous-tasse, et fit le signe de la croix en direction du catafalque. Les flammes des cierges se couchèrent un peu et leur lueur faiblit en tremblotant.

Quand sa mère lui tendit le rameau bénit, Julien la regarda. Elle avait des larmes qui coulaient sur ses joues ridées, sa bouche et son menton se plissaient.

Ils retournèrent à la cuisine. Julien resta seul un moment, puis sortit dans la cour. Quelques groupes s'étaient formés. Des hommes surtout qui parlaient fort. Les uns s'entretenaient du temps, de la pêche, d'autres de leur travail. Près du puits, deux vieux parlaient. Julien reconnut celui qui l'avait accompagné l'avant-veille. Il s'approcha et écouta.

— C'est une chose que je ne comprends pas, dit le vieux.

— Il y en a beaucoup que ça surprend.

— Il n'avait peut-être rien laissé d'écrit. Il s'attendait si peu à mourir.

— Rien laissé, ça ne modifie pas les idées. Tout le monde sait bien que c'était un rouge. Bon Dieu, il ne pouvait pas rester deux jours sans bouffer du curé.

— Que veux-tu, ça ne change pas grand-chose.

— Non, mais c'est pour le principe.

Julien s'éloigna en direction de la grange. Il ouvrit la porte. Diane n'était pas là. Quand il referma, le vieux qui s'était approché demanda :

— Tu cherches sa chienne?

— Oui, elle n'est pas ici?

— Je l'ai emmenée chez moi ce matin. Elle menait la vie sans arrêt. C'était plus tenable pour ta tante.

L'autre vieux s'avança.

— Les bêtes, dit-il, des fois ça souffre plus que les gens. Il y a des chiens qui se laissent crever, quand leur maître est mort.

— Depuis qu'elle est chez moi, elle pleure moins, dit le vieux. Mais elle n'a rien voulu manger.

— Qu'est-ce qu'elle va devenir? demanda l'autre.

— Je pense que je vais la garder. Je ne chasse plus guère, mais on ne peut pas laisser tuer une bête comme celle-là ou la donner à n'importe qui. Tout d'abord, quand j'en ai parlé, ma femme a fait le nez. Et puis, à midi, quand elle l'a vue si malheureuse, elle m'a dit : « Tu as raison, on peut pas la laisser. Le Pierre, c'était un bon bougre, et il aimait trop sa chienne. »

Julien demanda :

— Mais pourquoi ma tante ne la garde pas?

Les deux vieux se regardèrent un instant, puis le premier expliqua :

— C'est vrai que tu n'es pas venu hier. Ta tante va s'en aller à Paris avec son garçon. Il ne veut pas qu'elle reste seule ici.

— Il a raison, dit l'autre, qu'est-ce qu'elle deviendrait?

— C'est vrai.

Ils se turent un moment. Les groupes étaient plus nombreux. Julien aperçut son père qui bavardait avec d'autres personnes. Une vieille avait sorti une chaise de la cuisine et s'était assise au pied du tilleul.

— Et la chatte?

— Quelle chatte?

— La chatte de mon oncle, qui est-ce qui va la prendre?

Le vieux eut un geste qui voulait dire qu'il ne savait rien. L'autre remarqua :

— Bah, un chat, ça se débrouille toujours. Elle ne sera pas longue à trouver une maison.

Le corbillard arriva et les gens s'écartèrent pour le laisser contourner le puits. L'homme qui tenait le cheval par la bride était gros et rouge de figure. Il portait un pantalon noir et une chemise blanche rapiécée dans le dos. Dès qu'il eut arrêté sa bête, il s'épongea le front avec un grand mouchoir à carreaux, prit sur le siège de sa voiture une veste et une casquette noires et acheva de s'habiller.

Julien laissa les deux vieux, et retourna vers son père qui s'était approché de la cuisine.

Le conducteur du corbillard et un autre homme habillé comme lui, sortirent le cercueil. Ils le portaient sur une civière. Ils avaient chacun une large courroie qui passait derrière leur nuque et dont chaque extrémité était fixée à un mancheron de la civière. Ils marchaient à petits pas, haletants, les traits tendus par l'effort. Deux autres hommes aidèrent à placer le cercueil dans le corbillard qui était très haut. Il y eut un long grincement, puis le conducteur remonta la porte et rabattit le crochet.

La tante Eugénie était debout sur le seuil. Elle tenait un mouchoir devant sa bouche et gémissait en pleurant. Son fils la soutenait d'un côté et la mère de Julien de l'autre côté. Tous les hommes tenaient leur chapeau à la main et beaucoup de crânes chauves luisaient sous le soleil. Le curé et les deux enfants de chœur étaient là. Les croque-morts avaient recouvert le cercueil d'un drap tricolore et faisaient à présent le va-et-vient pour sortir les fleurs.

Des femmes embrassèrent la tante Eugénie, puis le cortège se forma et le corbillard se mit à rouler lentement.

La mère de Julien était restée à la maison avec sa sœur et d'autres femmes.

Julien marchait au deuxième rang, derrière son cousin et un autre homme qu'il ne connaissait pas. Son père était à côté de lui. Le corbillard cahotait sur le mauvais chemin. Pour monter le raidillon qui mène à la sortie du pont, le cheval força l'allure et distança le cortège. Arrivée sur la route, la voiture s'arrêta et Julien vit que le cocher, debout sur son siège, les regardait venir.

Sur la route le cortège s'étira. A présent tout le monde parlait à voix haute et une rumeur montait dans le soleil avec un gros nuage de poussière. Le chemin était long. Il faisait chaud et les hommes qui portaient le coin du drap tenaient leur chapeau incliné au-dessus de leur tête. Julien fixait la portière noire du corbillard et les fleurs qui se balançaient, posées sur le cercueil.

L'oncle Pierre était là. Julien l'imaginait, raide et droit dans la longue caisse. Il pensa un instant que l'oncle n'était peut-être pas mort, qu'il allait cogner du poing le couvercle du cercueil en criant : « Nom de Dieu, vous êtes fous, sortez-moi de là! »

— Ça s'est déjà vu.

Julien avait parlé seul. Son père demanda :

— Qu'est-ce que tu dis?

— Rien.

— Ah, je croyais!

Ils marchèrent encore un peu puis le père demanda :

— Est-ce que tu es content?

Julien le regarda sans répondre et le père reprit :

— Ton patron dit que tu n'es pas toujours facile à mener, mais que tu te débrouilles pas mal. Est-ce que ça te plaît?

— Oui.

— Le chef a l'air très bien. Le patron, il parle beaucoup. D'après ce que j'ai compris, il doit passer pas mal de temps au café.

— Oui, pas mal.

— Ils ont bien de la chance. Le commerce a changé. Moi, quand j'avais la boulangerie, je passais la moitié de la nuit au fournil et toute la matinée; et puis, l'après-midi, je partais faire les tournées avec le cheval. Je ne vois pas comment j'aurais pu trouver le temps d'aller au café.

Le père parla ainsi jusqu'à la porte de l'église. Julien ne l'écoutait pas. Le bourdon de sa voix se mêlait à la rumeur du cortège, au crissement des roues et au frottement des pieds sur le chemin caillouteux, tout blanc de lumière. Quand la voiture tournait, le soleil entrait sous le toit et l'ombre des franges dansait sur les fleurs et le drap tricolore.

Dans l'église, il faisait sombre et frais. A un certain moment, des gens se levèrent et partirent en file indienne en direction du chœur. Julien vit les premiers disparaître derrière le maître-autel, puis reparaître de l'autre côté et regagner leur place. Son père n'avait pas bougé. Plusieurs autres hommes, parmi lesquels il reconnut les deux vieux qui lui avaient parlé dans la cour, restèrent à leur place.

— Qu'est-ce qu'ils font? demanda Julien.

— Ils vont baiser la relique, dit le père. Ça se fait encore, dans les campagnes.

— Qu'est-ce que c'est?

— C'est un machin qu'on embrasse tous l'un après l'autre.

Le père se tut. D'autres hommes parlaient. Le bruit des chaises déplacées et des pas sur les dalles montait sous les ogives de la petite église et revenait, amplifié par l'écho. Après un temps, le père ajouta :

— Pauvre Pierre, ça l'aurait fait rigoler ces guignoleries. Enfin...

— Pourquoi on n'y va pas? demanda Julien.

Le père haussa les épaules.

— Ça ne rime à rien. Et puis, c'est malsain.

Julien regardait ce défilé d'hommes et de femmes et, toujours, il pensait à l'oncle, immobile et raide dans son cercueil. Il n'avait jamais vu de mort. Il n'avait jamais non plus réfléchi beaucoup à la mort. A plusieurs reprises lui revint cette idée de l'au-delà, du ciel, de l'enfer. L'oncle Pierre était un brave homme. A présent, est-ce qu'il voyait tout cela? S'il était vraiment mort il devait voir. Il devait SE voir, là, au milieu de cette église, avec tous ces gens qui faisaient la ronde autour de lui pour aller baiser la relique. Un instant, Julien eut l'idée de suivre ces gens. Rien que pour surmonter sa répugnance. Une espèce de sacrifice à offrir à l'oncle. Et puis, il se souvint des paroles de son père : « Ça l'aurait fait rire, ces guignoleries. » C'était vrai, l'oncle Pierre appelait toujours guignoleries les choses de la religion.

Julien pensait à l'oncle, presque sans tristesse. D'ailleurs, autour de lui, les gens ne semblaient pas tristes.

Pourtant, au sortir de l'église, lorsque les hommes descendirent le cercueil dans la fosse, Julien ressentit comme un étouffement. L'oncle Pierre était dans sa caisse, raide et froid, et il descendait entre les deux parois de terre jaune et luisante.

Le cercueil devait être à peu près à mi-hauteur lorsque la corde glissa entre les mains d'un des hommes. L'homme se reprit très vite, mais il y eut cependant un bruit, comme si l'on eût heurté du poing l'une des planches.

— Bon Dieu, qu'il est lourd, grogna le croque-mort.

Julien entendit aussi son cousin murmurer :

— Vaut mieux que ma mère ne soit pas là.

Ensuite Julien dut rester à la porte du cimetière avec les autres membres de la famille à serrer la main de tous ces gens dont la plupart lui étaient inconnus.

Il faisait toujours très chaud. Derrière les têtes qui s'inclinaient en bredouillant quelques mots, Julien regardait le ciel tout bleu qui semblait toucher la forêt de Chaux. Et, toujours, il pensait à l'oncle; l'oncle Pierre qui allait rester tout seul dans le fond de ce trou, à l'ombre de la petite église.

Ils revinrent lentement, par la route nue qui serpente sur les prés. Entre les buissons, le Doubs luisait.

A la maison, lorsqu'ils entrèrent, les femmes se levèrent. La tante regarda son fils et demanda :

— Alors?

— Voilà, dit le fils. (Et il ajouta :) Ma pauvre maman.

La tante avait les traits tirés et les yeux gonflés, mais elle ne pleurait plus. Elle s'approcha de Julien et murmura :

— Tu vois, mon petit, ton pauvre oncle...

Julien baissa la tête. La tante s'éloigna. Elle ouvrit le placard et apporta sur la table des verres et la boîte de biscuits.

— Ne cherchez rien, Eugénie, dit le père Dubois, on ne veut rien prendre.

— Mais si, asseyez-vous.

Le fils quitta sa veste et dit :

— Allons, asseyez-vous, je vais aller chercher une bouteille.

46

Pendant les deux jours qui suivirent l'enterrement, Julien travailla beaucoup. Cependant, il pensait souvent à l'oncle Pierre et s'efforçait toujours de l'imaginer dans son cercueil. Le soir, avant de s'endormir, il s'allongeait dans son lit, les mains croisées sur le ventre, en imaginant que l'oncle Pierre était ainsi; qu'il demeurerait toujours ainsi. Toujours. Ce mot-là revenait souvent en lui, et il s'énervait parfois à essayer de se représenter l'éternité.

— Un jour, il y aura la fin du monde, mais après, qu'est-ce qu'il y aura?

Julien se tournait sur le côté droit et regardait par la fenêtre. Dans le ciel lumineux, les étoiles scintillaient. Il se sentait seul et petit dans la nuit et le silence. Il avait souvent ri en entendant parler des morts dont l'âme s'envole vers le ciel; et puis, à présent, il lui arrivait de se demander si quelque chose de l'oncle Pierre n'était pas quelque part là-haut, à le regarder. Longtemps, il luttait contre cette idée qu'il sentait venue de son enfance; et puis, lorsque le combat devenait trop confus, il s'endormait.

Avant de partir, la tante et son fils passèrent le voir à la pâtisserie.

— Mardi, tu iras voir Diane, dit la tante, et si tu as le temps, fais-moi un petit mot. Les clefs de la maison sont aussi chez le père Panon, mais tu n'en auras pas besoin. Prends seulement la clef du jardin. Il y aura souvent des fleurs si tu peux en porter à ton pauvre oncle...

Le mardi suivant, Julien laissa son vélo chez le père Panon, prit Diane en laisse et se dirigea vers la maison de l'oncle. Il ne pleuvait pas mais le ciel était couvert. De gros nuages gris passaient lentement. Les saules frissonnaient. Le Doubs aussi était gris avec de larges taches d'un vert profond dans les endroits abrités du vent.

La barque de l'oncle n'était plus à l'amarre : son fils l'avait rentrée dans la grange. Tant qu'ils furent sur la route, la chienne marcha à côté de Julien, se dressant de temps à autre pour lui faire fête. Il lui parlait doucement et s'arrêtait pour la caresser. Une fois passé le pont, lorsqu'ils s'engagèrent dans le chemin qui descend vers la maison, elle se mit à tirer sur la laisse. Julien la retint un instant puis, comme il n'y avait personne, il la détacha et courut derrière elle. Elle l'eut bientôt distancé. Lorsqu'il arriva dans la cour, Diane était debout contre la porte de la cuisine. Grattant le chambranle, elle gémissait doucement. Julien lui parla encore, puis contourna la maison et entra dans le jardin. La chienne le suivit. Elle courait en tous sens, le museau au ras du sol, s'arrêtant çà et là pour flairer plus longuement.

Julien traversa le jardin. Tout au fond, un carré était à moitié bêché. Peut-être était-ce là que l'oncle était tombé. Il l'imagina couché sur la terre, raide comme dans son cercueil.

Il revint près de la barrière où le lilas commençait à fleurir. Il prit son couteau, coupa quelques branches et quitta le jardin. La chienne flairait sous la porte de la grange. Il l'appela et elle le suivit.

Il refit le chemin qu'avait suivi le corbillard emportant l'oncle Pierre. Le soleil n'était plus là. Le vent courait sur les prés et soulevait des tourbillons de poussière grise qui semblaient de grosses toupies tournant sur le chemin. Arrivé aux premières maisons, Julien attacha la chienne. Il contourna l'église, entra dans le cimetière et chercha la tombe de l'oncle. Un homme qui piochait le long du mur se redressa, le regarda et se mit à crier :

— Dis donc là-bas, tu ne sais pas qu'on ne doit pas amener des chiens dans le cimetière?

Julien s'arrêta mais ne répondit pas. L'homme se remit à crier.

— Allez, déguerpis, ou bien je vais lui frictionner les côtes, à ton clébard.

Julien hésitait encore. La tombe de l'oncle était là, toute proche, couverte de gerbes à peine fanées. Il allait s'éloigner lorsque le curé sortit de la sacristie et demanda :

— Qu'est-ce qu'il y a, Martin?

— Ce gamin, il amène son chien pisser sur les tombes!

Le curé regarda Julien et avança lentement. Lorsqu'il fut plus près, il demanda :

— Qu'est-ce que tu cherches, mon garçon?

— Je venais sur la tombe de mon oncle, M. Dantin.

Le curé était grand et maigre, un peu voûté. Il portait des lunettes à monture de fer. Il sourit en disant :

— C'est vrai, je te reconnais. Et puis c'est Diane. C'est sa brave Diane.

Il se baissa et caressa la bête qui battit sa soutane de son fouet. Le curé se redressa.

— Tu lui apportes du lilas, dit-il. C'est bien. Mais tu vois, les fleurs de l'enterrement sont encore fraîches. Il n'a pas fait trop chaud et l'averse d'hier au soir leur a fait du bien.

Julien suivit le curé qui marcha jusqu'à la tombe et se signa. Un instant ils restèrent côte à côte, sans parler. La chienne était assise entre eux.

— Tu aurais dû apporter un vase, pour ton lilas, dit le curé. Je pourrais peut-être te trouver une boîte.

Il se retourna, fouilla des yeux le cimetière et alla prendre un vieux vase rouillé sur une autre tombe.

— Tiens, dit-il, c'est à des gens qui ne viennent pas souvent, prends-le en attendant d'apporter autre chose.

Julien alla rincer le vase et l'emplir d'eau. Lorsqu'il revint à la tombe, le curé était toujours immobile, les bras croisés.

— Ton oncle était un brave homme, dit-il. Le bon Dieu lui a certainement fait une place parmi les Justes. J'espère quand même que tu pries chaque jour pour le repos de son âme.

Julien fit de la tête un signe affirmatif.

— C'est bien, dit le curé. Au revoir, mon garçon.

Julien remercia, resta encore une minute immobile devant la tombe et murmura :

— Mon pauvre oncle, s'il y a un paradis, je sais bien que tu y es.

Puis il quitta le cimetière. Il revint lentement par la route où le vent soufflait de plus en plus fort. Le ciel semblait peser davantage. Sur la gauche, la forêt était noire, comme à demi enfoncée dans le sol.

Julien laissa la chienne chez le père Panon. Lorsqu'il sortit, quelques gouttes de pluie froide tombaient.

— Dépêche-toi, dit le vieux. Il pourrait venir une averse.

Julien se mit à pédaler sur le chemin de halage. Le vent le poussait, mais il sentait en lui une immense fatigue. Une envie de se coucher sur l'herbe du talus, et de rester là : tout seul.

QUATRIÈME PARTIE

47

M. Petiot avait fait concorder le début de la fermeture annuelle avec le départ de Victor fixé au 17 août. Durant toute la dernière semaine, M. Petiot ne cessa guère de plaisanter.

— Sacré Victor, disait-il, vous en avez de la veine. Nous on va prendre deux pauvres semaines de vacances, mais vous, vous allez peut-être vous payer des années de rigolade. Parce que, le service militaire, c'est tellement bien que moi, je parie que vous rempilerez.

— Très peu pour moi, disait Victor, je trouve déjà que dix-huit mois c'est bien fadé.

— Alors, si vous ne rempilez pas, ils trouveront un moyen de vous garder. D'ailleurs, comme je vous connais, vous serez en prison huit jours sur quinze, et vous aurez au moins dix-huit mois de rabiot à faire.

Tout le monde riait, et Victor se défendait en disant qu'il allait se débrouiller pour être cuistot dans un mess d'officiers.

— Vous n'y resterez pas longtemps, disait le patron, il va y avoir une guerre et ces planques-là seront pour les vieux comme moi ou les fils à papa.

Lorsque la conversation en arrivait là, le patron continuait seul de parler. Il racontait SA guerre de 14-18. Ils avaient tous entendu vingt fois chaque chapitre, mais ils écoutaient cependant. Un jour, la patronne dit à Victor :

— Si vous allez jusqu'à Berlin, vous me rapporterez bien un petit souvenir.

— Oui, dit Victor, je vous rapporterai un collier fait avec des oreilles de Boches.

La patronne rit beaucoup, et, chaque jour, à tout propos, on se mit à parler des oreilles des soldats allemands que Victor avait promis de rapporter.

— De toute façon, affirmait M. Petiot, ne te fais pas de souci, tu n'en manqueras pas. Quand la guerre viendra nous partirons tous. Et allez donc : sac au dos dans la plaine!

Il répétait sans cesse cette phrase qu'il aimait beaucoup.

— Il ne restera plus ici que les apprentis, disait Mme Petiot.

— Penses-tu, même pas. On appellera les jeunes à seize ou dix-sept ans, il faudra que tu en cherches d'autres, ou bien que tu fasses le travail avec ta sœur.

Tout le monde riait, même lorsque le patron disait :

— La guerre qui se prépare sera une boucherie effroyable, ceux qui seront en avant n'auront vraiment guère de chance d'en revenir; et même à l'arrière ce sera du joli, avec les avions et les gaz.

Malgré tout, on arrosa gaiement le départ de Victor qui s'en allait dans une garnison proche de Strasbourg.

— Aux premières loges, dit M. Petiot, et avec un billet gratuit encore, petit veinard, va!

Comme le 15 août tombait un lundi, M. Petiot décida que l'on travaillerait le mardi pour pouvoir tout mettre en ordre et procéder à un grand nettoyage avant de fermer boutique.

— De toute façon, du 17 au 31, ça nous fait nos quinze jours, dit-il.

Personne ne répondit. Seul Victor ricana dès que le patron eut tourné les talons :

— Jusqu'au trognon, il vous aura. Moi je ne suis pas fâché de mettre les voiles. Il a raison, même la guerre ça doit prendre des allures de vacances, quand on sort de chez Petiot.

Julien arriva chez ses parents le 16 à la tombée de la nuit. Il avait beaucoup attendu ces vacances, et il lui sembla qu'elles commençaient vraiment au moment où, ses parents couchés, il se retrouva seul dans sa chambre. Il demeura longtemps immobile devant les rayonnages où s'alignaient ses livres. Il lut les titres, sortit plusieurs volumes qu'il feuilleta et finit par remettre à leur place. Il s'assit alors sur son lit et demeura sans rien faire, sans même réfléchir vraiment. Il y avait toujours au fond de lui cette joie des vacances, mais déjà il retrouvait un peu de ce vide qu'il avait éprouvé chaque fois qu'il était revenu à Lons pour une journée. Il fut un long moment avant de s'endormir, luttant mollement contre ce goût amer qui lui venait à la gorge. Il savait à présent qu'il n'aimait pas le métier qu'il avait commencé d'apprendre, et pourtant il lui semblait par instant que les vacances allaient être interminables et vides.

Le lendemain, il sortit dès le matin, à la recherche d'un camarade. Ceux qui, comme lui, travaillaient, n'avaient pas leur congé en même temps que lui; ceux qui poursuivaient leurs études étaient partis en vacances. La salle de gymnastique était fermée durant tout le mois d'août. Un gros soleil pesait sur la ville à demi morte.

L'après-midi Julien rencontra enfin un camarade, Jacques Gabet.

— Où vas-tu? demanda-t-il.

— Au tennis, dit Jacques; accompagne-moi jusque là-bas.

En chemin, Julien expliqua ce qu'il faisait à Dole.

— C'est pas marrant, ton truc, dit Jacques. Moi aussi j'ai quitté la taule, mais pour le lycée. C'est mieux. Tu as eu tort de ne pas faire comme moi, on est tranquille, les cours sont plus intéressants et puis il y a de bons copains.

Jacques pénétra seul dans l'enclos grillagé où se tenaient déjà quelques garçons et deux filles. Julien, assis sur le cadre de son vélo, resta un moment le nez au grillage à les regarder jouer. Entre deux parties Jacques s'approcha de lui.

— Je te proposerais bien de venir jouer, dit-il, seulement faut être du club; et puis tu n'as pas de tenue.

— Jacques! appela une fille. Vous venez?

Il se retourna et fit un signe de la main.

— Je te laisse, dit-il à Julien. On peut se voir à la piscine du Puits-Salé, si tu veux, j'y vais tous les matins. Tu m'excuseras, on m'attend.

Julien sourit. Il comprit qu'il devait s'en aller.

Son vélo à la main, il revint lentement par les allées du parc des bains.

Le lendemain matin, à 10 heures, il était à la piscine. Jacques arriva quelques instants après lui et parut heureux de le voir. Ils bavardèrent un moment puis nagèrent un peu, s'amusant dans l'eau avec une bouée et un ballon. Comme ils étaient assis au soleil, les garçons et les filles que Julien avait vus au tennis arrivèrent. Jacques leur cria bonjour au moment où ils se dirigeaient vers leurs cabines. Lorsqu'ils en furent sortis, Jacques se leva. La piscine les séparait. Jacques semblait hésiter.

— Vous venez! lui cria une fille.

Jacques ne dit rien. Il sourit à la fille mais parut encore indécis. Julien regardait vers le groupe. Personne ne semblait l'avoir remarqué. Alors il tendit la main à son camarade en disant :

— Je te laisse. Tes copains t'appellent.

Jacques lui serra la main et, plongeant aussitôt, il traversa la piscine dans un grand éclaboussement d'eau et de lumière.

Lorsque Julien rentra, sa mère le regarda et dit :

— On croirait que tu t'ennuies. Tu as l'air triste.

— Moi? dit Julien. Au contraire.

Aussitôt le repas terminé, il reprit sa bicyclette et s'en alla. Durant presque toutes ses vacances il demeura ainsi. Et, chaque jour il partait sur la route, tantôt vers la Bresse, tantôt vers les monts de Pannessière ou de Revigny. Lorsqu'il roulait sans peine sur le plat ou se laissait glisser tout au long des descentes, il s'imaginait au volant de sa voiture. Sa femme (la fille de la rue Pasteur) était à côté de lui, et il lui parlait sans arrêt.

— Tu vois cette route, disait-il, qu'est-ce que j'ai pu la faire à vélo, quand j'étais jeune. Et tout seul encore.

— Tu n'avais donc pas de camarades?

— Si, mais ils n'étaient pas forcément libres en même temps que moi. Et puis, une fois que j'ai eu quitté l'école, ceux qui continuaient leurs études ne voulaient pas sortir avec moi. Ils auraient eu honte de se balader avec un apprenti. Ils sortaient avec des filles qui n'auraient même pas voulu me serrer la main.

En disant cela, il lâchait son guidon pour regarder ses mains. Il avait déjà des mains d'homme. Dures, un peu rêches et toutes marquées de coups et de brûlures. Parfois aussi il touchait ses muscles ou s'amusait à les faire rouler sous sa peau, heureux de les sentir souples et fermes.

— Pauvres mecs, murmurait-il, qu'est-ce qu'ils se croient donc?

A plusieurs reprises son père lui recommanda de passer chez son frère.

— J'irai, promettait-il, mais je suis toujours pris avec des copains.

— Qu'est-ce que tu veux, disait la mère, à vivre loin de nous, il a pris des habitudes d'indépendance, il nous échappe.

Pourtant, s'adressant à Julien, elle ne manquait jamais d'ajouter :

— Va tout de même voir ton frère, mon petit, allons, c'est la moindre des choses.

Julien entra dans l'entrepôt de son frère un jour que l'on déchargeait un énorme camion de sucre. Il salua son frère et sa belle-sœur qui surveillaient le va-et-vient des ouvriers, comptant les sacs et inscrivant sur un bloc-notes. Il resta un moment immobile à côté d'eux, puis, comme personne ne lui parlait, il s'en alla.

Ici les jours passaient plus lentement qu'à Dole. Ils étaient moins pénibles pourtant, personne ne criait, Julien était libre; mais le temps paraissait immobile, comme écrasé par l'été qui étouffait la ville.

48

Le 31 août, Julien arriva le premier à la maison Petiot. Le magasin et la salle à manger étaient encore fermés, mais les patrons devaient être de retour car la clef de la chambre se trouvait sur la porte. Julien entra, posa sa valise et ouvrit la fenêtre. Le courant d'air chassa rapidement l'odeur de renfermé. Julien commençait à peine de vider sa valise lorsqu'il entendit un pas dans l'escalier. Il s'avança sur le seuil. Un garçon, brun de cheveux, à la figure ronde, aux joues rouges et au gros nez un peu retroussé s'approcha.

— Vous êtes de chez Petiot ? demanda-t-il.

— Oui, dit Julien.

— Je suis le nouvel ouvrier. Je m'appelle Edouard Cornut.

— Moi, je suis apprenti, je m'appelle Julien Dubois.

Le garçon tendit la main à Julien et entra. Sa poignée de main était molle ; il parlait en roulant les *r* et en traînant sur la fin des mots.

— Les patrons ne sont pas là? demanda-t-il.

— Je ne sais pas, dit Julien, j'arrive. En tout cas, ils doivent être rentrés de vacances.

— J'ai laissé ma valise au café, dit Edouard, je vais la chercher.

— Voilà votre lit, et vous avez ce placard-là.

Le nouveau regarda en disant :

— Puisqu'on est pour travailler ensemble, vaut mieux se tutoyer.

— Vous pouvez me tutoyer, dit Julien, mais le patron ne veut pas que les apprentis tutoient les ouvriers.

L'autre fit la moue, mais ne dit rien. Comme il sortait, Julien ajouta :

— Je vais descendre allumer le four, si vous avez besoin de quelque chose, le laboratoire est juste en dessous.

Il descendit. La clef du laboratoire était également sur la porte et, sur le tour en marbre, un papier était posé, retenu par un poids d'un kilo. Julien reconnut l'écriture du patron. « Le premier arrivé allumera le four. Pousser à fond et ne pas couvrir avant mon retour. »

Julien resta un long moment à regarder autour de lui. Il n'avait jamais vu le laboratoire ainsi, mort et froid, sans autre odeur qu'un relent de moisi qui semblait monter de l'escalier menant à la cour aux bûchers. Il descendit chercher du bois. Des toiles d'araignées étaient tendues partout.

Maurive arriva bientôt et entra au laboratoire suivi du nouvel ouvrier.

— Salut, petite tête, dit-il, tu as déjà allumé le four?

— Oui, tu vois, ça commence à ronfler.

Julien fut heureux de revoir Maurice. Maurice paraissait content aussi.

— Tu t'es bien amusé? demanda-t-il.

— Oui, très bien, et toi?

— Moi, je suis allé à Menton avec mes parents. C'est bien, mais je connaissais déjà. Seulement, on est revenus par la route des Alpes, ça c'est un peu beau! Et toi, qu'est-ce que tu as fait, raconte un peu?

— Moi, je suis resté à Lons.

— C'est pas très marrant.

— Oh, je sortais tous les jours en vélo.

— Avec des copains?

— Oui, des copains et des filles.

— Veinard, dit Maurice. Au fond, c'est encore mieux que d'être avec ses vieux. Moi j'aurais pu me faire de chouettes filles, sur la plage, mais avec mes parents, rien à chiquer.

Il s'arrêta un instant, regarda le second, puis de nouveau Julien et demanda :

— Combien tu t'en es envoyé... Allez, quoi, dis-le.

Julien haussa les épaules en murmurant :

— Qu'est-ce que tu veux que je te dise...

Le second eut un ricanement et lança :

— Il s'est rien envoyé du tout. Ça se voit.

Julien ne dit rien et retourna charger le four. Edouard avait pris une petite casserole qu'il alla remplir au robinet de la cour.

— Tiens, dit-il à Julien, fais-moi chauffer ça.

— Où? Le four n'est pas encore chaud.

— Il n'y a pas de gaz ici?

— Non, pas au labo.

— Tu parles d'une boîte moderne. Alors fais-moi chauffer ça sur du coke rouge, juste tiédir.

— Qu'est-ce que vous voulez faire, vous raser?

L'autre se mit à rire.

— Non, dit-il, me laver la queue.

Maurice et Julien se regardèrent.

— Laisse-moi faire, dit Edouard.

Il ouvrit le foyer et en tira une pelletée de coke rouge.

— Attention de pas tout foutre en l'air, dit Maurice, s'agit pas de rigoler, le four est complètement froid, s'il faut le rallumer, ça va être drôle!

— T'inquiète pas, je sais ce que c'est qu'un four à chauffer.

Il avait posé sur les charbons sa casserole où l'eau chantait déjà. Dès qu'elle fut assez chaude il la retira, remit le charbon dans le foyer et sortit.

— Ceux que ça intéresse, dit-il en riant, le spectacle est gratuit.

Julien et Maurice hésitèrent un instant, puis ils le suivirent. Dans la chambre, il sortit de sa valise une boîte qui contenait une petite seringue en verre et en ébonite noire. Il vida dans la casserole un sachet de poudre violette, remua avec son doigt et emplit sa seringue. Ensuite, assis sur le bord de son lit, il déboutonna son pantalon et s'administra une injection. Lorsqu'il eut terminé, il urina dans la casserole.

— Bon Dieu, dit Maurice, c'est dégueulasse, on s'en sert, de cette casserole!

Edouard se mit à rire.

— Et alors, dit-il, ça se lave une casserole. Et puis, c'est du permanganate, tu peux être tranquille que rien n'y résiste. La preuve, c'est qu'on se soigne avec.

— Qu'est-ce que vous avez donc? demanda Maurice.
— Ce que j'ai? Quelle idée, une chaude-lance, pardi! Tu ne penses pas que c'est une angine, non?
Il avait boutonné son pantalon et enfilé sa veste.
— Vous sortez? demanda-t-il.
— Moi, répondit Julien, je reste pour le four.
— Moi, je vais aller pétrir les croissants et la brioche, dit Maurice. J'attends seulement que le patron soit là pour me dire combien il faut en faire.
— Viens faire un viron, juste le temps de me montrer où on a des chances de faire une touche.
Maurice haussa les épaules et dit en riant :
— Dans l'état où vous êtes, ça ne vous servirait pas à grand-chose.
— Quoi, tu te figures peut-être que ça m'empêche de baiser?
— Ça n'est pas contagieux, cette maladie? demanda Maurice.
— Bien sûr que si, mais tu crois que la fille qui me l'a refilée s'est posé tant de questions?
— Tout de même, c'est un peu vache, d'autres types peuvent passer après vous.
— Ils feront comme moi, ils se soigneront. Et puis, ça leur fera les pieds, ils n'ont pas à s'envoyer les mêmes filles que moi.
Il s'arrêta le temps de rire et d'allumer une cigarette, puis, avant d'ouvrir la porte, il demanda encore :
— On mange à quelle heure, ici?
— Entre 7 heures et demie et 8 heures.
— Alors, c'est décidé, personne ne vient avec moi?

— Non.

— Non.

Il sortit et claqua la porte derrière lui. Maurice et Julien l'écoutèrent descendre l'escalier et se regardèrent un moment en silence.

Julien désigna la casserole.

— Il n'a même pas lavé son matériel, dit-il.

— C'est un salaud. Il faudra s'arranger pour foutre cette casserole en l'air.

— Le patron gueulera.

— On ne peut tout de même pas cuire de la crème où il a pissé ses microbes, non?

Maurice était furieux. Il hocha la tête, puis se mit soudain à rire.

— Qu'est-ce qui te fait marrer? demanda Julien.

— Si ce cochon-là utilise une casserole par jour, à la fin de la semaine on ferme la boîte.

Julien poussa du pied la casserole jusque sous le lit du second.

— En tout cas, dit-il, qu'il se démerde. Mais il a des manières qui ne me reviennent pas.

Julien allait sortir, Maurice le suivit, mais arrivé près de la porte il s'arrêta, la main sur le loquet.

— Et si demain matin, il descend au labo avec la casserole et qu'il la remette en place, qu'est-ce qu'il faudra faire?

Julien hésita.

— Je ne sais pas, moi. On peut la passer à l'eau bouillante, ou même flamber l'intérieur en la graissant bien.

— C'est pas à nous de nettoyer sa merde.

— Bien sûr, mais je ne sais pas moi, tu me demandes ce qu'il faudrait faire; qu'est-ce que tu veux que je te dise!

Ils restèrent indécis quelques instants, puis Maurice demanda encore :

— Suppose que le chef ou le patron la prenne avant qu'on ait le temps de la nettoyer, qu'est-ce qu'il faut faire, à ce moment-là?

Julien soupira. Il eut un geste vague et murmura :

— C'est vraiment un dégoûtant, ce mec-là.

— Oui, mais ça n'est pas de le répéter qui peut changer quelque chose.

— Et alors, trouve une solution, toi.

Maurice avait le visage tendu. Les muscles de sa mâchoire roulèrent sous sa peau bronzée, son front se plissa et son regard noir se durcit. Il demeura ainsi quelques instants. Puis, lentement, son visage se détendit, il eut un haussement d'épaules et ouvrit la porte en lançant :

— Et puis merde, après tout. On verra bien. On va pas se casser la tête pour des choses qui ne nous regardent pas. Mais en tout cas, ce gars-là serait chez mon père, je crois qu'il n'y ferait pas long feu... Et moi, si un jour j'ai des ouvriers, j'aime mieux te dire qu'ils ne feront pas comme ça!

49

Le premier jour de travail ne fut pas comme les autres.

Il fallait reprendre le rythme, préparer en une journée tout ce qui, en temps ordinaire, s'étalait au programme d'une semaine. De plus, il y avait le nouvel ouvrier à mettre au courant.

La tournée des hôtels ne reprenait que le lendemain, mais à 2 heures de l'après-midi, Julien alla voir les clients pour savoir s'il n'y avait rien de changé dans le nombre de croissants à fournir.

A l'hôtel de la Gare, le patron qui était un gros homme chauve à longues moustaches, lui tapota l'épaule en disant :

— Ça m'embêtera bien de ne plus te voir, mon garçon, tu es un bon petit gars, plus poli que l'apprenti de chez Morel qui nous a livré pendant que vous étiez fermés, seulement, chez Morel, les croissants sont plus gros et il nous les fait moins chers, alors, tu comprends...

Julien eut un geste vague comme pour s'excuser. L'homme se mit à rire.

— Je sais bien que tu n'y es pour rien, mais que veux-tu, chacun son intérêt... Tu veux boire un coup de bière?

Julien accepta. L'homme emplit deux grands verres et ils trinquèrent. L'hôtelier donna vingt francs à Julien en disant :

— C'est ton pourboire, puisque tu n'iras pas jusqu'au nouvel an, c'est normal que je te le donne à présent.

Julien remercia. L'homme l'accompagna jusqu'à la porte et dit encore :

— Bien entendu, je compte sur toi pour ne pas raconter à ton patron que Morel me vend les croissants moins chers. Ça ferait une histoire, je crois qu'ils ont un accord entre eux avec leur syndicat. Tu diras simplement que mes clients aiment mieux ses croissants que ceux de ton patron.

Julien acquiesça de la tête.

— C'est entendu, hein? demanda encore l'homme. Je te fais confiance parce qu'on est copains, mais ne va pas me faire arriver une histoire; après, Morel ne marcherait plus à ce prix-là.

Julien promit et s'en alla.

Partout ailleurs, les clients se bornèrent à dire :

— Comme d'habitude.

A l'hôtel Moderne, Julien venait de quitter le barman et traversait le fond du hall lorsqu'il entendit qu'on l'appelait.

— Hep, hep, pâtissier!

La voix venait de l'escalier conduisant aux chambres. Julien leva la tête. Au premier étage, un homme en bleu se penchait sur la main courante et lui faisait signe de monter.

Il revint sur ses pas. L'homme était un ouvrier plombier qu'il avait rencontré plusieurs fois.

— Qu'est-ce qu'il y a? demanda Julien.

L'autre lui fit signe de garder le silence et dit à voix basse :

— Monte sans faire de bruit, tu vas te marrer.

Il y avait un tapis épais sur les marches de l'escalier. Julien monta sans bruit. Dès qu'il fut sur le palier, l'homme lui désigna un couloir où donnaient des portes de chambres. Tout près d'une porte, une échelle était dressée contre la cloison. Un homme en descendait lentement, avec beaucoup de précautions. Malgré la pénombre, Julien reconnut un autre ouvrier plombier. Cependant, celui qui l'avait appelé expliquait :

— Tu vois, au-dessus de la porte, il y a un vasistas vitré. Nous autres, on répare le chauffage central, les tuyaux passent juste devant, et des fois, ça réserve des surprises. Moi je reste là, va jusque vers le copain, monte sans te casser la gueule et reluque par la vitre, tu ne regretteras pas le dérangement.

Julien hésitait. L'homme le poussa doucement en disant :

— Allons, va voir, t'en prendras plein la vue pour pas un rond.

Julien marcha doucement jusqu'à la porte, puis monta à l'échelle. Le deuxième ouvrier était au pied et riait en faisant des signes à son camarade. Arrivé en haut, Julien se pencha sur sa droite et approcha son visage de la vitre. Dans la chambre, dont la fenêtre donnant sur la place Grévy était entrouverte, la lumière entrait. Un peu ébloui d'abord, Julien ne vit que cette fenêtre, puis, se haussant encore, il regarda le lit. Un homme et une femme, nus tous les deux, y étaient enlacés. Julien eut tout d'abord un mouvement de recul, puis, comme ni l'homme ni la femme ne regardaient de son côté, il s'approcha davantage. La femme était une employée de l'hôtel. Julien la connaissait pour l'avoir rencontrée souvent au cours de ses livraisons. Elle pouvait avoir vingt-cinq à trente ans, elle était grande et bien faite, elle avait des yeux noirs et des cheveux légèrement roux, sans doute teints. Victor prétendait qu'elle avait un enfant qui se trouvait en nourrice dans un village du côté d'Authume. Julien ne connaissait pas l'homme qui se trouvait avec elle. D'ailleurs, l'homme lui tournait le dos, et il voyait assez mal son visage. L'homme et la femme s'embrassaient et se caressaient. Julien regardait comme fasciné par ce spectacle. Soudain, il sursauta et faillit lâcher l'échelle. La vitre contre laquelle son visage était appuyé venait de résonner. Il crut qu'elle s'était brisée. Il se recula vivement, mais il eut pourtant le temps de voir que la fille le regardait.

Au pied de l'échelle, les deux plombiers riaient.

— Vous êtes fous, dit Julien.

L'un des ouvriers tenait encore à la main le mètre pliant métallique avec quoi il avait cinglé la vitre.

— Quoi, dit-il, tu n'es pas content de t'être rincé l'œil! Faut tout de même bien qu'on rigole un peu, non?

— Pourquoi vous avez tapé? dit Julien. La fille m'a vu.

— Tu penses, elle est en pleine lumière et toi

dans l'ombre. Elle n'a pas pu te reconnaître. Et après, tu ne risques pas qu'elle te courre après dans la tenue où elle est.

L'un prit sa caisse d'outils, l'autre empoigna l'échelle et ils s'en allèrent.

Julien les suivit jusqu'au palier. Là, comme ils se dirigeaient vers l'étage supérieur, Julien descendit seul.

— Au revoir, lança l'un des plombiers, et à la prochaine!

— Et surtout, dit l'autre, t'excite pas trop, des mômes comme ça, c'est pas pour des mecs comme nous, c'est bien trop cher.

Julien sortit très vite, enfourcha son vélo et traversa la place. Arrivé à hauteur de la statue, il se retourna et regarda la façade de l'hôtel. A l'une des fenêtres du premier étage, il aperçut une femme qui se tenait debout, un peu en retrait et qui disparut rapidement.

50

Lorsque Julien revint au laboratoire, le patron parlait de Venise. Depuis le matin, tout en donnant des ordres, il n'avait guère cessé de raconter ses vacances en Italie.

— Moi, disait-il, je connaissais ça depuis longtemps, vous pensez, j'ai fait des saisons à Rome et à Milan, mais les femmes n'avaient jamais vu ça... Les massepains, Edouard, vous les serrez un peu trop, sur les plaques, ils vont se toucher... Venise, c'est à voir. Seulement, c'est un peu dégoûtant. L'eau des canaux, vous diriez celle de la plonge en fin de journée... Dites donc, André, faudra penser aux petits fours aussi.

— Je vais m'y mettre, disait le chef.

M. Petiot parlait sans cesse, revenant toujours aux routes, au nombre de kilomètres qu'il avait faits, et aux voitures qu'il avait doublées. Julien s'approcha de la plonge. Comme il passait derrière le fourneau, Maurice se retourna et murmura :

— La casserole du vérolé est dans la plonge, mais t'inquiète pas, tu n'as qu'à la laver, je l'ai brûlée à la graisse.

Le patron termina son histoire, puis, se tournant vers Julien, il demanda :

— Alors, rien de changé pour les croissants?

Julien avait encore devant les yeux l'image du couple nu enlacé sur le lit. Il n'avait jamais vu cela, il ne l'avait jamais fait, il l'avait seulement imaginé souvent.

— Alors, cria M. Petiot, je te parle, tu es encore en vacances? Nous on est rentrés depuis hier soir.

Les autres se mirent à rire. Le patron rit également puis ajouta :

— Ça n'a pas l'air de t'avoir arrangé, quinze jours de repos.

Julien les regardait. Le patron répéta :

— Alors, les croissants, rien de neuf?

— Non, monsieur, dit Julien.

Puis, aussitôt, il se souvint de l'hôtel de la Gare. Il hésita un instant et, comme le patron recommençait ses histoires de voyage, il dit :

— Heu... C'est-à-dire... Pour l'hôtel de la Gare...

Il s'arrêta. Le patron se tut également et le regarda. Il y eut un moment de silence, puis M. Petiot demanda :

— Alors, quoi, l'hôtel de la Gare?

— Eh bien, ils ne veulent plus de croissants.

Le patron fronça les sourcils, posa le fouet avec lequel il battait de la ganache et demanda :

— Quoi, qu'est-ce que tu me chantes-là? Ils ne veulent plus de croissants?

— Non, monsieur.

— Qui t'a dit ça?

— C'est le patron.

— Comment il t'a dit ça?

Julien hésita, cherchant à se souvenir.

— Il m'a dit... Il m'a dit : « Tu diras à M. Petiot que je ne prendrai plus de croissants. »

— Mais il t'a bien donné une raison, tout de même.

Les autres regardaient tantôt Julien tantôt M. Petiot. Julien les regardait aussi. Il hésitait encore à répondre. Il sentait venir la colère du patron et savait qu'elle finirait fatalement par se tourner contre lui. Déjà M. Petiot contournait la table du four et s'avançait lentement.

— Alors, répéta-t-il, qu'est-ce qu'il t'a donné comme raison?

Julien haussa les épaules, attendit encore un instant puis, presque entre ses dents, il dit :

— Ses clients aiment mieux ceux de chez Morel.

Il put à peine achever sa phrase. Le patron leva les bras au ciel en hurlant :

— Hein! Quoi? Ses clients aiment mieux! Ah, merde alors! Mille fois merde. Mais qu'est-ce que c'est donc ses clients? Un ramassis de Jeanfoutres; c'est pas possible. Morel qui est le plus fumiste de toute la ville... Entendre ça. Ah non. C'est un peu fort. Vaudrait mieux être sourd que d'entendre des âneries pareilles!

Il s'arrêta soudain, parut réfléchir puis, revenant vers Julien il demanda :

— Combien il prenait par jour, ce couillon-là?

— Quatre douzaines, monsieur.

— Quatre douzaines, c'est pas une paille. Et quand les clients commencent à vous lâcher, on ne sait jamais où ça peut mener, ces choses-là.

Il réfléchit encore. Il s'était remis à préparer sa crème. De temps à autre, il s'arrêtait pour bougonner :

— Quatre douzaines... Ses clients, ils ont bon dos... Il y a certainement autre chose... Certainement... C'est pas possible... Morel. Ah, merde alors, Morel, un fumiste pareil!

Soudain, il releva la tête, reposa sur la table sa terrine et son fouet d'où le chocolat coulait goutte à goutte.

— Dis donc, Julien, regarde-moi un peu, fit-il.

Julien se retourna, une casserole sale à la main.

— Est-ce que tu me dis bien la vérité?

— Moi, monsieur? Mais bien sûr.

— Oh, ne prends pas ton air innocent. Tu serais pour quelque chose là-dedans que ça ne m'étonnerait pas.

— Moi, monsieur?

Le patron s'approcha.

— Oui, toi, monsieur, dit-il. Toi, avec ton air de toujours tomber des nues. Est-ce que tu n'aurais pas été impoli avec ce client ou avec quelqu'un dans son hôtel?

— Monsieur, dit Julien, je vous jure...

— Oh, ne jure pas si vite. Je te connais. D'abord, tu rougis.

Il approcha encore et se mit à crier :

— Regardez, regardez-le comme il rougit. Ça y est. Je suis certain à présent que c'est lui le responsable. Fallait s'y attendre, avec un oiseau pareil, faut s'attendre à tout.

Il empoigna l'oreille de Julien qui s'était mis en garde. Il le secoua en disant :

— Eh bien, je vais y aller, moi, à l'hôtel de la Gare. J'y vais de ce pas. Et si jamais tu as fait le con, je te promets une raclée comme jamais tu n'en as reçu.

Le patron lâcha l'oreille de Julien et sortit. Dès qu'il eut disparu, le chef demanda :

— C'est vrai, que tu y es pour quelque chose?

— Non, chef, dit Julien, je vous donne ma parole.

— C'est bon, dit le chef, ça vaut mieux pour toi.

M. Petiot ne resta absent que quelques minutes. Lorsqu'il revint, sa colère paraissait légèrement apaisée.

— La patronne a raison, dit-il, nous irons en nous promenant, après dîner, ça aura moins l'air de venir le relancer.

Déjà Julien n'écoutait plus. Il continuait son travail en pensant à la chambre de l'hôtel Moderne et au spectacle qu'il y avait vu.

L'image de ce couple nu était en lui. Elle y resta jusqu'au soir et le tint éveillé très tard dans la nuit. Il pensait à cela. Il pensait aussi à la fille de la rue Pasteur. Il se voyait avec elle. Ils étaient nus aussi l'un et l'autre, mais ils étaient dans le lit. La chambre était plus sombre. Ils étaient heureux parce qu'ils faisaient l'amour ensemble, mais aussi parce qu'ils restaient ensuite très longtemps enlacés, sans parler, sans bouger.

Julien allait ainsi d'une image à l'autre. Toujours il y avait une chambre avec un couple, mais tout changeait sans cesse. Quelquefois, il imaginait aussi cette même chambre, les mêmes circonstances pour lui, mais, à la place de la bonne de l'hôtel, il voyait la fille de la rue Pasteur. Alors quelque chose se serrait en lui, quelque chose qui faisait très mal.

Par moments aussi, Julien pensait qu'il reverrait sans doute la bonne de l'hôtel Moderne. Est-ce qu'elle n'allait pas lui en vouloir? Est-ce qu'elle l'avait vraiment reconnu?

Très tard, il entendit rentrer M. et Mme Petiot. Il tendit l'oreille, la tête décollée du traversin, mais il ne put comprendre ce qu'ils disaient. Ils parlèrent un moment dans la salle à manger dont la porte devait être ouverte, puis Julien les entendit monter. En passant devant la chambre des commis, ils se turent. Leur porte se ferma, Julien entendit claquer le verrou, puis tout redevint silencieux.

Maurice dormait. Son souffle était régulier. Le nouveau n'était pas encore là. Julien pensa un instant à sa maladie qu'il continuait de soigner devant eux. Maurice s'était fâché, et l'autre utilisait à présent une grande boîte à marmelade de pomme, toujours la même, qu'il conservait dans son placard.

Puis Julien pensa encore au couple nu et finit par s'endormir.

51

Cette nuit-là, Julien dormit très mal. Il se réveilla plusieurs fois, toujours, l'image du couple était là.

Le vent s'était levé. Il devait souffler du sud, car la fenêtre ouverte claquait contre l'embrasure et de grands remous entraient dans la chambre. Julien les sentait passer sur son visage. Il se souvint de ce que disait sa mère lorsque soufflait ce vent-là.

— C'est le vent des fous.

Julien se retournait sans cesse dans son lit en répétant :

— Peut-être que je deviens fou.

Lorsque le chef arriva, Julien fut heureux de se lever. Ils reprirent la routine normale du travail : croissants, brioches, petits pains, tandis que Maurice allumait le fourneau, desséchait et mouillait la pâte à choux avant de préparer la crème cuite.

M. Petiot arriva avec le sourire. Il alla ouvrir le four du bas, tâta la température de la main avant de regarder le cadran.

— Ça va, dit-il, le four a repris du fond. C'est tout de même un très bon four.

Il fit deux ou trois fois l'aller et retour de la porte au fourneau, puis, s'arrêtant derrière Julien il lança :

— Je t'ai toujours dit que tu ne serais jamais plus malin que mes galoches.

Il marqua un temps. Personne ne se retourna. Alors, cherchant à imiter Julien, il reprit :

— Monsieur, à l'hôtel de la Gare ils ne veulent plus de croissants. Ils aiment mieux les croissants de Morel... Espèce de molasson, va! Eh bien, tu leur en mettras tout de même quatre douzaines, comme d'habitude. Mon pauvre vieux, s'il n'y avait que des mecs comme toi pour discuter avec les clients, on pourrait mettre la clef sous la porte et retourner en Italie.

Il se tut et partit vers l'étuve d'où il tira deux plaques. Il avait parlé fort, mais sans colère véritable.

— Qu'est-ce qu'il y avait donc? demanda le chef.

— Mais rien du tout. Trois fois rien. Il suffisait de deux doigts de jugeotte et d'un mot bien placé pour mettre le gros moustachu dans sa poche. Morel l'avait servi quinze jours, il s'était mis dans l'idée de continuer avec Morel. Comme ça, sans raison. Seulement, si on compte sur M. Julien Dubois pour défendre les intérêts de la maison, on est servi!

Tout en continuant d'enfourner, il entreprit de donner à Julien une leçon de débrouillardise, expliquant ce qu'il convenait de faire pour être un bon commerçant. Mais Julien n'écoutait plus. A présent, il regardait constamment le réveil.

L'heure approchait de la tournée des hôtels, il allait aller au Moderne, il y rencontrerait certainement la femme de chambre qu'il avait vue hier avec l'homme.

Sa corbeille pleine, il prit le vélo et s'en alla. Au buffet il retrouva la serveuse qui lui offrait toujours un petit déjeuner. Comme il avait la tête un peu lourde et la gorge sèche, il lui demanda un verre de bière qu'il but en mangeant ses croissants « de resquille ». La bière était fraîche et un peu amère.

— Tu n'as pas l'air bien pressé, ce matin, remarqua la serveuse.

— Si, il faut pourtant que je parte.

A l'hôtel de la Gare, le gros homme à moustaches le reçut avec un rire énorme.

— Bon Dieu, dit-il, il est rudement malin, ton père Petiot... Tu ne lui avais pas parlé de prix, au moins?

— Absolument pas, monsieur, je vous l'assure.

— Je te crois. Mais ton patron est un tout malin. Il sait bien comment il aurait fait, à la place de Morel. Alors, il est venu me voir hier au soir, et voilà, le tour est joué.

— Qu'est-ce qu'il vous a dit? demanda Julien.

— Ah, il ne t'a pas mis au courant! Bien sûr, j'aurais dû m'en douter. Puisque tu ne sais rien, c'est pas lui qui va t'affranchir.

L'homme eut encore un gros rire qui fit trembler son triple menton et battre des ailes sa moustache, puis il expliqua :

— Eh bien, il est tout simplement venu, lui aussi, me proposer un sou de moins. Quand j'ai vu qu'il s'y prenait comme ça, je n'avais plus rien à lui cacher. J'ai dit : « Non, ça ne m'intéresse pas. Morel me fait ce prix-là et ses croissants sont plus gros. » Alors, il m'a proposé carrément deux sous de moins. Et voilà, le tour est joué.

Il rit encore, tapota l'épaule de Julien en reprenant :

— Surtout garde ça pour toi, hein!

— Bien sûr, dit Julien.

— Si j'avais su, il y a belle lurette que j'aurais fait le coup.

Julien riait aussi. L'homme l'accompagna jusqu'à la porte et conclut :

— C'est moi qui suis gagnant, dans l'histoire. Mais toi, tu n'y perdras rien non plus, tu auras eu un petit supplément de pourboire... Allons, au revoir. Jusqu'à demain, mon petit gars!

Julien repartit. Il ne restait plus à présent que les trois hôtels de la place Grévy. Il se laissa glisser en roue libre jusqu'au boulevard Wilson où il pédala lentement. Plus il avançait, plus il sentait sa gorge se serrer. Il tentait de fixer sa pensée sur le gros homme à moustaches, sur M. Petiot et ses deux sous de rabais, mais, malgré tout, le visage de la femme de chambre demeurait devant lui. A présent, il ne voyait plus le couple nu sur le lit, mais seulement la femme telle qu'elle se présenterait sans doute à lui dans quelques minutes.

Il roulait de plus en plus lentement. Il suivit ainsi l'avenue de la Paix et ne reprit une vitesse normale qu'en débouchant sur la place Grévy. L'hôtel Moderne était le premier du quartier qu'il devait visiter, il s'y dirigea tout de suite, le cœur battant et le sang à la tête. Il traversa la cour en regardant les fenêtres de la salle et celles de la cuisine. Il n'y avait personne. Personne non plus dans la petite pièce sombre où il vidait chaque matin sa corbeille et qui se trouvait entre le bar et la salle à manger. Il prit le plateau et commença de compter ses croissants. Il en était à la deuxième douzaine, lorsque la porte donnant dans la salle s'ouvrit doucement. Julien sursauta, leva la tête et regarda.

— Bonjour, pâtissier.

La femme de chambre rousse était là, devant lui, souriante.

— Bonjour, murmura-t-il.

— Alors, tu t'es bien amusé, hier?

— Moi?

Elle sourit davantage.

— Allons, ne fais pas l'imbécile. Non seulement je t'ai reconnu quand tu avais le nez au carreau, mais ensuite, je t'ai vu traverser la place. D'ailleurs, tu t'es retourné en passant à côté de la statue, et tu as regardé vers la fenêtre... Allons, dis que ça n'est pas vrai!

Julien se raidit, fit un effort pour avaler sa salive, et lança :

— Et alors?

La fille fronça les sourcils.

— Alors, tu es un petit saligaud. On ne regarde pas par un vasistas. Et d'abord, comment as-tu fait, sur quoi es-tu monté?

Sans réfléchir, Julien expliqua :

— Il y avait une échelle, je suis monté dessus.

— Qu'est-ce que tu faisais par-là?

— J'étais venu voir pour la tournée. Une idée, comme ça, j'ai voulu regarder comment était l'hôtel.

Elle l'observa un moment sans mot dire et demanda encore :

— Il n'y avait personne avec toi?

— Personne.

— Et, bien entendu, tu t'es dépêché de raconter ce que tu avais vu à tous tes petits copains.

— Non, je ne l'ai dit à personne.

A présent, Julien ne tremblait plus. Il se sentait comme dans un match de boxe, après une première reprise en face d'un adversaire à peine de sa force.

— Parole? demanda la fille.

— Parole.

— C'est bien, tu es un type intelligent. Mais il faut me promettre que tu ne diras rien.

Elle avait plongé sa main dans la poche de son tablier blanc et en tirait un billet de banque plié en quatre.

— Tiens, dit-elle. Je compte sur toi.

Julien n'hésita pas une seconde. Il se recula d'un pas en souriant.

— Non, dit-il, vous plaisantez.

La fille s'approcha. Elle avait de nouveau le front plissé et le regard soucieux.

— Tu comprends, dit-elle, pour moi, c'est très important. Si le patron entendait un racontar quelconque, il me foutrait à la porte. Je ne veux absolument pas perdre ma place.

— Je ne dirai rien. Je ne suis pas un salaud. Mais je ne veux pas de votre fric.

— Tu me donnes ta parole?

Il laissa passer quelques secondes. Le visage de la fille se tendait vers lui. Elle était presque de sa taille. Il ne l'avait jamais regardée d'aussi près. Elle était belle. Elle semblait très malheureuse. Ses lèvres s'entrouvrirent comme si elle allait parler. Julien fit un demi-pas en avant, posa sa main sur le bras nu de la fille et murmura :

— Je te donne ma parole... Mais je voudrais qu'on se revoie... Ce soir. C'est possible, ce soir?

Le visage de la fille se détendit. Elle sourit. Sa main serra celle de Julien.

— Je finis à 11 heures et demie. Tu peux sortir, à cette heure-là?

— Je m'arrangerai, dit Julien.

— Trouve-toi près de la barrière du cours entre 11 heures et demie et minuit moins le quart... Mais n'oublie pas... tu m'as juré.

Julien fit oui de la tête. Il s'approcha pour l'embrasser, mais elle l'évita en disant :

— Non, non, pas ici, tu es fou.

Elle s'éloigna en direction de la porte, posa la main sur la poignée mais, avant d'ouvrir, elle lança en riant :

— Toi, on peut dire que tu ne perds pas le nord, au moins!

Dès qu'elle fut sortie, Julien crut que sa poitrine allait éclater. Il se sentait à la fois fou de joie et aussi fatigué qu'à la fin d'un long et dur combat.

Il resta quelques minutes sans mouvement puis, après avoir respiré à fond, il recompta les croissants déjà posés sur le plateau et continua de sortir ce qui restait à prendre dans la corbeille.

52

Les deux apprentis et le second se couchèrent aussitôt après la fermeture du magasin car le lendemain était un samedi, jour où le travail commençait à 4 heures. Pour Julien, la journée avait été longue et pénible. Plus de vingt fois, M. Petiot avait crié, se plaignant qu'il n'eût pas la tête à sa besogne. Le chef lui-même l'avait souvent rappelé à l'ordre.

A présent, il s'efforçait à demeurer immobile dans son lit. L'oreille tendue, il épiait chaque bruit. Bientôt le second se mit à ronfler. Maurice remua plusieurs fois avant de s'endormir. Enfin, il se mit à respirer régulièrement, avec un léger sifflement. En bas, plus rien ne bougeait depuis que Claudine et les patrons étaient montés se coucher. Il y eut, dans une cour, une longue bataille de chats. Des fenêtres se fermèrent. Enfin, Julien entendit sonner 11 heures à la Collégiale. Quelques instants après, la cloche plus grêle du couvent des Sœurs Mannes sonna également. Julien s'imposa de compter jusqu'à cent. Lorsqu'il eut terminé, il se leva sans bruit, s'habilla, chaussa des espadrilles et marcha jusqu'à la fenêtre. Il faisait un pas, s'arrêtait pour écouter, repartait, s'arrêtait encore. Il demeura quelques instants assis sur le rebord de la fenêtre avant de s'engager sur le petit toit de zinc. La nuit était très noire. Les quelques fenêtres où la lumière brillait encore n'éclairaient pas jusque-là car le ciel était sans étoiles. Julien fit à tâtons le trajet du toit et des murs dont il connaissait depuis longtemps chaque prise, chaque point d'appui, chaque pierre branlante.

La rue Dusillet était déserte. Il fila droit sur la Rampe du Cours. La vieille putain était encore sous son lampadaire. Lorsqu'elle le vit traverser, elle fit un signe de la main en appelant :

— Pssitt... Viens jusque-là.

Julien s'engagea dans l'allée qui monte vers la promenade. La vieille fit quelques pas derrière lui en disant :

— Viens, écoute un peu ici!

Puis, comme il se mettait à courir, elle lança avant de regagner sa place :

— Hé, va te faire pomper ailleurs, merdeux!

Toute la promenade était baignée d'obscurité. Entre les troncs d'arbres, on voyait seulement la place Grévy dont les lampes éclairaient la statue centrale. Des voitures arrêtées devant les hôtels luisaient. Julien regarda près de la barrière, mais il n'était pas encore 11 heures et demie.

— Et si elle ne venait pas? se dit-il.

Il fit quelques pas en direction de la place. Il devina un couple assis sur un banc. Il marcha jusqu'à distinguer la porte de l'hôtel Moderne. Le rideau de fer était baissé du côté de la salle à manger, mais il y avait encore de la lumière au bar dont la porte était ouverte. Un garçon sortit et commença d'empiler les chaises de la terrasse. Julien avança encore et s'arrêta. Il resta là tant que le garçon n'eut pas achevé le travail de la terrasse. Il le regarda arroser le trottoir avec une carafe qu'il alla remplir trois fois, il le vit ensuite balayer à grands coups en direction de la rue. De la poussière volait, des papiers brillaient parfois sous la lumière vive. L'homme rentra enfin. La demie sonnait au clocher. Julien attendit la cloche du couvent, puis il revint jusqu'à la barrière. Ses mains étaient moites et il s'aperçut que ses ongles avaient pénétré dans ses paumes. Il serra la balustrade de fer qui lui sembla aussi froide que la glace qu'il mettait dans les rafraîchissoirs. Il la tint ainsi un moment puis appliqua sa main glacée sur son front.

Lorsqu'il se retourna, il vit se découper sur le fond de lumière la silhouette d'un couple qui s'éloignait lentement en direction de la place. Il pensa qu'il devait attendre près de la barrière et pourtant, presque malgré lui, il marcha également vers la lumière. Il était à quelques pas seulement des derniers arbres, lorsqu'il vit la fille quitter la cour de l'hôtel et traverser la rue. Elle allait vite et venait droit vers lui. Il se remit à marcher et ils se rencontrèrent à la hauteur des derniers arbres, à l'endroit où commence la pénombre.

— Bonsoir, dit-il.

— Bonsoir, tu es venu jusque-là.

— Oui, il n'y a personne.

Il lui avait pris la main qu'il serrait très fort.

— Viens, dit-elle.

Ils allèrent jusqu'au premier banc. Là, assis l'un près de l'autre, ils restèrent quelques instants sans parler.

— Comment tu t'appelles? demanda-t-elle.

— Julien. Et toi?

— Hélène.

Il passa son bras derrière ses épaules et l'attira contre lui. Tout d'abord, ce fut lui surtout qui l'embrassa, puis peu à peu, il lui sembla qu'elle répondait vraiment à ses caresses. Après un moment, elle demanda :

— Quel âge tu as?

Julien pensa qu'il devait se vieillir d'un an.

— Seize ans et demi, dit-il.

— Tu te rends compte, si je me faisais épingler avec toi, ce que ça me coûterait.

— Quoi?

— La prison pardi, détournement de mineur. Heureusement que les flics s'en foutent. D'ailleurs, à l'heure qu'il est, ils roupillent.

Elle avait appuyé sa tête sur l'épaule de Julien qui restait immobile, respirant le parfum chaud de ses cheveux.

— D'ailleurs, reprit-elle après un silence, on te donnerait facilement dix-huit ans.

— Et toi, quel âge as-tu?

Elle rit avant de répondre :

— Oh, moi, ça ne se dit pas.

— Pourquoi?

— Je suis bien trop vieille.

— Non, tu es jeune.

— Tais-toi donc, à quoi ça sert de mentir?

— Je ne mens pas, je te trouve très jeune.

— Tu es gentil, mais ça ne change rien à mon âge.

— Tu parais à peine vingt ans.

— N'exagère pas... Et puis, même vingt ans, à côté de toi, c'est vieux.

Ils demeurèrent encore un long moment à s'embrasser, puis, comme les caresses de Julien se faisaient plus précises, elle lui prit la main en disant :

— Non, pas ici.

— Alors viens, on va descendre au bord du canal.

— Tu es fou, non. Je n'ai pas envie d'attraper encore un gosse.

Elle se mit à rire soudain en ajoutant :

— Tu me diras qu'au canal, c'est pas l'eau qui manque, mais tout de même, il y a mieux, et plus pratique.

— Alors, où allons-nous? demanda Julien.

Elle hésita. Julien répéta :

— Où? Où veux-tu qu'on aille?

— On va monter dans ma chambre, mais attention hein, pas de bruit. Et surtout, ne dis pas un mot dans l'escalier. Je te donnerai la main, tu n'auras qu'à me suivre; on montera sans éclairer... Qu'est-ce que tu as aux pieds?

— Des espadrilles à semelles de corde.

— C'est bien.

Ils se levèrent et marchèrent en direction de la place. Il n'y avait personne et seules restaient éclairées les lampes de la rue et quelques fenêtres.

— Je vais traverser. Tu viendras une fois que je serai dans la cour.

Elle partit en courant. Arrivée au portail, elle s'arrêta contre le pilier et lui fit signe d'avancer. Un instant, Julien revit le geste de la vieille putain, mais aussitôt il se mit à courir et rejoignit Hélène. Avant de s'engager dans l'escalier, ils s'embrassèrent longuement et elle souffla tout près de son oreille :

— Pas de bruit, hein!

Ils mirent longtemps pour monter jusqu'au quatrième étage par un escalier de pierre très étroit. A chaque étage une lucarne minuscule ouvrant sur une cour laissait entrer une lueur qui n'atteignait même pas les marches. En haut, ils suivirent un couloir complètement obscur et Julien entendit une porte s'ouvrir. Hélène le poussa dans la chambre et referma. Tout de suite, il retrouva le parfum qu'il avait respiré dans ses cheveux. Il l'entendit marcher et fermer la fenêtre dont la jalousie devait être baissée. Elle marcha encore, puis éclaira.

Quand la lumière jaillit d'une petite lampe de chevet à abat-jour rouge, Julien resta ébloui un instant.

— Viens, dit-elle.

Elle était assise sur le bord du lit. Julien s'assit à côté d'elle.

— Ici, tu peux parler, dit-elle, mais pas fort surtout. Il y a des gens dans les chambres de chaque côté.

— Des clients de l'hôtel? demanda Julien.

— Non, d'autres employés. Il n'y a pas de clients sous les toits.

Julien regarda la chambre. Elle était mansardée et basse de plafond même du côté du vestibule. Il n'y avait que le lit, une vieille commode, une chaise et la table de nuit. Hélène se leva.

— Tu fumes? demanda-t-elle.

— Non, merci, dit Julien.

— Tu as tort.

— Je fais de la boxe, c'est mauvais pour le souffle.

Elle rit en disant :

— De la boxe, j'aime pas ça, moi. Tu te feras démolir le portrait.

Elle alluma une cigarette, en tira quelques bouffées, puis la posa dans le cendrier et commença de se déshabiller. Julien ne bougeait pas.

— Couche-toi, dit-elle.

Ils firent l'amour deux fois et restèrent ensuite étendus l'un contre l'autre. Julien ne pensait pas. Il se sentait vide. Il se sentait brûlant.

— Tu es content? demanda-t-elle.

— Oui, et toi?

— Bien sûr.

— Tu dis ça, comme ça...

— Comment veux-tu que je dise?

Julien la regarda. Elle souriait.

— Tu m'aimes? demanda-t-il.

Elle sourit davantage en éloignant un peu son visage.

— Ne dis pas des choses pareilles, voyons.

Il l'attira contre lui en disant :

— Si. Je t'aime, moi. Je te jure que je t'aime.

— Mais tu es fou, voyons. Ce sont des choses qu'on dit à certains moments, mais pas après.

Julien l'embrassa rapidement.

— Et si je te demandais de te marier avec moi? demanda-t-il.

Elle se mit à rire.

— Allons, ne raconte pas des âneries.

Il la serra plus fort en disant :

— Je parle sérieusement. Je suis sûr que je

t'aime. Je suis sûr que tu peux être heureuse avec moi.

Elle secoua la tête.

— D'abord, ne parle pas si fort, dit-elle.

— Je m'en fous, je t'aime.

— Oui, mais moi je ne m'en fous pas. Je ne veux pas avoir d'histoire dans la boîte.

Il baissa le ton pour demander encore :

— Réfléchis... Je ne te demande pas de me répondre tout de suite.

— C'est tout réfléchi. Tu es un bon petit gars, je veux bien faire l'amour avec toi, mais pense que j'ai dix ans de plus que toi, et un gamin à élever.

— On l'élèvera ensemble.

— Toi, dit-elle en riant, tu dois lire des feuilletons.

Julien se fâcha.

— Ah! non alors, sûrement pas. Au contraire, je déteste ça!

Elle l'embrassa pour l'obliger à se taire, puis demanda :

— Dis donc, est-ce que tu as déjà eu beaucoup de maîtresses?

Julien ne répondit pas tout de suite. Il regarda un moment les yeux noirs et doux d'Hélène où se reflétait la lampe de chevet.

— Non, dit-il. Si tu veux le savoir, tu es la première. Je te jure que tu es la première, mais je n'en veux pas d'autre.

Elle l'arrêta en lui appliquant un doigt sur les lèvres.

— Veux-tu te taire, dis. Allons, c'est normal, bien sûr, j'aurais dû m'en douter. Tu verras, dans quelques jours tu ne penseras même plus à moi.

Julien soupira.

— Tu me prends pour un gamin, évidemment. Et tu te figures que je ne serais même pas capable de t'aider à élever ton gosse.

Elle souleva la tête et lui fit signe de se taire.

— Ecoute, dit-elle.

Il tendit l'oreille. Un crépitement sourd et régulier venait du toit.

— Il pleut, reprit-elle, et toi qui es en espadrilles.

Il voulut la prendre encore, mais elle le repoussa en disant :

— Non, faut être raisonnable, il est déjà plus de 2 heures. Demain, c'est fête à bras aussi bien pour toi que pour moi.

— Promets-moi que tu réfléchiras, dit-il.

Elle se leva et passa une longue robe de chambre verte en disant :

— Allez, habille-toi vite, je vais descendre avec toi.

Julien se leva, mais répéta :

— Promets-moi.

Elle se remit à rire.

— Oui, oui, je te promets. Allez, grouille-toi, la pluie va te remettre les idées en place, tu verras.

Il commença de s'habiller. Hélène avait allumé une cigarette.

A demi allongée sur le lit, la tête contre le mur et les jambes repliées, elle le regardait, les yeux mi-clos.

— Tu es bien foutu, dit-elle. C'est la boxe qui développe ou bien le métier de pâtissier?

Elle souriait. Julien la trouvait très belle ainsi. Il eut encore envie d'elle et, dès qu'il fut habillé, il se laissa tomber sur le lit et l'attira contre lui. Elle se débattit.

— Non, tu es fou... Fais attention, je vais te brûler avec ma cigarette.

Il la lâcha.

— Quand est-ce qu'on se revoit? demanda-t-il.

— Je ne sais pas.

— Demain soir?

— Tu n'y penses pas, tu ne tiendrais pas le coup.

— Je m'en balance.

— Je te verrai lundi matin, quand tu apporteras les croissants. Je te dirai si tu peux venir.

Julien réfléchit un instant puis, soudain, plein d'espoir, il demanda :

— Tu n'es pas de repos le mardi?

— Non, dit-elle, le jeudi. Et d'ailleurs, ce jour-là je suis toujours prise.

Julien eut un regard triste, presque dur pour dire :

— Evidemment, et pas avec un gamin comme moi.

Elle se mit à rire en secouant la tête.

— Non, mais c'est qu'il serait jaloux!

— C'est parce que...

Elle l'interrompit.

— Tais-toi. Non, ce n'est pas avec un gamin comme toi, il est encore bien plus jeune que toi.

S'appuyant sur un coude, elle s'était penchée vers la table de nuit. Repoussant un peu la lampe de chevet, elle montra un petit cadre où se trouvait la photographie d'un enfant assis sur une chaise de jardin.

— Il est très beau, dit Julien. Quel âge il a?

— Sur cette photo, il a un peu plus de six ans. Mais en réalité, il aura huit ans le 11 octobre.

— Je crois que je l'aimerais bien, murmura Julien.

Hélène ne parut pas l'avoir entendu. L'expression de son regard qui fixait la photo était changée. Il y avait une douceur infinie que Julien n'y avait pas encore remarquée. Il eut un instant le sentiment qu'elle avait oublié sa présence. Doucement, il lui caressa les cheveux. Elle sursauta, posa le cadre et, se levant brusquement, elle dit :

— Allez, viens vite. Et surtout, pas un mot dans l'escalier.

Avant d'ouvrir la porte, elle l'embrassa et remarqua en montrant du doigt le plafond :

— Qu'est-ce qu'il descend, mon pauvre chéri, tu vas être dans un bel état en arrivant.

53

Le samedi matin, Julien eut beaucoup de mal à se réveiller. Il avait dormi à peine une heure et il lui semblait à chaque pas que ses jambes allaient se dérober sous lui. Le chef grogna deux ou trois fois, puis finit par dire :

— Nom de Dieu, je ne sais pas ce que tu as dans le ventre, mais il n'y a rien à espérer de toi, ce matin. Allons, qu'est-ce que tu as, tu es malade? Si tu es malade, faut le dire.

— Non, chef.

Tandis que Julien disait cela, le second eut un ricanement. Le chef se tourna vers lui pour lancer :

— Ça vous amuse, Edouard? Il n'y a pourtant pas de quoi. Ici, vous savez, quand il y a un malade, ça n'est jamais marrant pour les autres.

Edouard haussa les épaules et bredouilla :

— Drôle de maladie.

— Qu'est-ce que ça veut dire? demanda le chef.

— Oh, rien!

Le chef regarda tour à tour le second et Julien. Il y eut un silence de quelques instants. Derrière eux, Maurice avait retiré sa casserole du fourneau, et les observait. Sans s'arrêter de travailler, le chef finit par demander :

— Qu'est-ce que c'est que ces sous-entendus? Si vous avez quelque chose à dire, faut le dire. Faut pas marmonner comme ça. Moi, j'aime bien qu'on joue franc jeu.

— Je n'ai rien à dire, fit Edouard, mais qu'on ne me demande pas de faire son travail.

Le chef haussa le ton :

— Vous ferez ce qu'on vous dira de faire.

Edouard eut quelques secondes d'hésitation, puis il dit, sur un ton mi-rageur, mi-pleurnichard :

— Bien sûr, ce gamin ira faire le zigoto dehors toute la nuit; le lendemain il sera crevé et les autres feront son boulot; je ne marche pas, moi.

Le chef s'arrêta de travailler, se redressa et regarda Julien.

— C'est vrai? demanda-t-il sans crier.

Avant même que Julien eût répondu, Edouard lança :

— Si vous ne me croyez pas, allez voir la veste qui est étendue à la tête de son lit, elle est sûrement encore humide.

Sans se retourner, le regard toujours fixé sur Julien, le chef dit :

— Vous, je ne vous ai rien demandé de plus. Je n'ai pas à monter voir sa veste; s'il est sorti cette nuit, il me le dira.

Il se tut. Julien, qui le regardait bien en face, eut un long soupir et murmura :

— Oui, chef.

— Et tu es rentré à quelle heure?
— 2 heures, chef.
Le second ricana encore en grognant :
— Bien tassées.
Le chef ne broncha pas et continua de regarder Julien.
— Et où étais-tu?
Julien baissa la tête. Aussitôt, le chef reprit :
— Je ne te demande aucun détail. Ce que tu fais en dehors du travail ne me regarde pas. Tout au moins dans la mesure où ça ne t'empêche pas de faire ton boulot. Je voudrais seulement savoir si tu étais dehors, sous la flotte.
— Non, chef. J'ai seulement été mouillé en rentrant.
— Si tu attrapes la crève, compte sur moi pour te soigner, tiens!
Le chef fit une pause, se remit à rouler les croissants et ajouta :
— Maintenant, je te conseille de te réveiller. Sinon, je vais m'en charger aussi. Et tu sais que ce sera vite fait. A moins que tu préfères que ce soit le patron qui s'en occupe, c'est encore une solution.
— Il me semble, bougonna Edouard.
Le chef se redressa d'un coup et fit un quart de tour rapide. Le second le regarda. Ils se trouvaient face à face, tout près l'un de l'autre. Beaucoup plus grand, le chef se pencha en avant, sa main gauche monta lentement et empoigna le col de la veste blanche du second. Le soulevant un peu, il lui plaça son poing droit sous le nez, et dit d'une voix basse, mais qui tremblait un peu :
— Vous, mon petit, je vous conseille de la mettre en veilleuse. Je n'aime pas beaucoup les mou-

chards. Ici, on règle nos comptes entre nous. Il y a des choses qu'il est préférable de ne pas raconter au patron. Vous avez compris?

L'autre balbutia quelques syllabes inintelligibles. Le chef le lâcha. Sa veste blanche resta longtemps froissée sur sa poitrine. Tous reprirent le travail et, après quelques minutes, le chef se mit à siffler une rengaine.

Julien était à présent tout à fait réveillé. Cependant, il sentait encore ses jambes un peu faibles, et ses gestes étaient lourds. Parfois, le chef s'arrêtait de siffler, le temps de dire entre ses dents :

— Allez, allez, ça roupille. Saute un peu, Julien, saute! Après la tournée des croissants, Julien avait tout à fait repris la cadence habituelle. A l'hôtel Moderne, il avait aperçu Hélène qui lui avait adressé un sourire et un petit signe de la main. Il pensait à l'attitude du second, à celle du chef aussi, mais c'était surtout Hélène qu'il revoyait sans cesse. Elle, sa chambre, son lit, tout ce qu'il avait vu, respiré ou touché au cours de cette nuit demeurait présent en lui à chaque minute.

Jusqu'à 11 heures, il resta au laboratoire; puis Mme Petiot l'appela.

— Allez vous changer, mon petit Julien, il y a des courses.

Il fit quelques livraisons en ville et, un peu avant midi, il vit que Maurice et M. Petiot préparaient le plus gros des rafraîchissoirs.

— Tu vas porter ça à Montplaisir, dit M. Petiot. Et surtout, fais attention, c'est pour un mariage, il y a dedans un vacherin glacé pour trente personnes.

Le rafraîchissoir aux doubles cloisons bourrées de glace pilée et de sel rouge était très lourd. Il tenait juste sur le porte-bagages placé devant le guidon. Maurice et M. Petiot le chargèrent, tandis que Julien tenait le vélo.

— Surtout, fais attention, dit encore le patron. Et là-bas, demande un coup de main pour le décharger.

— Oui, monsieur.

Julien partit lentement. Il descendit presque au pas la rampe du Cours et s'engagea sur le chemin de halage. Un moment il pédala en pensant à l'oncle Pierre, à la tante qui lui écrivait souvent, à Diane qu'il continuait d'aller voir presque chaque mardi. Ce chemin-là, c'était le chemin de la maison d'oncle Pierre et il ne le prenait que très rarement pour des courses.

Passé la première écluse, Julien retrouva, plus net et plus vif encore que jamais, le souvenir de sa nuit. Il revit Hélène. Il imagina une journée entière et une nuit passées avec elle. Ils se promenaient, ils faisaient l'amour, ils déjeunaient ensemble, dans un petit restaurant, ils allaient même voir son enfant.

Et à présent, Julien n'est plus sur son vélo. Julien n'est plus un petit apprenti; le chemin n'est plus un chemin de halage; c'est une grande route qui longe un fleuve; la voiture de Julien roule, rapide et silencieuse. Hélène est à côté de lui, ils vont... ils vont chercher son petit garçon. Ils sont mariés depuis quelques jours. Elle est heureuse, elle sourit... Julien tourne la tête vers elle, lâche le volant de la main droite pour passer son bras derrière les épaules d'Hélène. Il demande :

— Tu es contente?

Mais Hélène n'a pas le temps de répondre.

Julien n'eut pas le temps non plus de comprendre ce qui venait de se passer. Lorsqu'il revint à la surface, il toussa et cracha l'eau entrée dans sa bouche et son nez. En deux brasses, il regagna la rive, s'agrippa aux joncs du talus et, avant même de remonter sur le chemin, il répéta :

— Oh, bon Dieu... Oh, bon Dieu!

Il fit un rétablissement, se trouva à plat ventre puis se dressa sur les genoux. Là-bas, tout au bout de la ligne droite, un homme arrivait en courant et en criant :

— Et alors! Et alors!

Julien se secoua, regarda l'homme qui approchait, puis l'eau du canal. Il vit tout d'abord que sa toque flottait tout près du bord. Il s'accroupit, s'assit sur la berge et la repêcha de la pointe du pied. Il la tordit et la posa sur l'herbe. L'homme l'avait rejoint. Il était petit et ventru, coiffé d'un large chapeau de paille et vêtu d'une veste de chasseur. Il était rouge et respirait avec peine.

— Et alors, demanda-t-il, qu'est-ce qui se passe?

Julien haussa les épaules.

— Ma foi, fit-il, vous voyez.

— Bon sang, dit l'homme, heureusement que vous savez nager.

Il regarda à son tour l'eau que le plongeon avait troublée. A présent, la vase remuée montait jusqu'à la surface en épais tourbillons pareils à de la fumée brune.

— Vous étiez en vélo, dit l'homme.

— Oui... Et mon rafraîchissoir! Bon Dieu, mon rafraîchissoir!

Julien se baissa et quitta ses espadrilles.

— Elles sont trempées, fit l'homme, mais ça sèche bien, ça, c'est fait pour être lavé.

Il se tut un instant, puis reprit :

— Faudra bien repérer l'endroit, si vous voulez venir repêcher votre vélo.

— Faut que je le repêche tout de suite, dit Julien.

— Tout de suite, mais avec quoi?

Julien quitta sa veste, sa chemise, son maillot de corps et son pantalon, ne gardant sur lui que son slip.

— Vous n'allez pas essayer de le repêcher en plongeant, dit l'homme.

— Faut bien.

Julien respira profondément. L'homme continuait de parler, mais Julien ne l'écoutait plus. Il regarda l'endroit où l'eau semblait avoir été le plus troublée et plongea.

Cherchant des mains dans la vase, il trouva presque tout de suite la bicyclette. Il remonta tout droit et resta un moment à la surface pour reprendre son souffle. Il n'était pas très loin de la rive, mais pourtant, il y avait certainement plus de deux mètres d'eau.

— Alors? demanda l'homme.

— Le vélo est ici, je vais le remonter.

— Vous ne pourrez jamais.

Julien plongea de nouveau. L'eau était trop sale pour qu'il pût ouvrir les yeux. Empoignant le cadre du vélo, il essaya de le remonter, mais il pataugeait dans un fond vaseux et ne réussit qu'à le faire glisser plus au large.

« Je vais rester pris », pensa-t-il.

Il eut peur soudain, remonta, et regagna la rive.

— Pas possible, dit-il.

— Vous êtes tout pâle, dit l'homme, vous allez prendre la crève. Vaut mieux aller chercher une corde et un grappin à l'écluse. Ils viendront avec leur barque, ils vous aideront.

— Vous croyez?

— Bien sûr. Moi, je n'ai pas de corde... Mais tout de même, avant, vous devriez aller vous changer. Vous ne pouvez pas rester comme ça.

Julien essaya de réfléchir. Il se représentait très bien le rafraîchissoir, à demi enfoncé dans la vase noire, au fond du canal. Il imaginait le beau vacherin blanc décoré de crème Chantilly et de fruits confits. L'eau sale devait avoir envahi depuis longtemps la case où il se trouvait. Peut-être était-il déjà entièrement fondu.

— De toute façon!...

— Qu'est-ce que vous dites? demanda l'homme.

Julien le regarda. Il l'avait oublié.

— Rien, fit-il.

Il frissonna et se frictionna le torse.

— Vous n'êtes pas bien, dit l'homme. L'averse de cette nuit a rafraîchi le temps. Vous devriez filer en courant et vous changer.

Julien remit ses vêtements trempés après les avoir tordus et secoués. L'homme avait ramassé une branche qu'il planta dans le talus. Ensuite, il arracha deux touffes d'herbe et fit une marque dans le sol à grands coups de talon.

— Comme ça, dit-il, vous pourrez vous repérer facilement.

Julien remercia, regarda encore la surface de l'eau qui semblait déjà moins trouble, et partit en courant dans la direction de la ville. Sa veste et son pantalon lui collaient au corps, ses espadrilles faisaient des « flocs » à chaque foulée. Il croisa deux cyclistes qui le regardèrent en riant.

Il alla ainsi jusqu'à la Machine Fixe. Sa tête

tournait comme un bidon vide. Depuis un moment, il ne pensait plus qu'à M. Petiot. Tout d'abord, pendant un très court instant, en imaginant la tête du patron, il avait eu une terrible envie de rire.

— Quelle tronche il va faire!

Puis aussitôt, il s'était repris :

— Bonsoir, ce que je vais dérouiller!

A présent, debout contre la balustrade du pont, Julien n'ose plus continuer son chemin. Il a trop couru pour sentir le vent qui plaque l'étoffe glacée contre son dos.

— Et pourtant, c'est pas de ma faute... C'est peut-être un pneu qui a éclaté.

Il met machinalement sa main dans la poche de son pantalon et serre son couteau.

— J'aurais dû plonger avec et crever un pneu.

Il pense au pêcheur.

— Il y avait l'autre bille. Qu'est-ce qu'il aurait dit en me voyant plonger avec un couteau?

La colère bouillonne en lui un instant puis s'apaise.

— Ça ne pourrait rien changer. Je dérouillerai, c'est forcé.

Des gens passent derrière lui. Julien ne se retourne même pas.

— Et si je m'étais noyé.

Il regarde l'eau à ses pieds. Il y a de toutes petites vagues argentées qui courent par larges bancs serrés.

— Et puis merde, s'il gueule trop, je me tire!

Aussitôt, revient devant lui le visage d'Hélène. La nuit. Leur nuit.

— Il va peut-être me foutre à la porte... Faudra que je quitte Dole... S'il me fout à la porte, je partirai avec elle... Et si j'allais la retrouver tout de suite...

Il regarde ses jambes. Cette fois, il rit. Il se représente son entrée dans la grande salle à manger de l'hôtel Modene. Il rit, mais très vite un sanglot étrangle son rire.

A présent il a froid.

— Si je pouvais en crever!

Il doit être midi et demie. Il y a beaucoup de monde à présent dans la rue et sur le pont. Julien voit qu'on le regarde.

— Faut que je foute le camp.

Pendant quelques secondes, c'est une farandole effrénée d'images dans sa tête qui lui fait mal : sa mère, Hélène, le patron hurlant, la chambre d'hôtel, la maison de l'oncle...

Mais, de plus en plus, Julien constate que les passants le regardent. Alors, reprenant sa course, et rasant les façades des maisons, il remonte vers la rue Besançon.

54

Julien courut jusqu'au couloir. Il lui semblait que tous les passants le suivaient des yeux. Il entra, referma la porte derrière lui, et avança lentement dans la pénombre. Il était à bout de souffle. Ses membres et son corps tremblaient, ses dents claquaient.

Au bout du couloir, il s'arrêta. Il avait envie de se retourner et de partir. Il pensa à la rue et aux gens qui le regarderaient encore.

De la salle à manger dont la porte était ouverte, venaient des voix et un peu de musique. La radio fonctionnait, ce n'était pas encore l'heure du bulletin d'information. Julien fit un pas. A présent, il percevait le bruit des fourchettes et des couteaux dans les assiettes; le patron parlait.

— ... m'a dit qu'il est question de fermer le grand moulin. Ils ne font pas leurs affaires.

La patronne répondit.

— Ça ne m'étonne pas tellement, ils n'ont pas l'air très sérieux ni l'un ni l'autre.

Silence. Plus que la musique du poste.

Le cœur de Julien va peut-être éclater... Ou tout simplement s'arrêter de battre.

Toujours la musique du poste et le seul bruit des couverts. Et puis, soudain, cette pensée qui vient à Julien :

— Vaut mieux entrer avant les informations.

Alors il s'avance. Un pas, deux, trois. Il est juste à hauteur du chambranle. Il est immobile. Il peut encore se retourner et partir. Il pense :

« Hélène. »

Simplement ce prénom. Et puis il se penche en avant; il s'incline, son pied gauche avance, sa tête se tourne à droite. Dans l'encadrement de la porte, il y a tout d'abord le dos de Maurice et, à sa droite, le second déjà légèrement de profil. En face, c'est M. Petiot, Mme Petiot et sa sœur.

Julien n'a pas encore franchi le seuil que déjà Mme Petiot lève la tête et le regarde. Son visage s'éclaire pour un sourire très large. Le sourire s'arrête. Le regard se fige. La main de Mme Petiot est à mi-hauteur entre la table et sa bouche. Cette main tient une fourchette, et de la fourchette pendent des nouilles rouges de sauce tomate qui descendent lentement vers l'assiette. Mme Petiot a dit :

— Ah!

Et puis, tout de suite :

— Mais!

La joie et l'ahurissement en deux interjections. Alors M. Petiot a levé la tête. Il regarde Julien. A présent, tout le monde regarde Julien. Et c'est le patron qui demande :

— Qu'est-ce qu'il y a? Mais... mais parle, quoi!

Julien ouvre la bouche, et c'est un sanglot qui

monte. Un sanglot que rien ne pourrait retenir. Et il pleure. Il pleure debout contre la porte ouverte, incapable de prononcer un mot.

Julien pleura ainsi quelques secondes, puis il y eut un grand bruit. Le patron, le premier, s'était levé. Mme Petiot puis tous les autres l'imitèrent.

— Mais d'où viens-tu? Mais d'où sors-tu? hurlait M. Petiot.

Il empoigna Julien par le bras et se mit à le secouer.

— Qu'est-ce que tu as fait, dis? Qu'est-ce que tu as fait?

Et puis, changeant soudain de ton, haletant, la voix rauque il demanda :

— Le rafraîchissoir... Le vacherin... Dis, dis, où c'est?

La patronne glapissait sans arrêt :

— Mon Dieu... Quel malheur!

M. Petiot secoua Julien de plus belle en hurlant :

— Qu'est-ce que tu as fait du vélo et du rafraîchissoir? Parle où je t'étrangle.

— Ernest! cria Mme Petiot.

Entre deux sanglots, Julien parvint à dire :

— Dans le... canal!

Tous les regards se tournèrent vers M. Petiot. Julien aussi regardait le patron. Il le regardait à travers ses larmes, un coude à hauteur de l'épaule, prêt à se garder des coups.

M. Petiot demeura tout d'abord bouche bée, les mains ballantes. Puis, après un temps, il demanda :

— Dans le canal, avec le vacherin et tout?

Julien hocha la tête. Les bras de M. Petiot se levèrent dans un grand geste de désespoir.

— Ah, nom de Dieu! dit-il.

Et il le répéta une dizaine de fois, en criant de plus en plus fort et en montant le ton, jusqu'à devenir cramoisi, jusqu'à ne plus pouvoir crier.

Alors seulement Julien entendit la patronne qui ne cessait de bredouiller :

— Mais c'est une catastrophe... Mais c'est une catastrophe.

Il y eut encore quelques instants d'indécision, puis ce fut l'affolement. M. Petiot donna le signal en criant :

— Le téléphone, vite le téléphone. Faut prévenir.

— Qui?

— Mais le client. Ils ne vont pas manger la glace à présent.

— Tu as raison. Faut s'arranger, on a peut-être le temps...

— Et le vélo?

— C'est vrai, le vélo?

— Ne vous inquiétez pas de ça, Georgette, et surtout ne vous mettez pas entre nos jambes, c'est pas le moment.

Mme Petiot tournait la manivelle de l'appareil, criait :

— Allô! Allô!

Puis elle raccrochait et recommençait de tourner la manivelle.

— Maurice, dit le patron, file chercher le chef, qu'il vienne tout de suite. Tout de suite. Vous, Edouard, commencez à préparer la glace.

— Mais, monsieur, dit Edouard, ça n'est pas la peine de déranger le chef pour ça; moi, je peux le faire, ce vacherin.

— Vous pouvez? Et le décorer aussi?

— Bien entendu, monsieur.

— Alors, vite. Vite. Vite.

— Et pour livrer, demanda Mlle Georgette, comment allez-vous faire?

— C'est vrai, pas de vélo... C'est bon, Edouard et Maurice vont tout préparer, pendant ce temps, je file chercher la voiture au garage. Je livrerai en voiture.

— Et le rafraîchissoir?

— Je sais, cria M. Petiot. Je sais, on n'en a pas d'autre aussi grand. Je sais, il est dans le canal! Eh bien quoi, je vais passer chez Morel, il m'en prêtera bien un, quoi!

M. Petiot partit en courant. Devant la glacière, Maurice et Edouard s'affairaient déjà. Mme Petiot, qui avait obtenu sa communication, s'excusait en multipliant les courbettes et en arrondissant la bouche.

Toujours adossé à la porte, Julien continuait de pleurer. Claudine, qui s'était remise à manger, le regardait. Colette, la petite vendeuse, debout derrière sa chaise, tortillait sa serviette entre ses doigts. Elle s'approcha de Julien et lui dit doucement :

— Faut pas rester comme ça. Faut vous laver et vous changer. Vous allez prendre du mal.

Julien ne bougea pas. Simplement il baissa les yeux et regarda ses vêtements. Alors seulement il s'aperçut que sa veste et son pantalon étaient couleur de vase : verdâtres avec de longues traînées brunes et noires.

Mme Petiot venait de raccrocher. Lorsqu'elle se retourna, son sourire disparut. Elle s'approcha lentement de Julien. Les mains jointes sur sa poitrine, les yeux écarquillés, elle dit lentement :

— Petit malheureux!... Petit malheureux, vous vous rendez compte, ce que vous avez fait!

Julien recula d'un pas. Mme Petiot leva la main, le doigt tendu en direction de l'escalier, elle ajouta :

— Allez... Allez! Et désormais, c'est fini, je ne vous défendrai plus.

Julien fit demi-tour et monta lentement l'escalier. Comme il arrivait à la porte de sa chambre, il entendit la patronne qui rentrait dans la salle en disant :

— Quand je pense que cet imbécile aurait pu se noyer! Non, les ennuis que nous aurions eus!

55

Il était près de 2 heures après midi lorsque M. Petiot revint de Montplaisir. De sa chambre où, après s'être changé, il était resté immobile, assis sur son lit, Julien l'entendit qui arrivait dans la cour en criant :

— Nous avons encore de la chance, nous ramenons le vélo et le rafraîchissoir.

— Mon Dieu, comment avez-vous fait ? demanda Mme Petiot.

— Pendant que je livrais, Edouard est allé pour essayer de se renseigner sur l'endroit. Il a trouvé un pêcheur. Un brave homme qui avait tout vu et avait même pris soin de repérer l'endroit. Heureusement, sans lui, on pouvait toujours chercher, l'autre imbécile n'y aurait sûrement pas pensé. Mais j'ai d'ailleurs un petit compte à régler avec ce monsieur-là.

— Viens au moins finir de manger, dit Mme Petiot.

— Non, non, des histoires comme ça me

coupent l'appétit. Allez manger, vous, Edouard.

— Venez, dit la patronne. Venez, Edouard, heureusement qu'il y a encore de braves garçons comme vous!

Julien entendit M. Petiot monter l'escalier, s'arrêter à mi-chemin et lancer :

— Georgette fera manger Edouard, viens deux minutes avec moi, Thérèse; viens, ça vaut la peine.

Mme Petiot rejoignit son mari, et Julien les entendit monter jusque devant sa porte. Il se leva et attendit. Il ne tremblait plus. Il était debout au milieu de la chambre, tête baissée, le regard fixé sur la porte. Le loquet se souleva, la porte s'ouvrit et M. Petiot entra, suivi de la patronne.

— Tu nous attendais, bien sûr, dit-il.

Mme Petiot s'avança en demandant :

— Mais enfin, mon petit Julien, comment pouvez-vous bien faire pour être aussi maladroit?

Le patron se mit à ricaner. Il approcha de deux pas en disant :

— Maladroit! Maladroit! Il s'agit bien de maladresse, n'est-ce pas, monsieur Julien?

L'apprenti ne broncha pas. Ses mains se fermèrent lentement, il s'apprêtait pour la danse.

— Peux-tu m'expliquer comment c'est arrivé? demanda le patron.

Il fit une pause, Julien ne répondit pas et ce fut Mme Petiot qui dit :

— Ce n'est pas difficile à deviner : comme toujours, la tête en l'air.

Le patron se tourna vers elle, croisa les bras sur sa poitrine et répondit :

— Eh bien non, pour une fois ce n'est pas ça. Pas du tout. Et je te le donne en mille.

Il se tut. Sur le visage de sa femme se lisait un grand étonnement. M. Petiot regarda Julien un instant, puis, se tournant de nouveau vers sa femme, il reprit lentement, en détachant bien ses mots :

— Ce monsieur s'est endormi... Mais oui, tout simplement! Epuisé, mort de fatigue, il s'est endormi sur son vélo. Ça m'étonne, et pourtant, c'est vrai. (A Julien.) N'est-ce pas que tu t'es endormi?... Allons, avoue-le.

Julien fit non de la tête.

— Tu n'avais pas sommeil, ce matin?

Julien fit non encore une fois. A présent, il ne pouvait plus avoir aucun doute. Et ce n'était plus le visage de M. Petiot qu'il avait devant lui, c'était celui d'Edouard. Ses poings se serraient tellement que ses ongles pénétraient dans ses paumes.

— Alors, si tu n'avais pas sommeil après avoir dormi une heure seulement, c'est que tu es un surhomme. Un mec formidable. Et si tu es si costaud que ça, tu devrais bien le montrer un peu au travail.

Sa voix était dure, mais il ne criait pas. Il regarda encore sa femme, hésita, puis :

— Monsieur sort la nuit, dit-il. Monsieur rentre à 3 heures du matin pour prendre le travail à 4 heures. Et tu sais, par où il sort? Non. Tu ne devines pas? Eh bien, par là, tout simplement, et il rentre par là aussi pour éviter que nous entendions la porte du couloir. Par cette fenêtre, mais oui... Par exemple, je voudrais bien savoir comment il fait. Ah, pour être vicieux, il est vicieux, celui-là!

A présent, le ton montait. Venant se planter sous le nez de Julien, le patron hurla :

— Où étais-tu, cette nuit? Où étais-tu, dis, petit voyou!

Julien avait beaucoup grandi en quelques mois, et M. Petiot était nettement plus petit que lui. Se haussant sur la pointe des pieds, il approchait du sien son visage que la colère faisait trembler. Sa bouche soufflait une forte odeur de tabac. Il répéta :

— Où étais-tu? Parle ou je saurai bien te faire parler. Julien recula d'un demi-pas, à cause de l'odeur.

— Tu étais avec une fille, hein? Allons, dis-le!

Julien hésita, puis fit un signe de tête affirmatif. Il lui sembla aussitôt qu'un peu de force lui revenait.

— Ah, cria le patron, je m'en doutais. Eh bien, ça doit être une belle traînée, pour s'envoyer un avorton pareil. Tu vas me dire son nom tout de suite, tu entends, tout de suite. Et je te promets que c'est une histoire qui va aller loin! Tu oublies que tu es mineur... Je suis responsable de toi! Tu entends... Responsable!

Lentement, avec un froncement des lèvres qui voulait être un sourire, Julien fit aller sa tête de droite à gauche et de gauche à droite.

— Quoi, tu ne veux pas le dire? Tu... tu ne... Ah! tu ne veux pas... Eh bien, on va voir! On va voir un peu!

Tout en hurlant, il leva le poing. Julien était déjà en position de garde. Mme Petiot cria :

— Ernest... Ernest, je t'en supplie, ça nous coûterait trop cher!

Mais M. Petiot n'entendait pas. Une grêle de coups s'abattit sur les bras et les épaules de Julien qui, bien protégé, regardait seulement les pieds de M. Petiot. Dès qu'il en vit un se décoller du sol et partir en arrière pour prendre de l'élan, il fléchit les genoux; muscles bandés, il attendit de pouvoir bien évaluer la direction et fit un bond rapide de côté. Le soulier du patron heurta la cloison d'où se détacha un morceau de plâtre. Sa colère redoubla.

— Arrête, Ernest, braillait sa femme, arrête! Il est buté, il ne dira rien!

Comme chaque fois, ce fut à bout de souffle que M. Petiot s'arrêta.

— Mon pauvre Ernest, gémit la patronne, dans quel état tu te mets, à cause de cet énergumène. Mais il faut nous en débarrasser. On ne peut pas garder ça. C'est impossible. Encore heureux qu'il n'ait pas corrompu ce brave Maurice... Non, non, c'est impossible. On ne peut pas le garder, pense qu'au 1er octobre Maurice s'en va et que nous allons avoir un nouvel apprenti. Ce ne serait pas honnête de le mettre en contact avec ce voyou-là. Les parents pourraient se plaindre. Surtout si nous prenons ce petit d'Auxomne qui a l'air doux comme un agneau, et poli, et bien élevé, et tout.

M. Petiot, toujours haletant et suant, eut un geste d'impuissance. Il se dirigea vers la porte. Du laboratoire montaient des bruits de plaques remuées. Le patron ouvrit, sortit sur le palier, puis se retournant à demi, il cria :

— Alors, en attendant que je te foute dehors, tu ne penses pas que je vais te nourrir à rien faire. Allez, file!

Ils s'effacèrent tous les deux pour laisser le passage à Julien qui avança lentement jusqu'à leur hauteur. De là, il partit d'un bond et sentit à peine le coup de pied que M. Petiot lui lança.

Les autres étaient déjà au travail. Le chef adressa un regard dur à Julien. M. Petiot, qui entrait sur ses talons, demanda :

— Vous êtes au courant, André?

— Oui dit le chef.

Maurice sortait, tenant à la main un grand cageot.

— Allez, imbécile, cria le patron, file avec Maurice tirer les œufs, j'aime mieux ne pas te voir... Et s'il y a de la casse, méfie-toi!

Ils descendirent à la cave. Aussitôt devant les bacs à conserve, Maurice dit :

— Ben, mon vieux, je crois que tu as gagné, ce coup-ci!

Julien retroussait les manches de sa veste pour pouvoir plonger ses bras dans l'eau glacée et visqueuse.

— Oui, murmura-t-il, il va sûrement me lourder.

— Ça, ça m'étonnerait beaucoup. Moi je me tire à la fin du mois. Mon père y compte absolument, et le vieux sait bien que je ne resterai pas davantage; le second n'est pas encore tout à fait dans le coup, tu penses qu'il ne va pas te renvoyer à présent. D'ailleurs, tu as un contrat, et une gamelle dans le canal avec un engin de ce poids sur le porte-bagages, ça n'est pas un motif de renvoi.

— Oui, mais la sortie?

— Quelle sortie?

— De cette nuit, pardi.

Maurice posa dans le cageot les œufs dégoulinant d'eau laiteuse qu'il tenait, puis, s'appuyant sur le bord du bac, il regarda Julien en fronçant les sourcils.

— Mince alors, fit-il, l'autre salaud lui a raconté?

— Faut croire.

— Quand je l'ai vu lui offrir d'aller livrer avec lui, j'y ai pensé un peu, mais tout de même, je ne croyais pas qu'il oserait.

— Ben, tu vois.

— Et alors?

Julien haussa les épaules et recommença de puiser les œufs en disant :

— Alors, qu'est-ce que tu voulais que je dise?

— Ce mec est vraiment un fumier. Faut en parler au chef, il le corrigera.

Julien hésita un instant.

— Non, dit-il, j'aime mieux lui casser la gueule moi-même.

— Ce serait plus marrant, mais c'est pour le coup que tu te ferais lourder.

— Je m'en fous, ragea Julien. J'en ai marre. J'en ai marre.

Il sentit les larmes lui monter aux yeux et il se tut. Pendant quelques minutes, ils travaillèrent sans parler. Seul le bruit de l'eau s'égouttant du cageot posé sur une planche placée en travers du bac, meublait le silence. De temps à autre, un pas sonnait sur le trottoir, au-dessus de leur tête, et une ombre passait devant le soupirail.

— Moi, dit Maurice, à ta place je le dirais tout de même au chef. Même s'il ne fait rien, faut qu'il soit au courant. Faut qu'il sache que ce mec est une peau de vache.

Un pas rapide dégringolait l'escalier.

— Le voilà, souffla Maurice.

Le chef entra, une casserole à la main. Il s'approcha d'un petit fût dont le dessus était ouvert, y plongea la main et en retira une poignée de glucose qu'il mit dans sa casserole. Ensuite, il vint jusqu'aux apprentis, regarda en direction de la porte, puis à voix presque basse, il dit très vite :

— Tu as fait le con, Julien. Mais, malgré tout, un mouchard, ça se corrige. Et celui-là, il est bien à ta main. Il a beau avoir trois ans de plus que toi, c'est jamais qu'un plein de soupe... Le tout, c'est de faire ça en dehors de la boîte, et sans témoins.

Julien se tourna vers lui, mais déjà il s'en allait, courant presque, et la tête baissée pour ne pas heurter la voûte plus basse au-dessus de l'escalier.

— Alors, dit Maurice, qu'est-ce que je t'avais dit? Je savais bien qu'il te donnerait raison... Qu'est-ce que tu vas faire?

Julien se redressa et, regardant Maurice, il lança :

— Tu ne penses pas que je vais me dégonfler, non?

— J'espère bien.

Maurice souriait. Tout son visage reflétait une grande joie.

— Bon Dieu, fit-il, je veux voir ça, moi.

— Le tout, c'est de trouver une combine pour l'attirer dans un coin où il n'y ait personne.

— Oui, c'est pas facile. Il se méfiera. Il n'a pas l'air tellement courageux.

Ils réfléchirent un moment, et Maurice déclara :

— Au fond, l'essentiel, c'est qu'il n'y ait personne qui puisse être pour lui, s'il va se plaindre.

— Bien sûr.

— Alors, j'ai une idée : je lui dis que je vais avec les copains des autres boîtes au Pasquier pour voir des filles. On explique le coup aux autres, ils viennent, on l'oblige à mettre des gants, et comme ça, tu le sonnes sans que personne ne puisse rien dire.

— Tu crois qu'il marcherait?

— Tu parles, lui qui cherche toujours quelque chose pour son sale machin à moitié faisandé.

Julien sentait un peu de chaleur revenir en lui. Pour la première fois depuis sa chute dans le canal, il éprouvait une vraie joie.

Ils continuèrent de puiser les œufs. Tout en besognant, Maurice ne cessait de parler pour donner des détails sur l'organisation du combat et l'emplacement où l'on serait le plus tranquille.

Dès que le cageot fut plein, Julien l'empoigna. Maurice se tut un instant, puis, à mi-voix, il demanda :

— Dis donc, moi je ne t'ai pas entendu, cette nuit; c'est vrai, que tu es rentré à 3 heures?

— Presque oui.

— Tu étais chez une fille?

Julien fit oui de la tête.

— Qui c'est, je la connais? Tu peux me le dire, à moi. C'est pas ta môme de la rue Pasteur des fois?

— Non.

— Qui c'est alors?

— Tu la boucleras?

Maurice étendit la main.

— Parole, dit-il. Tu me connais, oui?

Julien hésita encore un peu, puis il expliqua de qui il s'agissait.

— Ben, mon vieux, fit Maurice, tu ne t'embêtes

pas. Elle est rudement belle, cette môme. Moi, j'y avais pensé, mais j'ai jamais osé l'aborder.

Julien respira profondément. A présent, il n'éprouvait plus aucune crainte. Au contraire, jamais il ne s'était senti aussi fort.

56

Maurice avait mené l'affaire rondement. La rencontre entre le second et Julien était prévue pour le lundi soir. Pendant ces trois journées, les patrons n'avaient guère adressé la parole à Julien. Claudine aussi l'évitait. La mère Raffin n'avait cessé de l'insulter durant toute la matinée du dimanche. Parmi les femmes, seule Colette avait pour lui des regards qui semblaient dire : « Tenez le coup. Tout n'est pas votre faute. » Le lundi matin, comme il se trouvait seul dans la cour, elle avait même ouvert la porte et s'était approchée de lui pour murmurer très vite :

— Je suis allée au syndicat. Je crois qu'il va se passer quelque chose.

Avant même que Julien ait pu poser une question, elle avait disparu.

Et le temps avait passé, avec toujours la même routine, les vieux gestes répétés cent fois, automatiquement.

Dès après la fermeture du magasin, Maurice et

Edouard étaient partis. Pour laisser à Julien le temps de descendre au Pasquier, Maurice avait proposé de monter chercher les autres jusque sur la place aux Fleurs. Resté seul, Julien laissa s'écouler quelques minutes, ouvrit doucement la porte de la chambre, et descendit les escaliers sur la pointe des pieds. Les patrons étaient encore à la salle à manger. Au passage, il les entendit qui comptaient la recette de la journée.

Il fila au bout du couloir et sortit rapidement. Le lendemain était son mardi de grande sortie, et il pouvait disposer de son temps. Simplement, il voulait éviter que Mme Petiot ne le vît sortir et trouvât une raison de le retenir. D'ailleurs, du fait qu'il n'était pas parti chez ses parents, il demeurait sous la surveillance des patrons.

Il dévala la rampe du Cours, passa le pont et prit à gauche, par le chemin qui longe le canal Charles-Quint. Il faisait encore jour. Les promeneurs étaient nombreux, quelques barques de location revenaient lentement vers le ponton d'accostage. Julien allait d'une foulée régulière, le souffle parfait, cherchant le plus possible à détendre ses muscles. Il atteignit bientôt le petit pont de bois qui enjambe la Ray Bailly. Il s'arrêta. Là, il n'y avait plus de promeneurs. Le talus du chemin de fer faisait une ombre épaisse. L'eau de la Ray Bailly chantait entre les pierres et luisait sous le ciel clair. Julien respira profondément. L'air était frais, avec une bonne odeur d'eau. Quelqu'un marchait sous le pont du chemin de fer. Julien grimpa sur un talus qui sépare les deux cours d'eau. La silhouette de l'homme qui longeait le bord de l'eau se détachait en noir sur le reflet du ciel. Il portait à la main de grosses boules pendues à des ficelles. Julien reconnut des gants de boxe et siffla. L'autre répondit et fit un signe de sa main libre.

C'était Zef. Julien marcha à sa rencontre.

— Salut.

— Salut, petite tête, dit Zef. Alors, paraît que vous en avez un chouette, pour remplacer Victor?

— Tu l'as dit, oui.

— J'espère que tu vas lui arranger la gueule... Ça va? Tu te sens en forme?

— Oui.

— J'ai apporté de l'embrocation siamoise, tu veux que je te fasse un petit massage?

— Tu rigoles, c'est pas la peine. Où est-ce qu'on se met exactement?

— Pour le moment, on va se planquer derrière les roseaux. Eux, ils vont l'amener ici, en bas du talus. On sera peinards; à cette heure-là, il ne vient personne à la baignade.

Ils allèrent jusqu'aux roseaux et s'étendirent dans l'herbe, derrière une touffe. Pendant un moment, ils restèrent à épier les bruits, puis, à voix basse, Zef demanda :

— Alors il paraît que tu passes la nuit chez une chouette fille?

Julien ne répondit pas. Zef laissa couler quelques secondes avant de reprendre :

— Maurice n'a pas voulu nous dire son nom, mais il paraît qu'elle est rudement bien. Et pas une gamine, en plus de ça...

Il se tut soudain, des voix approchaient. Un caillou roula sur le chemin.

— Les voilà, souffla Zef.

Ils entendirent les pas résonner sur la passerelle de bois. Lorsque le groupe atteignit l'herbe, il n'y eut plus que le bruit des voix approchant rapidement. Julien reconnut Maurice et Pilon; derrière eux, Edouard marchait à côté de Barnaud. Ils s'arrêtèrent bientôt à quelques pas de la touffe de roseaux.

— Elles n'ont pas l'air d'être là, vos gonzesses, dit Edouard.

— Ça m'étonnerait.

— On t'a promis une surprise, t'impatiente pas : t'auras une surprise, même si c'est pas des gonzesses.

Julien reconnut le coup de sifflet de Maurice. Il regarda Zef qui eut un hochement de tête. Ils se levèrent ensemble et sortirent de leur cachette. Edouard leur tournait le dos. Entendant craquer les roseaux, il fit volte-face. Son visage se contracta dès qu'il reconnut Julien, mais, se reprenant rapidement, il ébaucha un sourire pour dire :

— Tiens, eux aussi, ils sont dans le coup!

Tous les autres se mirent à rire. Zef posa la main sur l'épaule de Julien, et, dès que les rires cessèrent, il le poussa vers le groupe en disant :

— Ça, pour être dans le coup, on est dans le coup. Surtout lui.

Edouard recula d'un pas, mais aussitôt Barnaud et Pilon l'empoignèrent chacun par un bras.

— Qu'est-ce que vous me voulez? lança-t-il. Lâchez-moi!

Son visage était crispé. Ses yeux grands ouverts criaient la peur.

— Tiens, tiens, fit Maurice, tu n'as pas l'air d'avoir la conscience tranquille, hein?

— Toi, tu es un faux jeton, tu m'as attiré ici. Ça te coûtera cher.

Maurice se planta devant lui.

— Quoi, des insultes et des menaces? Fais gaffe, sinon, on va être deux à te corriger.

— Laisse-le, dit Zef. Il a l'air encore plus pauvre type que je ne croyais.

Maurice s'écarta. Comme Julien avançait, Edouard se débattit en criant :

— Au secours!

Il ne put pas achever. Barnaud lui avait appliqué une main sur la bouche tandis que Pilon, d'un croc en jambes, le couchait dans l'herbe. Il tenta encore de se débattre, mais Zef lui appuya son genou au creux de l'estomac. Il y eut quelques instants avec juste le halètement des garçons et le chant de l'eau sur les pierres.

— Ecoute bien, dit Zef, on n'est pas des salauds. On ne veut pas se mettre tous pour corriger une lavure comme toi. J'ai apporté deux paires de gants, tu vas en mettre une et Julien mettra l'autre. Ça te laisse toutes tes chances. Si tu es aussi costaud que tu es dégoûtant, tant mieux pour toi.

— Non, haleta Edouard, vous n'avez pas le droit... vous êtes des brutes... j'ai rien fait.

Tous crièrent.

— Taisez-vous, dit Zef... Tu comprends, mon vieux, il n'est plus question de dire ce que tu as fait ou pas fait. On sait très bien à quoi s'en tenir sur ton compte... A présent, faut payer. Et dis-toi bien que tu paieras, d'une façon ou d'une autre.

— Est-ce que tu sais nager? demanda Barnaud.

— Faites pas les cons, gémit Edouard, il y a des tribunaux.

Les rires couvrirent la fin de sa phrase.

— Choisis, reprit Barnaud, ou tu te bats avec Julien, ou bien on te file au bouillon.

Comme il tentait encore de crier, Zef arracha une poignée d'herbe qu'il lui enfonça dans la bouche. L'autre se mit à tousser.

— Crève donc, charogne, grogna Maurice.

— Alors, c'est décidé, tu ne veux pas te battre? demanda Julien.

Le second essaya de répondre, mais l'herbe et la terre l'empêchaient de parler.

— Allez, dit Zef, on va le lâcher; et tant pis pour lui, tu cognes dedans, Julien, et le ménage pas.

Ils le lâchèrent. Il se ramassa d'abord sur lui-même et se releva lentement. Julien avança sur lui. Le jour baissait, mais il distinguait encore sa figure que la peur rendait hideuse. Julien serra les poings. Trois pas le séparaient encore de son adversaire. Il en fit un, mais n'eut pas le temps de terminer le deuxième. Zef, qui se tenait à droite d'Edouard, venait de lui plonger dans les jambes. Ils roulèrent sur le sol, tandis que Julien criait :

— T'es fou, laisse-le-moi!

Aussitôt par terre. Zef avait immobilisé d'une clef le bras droit d'Edouard qui tentait de se débattre.

— Tu n'as pas vu le coup? dit Zef. Regardez, regardez ce fumier-là, ce qu'il avait ramassé.

Les autres s'approchèrent. Un gros caillou était par terre à côté de la main ouverte d'Edouard.

— On devrait lui faire bouffer, dit Maurice.

— Qu'est-ce qu'on pourrait bien lui faire?

L'autre essaya de crier.

— Bourrez-lui la gueule de terre.

— Si seulement on avait de la merde!

Ils criaient et riaient en même temps.

— On ne peut pas corriger une lavette pareille, c'est pas possible. Faudrait le massacrer par terre.

— C'est pas un homme.

— Faut tout de même lui faire quelque chose.

— Si on avait du cirage!

— J'ai une idée, cria soudain Barnaud, laissez-moi faire, tenez-le seulement cinq minutes.

Il disparut en courant. Les autres continuèrent d'immobiliser le second à qui ils martelaient les côtes de petits coups de poing, prenant bien soin de lui tenir toujours la bouche pleine d'herbe. Barnaud revint bientôt, il tenait un grand bidon.

— Qu'est-ce que c'est?

— Du goudron comme on en met aux barques; je l'avais vu sur le chantier, en passant.

— C'est un peu vache, dit Maurice.

— Et lui, alors, il n'est pas vache? S'il avait cogné avec son caillou, qu'est-ce que tu crois que ça pouvait faire?

Edouard se débattait en gémissant, mais deux poignes solides lui tordaient les bras.

— Baissez-lui son froc.

— Faites attention, dit Maurice, touchez pas avec les mains, il a la vérole.

— C'est vrai?

— Parole. On l'a vu se seringuer du machin violet dans la queue. Même qu'il pisse après dans une casserole du labo.

— Ça va lui guérir, ça. C'est un désinfectant.

— Il est malade et il voudrait baiser quand même. Quand je vous dis, que c'est une ordure.

Ils avaient déboutonné le pantalon d'Edouard. Barnaud avait coupé une poignée de roseaux qu'il plongea dans le bidon. Ils durent se mettre tous sur lui tant il essayait de se dégager. Le goudron dégoulinait des roseaux et noircissait les vêtements et la peau d'Edouard.

— Frotte bien, ça le réchauffera.

— Lui crève pas les baloches!

— Ce ne serait pas un grand malheur, des mecs comme ça, vaut mieux que ça ne repeuple pas.

Ils riaient. Dès que ce fut terminé, Barnaud reposa le bidon, et, s'approchant du visage d'Edouard, il grogna en lui mettant son poing sous le nez.

— Tu vois celui-là? Si jamais tu fais des histoires, je te préviens que tu pourras passer chez le dentiste, et ce ne sera pas du luxe.

Zef se pencha à son tour.

— A présent, dit-il, tu vas nous donner ta parole de la boucler, sinon on te monte sur le pont du chemin de fer, et tu fais le grand plongeon. Tu jures?

— Oui, haleta l'autre, je jure.

— On le lâche?

— Faut tout de même le mouiller un peu, à présent qu'il est bien goudronné, il ne craint plus la flotte.

Ils le portèrent jusqu'au ruisseau et le balancèrent dans un creux où il y avait autant de vase que d'eau. Ensuite, ils le regardèrent s'en aller, les jambes écartées, crachant et jurant à chaque pas.

— Je crois que vous pourrez de nouveau sortir tranquille la nuit, dit Zef. Ça m'étonnerait qu'il recommence ses salades.

— En attendant, grogna Maurice, à présent, le patron peut se méfier. Moi je m'en cogne, dans un mois, je m'en vais, mais pour ceux qui viendront après, ce sera autre chose, s'ils veulent sortir la nuit.

— Hé oui, soupira Pilon, c'est comme ça que les bonnes traditions se perdent.

Barnaud reprit le bidon et ils se mirent en route.

A présent la nuit était tombée, seule l'eau du canal Charles-Quint demeurait lumineuse, rassemblant à elle seule toute la clarté qui restait encore au fond du ciel.

— Qu'est-ce qu'on fait, à présent? demanda Zef.

— Moi, dit Julien, vous m'excuserez, mais faut que je parte.

— Tu vas retrouver ta vieille?

— Des vieilles comme celle-là, dit Maurice, j'en ferais bien mes dimanches.

— Merci, vous êtes des chics types, dit Julien.

— Ça va, ça va, file, elle va t'attendre.

Julien partit au pas de course. Il savait qu'Hélène ne serait pas au rendez-vous avant une bonne heure, mais il avait besoin de courir, de quitter les autres... Il avait eu besoin de dire qu'il allait LA retrouver.

57

Les patrons étant absents ce mardi-là, Julien put librement sortir et rentrer tard sans même être obligé de se cacher. Il ne fit qu'apercevoir le second, couché sur son lit, le nez au mur et ruminant sa colère.

Un peu inquiet, Julien demanda à Maurice :

— Tu crois vraiment qu'il ne dira rien au singe?

— S'il parle c'est moi qui me charge de lui. Moi, je n'ai rien à perdre, je tiens la quille.

Mais Edouard ne parla pas. Toute la matinée du mercredi, il travailla sans desserrer les dents. Au repas de midi, le patron lui demanda s'il n'était pas malade. Il dit simplement qu'il avait mal à la tête et au foie.

— Il ne faut absolument pas que je boive du vin, précisa-t-il. Il faut même que j'évite le vinaigre et les choses épicées.

Julien et Maurice s'adressèrent des coups de pied sous la table.

Le repas était à peine terminé que quelqu'un demanda M. Petiot au magasin. Les commis montèrent dans leur chambre. Aussitôt la porte fermée, Maurice dit à Edouard :

— A présent, tu devrais t'arrêter de faire la gueule. C'est fini, cette histoire. On ne peut pas travailler et vivre ensemble sans jamais se parler.

Le second ne répondit pas tout de suite. Il était assis au bord de son lit, les coudes sur les genoux, les mains croisées, il regardait le plancher entre ses pieds.

— Comme tu voudras, dit Maurice, après tout, moi, pour le temps que j'ai à passer avec toi...

Julien ne parlait pas, il observait Edouard qui demeurait toujours immobile. Il allait se mettre à faire son lit lorsqu'il le vit relever la tête et regarder dans sa direction. Il avait les yeux brillants et, bientôt, deux larmes roulèrent sur ses grosses joues rouges.

— Qu'est-ce que vous avez? demanda Julien.

L'autre se leva lentement.

— Vous avez été vaches, dit-il, avec votre goudron. A présent, je suis plein de boutons. Je me suis tellement frotté à l'essence que ça s'est tout infecté.

— Fais voir, dit Maurice.

Edouard se déculotta. Il avait le bas du ventre, le haut des cuisses et les parties très rouges. Par endroits, la chair était à vif, ailleurs, quelques boutons blancs suppuraient.

Maurice et Julien se regardèrent en silence tandis qu'il remontait son pantalon.

— Je suis beau, à présent, sanglota Edouard; avec ce que j'avais déjà!

— Bon, mon vieux, balbutia Julien, faut pas nous en vouloir, on pensait pas...

Maurice l'interrompit pour lancer :

— C'est peut-être bien malheureux que tu sois dans cet état, mais tu devrais au moins reconnaître que tu l'as cherché. Tu n'avais pas à faire des vacheries à Julien. Et puis, quand on t'a proposé de te battre avec lui, fallait pas te dégonfler.

— Je n'aime pas me battre, dit Edouard.

Maurice hésita un peu. Il regarda Julien puis, s'approchant du second, il demanda, très calme :

— Même pas avec des cailloux dans la main?

L'autre baissa la tête et retourna s'asseoir. Quelques minutes s'écoulèrent sans un mot. Julien et Maurice achevèrent leur lit. Edouard s'était de nouveau assis sur le sien. Il les regarda longtemps, puis, lorsqu'ils eurent terminé, il se leva et vint au-devant d'eux en demandant :

— On se serre la main?

Sa voix était mal assurée. Son regard encore craintif.

— Je crois que c'est la meilleure solution, dit Maurice.

Ils se serrèrent la main, mais la main d'Edouard était toujours un peu molle.

Quelques minutes plus tard, le chef appelait de la cour pour la reprise du travail. En descendant, ils entendirent le patron qui parlait très fort dans la salle à manger. Et, dès qu'ils furent au laboratoire, ils le virent arriver, le visage blême, l'œil dur et les sourcils froncés.

Il fit deux ou trois tours rapides. Tous le suivaient des yeux. Son attitude, le fait qu'il fût là à pareille heure et non pas en train de dormir, tout disait qu'un événement important était arrivé.

M. Petiot s'arrêta enfin, croisa les bras un instant, puis les décroisa pour désigner Julien.

— Messieurs, dit-il, je tiens à vous prévenir : il y a un communiste parmi nous.

Silence.

Tous les regards sont posés sur Julien.

M. Petiot prend son temps avant de poursuivre :

— Parfaitement... Lui... Celui-là. Cette petite... (Changeant de ton et ricanant.) Pardon, j'allais l'insulter. J'oubliais déjà que c'est interdit. (Au chef.) Attention, André. Vous aussi vous devez vous méfier. Ce type est tabou. Faut pas toucher Monsieur, faut pas l'insulter, surtout pas, sinon, vous vous foutez à dos la C.G.T. et tout le tremblement.

Il s'arrêta, fit quelques pas en direction de la porte, puis, revenant près du chef, il ajouta :

— Vous voyez, j'ai eu le malheur de le corriger après son exploit de l'autre jour, eh bien, ça n'a pas traîné : Monsieur le je-ne-sais-plus-quoi-général de la C.G.T. sort d'ici. Il est venu me prévenir aimablement : si je continue, j'aurai des ennuis.

Il marcha encore de long en large, ricanant et grommelant.

Puis, soudain, il éclata de rire et se mit à crier :

— Ah, merde alors : des ennuis! Ces gens-là qui me promettent des ennuis! Ça fait des années qu'on s'attend du jour au lendemain à une guerre qui foutra le monde entier à feu et à sang, et tout ça uniquement à cause des conneries du Front Populaire, et voilà qu'un monsieur de la C.G.T. me promet des ennuis. Ah! mince alors, elle est bonne, celle-là! Sans ces crétins-là, il y a beau temps que la France serait alliée avec Mussolini et que l'autre maboule de Berlin aurait fermé sa grande gueule! Mais non, la gauche a tout fait pour nous mettre dans le pétrin, et voilà qu'elle vient me promettre des ennuis, à moi, moi qui suis du P.S.F. Moi qui suis un ancien de 14-18! Des gens comme ça qui voudraient me donner des leçons... Des gens qui sont prêts à se torcher les fesses avec le drapeau tricolore. Des individus qui n'ont pas plus d'honneur, pas plus de patriotisme que mes galoches et qui voudraient faire la loi dans ma propre maison... Je voudrais bien voir! Et les prisons, alors, c'est fait pour qui? Et les pelotons d'exécution? Mais, bon Dieu, quel jour aurons-nous un gouvernement qui fera mitrailler toute cette vermine?

Il s'arrêta.

— Qui est-ce qui est venu? demanda le chef.

Le patron se mit à rire. Puis tendant son ventre en avant et marchant de façon grotesque, pour imiter un obèse pouvant à peine se déplacer, il essaya de chanter :

— C'est nous les forçats de la faim!

Mais il riait tellement qu'il faillit s'étrangler. Le chef souriait à peine.

— Vous savez bien, reprit le patron, pour le 1er mai, c'est toujours lui qui porte le drapeau. Il est tellement plein qu'on croirait toujours qu'il va éclater. Je crois qu'il s'appelle Jacquier, ou quelque chose comme ça.

— Je vois, dit le chef. C'est un manitou dans leur machin.

— Eh bien, c'est lui qui est venu... Ah, vous n'auriez pas cru que M. Julien était assez faux jeton pour faire partie de votre syndicat et du leur en même temps, et pourtant, vous voyez, c'est bien ça.

Le chef semblait embarrassé. Maurice avait repris son travail et leur tournait le dos. Seul Edouard souriait.

— Ma foi, dit le patron, pour ce qui est du syndicat, c'est à vous de vous débrouiller entre vous. Moi, j'ai pensé qu'il était honnête de vous prévenir.

Il hésita, s'approcha lentement de Julien, s'arrêta à trois pas pour tousser, puis, brusquement, il lui cracha à la figure.

— Voilà, dit-il, ni insulter ni corriger. D'accord, mais moi, je veux me payer le luxe de lui cracher sur la gueule. Ça, on m'a pas dit que c'était interdit.

Il fit demi-tour et sortit rapidement. Le chef et le second avaient détourné leur regard de Julien qui s'essuya le visage avec son tablier.

Ensuite, tandis que les autres commençaient à travailler, Julien demeura longtemps immobile, les poings et les dents serrés, tout le corps parcouru de frissons. Quelque chose s'était noué en lui. Quelque chose qui faisait très mal; qui battait comme un corps de bête vivante.

Son regard ne quittait plus la porte par où était sorti le patron.

58

Un long moment l'apprenti demeura ainsi. A côté de lui, les autres travaillaient, mais il ne voyait que la porte. La porte et le dos du patron s'éloignant. Un dos étroit, un peu voûté, avec une tête aux larges oreilles décollées du crâne.

— Julien, dit le chef au bout d'un moment, tu vas descendre avec moi pétrir la brioche. Tiens, prends six pains de graisse, moi je descendrai la flotte.

Julien releva son tablier en empoignant les deux coins, et il y mit six pains de graisse. Le chef décrocha une petite bassine, versa dedans une casserole d'eau chaude et acheva de la remplir d'eau froide. Ensuite, il descendit l'escalier de la cave. Arrivé devant le tour en marbre, il posa sa bassine et commença de peser la farine. Il pesait chaque fois deux kilos et versait au milieu du marbre le contenu du plateau de fer tout bosselé qu'il frappait du poing avant la pesée suivante. Dès qu'il eut terminé, il désigna du doigt le tas de farine en disant à Julien :

— Allez, fais la fontaine, c'est toi qui vas pétrir.

Julien le regarda.

— Moi, chef?

— Oui, toi. Faut bien que tu apprennes, Maurice s'en va à la fin du mois.

Comme Julien hésitait encore, le chef prit un œuf dans un cageot, le heurta d'un coup sec contre l'arête du marbre en disant :

— Allez, dépêche-toi, où veux-tu que je mette les œufs, si tu laisses la farine en tas?

Julien plongea les mains dans la farine fraîche, fit au milieu du tas un trou qu'il creusa jusqu'au tour et élargit en l'arrondissant.

— Ça va, dit le chef. Pèse ton sel.

Julien pesa le sel.

— Ton sucre.

Il pesa le sucre.

— A présent, mets ta levure dans une petite bassine et commence à la délayer à l'eau tiède.

Pendant que Julien faisait tout cela, le chef continuait de casser des œufs qu'il mettait au milieu de la fontaine de farine. Lorsque tout fut prêt, Julien vida sa levure délayée avec les œufs et regarda le chef.

— Allez, vas-y!

Le chef souriait à peine. Julien plongea ses mains dans le mélange d'œufs, de levure et d'eau. Il pataugea d'abord pour dissoudre un peu le sel et le sucre qu'il sentait comme du sable sous ses doigts.

— C'est bon, dit le chef, attaque ta farine tout autour.

Peu à peu, cette bouillie devenait pâteuse. Elle s'épaississait, mais restait d'un beau jaune paille.

— Tu vois, dit le chef, ça marche bien. Faut la

travailler jusqu'à ce qu'elle ait assez de corps pour se décoller du marbre.

Julien continua de pétrir. La pâte adhérait à ses mains, giclait entre ses doigts lorsqu'il serrait le poing, et faisait des flocs sonores quand il la frappait sur le marbre.

Le chef le regardait toujours. De temps à autre, il lui donnait un conseil. Sans quitter des yeux les mains de Julien, il avait commencé de développer la graisse. Avec un grand couteau spatule, il raclait chaque papier qu'il nettoyait soigneusement. Il toussa deux fois avant de dire :

— Pour tout à l'heure, je voulais t'expliquer...

Il s'arrêta. Chercha un moment, puis reprit :

— Le patron, il n'a pas eu raison de te cracher sur la figure. Ça ne se fait pas. Même à un chien. Je voulais que tu saches bien que je ne lui donne pas raison.

Le chef se tut encore, puis, comme Julien continuait de claquer sa pâte sur le tour sans rien dire, il reprit :

— Seulement, tu connais mes idées. Moi, les cocos, je peux pas les encaisser. Dans la boîte, je ne parle jamais de politique. Le travail, c'est le travail. La politique c'est une autre affaire. Seulement, je ne comprends pas pourquoi tu es allé te plaindre à ce Jacquier. Tu pouvais tout de même m'en parler. Je ne sais pas, moi, on n'est pas là pour se manger le nez. On a fait un syndicat, bon, on ne s'est plus jamais réunis, personne n'en parle, mais c'est pas une raison pour aller voir ces gens-là!

Julien soupira.

— Je n'y suis pas allé, chef, dit-il lentement.

— Qu'est-ce que tu me chantes? Il n'a pas deviné cette histoire de canal et de raclée que tu as reçue.

— Chef, vous n'êtes pas obligé de me croire, mais je vous jure que je n'ai vu personne de la C.G.T., que je ne suis pas allé me plaindre.

Le chef le regarda. Les mains toujours dans la pâte, Julien s'était tourné vers lui. Ils s'observèrent un moment en silence, et le chef demanda :

— Alors?

Julien haussa les épaules. Il vit que le chef voulait parler. Ses lèvres remuaient à peine. Il finit par dire :

— Colette?

Julien reprit sa tâche en murmurant :

— Je n'ai rien à dire, chef.

— Ce Jacquier, c'était bien un ami de ton oncle qui est mort?

— Oui, je crois, mais moi, je ne l'ai jamais vu.

Un moment s'écoula avec seulement le claquement de la pâte.

— Ça va, dit le chef. C'est très bien. A présent, reste le plus difficile. Tu vas pétrir ton beurre pour le ramollir. Et c'est seulement quand il est à peu près aussi mou que ta pâte que tu fais le mélange... Et surtout, n'oublie pas, c'est toujours la pâte que tu dois incorporer au beurre et non pas le contraire. C'est important, sinon, tu loupes tout. Ça ne se mélangera jamais complètement.

Julien commença de pétrir la graisse qui se ramollissait lentement.

— Mais tout de même, dit le chef, tu as bien pris une carte à la C.G.T.?

— Oui, la première fois qu'ils ont fait une réunion.

— Pourquoi tu as fait ça?

— Faut bien se défendre. Le patron fait des choses qu'il n'a pas le droit de faire.

— Bien sûr... Qu'est-ce que tu veux, c'est le métier. Et puis, partout il y a quelque chose... Ah, c'est pas facile!

Il avait soupiré en disant cela.

— Tout de même, dit Julien, c'est anormal.

Le chef hocha la tête.

— Mon pauvre vieux, dit-il.

Il se tut soudain. Julien eut le sentiment qu'il avait retenu ses paroles au bord même de ses lèvres.

— C'est bien, reprit-il. A présent, commence à mélanger.

Julien commença le mélange.

— Dans quelques années, dit le chef, tu verras peut-être les choses autrement. Et puis, tes parents ne sont pas sans rien. Ils t'ouvriront sûrement un fonds un jour ou l'autre.

Julien ne dit rien. Le chef soupira encore en ajoutant :

— Quand on est obligé de gagner sa croûte, il y en a des choses qu'il faut accepter.

CINQUIÈME PARTIE

59

Depuis le départ de Maurice, Julien ne quittait plus le laboratoire. Un nouvel apprenti faisait les courses. Il s'appelait Christian, était petit et chétif, débrouillard et bon camarade. Il avait des cheveux noirs tout frisés et un regard vif, toujours souriant.

Le chef, qui ne sympathisait guère avec Edouard, travaillait surtout en compagnie de Julien à qui il avait dit un jour :

— Je crois que le patron ne t'aimera jamais. Faut en prendre ton parti, tu t'en balances, le temps qui te reste à faire sera vite tiré.

En effet, les mois d'hiver passèrent très vite, avec la fièvre des fêtes et cette folie du travail toujours accéléré.

Hélène, la bonne de l'hôtel Moderne, était partie pour Besançon où elle avait trouvé un autre emploi. Julien s'était senti plus seul pendant quelques jours, mais, très vite, il avait recommencé de surveiller les allées et venues de la fille qui ressemblait à Marlène Dietrich. En fait, il n'avait jamais cessé de penser à elle.

M. Petiot continuait de lire et de commenter le journal chaque matin. A midi et le soir, au moment des repas, on écoutait les informations que diffusait la radio. Et, plus les mois passaient, plus M. Petiot parlait de la guerre comme d'une chose inévitable. D'ailleurs, tout le monde en parlait.

— Moi, disait le chef, je partirai le quatrième jour de la mobilisation. Je dois me rendre à la caserne du faubourg de Chalon.

Le patron racontait ce qu'il avait fait entre 1914 et 1918, et il donnait des conseils au chef. Quand le patron avait terminé, c'était le chef qui racontait ce que son père avait fait de 1914 à 1918. Presque toujours, il finissait par dire :

— Moi, pendant mon active, j'étais aux chasseurs à pied. J'ai toujours été le plus fort lanceur de grenades de tout le bataillon.

— Grenadier, disait M. Petiot, c'est pas une planque de tout repos. En 14, il n'en est pas revenu beaucoup.

Alors, le chef se redressait un peu et prenait un air grave.

Mme Petiot continuait de minauder avec son plus large sourire :

— Vous irez tous, n'est-ce pas? Et vous me rapporterez des oreilles de Boches. Des belles oreilles de Boches pour me faire un collier.

Au printemps, on parla beaucoup de la fin de la guerre d'Espagne. M. Petiot se réjouit de la défaite des rouges. Dominck que Julien rencontrait souvent le mardi ou au cours des séances d'entraînement, disait que le monde pourrissait, que la France paierait très cher le fait de laisser le fascisme s'installer partout.

Julien écoutait tout cela. Il pensait à tous les récits qu'il avait entendus, aux photographies des tranchées, à des films comme les *Croix de Bois, A l'Ouest rien de nouveau, La Grande Illusion,* et il sentait, lui aussi, que la guerre allait venir. Sans doute la vie changerait-elle. Sans doute quelque chose serait modifié dans le cours un peu monotone des jours.

Chaque semaine voyait s'étaler un nom nouveau en tête de la première page des journaux. Il y eut ainsi la Tchécoslovaquie, la Lituanie, Dantzig et son couloir; des noms de ministres aussi, de chefs d'Etat et de diplomates qui voyageaient beaucoup et tenaient des conférences.

— En fin de compte, criait le patron, guerre ou pas guerre, ça coûte des sous, toutes ces histoires, et qui est-ce qui finit toujours par payer? Nous! Les pauvres commerçants! Bientôt, on ne travaillera plus que pour des impôts. Tout bien pesé, il vaudrait peut-être encore mieux avoir une bonne guerre qui permette de débarrasser toute cette vermine.

Julien essayait parfois de savoir qui était « cette vermine ». C'était à la fois les communistes, les Espagnols rouges réfugiés ou non, les Russes, Hitler, Mussolini et toute leur clique; c'était aussi les Anglais qui cherchaient toujours à nous pousser vers la guerre pour en tirer profit et faire du commerce...

Julien réfléchissait. La vermine dont parlait le patron, c'était tout cela, et pourtant, Hitler était l'ennemi des rouges d'Espagne, les Anglais ne s'entendaient pas plus avec lui qu'ils ne semblaient aimer les communistes. Las de tout cela. Julien avait fini par s'habituer à cette idée d'une guerre prochaine, et n'écoutait plus que distraitement les coups de gueule du patron brandissant son journal.

Puis, un matin du mois d'août, M. Petiot entra dans une terrible fureur. Il commença par un éclat de rire nerveux qui se mua rapidement en rugissement.

— Je le savais, hurla-t-il. Je l'aurais prévu. Si j'en avais parlé on se serait foutu de moi. On n'aurait jamais voulu me croire, mais cette fois, c'est fait... C'est fait!

Sa voix s'étranglait dans sa gorge. Il tendit le journal vers le chef.

— Tenez, vous pouvez voir : « Le Reich et l'U.R.S.S. ont décidé de conclure un pacte de non-agression, annonce l'agence officielle allemande. M. von Ribbentrop se rend aujourd'hui à Moscou. » Et voilà, pas plus compliqué que ça!

Tandis que le chef prenait le journal et qu'Edouard s'approchait de lui pour lire également, M. Petiot regarda Julien. Sans s'adresser à lui, mais sans le quitter des yeux, il se mit à ricaner en disant :

— Ah, les communistes : belle racaille, n'est-ce pas? Belle racaille! Et, à part ça, c'est à l'extrême-droite qu'on voudrait s'en prendre. Merde alors! C'est tout de même un peu fort... Et pourtant, je l'ai assez dit qu'il fallait tous les fusiller. Quand je pense qu'en mai 36 on a trouvé moyen d'élire cent quarante-six députés socialistes et plus de soixante-dix communistes. Bon Dieu, la belle brochette à aligner contre un mur! Si on l'avait fait, on n'en serait pas là!

Le chef lui rendit son journal. Il avait le front plissé et le regard sombre. Ils restèrent quelques instants à s'observer. Le patron se remettait à crier lorsque la porte s'ouvrit. C'était le père Pillon, le charcutier.

— Alors, Petiot, dit-il en entrant, on y retourne?

— Sac au dos dans la plaine! lança le patron. Et que ça ne rigole pas sur les rangs!

Plus âgé que le patron, le père Pillon était lui aussi ancien combattant. Grand et un peu voûté, il portait sur un nez pointu de petites lunettes à monture de fer. Il se gratta le menton en demandant au chef :

— Alors, qu'en pensez-vous, André?

Le chef s'était remis au travail. Il acheva de couper le biscuit qu'il tenait, puis, se redressant lentement, il dit :

— S'il faut y aller, nous irons.

— D'ailleurs, dit le patron, cette fois ça ne durera pas quatre ans. Les Allemands n'ont rien. Ce qu'ils montrent, c'est tout du bluff, de la parade. Quant aux Italiens, inutile d'en parler. On sait ce qu'ils peuvent faire. On se souvient de Caporetto. Et puis, ils se sont épuisés en Ethiopie.

Le charcutier hochait la tête.

— Je voudrais bien voir les choses comme vous les voyez, Petiot, dit-il. Mais moi, je n'arrive pas à être aussi optimiste.

Les discussions durèrent toute la journée. Le patron ne cessait plus de faire la navette entre le laboratoire, les boutiques voisines et le café du Commerce. Il devait boire pas mal et il s'excitait à parler. Chaque fois qu'il revenait au laboratoire, c'était pour annoncer une bribe de nouvelle ou rapporter un bruit recueilli. A 4 heures après-midi, il vint annoncer que la guerre serait déclarée le soir même. Quelques minutes plus tard, il revenait encore pour dire, cette fois, que l'on décréterait seulement la mobilisation générale. En réalité, il ne savait rien de précis, et sans doute inventait-il lui-même de nombreuses « informations » pour le seul plaisir de crier. Il arrivait en hurlant que la guerre commençait, qu'il ne faudrait pas huit jours pour écraser l'Allemagne, puis, un quart d'heure plus tard il revenait, l'œil sombre et les poings serrés, en disant que la France était condamnée, que le peuple était trahi par les communistes qui refusaient de se battre.

A 5 heures du soir, avant de quitter le laboratoire, comme le patron avait encore disparu, le chef dit simplement, en dénouant son tablier.

— Si demain vous me voyez avec des bandes molletières, vous pourrez le donner à laver.

— Vous savez, dit Edouard, tout ce que le patron raconte, moi, je crois qu'il exagère un peu.

Le chef enfila sa veste, les regarda tous en hochant la tête, puis dit à voix presque basse :

— Il s'en fout, au fond. Il a beau raconter des conneries et faire le malin, il sait bien qu'il n'est plus mobilisable, lui. On peut partir, il restera ici à vendre des gâteaux.

60

Le jeudi 24 août, M. Petiot était devant le magasin du marchand de journaux bien avant l'heure de l'ouverture. Il avait déjà appris par la radio la signature du pacte de non-agression entre l'Allemagne et l'U.R.S.S., mais il lui fallait tous les détails. Il revint en criant :

— Ça y est! André, vous pouvez boucler votre paquetage, mon vieux. « Les réservistes des échelons trois et quatre sont rappelés par voie d'affiche. »

Le chef s'avança et se mit à lire, par-dessus l'épaule de M. Petiot, le journal étalé sur la table du four. Pendant un moment, tous cessèrent de travailler.

— Je ne suis pas encore parmi ceux-là, dit le chef.

— Ça ne fait rien. Vous verrez, cette fois, nous y avons droit. « Après cette signature à Moscou du pacte germano-soviétique, le gouvernement français décide de nouvelles précautions militaires. » Vous voyez, ça se prépare. Je le sens, moi. Et vous savez que je ne me trompe pas souvent. « Conférence des ministres et des chefs de l'armée... On s'attend à de nouvelles revendications de Berlin. » Evidemment, cette fois, ils vont demander l'Alsace-Lorraine...

Il lisait une phrase, lançait quelques commentaires; se taisait un instant, puis recommençait à lire.

Il finit encore par s'en prendre aux communistes et aux socialistes.

— Au fond, dit-il, c'était fatal qu'ils finissent par s'entendre avec l'Axe. Quand on pense aux discours que cette ordure d'Hitler prononçait en 1925, par exemple, c'était ni plus ni moins que du socialisme. Et ce gros sac à nouilles de Mussolini, est-ce qu'il n'a pas fait sa marche sur Rome en brandissant le drapeau du socialisme?

Le chef et Edouard approuvèrent. Julien ne dit rien. La journée s'écoula sur le même rythme haché que la veille.

Le soir, après la fermeture du magasin, Julien et Christian sortirent pour rejoindre les autres pâtissiers au Pasquier. Les patrons étant partis, ils quittèrent la maison par le couloir. Arrivés au bout de la rue Besançon, ils remarquèrent un attroupement devant le café du Cours. Ils s'avancèrent, mais il était impossible d'accéder à la terrasse tant les curieux étaient en rangs serrés.

— Qu'est-ce que c'est? demanda Julien.

— Je ne sais pas, dit un homme, c'est un type qui vient de se faire assommer, mais je n'ai pas vu ce qui s'était passé avant.

Des agents de police arrivèrent et la foule s'écarta pour leur laisser le passage. Julien put apercevoir un homme affalé sur une chaise et dont le visage était ensanglanté. Il y eut encore une discussion, mais il ne put rien comprendre. Un remous se produisit. Les agents emmenaient le blessé. Deux autres hommes suivaient, dont un officier. Dans la foule, des groupes se formaient. Tout le monde parlait haut avec force gestes. Quand l'officier passa, quelques personnes applaudirent. Une voix d'homme lança :

— Vive l'armée!

Il y eut encore des applaudissements et des cris :

— Vive la France!

— Hitler au poteau!

— A Berlin!

Mais déjà les curieux commençaient à se disperser. Tout près de Julien, un vieil homme dit :

— Il n'y a pas la même foi qu'en 14. En 14, un individu comme ça, la police ne l'aurait pas emmené, nous l'aurions tué sur place.

Une petite vieille toute ratatinée le tira par le bras en disant :

— Viens, ne te mêle pas de ça. Ça ne nous regarde plus.

Christian et Julien allaient s'en aller lorsqu'ils virent Zef qui leur faisait signe d'approcher.

— Salut.

— Tu étais là? demanda Julien.

— Juste, je passais devant quand ils ont commencé de s'engueuler.

— Qui c'était?

— Le type que les flics ont emmené? Il s'est fait foutre une raclée par celui qui les a suivis et l'officier de chasseurs d'Afrique.

— Celui qui avait le képi bleu clair?

— Oui, ça doit être un sacré mec. Drôlement costaud. Au premier pain qu'il a balancé, la pommette du gars a littéralement éclaté. J'aurais voulu que tu voies ça!

Ils commencèrent à marcher et Julien demanda :

— Pourquoi ils se sont battus?

— Je ne sais pas au juste comment l'histoire a commencé, mais je pense qu'ils devaient parler des événements. Tout ce que je sais, c'est que le type a crié : « Vive le Front Populaire! » Et il a levé le poing. C'est là que le civil qui était avec lui, lui a mis une première mornifle. Au lieu de se défendre, il a crié : « Vive l'U.R.S.S. » L'autre a encore cogné. Il s'est un peu défendu, mais quand l'officier a tapé, il est tombé la gueule en bouillie.

Ils marchèrent un moment en silence, puis Zef reprit :

— Un vrai con, ce mec. Un vrai con!

— Tu crois qu'on aura la guerre? demanda Julien.

— Ça se peut, dit Zef. Au fond, c'est même à peu près certain. Moi, j'aimerais bien que ça ne vienne pas trop tôt. Je voudrais bien y aller pour voir ce que c'est. Les films, c'est tout du bidon. Pour s'en faire une idée, faut voir ça en vrai.

— Moi, dit Christian, je suis vraiment trop jeune. Ça sera certainement fini avant que je puisse voir.

— A propos, dit soudain Zef, vous savez que Dominck est parti?

— Mobilisé?

— T'es fou. Je crois qu'il s'est tiré. Tu sais les idées qu'il avait.

Julien le regarda un instant et demanda :

— Il aurait déserté?

Zef réfléchit avant de répondre.

— Il avait dix-neuf ans, on ne peut pas dire qu'il ait déserté, il n'avait pas encore fait de service. Seulement, il a dû vouloir se cacher avant qu'on le cherche. Et puis, il s'était engueulé avec Worms. Eux aussi c'était à propos des Russes.

— Pourquoi, Dominck les soutenait? Pourtant, il n'aime pas bien Hitler.

— Il disait : « Si les Russes font ça c'est qu'ils ont une « bonne raison ». Tu sais, lui, il lisait beaucoup, alors, je ne sais pas ce qu'il expliquait, il prétendait que la Russie veut rouler Hitler et utiliser sa force contre les pays capitalistes. Moi, tu sais, tout ça, je m'en balance. La guerre, je ne crois pas que ce soit si compliqué que ça. On se fout sur la gueule un bon coup et après, c'est fini.

Il fit un geste de la main comme pour lancer quelque chose par-dessus son épaule.

— Moi aussi, dit Julien, je m'en balance. La politique, c'est toujours de la merde.

— En attendant, fit Zef, si Dominck refuse de partir à l'armée, c'est un beau dégueulasse.

Julien attendit un moment avant de répondre, presque à voix basse :

— Oui..., mais moi, ça m'étonnerait. Je crois que c'est un type bien, Dominck. Il m'a toujours fait une bonne impression.

Zef hocha la tête, balança au bout de son bras les deux paires de gants de boxe qu'il tenait par les lacets, puis finit par dire :

— Bien sûr, un mec bien, comme ça, quand il s'agit seulement de travailler ou de discuter, ou même de rendre service aux copains; seulement quand il s'agit de risquer sa peau, c'est autre chose.

Ils marchèrent encore en silence. Dans la rampe du cours, sous le réverbère qui n'était pas encore éclairé, la vieille putain se trouvait déjà à son poste.

— Tout ce qu'on veut, fit encore Zef, la guerre, c'est là qu'on voit les hommes; ceux qui ont vraiment quelque chose dans le buffet.

Puis, désignant la prostituée, il ajouta :

— Celle-là, elle doit se réjouir : les troufions c'est de la bonne clientèle. Plus il y en a, mieux ça vaut. Elle a beau être moche comme un pou, elle va s'en faire du fric, pendant que les mecs se feront casser la gueule.

61

Le lendemain et les jours suivants, il y eut un peu moins de travail. Le patron continuait ses allées et venues perpétuelles et ses discours. Il continuait aussi d'insulter les uns et les autres, ajoutant seulement que les pâtissiers étaient les premières victimes de la guerre.

— Si les gens prennent peur, disait-il, c'est fini, ils n'achètent plus que du sucre et du riz. Il n'y en a que pour les épiciers, nous autres, on n'a plus qu'à crever.

Le chef était sombre. De temps à autre, il essayait de siffler ou de chanter, mais le cœur n'y était pas.

Chaque fois que le patron entrait au laboratoire, il annonçait un nouveau départ. A un certain moment, il dit :

— Il y a un type qui me dégoûte, c'est le grand Nonin, le marchand de vêtements. Il passe tout son temps sur la porte de sa boutique à regarder les mobilisés qui s'en vont avec leur petite valise.

— Je sais, dit le chef, je l'ai déjà remarqué.

— Est-ce que vous avez vu son petit air de se foutre de leur figure?

— Oui, il s'en balance, il est réformé, il n'a jamais fait de service, il ne risque pas d'être appelé, lui.

— C'est dégueulasse, dit M. Petiot, il devrait au moins se planquer pour les regarder. Il a l'air de les narguer, cet embusqué!

Le chef posa son rouleau sur le tour et se retourna, les deux poings sur les hanches.

— Moi, dit-il, quand je partirai, je veux passer devant chez lui exprès. Et si jamais il a l'air de se marrer en me regardant, je m'arrête pour lui casser la gueule.

M. Petiot se frotta les mains en riant.

— Nom de Dieu!... lança-t-il, je veux voir ça, moi. Je veux voir ça!

Une fois le travail terminé, Julien et Christian restèrent un moment sur le seuil du couloir. M. Nonin était en effet sur le pas de sa porte. Quelques hommes passaient encore, portant de petites valises, des musettes ou des caisses à paquetage. Julien vit approcher une cliente à qui il avait souvent livré des gâteaux. Elle tenait son mari par le bras. Au passage, elle sourit à Julien qui remarqua qu'elle avait les yeux rouges.

Julien demeura là jusqu'à l'heure où passa la fille de la rue Pasteur. Il la vit arriver de très loin. Elle marchait vite, la tête haute et le regard toujours droit devant elle. Ses cheveux flous se soulevaient légèrement à chaque pas qu'elle faisait. Dès qu'elle eut disparu à l'angle de la rue de la Bière, Julien rentra. On était au soir du 30 août. Julien murmura :

— Encore un jour, puis après : le mois de septembre, c'est-à-dire trente jours...

Son contrat se terminait le 30 septembre. Il y pensait souvent, mais, à présent, il pensait aussi qu'il allait partir sans jamais avoir osé adresser la parole à cette fille.

Il monta lentement l'escalier de sa chambre, entra et s'allongea sur son lit. Tout d'abord il vit seulement le visage de cette fille et son long corps mince...

Il la voit comme si elle était là, devant lui, dans sa chambre. Et puis, soudain, tout change. Elle est bien là, mais c'est la chambre qui n'est plus celle des commis de M. Petiot.

Julien est immobile dans un lit tout blanc. Il fait un effort pour ne pas grimacer tant la douleur qu'il ressent à l'épaule est forte, il parvient même à sourire. La fille s'approche de lui. Elle sourit aussi.

Julien essaie de se soulever sur son lit, il voudrait parler, mais la douleur lui arrache un soupir. Une infirmière se précipite.

— Non, non, dit-elle, soyez raisonnable, ne bougez pas, ne parlez pas.

La fille s'est approchée également.

— Non, dit-elle, ne parlez pas.

Un soldat vient d'entrer dans la chambre. Il avance jusque vers Julien et demande :

— Alors, tu ne te sens pas trop mal?

— Il va très bien, dit l'infirmière, mais il ne faut pas qu'il parle.

Le soldat montre sa main qui est enveloppée d'un gros pansement et dit :

— Moi, ça va. J'ai été moins touché que lui. La main, c'est jamais grave tant qu'on ne la coupe pas.

La fille s'adresse au soldat :

— Vous étiez avec lui? demanda-t-elle.

— Mademoiselle est venue voir votre camarade, dit l'infirmière.

Le soldat sourit.

— Ah, très heureux de vous connaître. Il m'a souvent parlé de vous. Eh bien, vous pouvez dire qu'il est gonflé, votre Julien.

Le soldat hoche la tête. Il a même un petit sifflement. Julien ferme les yeux.

— Racontez-moi exactement ce qui s'est passé, demande la jeune fille. J'ai bien lu les journaux, mais ce n'est pas pareil.

Le soldat toussote deux fois, hésite un peu et commence :

— Ben, voilà : on était dans un poste avancé, devant la ligne Maginot. Ça faisait trois jours que les Boches nous bombardaient. Ils avaient déjà tué notre capitaine, notre lieutenant et deux sous-offs. Tout d'un coup, on nous dit : « Ça y est. Ils « ont réussi à endommager la ligne Maginot. Si « vous ne tenez pas le coup, ils peuvent passer. » Vous parlez, on était tout de suite une trentaine! Enfin qu'est-ce que vous voulez qu'on fasse? C'est bon, on continue à tenir. On se dit : : « On verra bien. » D'autant plus qu'on nous avait promis qu'en deux jours les réparations seraient faites. Seulement, leur bombardement continuait à nous tuer des hommes. C'est bon, le lendemain à l'aube, les voilà qui attaquent. Ils passent le Rhin en force, et ils se mettent à charger baïonnette au canon. Une grenade tombe dans la tranchée où l'adjudant qui commandait était en train de donner des ordres aux derniers gradés. D'un seul coup, tout le monde en l'air : plus de chefs!

Le soldat s'arrête un instant et se tourne vers Julien qui a toujours les yeux fermés. Il sourit ensuite à la jeune fille puis, parlant plus bas, il reprend son récit.

— Plus de chef. Tout de suite, il y a quelques types qui commencent à vouloir foutre le camp. J'étais à côté de Julien, il me regarde. Je lui dis : « Ça va mal. — Oui, qu'il me dit, faut les empêcher de se barrer. » Il hésite un moment, puis je le vois qui prend son flingue et qui dit aux mecs : « Si vous vous barrez, moi je vous tire de- « dans. » Un type lui dit : « Qu'est-ce que tu as, « toi? Tu n'es qu'un deuxième pompe comme « nous. » Et, pendant ce temps, les Boches qui approchaient. Tout d'un coup, je vois mon Julien qui enlève son casque, qui met son calot et qui crie : « Faut faire ça à l'estomac, les gars. Si on « sort de nos trous, ils vont croire à une contre- « attaque en force, ils vont se tirer! Seulement, « faut faire du bruit comme si on était deux « mille! » Et le voilà qui ramasse deux musettes de grenades, qui saute d'un bond sur le parapet de la tranchée et qui crie : « En avant, à la four- « chette! » Et il court vers les Boches en lançant ses grenades.

Le soldat s'arrête. Il a parlé vite et la sueur coule sur son front. La jeune fille a les yeux pleins de larmes. Elle regarde Julien qui fait toujours semblant de dormir.

— La suite, dit le soldat, vous la connaissez : Blessé... les Boches en déroute..., croix de guerre..., Légion d'honneur..., il va sûrement être nommé tout de suite lieutenant...

La jeune fille n'écoute plus. Elle s'est approchée de Julien. Elle se penche vers lui et l'embrasse en murmurant :

— Je suis très contente... Vous allez guérir vite... Votre maman viendra demain avec moi... C'est une chance qu'on vous ait évacué justement sur l'hôpital de Dole... C'est une chance...

62

Le 1er septembre, lorsqu'on annonça l'entrée en Pologne des troupes du Reich, le patron cessa un moment de crier et de courir. Il parut vraiment soucieux.

— Cette fois, dit-il, la machine est en marche. Personne ne peut savoir quand elle s'arrêtera.

Le chef garda le silence toute la journée.

Le lendemain, on parla d'une intervention de Mussolini pour sauver la paix, mais la guerre était déjà là. Tout le monde la sentait. On ne parlait plus que d'elle.

Et le dimanche, lorsqu'elle fut officiellement déclarée, il sembla que la fièvre générale tombait un peu. Pendant quelques heures il y eut partout comme l'attente de quelque chose qui ne venait pas.

— On va sûrement être bombardés, dit Mme Petiot.

Le patron sourit.

— Ça se pourrait, dit-il. Mais sûrement pas aujourd'hui. Nous, on s'en balance, on a une bonne cave voûtée. Faudrait une grosse marmite pour qu'elle s'écroule. Moi, les bombardements, ça me connaît. Vous n'aurez qu'à faire ce que je vous conseillerai.

Claudine pleurait en pensant à son fiancé.

Les clients étaient plus rares et le travail s'acheva de bonne heure. Julien et Christian restèrent longtemps sur la porte.

— C'est curieux, dit Christian, à part les affiches, le coup de sirène et les types qui partent, il n'y a rien de changé.

— Non, on ne dirait pas que c'est la guerre.

Le patron sortait du magasin. Il s'arrêta devant eux.

— D'ici quelques jours, dit-il, on va voir arriver les premiers trains de blessés. Vous pourrez aller les voir passer à la gare. Ça vous donnera peut-être envie d'aller en découdre avec les têtes carrées de la ligne Siegfried.

Le chef voulait aller voir ses parents avant de partir. Il fit ses adieux aux patrons le lundi soir. Sa femme était avec lui, elle pleurait. Lorsqu'ils sortirent de la salle à manger, le chef appela Julien. Il leur avait déjà dit au revoir à tous au laboratoire. Julien descendit. Le chef dit à sa femme :

— Attends-moi une minute, je reviens.

Il entraîna Julien au laboratoire et referma la porte derrière eux. Un moment ils restèrent debout l'un en face de l'autre à se regarder, puis le chef dit doucement :

— Je voulais te voir seul avant de m'en aller.

Julien ne répondit pas. Il y eut encore un silence, puis le chef ouvrit un tiroir à outils : Les couteaux y étaient alignés, propres, luisants sur le bois clair. Le chef sortit un grand couteau spatule, deux autres plus petits. Son couteau de tour long et large au fil tranchant comme celui d'un rasoir, et aussi son petit couteau d'office. Cela faisait un gros paquet dans sa large main. Il le regarda un instant avant de le tendre à Julien en disant :

— Tiens, je te donne tout le total.

Julien ne bougea pas.

— Prends, répéta le chef.

— Mais, chef, c'est... après, vous en aurez besoin...

Le chef eut un léger haussement d'épaules. Un sourire triste s'ébaucha sur son visage et Julien eut un instant l'impression que ses yeux brillaient plus que d'habitude.

— Après..., murmura-t-il. La guerre, est-ce qu'on sait jamais!

Julien hésitait toujours.

— Si je te les donne, reprit le chef, c'est une preuve d'amitié. Je t'ai peut-être des fois secoué un peu, parce que tu m'énervais, mais ça, c'est le métier.

Son sourire s'était accentué. Julien tendit la main et prit les outils.

— Quand vous reviendrez, chef, dit-il, je vous les rendrai.

Le chef lui posa la main sur la nuque et le secoua un peu. Julien crut qu'il allait encore parler, mais il ne fit que toussoter. Il se dirigea ensuite vers un petit placard d'où il sortit une série de douilles et une série de fourchettes à tremper les chocolats.

— Tiens, dit-il, ça aussi c'est à moi, prends tout.

— Non, chef, faut garder quelque chose... ou alors..., alors je vais vous les payer.

Le chef fronça les sourcils.

— Est-ce que tu te fous de ma gueule? dit-il.

Julien avait les deux mains pleines d'outils.

— Monte tout ça dans ta chambre, dit le chef, et reviens, faut aussi qu'on descende à la cave.

Julien posa tous les outils sur son lit et rejoignit André qui n'avait pas bougé et ne sembla pas s'apercevoir de son retour. Il était debout devant le tour, les deux mains à plat sur le marbre, il regardait les rayons où s'empilaient les boîtes. Juste à hauteur de son visage, il y en avait une grosse, toute bosselée sur laquelle il avait l'habitude de frapper du poing pour passer ses colères. Il se tourna vers Julien. Il avait de nouveau son sourire triste.

— Tu sais à qui je pense en regardant cette boîte? demanda-t-il.

Julien sourit et dit simplement :

— Victor.

— Oui, tu te rappelles, chaque fois que je gueulais après lui, cette façon qu'il avait de me dire : « Chef, la boîte à sucre glace! »

Ils se mirent à rire tous les deux.

— Bien sûr, dit Julien, il aimait mieux que ce soit elle que lui, qui prenne un marron.

Le chef cessa de rire. Son visage redevint sombre lorsqu'il dit :

— Avec un type comme Victor, on ne peut pas se mettre en colère.

Il marqua un temps, baissa un peu la tête et ajouta :

— Où est-ce qu'il est, à présent? Infanterie de forteresse, il est peut-être devant la ligne Maginot.

Le chef se tut. Il fit lentement le tour du laboratoire. De temps à autre sa main caressait une poignée de tiroir, un manche de pelle, un outil que pendant des années il avait empoigné plus de cent fois par journée de travail.

— Allons, dit-il soudain, viens, on va à la cave.

Ils descendirent. Arrivé en bas, le chef regarda les claies où s'alignaient les sacs de farine.

— Tiens, dit-il, j'aurais dû vous descendre un sac de gruau, il n'y en a plus qu'un. Qui est-ce qui pourra les descendre, à présent?

— Moi, chef.

— Toi, tu es certain que tu pourrais?

— Oui, j'ai déjà essayé.

— Quand donc? Tu n'as pas eu à en descendre, je l'ai toujours fait.

Julien hésita un instant, puis il dit :

— Le soir, après le travail. Je l'ai fait plusieurs fois pour m'entraîner. Je les descendais, puis je les remontais.

Le chef se mit à rire. Il empoigna le bras de Julien et le serra très fort en disant :

— C'est bien, c'est très bien. Tu es encore plus costaud que je ne croyais.

Julien riait aussi. Le chef lui posa la main sur l'épaule, et, cessant de rire, il dit :

— Tu vois, tu pourrais vraiment me remplacer.

L'apprenti baissa la tête. André prit le rouleau de buis qui se trouvait sur le tour, une boîte d'emporte-pièce et une pince à tarte.

— Tiens, dit-il, ça aussi c'était à moi.

— Non, dit Julien. Faut pas tout me donner. Je veux que vous gardiez quelque chose.

— Prends. C'est entendu : tu me les rendras

quand j'en aurai besoin. Mais tu comprends, les outils, faut que ça serve, faut pas que ça reste sans rien faire... J'aime mieux que ce soit toi qui les gardes...

Sa voix tremblait légèrement. Il détourna les yeux et se mit à tout examiner comme il avait fait au laboratoire. Au passage, il prit une olive dans le petit tonneau et la mangea.

— Bon Dieu! dit-il. Le travail, on gueule après. On est toujours à se plaindre qu'on se crève la peau pour gagner trois fois rien, seulement, le jour où il faut tout laisser tomber pour...

Sa voix s'étrangla un peu mais, très vite, il se reprit et ajouta, presque dur :

— Pour peut-être ne jamais revenir.

— Chef, dit Julien, faut pas dire des choses comme ça. Faut pas, ça...

Julien s'arrêta soudain.

— Quoi? demanda André. Qu'est-ce que tu allais dire, que ça porte malheur?

Julien ne répondit pas et le chef reprit :

— Oh, tu sais, faut pas attacher d'importance à toutes ces balivernes, mon père a fait quatre ans de guerre dans l'infanterie sans une égratignure, il n'y a pas de raison pour que j'aie moins de chance que lui... Et puis, qu'est-ce que tu veux, on ne meurt qu'une fois.

Julien avait baissé la tête. Il regardait le rouleau et les autres outils qu'il tenait dans ses deux mains. Soudain, tout devint flou. Il ferma les yeux et les rouvrit lorsque le chef lui prit le menton pour l'obliger à lever la tête.

— Allons, regarde-moi.

Julien regarda André qui lui donna aussitôt une grande claque sur l'épaule en disant :

— Non, sans blague, tu vas pas chialer, des fois. Merde alors, on est des hommes, quoi!

Julien sourit en essuyant deux larmes qu'il sentait sur ses joues.

— Allez, dit André, amène-toi, je te paye l'apéritif.

Ils retrouvèrent la femme du chef qui attendait devant la porte du magasin en bavardant avec Mme Petiot.

— J'emmène Julien, dit le chef, il nous accompagne un petit bout de chemin.

Ils partirent. Le chef plaisantait sans cesse. Il parlait très fort et beaucoup. Il tenait sa femme par la taille, et, de temps à autre, il la soulevait de terre en riant.

— Tu es fou, disait-elle, les gens nous regardent.

— Je les emmerde, disait André. S'ils ne sont pas contents, ils n'ont qu'à venir le dire.

Ils burent l'apéritif au café du Cours où il y avait beaucoup de monde. Plusieurs tables étaient occupées par des soldats vêtus de bleu horizon et coiffés de calots à pointes.

— Demain, vous allez être comme ça, dit Julien.

— Non, dit le chef, les chasseurs à pied, on est en bleu foncé, et les grandes pointes aux calots, c'est pas pour les anciens comme moi.

— Surtout, dit sa femme en s'appuyant contre lui, sois prudent.

— Bien sûr. Je serai cuistot, tu le sais bien, je serai à la roulante ou dans un mess d'officiers.

— Tu en es vraiment certain?

— Absolument. Réserviste et pâtissier de métier, c'est sûr, roulante ou mess des officiers.

Ils restèrent encore un moment à écouter les autres qui discutaient. Puis, ayant vidé leur verre, ils sortirent. En haut de la rue de la Bière, ils s'arrêtèrent. Le chef se planta devant Julien, le regarda dans les yeux et dit en tendant sa grosse main :

— Au revoir, petit.

— Au revoir, chef, dit Julien.

Il hésita, sourit et ajouta :

— ... et merde.

Le chef l'attira vers lui, posa sa main sur son épaule et l'embrassa sur les deux joues en disant :

— Et surtout, fais pas le con! C'est promis?

— Promis, souffla Julien.

Le chef reprit sa femme par la taille et l'entraîna. Julien demeura longtemps immobile sur le trottoir. Quelque chose s'était serré en lui, et de grosses larmes roulaient sur ses joues.

63

Julien passa la matinée du mardi avec Zef et quelques camarades. Ils firent de la course à pied au Pasquier, quelques rounds de boxe et un peu de lutte, puis ils remontèrent en ville. A midi, il mangea seul au laboratoire le repas que les patrons lui avaient laissé. Après midi, il retrouva ses camarades et ils restèrent en ville. Le temps semblait s'éterniser. Ils se promenaient en parlant de la guerre, mais la guerre demeurait lointaine, invisible. A 5 heures du soir, Julien regagna la pâtisserie. Il était de service pour éclairer le four. Edouard, parti chez ses parents la veille au soir, devait venir pétrir la brioche et les croissants.

Quand Julien arriva dans la cour, il entendit le patron qui criait. La porte de la salle à manger s'ouvrit et Mme Petiot parut sur le seuil.

— C'est Julien, dit-elle. C'est Julien.

Aussitôt le patron accourut. Il était en pantalon de golf et en chemise blanche, sa cravate desserrée pendant devant son col ouvert. Son chapeau rejeté en arrière, il avait l'œil hagard.

— Ah, te voilà! fit-il le souffle court. Te voilà: Tu viens pour le four. Evidemment... Ah! nous sommes propres. Ah! ça commence bien, la guerre... Ça commence bien.

Il leva les bras, fit deux pas, se retourna et quitta son chapeau qu'il lança sur la table de la salle à manger.

— Mon pauvre Julien, dit Mme Petiot en joignant les mains sur ses seins, il nous arrive encore une catastrophe.

Le patron était revenu sur le seuil.

— Ce salaud d'Edouard! cria-t-il. Ce salaud-là, il ne revient pas!... Comme ça... sans prévenir... J'arrive ici il y a dix minutes, le téléphone sonnait, je décroche, c'était son père... Il a besoin de lui, ses ouvriers sont mobilisés, alors il le garde. Et voilà... Pas le droit? Va te faire foutre, c'est la guerre, qu'il dit. La guerre, ça donne tous les droits, même celui de laisser son patron dans la merde. Lui, il est boulanger... Priorité, qu'il dit.

Il était furieux. La sueur perlait à son front, sa mèche de cheveux se promenait sur son crâne luisant.

— Bon Dieu de bon Dieu, cria-t-il, on verra bien, s'il a le droit. On verra bien!

— Ça ne sert à rien de t'énerver, dit Mme Petiot, ça ne sert à rien.

Le patron fit encore la navette deux ou trois fois entre la table et le seuil.

— Bon Dieu de Bon Dieu, si je savais où pêcher André, il n'est sûrement pas encore parti. Il me donnerait au moins les recettes. Avec ça je me débrouillerais. Voilà ce que c'est de trop faire confiance à son personnel. Ah, bonsoir, je suis bien puni!

Julien hésita un peu. Le patron avait quitté sa cravate. A présent, il déboutonnait sa chemise.

— C'est la recette de quoi, que vous n'avez pas, monsieur? demanda Julien.

Le patron acheva d'enlever sa chemise. Il était à présent vêtu seulement d'un maillot de corps à larges mailles. Son torse maigre était blanc et velu.

— La recette des croissants et celle de la brioche, pardi! Tu ne les connais pas, toi, naturellement.

— Si, monsieur, dit Julien.

Les patrons se regardèrent un instant. Encore anxieux M. Petiot demanda :

— Tu connais les recettes? Tu les as notées?

— Je ne les ai pas notées, je les connais comme ça, dans la tête, l'habitude de peser.

— Tu as déjà fait les pesées pour les pâtes?

Le visage du patron, encore tendu, s'éclairait peu à peu. La bouche de sa femme s'élargissait, ses pommettes montaient lentement vers ses tempes.

— C'est le chef qui t'a fait voir?

— Oui, monsieur, dit Julien. Il m'a fait souvent pétrir la brioche et les croissants.

Il y eut un silence assez long. Le regard du patron allait de sa femme à l'apprenti. Sa chemise à la main, ses bretelles pendant de chaque côté de son pantalon, il descendit la marche de la salle et vint tout près de Julien.

— Tu saurais pétrir tout seul la brioche et les croissants? demanda-t-il. Tu saurais vraiment, sans faire de conneries?

Julien sourit.

— Mais bien sûr, monsieur. Je l'ai fait des jours où il en fallait dix fois plus qu'aujourd'hui.

Le patron rentra dans la salle.

— Ma veste blanche, cria-t-il à sa femme Donne-moi ma veste blanche. On y va tout de suite. Je... je vais avec toi, Julien. Je vais avec toi.

Il enfila sa veste et ressortit.

— Tu gardes ce pantalon, dit la patronne, fais attention, tu devrais mettre un tablier.

— C'est ça, donne-moi un tablier. Nous descendons, apporte-le-moi à la cave!

Julien avait ouvert le trappon. Le patron descendit le premier. Il était amusant à voir avec sa veste blanche sur ce pantalon à carreaux, très large du bas.

Aussitôt à la cave, Julien commença de peser la farine pour les croissants. Le patron le regardait.

— Tu es certain de ne pas te tromper? demanda-t-il.

— Mais oui, monsieur.

— N'oublie pas la levure.

— Non.

— Le sel.

— Non.

— Faudra bien penser à donner le nombre de tours qu'il faut.

— Oui.

Julien commença de pétrir.

— Te presse pas trop, dit le patron, faut faire ça convenablement.

— Faut tout de même pas que je traîne trop, dit Julien, j'ai encore le four à allumer.

— Nom d'un chien, fit le patron en nouant son tablier, c'est vrai, il y a le four.

Il hésita un peu. Mme Petiot était debout à côté de lui. Elle se frottait les mains en regardant travailler Julien. C'était peut-être la première fois qu'elle descendait à la cave.

— C'est bon, dit le patron, c'est pas la peine qu'on perde du temps ici. On ne peut pas s'y mettre à deux. Je vais aller allumer le four.

— C'est qu'il faut faire du bois et monter du coke, dit Julien.

Le patron eut un geste d'impuissance en disant :

— Qu'est-ce que tu veux, je me débrouillerai.

— Mon Dieu, mon Dieu, gémit la patronne, cette guerre!...

Le patron s'éloigna.

— Veux-tu que j'aille t'aider? demanda sa femme.

— Tu ne veux tout de même pas monter des cageots de coke sur ton dos! lança-t-il sans se retourner.

Mme Petiot resta un long moment près de Julien. De temps à autre elle se lamentait en maudissant la guerre qui bouleversait tout; puis, un instant après, elle s'extasiait :

— Comme vous savez bien faire, mon petit Julien. Vous avez tout de même eu de la chance d'avoir un bon chef comme André. Le pauvre André, où est-il à présent? Et Victor, vous vous souvenez de ce brave Victor, ce qu'il a pu nous amuser. Dire qu'il va peut-être se faire tuer par ces vilains Boches. Tout de même!... Surtout, n'oubliez rien. Les affaires ne marchent déjà pas si bien, ce n'est pas le moment de faire des blagues. Ce pauvre M. Petiot se faisait du souci, quand vous êtes arrivé. Vous comprenez, c'est pas qu'il ne saurait pas faire tout seul. Et puis, ces choses-là, ce n'est pas le travail d'un patron, depuis des années, c'était toujours le chef et le second qui pétrissaient... Ah, la guerre, mon pauvre petit Julien, ça en amène de la misère! Et dire que ce pauvre Victor est peut-être déjà tué, ou blessé, on ne sait pas... Et le chef. Ce brave André... Et sa femme qui pleure... Faites bien attention, mon petit Julien, ce pauvre M. Petiot a déjà tant de soucis...

Lorsque Julien remonta au laboratoire, le four était éclairé et M. Petiot montait le coke. Il suait à grosses gouttes, et, sur son visage noir de cendres et de poussière, couraient de longues traces plus claires qui se perdaient dans les rides. Sa poitrine creuse se soulevait à un rythme précipité.

— Bougre de saloperie, grogna-t-il, que ces escaliers sont mal commodes quand on n'a pas l'habitude.

— Je vais continuer, dit Julien.

— Tu as déjà fini les pâtes?

— Oui, monsieur.

— Tu n'as rien oublié?

— Non, monsieur, j'ai fait comme d'habitude.

Le patron laissa tomber le cageot qu'il venait de vider dans le charbonnier.

— Allons-y, dit-il. Si tu veux en monter un peu pour me reprendre, je remplirai.

Ils descendirent dans la cour des bûchers et le patron se mit à pelleter. Julien le regardait. Il ne pensait à rien de précis, mais quelque chose était en lui, comme un espoir, une espèce de joie mal définie.

Quand ils eurent terminé, ils restèrent un long moment au laboratoire. Adossés au marbre, ils ne parlaient pas. De temps à autre, le patron grognait en s'épongeant le front. Au bout d'un moment, il dit :

— Je me demande comment on va s'arranger, le matin. Bien entendu, je descendrai en même temps que vous, mais pour tout débiter, et faire le feuilletage, et le fourneau, et...

Sa phrase resta inachevée. Il regardait le tour, puis le four.

— Faudrait commencer un peu plus tôt, dit Julien. Moi, si vous voulez, je peux débiter. Vous, vous ferez la mise en forme et Christian mettra sur plaque. Après, il suffira que vous teniez le four. Pour le reste si on a seulement une heure d'avance, je me débrouillerai.

Le patron le regardait en hochant la tête. Mme Petiot vint les rejoindre.

— Vous pensez que ça ira? demanda-t-elle.

— Faudra bien, dit le patron.

— On pourra peut-être simplifier pas mal de choses.

— On sera certainement obligé. Parce que, pour retrouver du personnel à présent, ça ne va pas être une petite affaire.

— On a cet apprenti qui va rentrer au 1er octobre, dit-elle.

Le patron eut un geste d'impuissance.

— Un apprenti, tu parles!

Ils gagnèrent la cour.

— On va bientôt manger, dit la patronne.

— J'aimerais descendre voir les pâtes, dit le patron.

Ils redescendirent tous les trois à la cave. La pâte à brioche était dans une bassine, recouverte par un torchon. M. Petiot souleva un coin de l'étoffe et tâta du doigt la pâte jaune saupoudrée de farine. Il fit de même pour la pâte à croissants qui se trouvait sur une planche recouverte d'un sac vide.

— Ça commence à lever un peu, dit-il.

En regardant la tête que le patron faisait en disant cela, Julien pensa à Victor. Il crut l'entendre lancer : « Et mes fesses, ça lève ou ça lève pas? Il y connaît que dalle, et faut qu'il mette son nez partout! »

Le patron laissa retomber le coin du sac. Fit des yeux le tour de la cave et dit :

— Il n'y a plus guère de farine, ici.

— J'en descendrai demain, dit Julien.

M. Petiot le regarda.

— Tu arrives à descendre ici avec cent kilos sur le dos?

— Oh! oui, dit Julien, facilement.

— Bon Dieu! dit M. Petiot, c'est beau d'être jeune.

— Surtout, recommanda la patronne, n'allez pas vous faire du mal. Nous serions dans de beaux draps.

Elle commença de se diriger vers l'escalier, tandis que le patron disait :

— Quand je pense comment ce salaud d'Edouard nous a laissés tomber, moi qui avais confiance en lui!

Arrivée au pied de l'escalier, la patronne s'arrêta et se retourna. Elle regarda son mari, puis l'apprenti en disant :

— Mon pauvre Julien, heureusement que nous avons encore de braves garçons comme vous! Heureusement.

Elle s'engagea dans l'escalier. Le patron la suivit. Dès qu'ils eurent atteint le sommet, Julien éteignit la lumière et grimpa les marches quatre à quatre. Aussitôt dans la cour, il respira profondément. L'air qui tombait du carré de ciel que l'on voyait entre les bordures de toits était déjà plus frais. Julien se lava sous le robinet de la cour. Il sentait en lui une envie de chanter, une espèce de force qui voulait s'évader de son corps.

64

Durant quelques jours, M. Petiot s'occupa un peu moins des événements. Il ne quittait guère le laboratoire. Le matin, c'était Mme Petiot qui lui apportait le journal. S'il se trouvait trop occupé à ce moment-là, il lui demandait de lire les gros titres et le communiqué. La patronne s'adossait à la porte et lisait :

« Les opérations ont commencé en ce qui concerne l'ensemble des forces terrestres, maritimes et aériennes... »

Le patron l'interrompait :

— Ça n'a l'air de rien. Mais pour quelqu'un qui connaît la guerre et qui sait lire entre les lignes, ça veut dire qu'il y a déjà certainement pas mal de gars d'allongés pour le compte.

« Le paquebot anglais *Aténia* est torpillé au large des Hébrides... »

— Ça, c'est un coup dur. Et pourtant, c'est pas une mauvaise chose, que les Anglais trinquent un peu; ça les incitera peut-être à en mettre un coup pour que tout marche un peu plus vite qu'en 14.

La patronne s'arrêtait, feuilletait le journal, puis reprenait :

— Des avions anglais jettent des millions de tracts sur le territoire allemand. Ces tracts disent : « Nous ne nourrissons aucune hostilité « contre le peuple allemand. Nous sommes prêts « à conclure la paix avec tout gouvernement alle- « mand sincèrement pacifique. »

— Tu parles, ils en ont déjà marre. Pas étonnant. Je les connais, moi, les Angliches... Des tracts. Je t'en foutrai, moi. Comme si on pouvait gagner la guerre en balançant du papier sur la gueule des Boches!

A la fin de la première semaine, comme tout marchait bien au laboratoire, le patron recommença de s'absenter de temps à autre. Il filait jusqu'au Café du Commerce et revenait une demi-heure plus tard avec des nouvelles fraîches et quelques histoires à raconter.

Dans la journée du 9 septembre, il arriva en disant :

— J'ai des nouvelles d'André. Je viens de boire un coup avec un sous-off qui était avec lui et qui est revenu en mission au dépôt. Mes pauvres petits, je crois que vous ne reverrez jamais votre chef.

Julien et Christian le regardèrent. Il baissa la voix et eut un geste vers la porte pour ajouter :

— N'en parlez pas devant les femmes. Vaut mieux pas, elles pourraient le raconter et que sa femme l'apprenne... Il n'est pas cuistot à une roulante, il est grenadier dans un groupe d'assaut... Vous savez, pour un comme moi qui connaît la question, ça en veut dire long.

Dès le lendemain, il annonçait la mort de Victor.

— C'est certain, dit-il. On le sait par un autre soldat de son unité qui a écrit chez lui. Seulement, le mortuaire officiel n'est pas encore arrivé, alors, c'est pas la peine d'ébruiter la nouvelle.

— Qui est-ce, ce soldat? demanda Julien.

— Oh, je ne sais pas. C'est un gars qui en parlait, au Commerce. Un gars qui connaît bien sa belle-sœur.

On parla beaucoup de cette mort de Victor, jusqu'au jour où l'on apprit par sa fiancée qu'il se portait très bien et que, depuis deux semaines, son régiment se trouvait à soixante kilomètres de la frontière.

Le patron haussa les épaules.

— Il y a toujours des salopards pour lancer des mauvaises nouvelles, dit-il. C'est comme ça dans toutes les guerres. C'est pour démoraliser la population... Ces gens-là, ils sont payés par l'ennemi.

Il s'en prit alors surtout aux espions, aux parachutistes et aux alertes aériennes.

Très vite les deux apprentis cessèrent de l'écouter. D'ailleurs le commerce, qui avait connu durant les premiers jours de guerre un certain ralentissement, reprenait peu à peu. Julien et Christian devaient, de ce fait, allonger leurs journées, et la fatigue commençait à peser lourd sur leurs épaules.

Le deuxième mardi du mois, Julien se rendit chez ses parents. Il partit le lundi soir, mais fut obligé de rentrer assez tôt le lendemain pour pétrir. Dès qu'il eut terminé, il ressortit et fila jusqu'à la Bourse du Travail. Dans la petite salle où il n'était pas venu depuis bien longtemps, il trouva deux femmes qui s'entretenaient avec un homme large d'épaules, ventru et rouge de figure. Une femme demanda :

— Qu'est-ce que tu veux, camarade pâtissier?

— Je voudrais parler à M. Jacquier.

— C'est moi, dit le gros homme.

Il avait une voix grave et un peu rocailleuse. Lorsqu'il parlait, toute sa face et surtout son menton tremblaient. Julien s'avança.

— Je m'appelle Julien Dubois, dit-il. Mon oncle, c'était...

Le gros homme l'interrompit.

— C'était le Pierre Dantin. Un bon fieu. Quand la guerre est arrivée, il est le premier à qui j'ai pensé. S'il avait vu ça, lui! C'est presque une chance qu'il soit mort avant.

L'homme se tut. Les deux femmes approuvèrent. L'homme émit une espèce de grognement, puis demanda :

— Et qu'est-ce qu'il y a pour ton service, petit? Je ne t'ai jamais vu, mais tu sais que je me suis déjà occupé de toi.

— Je vous remercie, dit Julien.

— Tu n'as pas à me remercier, c'est mon travail. Tout ce qu'il y a, c'est que je n'ai jamais le temps de tout voir de près. J'aurais dû retourner le voir, ton père Petiot. Est-ce qu'il continue à t'emmerder comme avant?

— Non, dit Julien. Surtout depuis la guerre.

— Ah, bien sûr, il n'a plus de commis, et je suis sûr que c'est toi qui t'appuies le travail.

Julien hocha la tête.

— Va peut-être falloir qu'il te paye en conséquence, dit Jacquier.

— C'est-à-dire...

Julien hésita.

— Allons, dit l'homme, explique.

— C'est-à-dire, de toute façon, je devais partir au 1er octobre. J'ai un contrat. Il se termine le 30 septembre.

— Et alors, tu voudrais rester?

— Non, dit Julien. Deux ans chez lui, ça suffit.

L'homme et les deux femmes se mirent à rire.

— On en aurait marre à moins que ça, dit une femme. Il est connu, le père Petiot, et sa cauteleuse de bonne femme, et encore cette vieille sorcière de mère Raffin!

— Alors, tu voudrais une autre place, dit l'homme, ça doit être facile, en ce moment.

— J'en ai une, dit Julien. Je suis allé à Lons aujourd'hui. Mes parents m'avaient trouvé cette place avant la déclaration de guerre. A ce moment-là, c'était prévu que je parte.

— Mais enfin, demanda l'homme, tu veux partir, ou tu veux rester?

— Je veux partir, mais je voudrais savoir si j'en ai le droit.

Jacquier gratta les plis de son énorme menton.

— Tu as bien un contrat?

— Oui, monsieur.

— Tu n'as pris aucun autre engagement vis-à-vis de Petiot?

— Non, mais j'ai l'impression qu'il doit penser que je vais rester.

— Il ne t'a rien demandé?

— Non. Simplement, il me dit souvent qu'à présent je peux faire un bon ouvrier.

L'homme se remit à rire.

— Au fond, dit-il, il ne doit pas en mener bien large. Seulement, il aimerait sans doute mieux que ce soit toi qui demandes à rester. Ou, plus simplement, que tu restes, comme ça, sans que personne n'en parle; alors, il serait en droit de te donner ce qu'il voudrait comme salaire.

Julien réfléchit quelques instants, puis demanda encore :

— Donc, si je veux partir, c'est assez tôt que je le prévienne à présent?

Jacquier posa ses deux mains à plat sur sa petite table, s'appuya sur ses coudes et s'inclina un peu en avant. Il toussota plusieurs fois avant d'expliquer lentement :

— Ecoute-moi bien, petit. Tu n'as rien à dire, si tu veux t'en aller. Ça fait deux ans que ton patron est prévenu. Tu as un contrat d'apprentissage, il l'a signé comme toi, donc il sait très bien à quelle date il se termine. Tu ne lui dois aucun préavis. Maintenant, tu restes libre de lui rappeler dès ce soir que tu n'as pas l'intention de prolonger ton séjour sous son toit si accueillant.

Les deux femmes et Julien riaient. L'homme se tut un instant puis reprit.

— Maintenant, tu peux tout aussi bien attendre la paye, empocher ton pognon et dire : « Bonsoir, patron, je vous ai assez vu comme ça, à moi la quille! »

Une fois encore, tous se mirent à rire. Puis le gros homme se leva, vint jusqu'à Julien et lui posa la main sur l'épaule.

— Moi, dit-il, je n'ai pas de conseil à te donner. Tu es assez grand pour faire comme bon te semblera. Seulement d'un côté, j'ai toujours trouvé ridicule de faire une vacherie à un patron quand on peut faire autrement. Le syndicalisme, c'est tout de même autre chose que ça. Et puis, on n'est pas sur la terre pour se bouffer le nez entre hommes. C'est déjà assez des guerres... Un homme, c'est un homme. Tu comprends?

Julien hocha la tête. Jacquier fit quelques pas avec lui en direction de la porte, parut hésiter, toussa et finit par dire :

— D'autre part, si tu estimes vraiment que ce type est un salaud, c'est à toi de voir... D'après ce que me disait ton oncle, d'après ce que je sais par la petite Colette, ça n'est pas un très beau spécimen de l'espèce humaine.

Il s'arrêta soudain, cligna plusieurs fois des paupières, puis, empoignant le bras de Julien, il lui dit brusquement :

— Tiens, pense un peu à ton oncle Pierre. Tu le connaissais bien?

— Oh! oui.

— Tu l'aimais bien?

— Oh! oui.

— S'il était encore là, c'est à lui que tu aurais demandé conseil?

— Certainement.

— Eh bien, réfléchis un bon coup, et demande-toi ce qu'il aurait fait, s'il s'était trouvé à ta place... Réfléchis, et je suis sûr qu'à ce moment-là, tu agiras comme un homme. Parce que le Pierre Dantin, c'était un homme... un vrai.

65

Le mercredi matin, lorsqu'il revit le patron, Julien n'avait pas encore pris de décision. Il se mit au travail. A la place qu'occupait autrefois le chef, il débitait les pâtes, étendait au rouleau, mettait en forme croissants et brioches, tandis que Christian faisait la mise sur plaques et en moules. Depuis plusieurs jours, M. Petiot avait repris sa place au four, s'occupant en même temps du fourneau. Chaque fois que, levant la tête, Julien regardait la grosse boîte bosselée qui se trouvait sur le rayon, juste à hauteur de son visage, c'était au chef qu'il pensait. Le souvenir de son dernier regard ne le quittait guère. Il l'entendait encore dire : « Et surtout, fais pas le con, c'est promis? » Qu'avait-il voulu dire par là? Depuis son départ, il avait adressé une carte où il disait : « J'espère que tout va bien et que Julien se débrouille. » Julien descendait chaque soir jusque chez lui pour savoir si sa femme avait reçu des nouvelles, mais les lettres arrivaient mal. De plus, on ne pouvait jamais rien savoir de certain, car le régiment auquel il appartenait se déplaçait beaucoup.

Julien pensa aussi à l'oncle Pierre. A Jacquier, l'homme de la C.G.T. « Le Pierre Dantin, c'était un homme... Un vrai. » Julien essayait d'imaginer l'oncle encore vivant. Il se souvenait d'une phrase qu'il lui avait dite un jour qu'il se plaignait d'être mené durement par son patron : « Ton père Petiot, c'est un sale type. A ta place, je foutrais le camp sans prévenir, une veille de fête. Et je me payerais le luxe de passer devant son magasin avec un drapeau rouge et en chantant : *Liberté, Liberté chérie!* » Ce jour-là, Julien avait ri. L'oncle Pierre plaisantait beaucoup. Mais ne lui arrivait-il pas souvent de dire en plaisantant des choses qu'il pensait vraiment?

Sans cesser de travailler, Julien tournait parfois la tête et lançait un regard rapide au patron.

Le front plissé, le visage tendu par l'effort, M. Petiot, debout devant le fourneau, s'appliquait à faire un travail qu'il n'avait plus fait depuis de nombreuses années. Là, Julien croyait entendre la voix de Victor : « Savoir même s'il a jamais été pâtissier. Avec lui, est-ce qu'on sait, il est tellement bourreur de crâne! »

A plusieurs reprises aussi, Julien évoqua ses parents, la maison qu'il allait retrouver. Son père qui avait pris, en son nom, un engagement.

Mme Petiot apporta le journal.

— Alors, demanda le patron, quoi de neuf?

Elle parcourut la première page et se mit à lire :

« Une série d'actions méthodiques a permis des avances entre la Sarre et les Vosges. »

— Vous ne pouvez pas imaginer combien ça coûte de bonshommes au mètre carré, ces avances-là, dit le patron.

— Tiens, reprit-elle, les premières troupes britanniques sont arrivées en France.

— Avec ça, on n'est pas fauchés, dit le patron. qui recommença de raconter les combats de 1917 et à parler de la mauvaise tenue des soldats britanniques mis en ligne à côté de son régiment.

Au bout d'un moment, la patronne replia le journal.

— Vous n'avez pas encore préparé le déjeuner? demanda-t-elle. Voulez-vous que je le fasse?

Le patron posa sa pelle à four, sortit deux plaques de l'étuve et s'approcha de Julien.

— Dis donc, Julien, demanda-t-il, est-ce que tu crois qu'on ne mangerait pas un petit morceau de charcutaille, pour changer un peu?

Julien se contenta de sourire. Chaque matin, M. Petiot préparait lui-même le chocolat à l'eau dont il servait un bol à chaque ouvrier avant d'aller déjeuner à la salle à manger. La plupart du temps, chef, second et apprentis jetaient ce chocolat sous le foyer du four dès que M. Petiot avait tourné les talons, et déjeunaient de « resquille ».

— Alors, demanda le patron en riant, vous êtes d'accord, les garçons, on a bien gagné un petit casse-croûte des familles?

Les deux apprentis approuvèrent et M. Petiot reprit aussitôt :

— Allons, madame Petiot, fais un saut chez le père Pillon, et qu'il nous soigne bien, ce vieux brigand!

Depuis le départ du chef et d'Edouard, M. Petiot n'avait pas crié une seule fois. Si quelque chose n'allait pas bien, il prenait toujours le parti de Julien et du petit Christian.

— Qu'est-ce que tu veux, disait-il à sa femme, on ne peut pas tout faire à trois. Faut tout de même pas demander la lune.

Mme Petiot faisait la moue un instant, puis elle se mettait vite à sourire en minaudant :

— Evidemment, je sais bien que ce n'est pas drôle. Vous faites ce que vous pouvez, et c'est très bien ainsi.

A présent, M. Petiot ne disait plus jamais : « cet abruti de Julien », mais toujours : « mon petit Julien », ou : « mon vieux Julien ». Parfois même, en riant, il l'appelait : « Chef ».

Julien avait par moments envie de dire : « Monsieur Petiot, je vous pardonne tout. Je reste avec vous aussi longtemps que vous aurez besoin de moi. » Et puis, presque aussitôt, il avait envie de rire de lui. Tout ce qu'il voyait, tout ce qu'il touchait lui rappelait une dispute, une moquerie, des coups. Un à un les mauvais moments passés dans le laboratoire ou l'arrière-boutique lui revenaient. Il lui semblait sentir encore contre ses reins le rebord de la platine du four; le patron était là, devant lui, les poings serrés et le visage tordu par la haine. Le patron criait, insultait, bavait de rage. Les coups pleuvaient. Julien, par-dessous sa garde serrée, voyait danser, bien découvert, comme offert à la riposte, le petit ventre rond du patron.

Jamais il n'avait osé. Jamais... Deux ou trois fois il s'était trouvé seul à la salle à manger, au moment où le bol de déjeuner du patron fumait sur la table. Alors, très vite, la peur au ventre, il avait craché dans ce chocolat que la crème rendait appétissant, ce chocolat posé devant un plateau de brioches et de croissants tout chauds sortis du four.

Julien continuait le travail. M. Petiot besognait aussi, sortait, revenait, parlait du commerce et de la guerre, Julien n'écoutait pas. Lorsque la voix du patron lui parvenait, elle n'avait pas le même son qu'aujourd'hui. Elle arrivait de très loin, elle raillait, elle menaçait, elle ne cessait d'insulter. Et puis, venait aussi la voix du chef : « Surtout, fais pas le con »; la voix de l'oncle Pierre : « Moi, je foutrais le camp sans prévenir... *Liberté, Liberté, chérie...* »; la voix de Jacquier : « Faut agir en homme... C'est à toi de voir... Tu es assez grand. »

Ce soir-là, Julien attendit sur le seuil le passage de la fille qui ressemblait à Marlène Dietrich. Il la vit arriver, toujours un peu raide, un peu fière; elle passa sans tourner la tête. Lorsqu'elle eut fait une vingtaine de pas, Julien la suivit. Elle tourna l'angle de la rue de la Bière et disparut. Julien marcha plus vite. Arrivé à l'angle, il la vit de nouveau et attendit quelques secondes. Dès qu'elle eut reprit son avance, il repartit.

Il passa un peu plus vite devant la maison du chef et sans regarder la fenêtre. Dans la rue Pasteur, il y avait peu de monde. De loin en loin, des enfants jouaient.

Quand la jeune fille entra chez elle, Julien ralentit. Il passa devant la maison. Il y avait déjà de la lumière, mais personne derrière la fenêtre. Julien continua, fit une cinquantaine de mètres et revint sur ses pas. Il observa encore la fenêtre. Rien. Simplement l'angle supérieur d'un buffet, le gros tuyau noir d'une cuisinière qui traversait la pièce à quelques centimètres du plafond gris.

Julien soupira et continua sa route. Il s'arrêta chez le chef. La petite femme blonde épluchait des légumes.

— Vous voyez, dit-elle, je prépare ma soupe. Les premiers jours, j'en faisais toujours trois fois trop.

— Vous avez des nouvelles?

— Non, dit-elle. Encore rien aujourd'hui.

Un moment ils restèrent sans parler. Julien remarqua qu'elle avait les yeux rouges.

— Si seulement je savais où il est exactement dit-elle. Mais on ne peut rien savoir.

Elle soupira. Julien était immobile, les bras ballants.

— Asseyez-vous une minute, dit-elle.

— Je ne veux pas bien m'arrêter.

Il s'assit pourtant. Chaque fois qu'il venait ici, il pensait à la pagode. Il revoyait le chef, son visage soucieux sous la lumière crue de l'ampoule. L'ombre des perles de l'abat-jour sur son front. Il revoyait le thé et les biscuits... C'était l'hiver, le froid de la rue ne pénétrait pas ici, il y avait de bonnes odeurs, la chaleur douce du poêle, et puis, une autre chaleur, plus précieuse encore.

La petite femme blonde avait achevé d'éplucher ses légumes. Elle les porta sur l'évier et les lava sous le robinet avant de les mettre dans une passoire à trois pieds qu'elle laissa sur l'égouttoir. Elle s'essuya les mains et revint près de la table.

— Mon pauvre Julien, dit-elle, où est le temps où vous veniez dessiner la pagode?

Julien sourit.

— J'y pensais justement, dit-il.

Le visage de la femme s'éclaira, elle sourit à son tour.

— Ah! oui, vous vous en souvenez. Elle était belle, cette pagode.

— Oui. J'en ai une photo.

— Nous aussi.

Elle ouvrit le tiroir où le chef avait cherché les cartes postales le jour qu'ils avaient fait le dessin. Tout de suite, elle trouva la photo. Ils la regardèrent ensemble, un long moment, sans parler. Puis la femme porta la photo sur le buffet et la plaça contre la vitre de la porte, coincée dans un angle du châssis.

— Je vais la mettre là, dit-elle, comme ça, je la verrai tout le temps.

Julien se leva en disant :

— Je vais partir.

La petite femme lui tendit la main.

— Bonne nuit, dit-elle. A demain.

— Bonne nuit. Et si vous avez besoin de quelque chose, vous n'avez qu'à me demander.

— Merci, vous êtes gentil.

Julien sortit. La nuit venait lentement. Depuis la guerre, les lampes de la rue n'étaient plus éclairées. Les volets des fenêtres commençaient à se fermer. L'ombre semblait monter du port avec la fraîcheur, et la ville s'endormait.

66

Le dernier mardi de septembre, Julien prit sa bicyclette et roula jusque chez le père Panon. La chienne lui fit fête.

— Ah, tu vas dire au revoir à ton oncle, dit le père Panon.

Julien le regarda sans comprendre. Le vieux s'étonna.

— Eh bien oui, quoi. Tu nous avais bien dit que tu partirais le 30 de ce mois. Est-ce que tu aurais décidé de rester?

Julien hésita un instant.

— Non, non, dit-il. Je m'en vais bien le 30... C'est vrai, c'est aujourd'hui le 26.

— Te voilà content, dit le vieux. Tu as fini ton apprentissage. A présent, tu vas gagner des sous, comme ouvrier. Est-ce que tu as déjà trouvé un autre emploi?

Julien expliqua qu'il allait travailler à Lons-le-Saunier.

— Si ton pauvre oncle était encore de ce

monde, dit le vieux, il se réjouirait. Non pas de te voir partir d'ici, mais de savoir que tu quittes chez Petiot. Il ne t'en parlait peut-être pas, mais il s'en est fait, du souci, à cause de cet animal. On peut dire qu'il ne le portait pas dans son cœur; ah, fichtre non!

Le père Panon avait détaché la chienne, il donna une laisse à Julien.

— Allons, dit-il, tu l'attacheras bien, avant d'entrer au village, qu'elle n'aille pas faire une sottise par là.

Julien prit la laisse. Diane sautait autour de lui.

— Ah, dit encore le vieux, il avait ses idées, ton oncle Pierre, et il ne faisait pas bon le contrarier. Mais c'était un homme honnête. Et puis, à bien regarder, elles n'étaient peut-être pas toutes si mauvaises que ça, ses idées.

Julien s'éloigna. Tout le long de la route, il s'amusa avec la chienne. Ils ne passèrent pas à la maison de l'oncle. Personne ne cultivait le jardin et il n'y avait plus de fleurs.

A l'entrée du cimetière, Julien prit une petite pioche pour enlever l'herbe qui poussait tout autour de la tombe de son oncle. Il avait presque terminé, lorsque le curé vint le rejoindre. Ils se saluèrent. Le curé venait souvent bavarder quelques instants avec lui quand il le voyait arriver au cimetière.

— Alors, dit-il, tu n'es pas encore venu ce mois-ci.

— Non, dit Julien, je suis allé chez mes parents, et puis, le chef et le second sont partis et il y a tout de même du travail.

— Ils sont partis à la guerre?

— Le chef, oui. Le second est retourné chez son père qui est boulanger.

— Où est-il, le chef?

— Sur le front, mais on ne sait pas où exactement. On pense que ça doit être pas très loin de la frontière belge.

Le curé s'était appuyé contre un bâti de fer qui soutenait les couronnes de la tombe voisine. Il parut réfléchir un moment, puis il dit :

— Tu n'es pas encore d'âge à partir, toi, mais ça vient toujours trop vite. En 14, on n'aurait jamais pensé que les gamins de la classe 19 verraient le feu; et pourtant, il en est bien tombé quelques-uns.

Il regarda Julien dans les yeux en fronçant un peu ses gros sourcils, et demanda :

— Qu'en penses-tu?

— De la guerre?

— La guerre, de toute façon, c'est une bien vilaine chose. C'est toujours la même chose. Mais je te demande quel est ton sentiment à l'idée qu'elle pourrait durer assez longtemps pour que tu sois obligé d'y aller.

— S'il fallait y aller, j'irais, dit Julien.

— Quand on est jeune, on se croit toujours invulnérable. C'est certainement pour ça... enfin, c'est en grande partie pour ça que tant de jeunes partent avec le sourire. On pense toujours que ce sera le voisin qui sera tué... Rien que le voisin.

Le regard du curé avait quitté Julien pour se poser sur la tombe de l'oncle. Un instant, Julien eut l'impression que le curé l'avait oublié. Ils demeurèrent immobiles. Ce fut la chienne qui remua la première, faisant tinter la plaque de son collier en se grattant le cou. Le curé se baissa pour la caresser.

— Brave Diane, dit-il, si ton pauvre maître avait vu la guerre!

Là encore, il se tut. Puis, revenant à Julien, il reprit :

— Tu sais, ton oncle, il avait des idées qui n'étaient pas les miennes, bien sûr. Quand il nous arrivait de discuter le coup devant une chopine on s'attrapait fort, des fois. Mais, il y a un domaine où on était vraiment du même avis, c'est la guerre. Il l'avait faite comme moi. Donc, quand on en parlait, c'était en connaissance de cause. Et je te prie de croire que ni l'un ni l'autre nous n'avons jamais été pour.

— Je sais, dit Julien. Je l'ai souvent entendu en parler.

Le curé hocha la tête.

— J'y ai beaucoup pensé ces jours-ci, à ton oncle, figure-toi. Oui, beaucoup. Je me disais, le Pierre Dantin, avec les idées qu'il avait, savoir ce qu'il dirait, aujourd'hui.

Un long moment il resta sans parler. Sa tête allait de droite à gauche, lentement, et ses lèvres remuaient presque sans arrêt. Prenant soudain le crucifix qui pendait sur sa poitrine, il le montra à Julien en disant :

— Un jour qu'on bavardait, comme ça, il me fait voir le Christ et il me dit : « Vous voyez, curé, moi votre Bon Dieu, vous savez que je n'y crois pas. Mais lui, par exemple, celui-là, l'homme de Nazareth, c'était quelqu'un. Il avait exactement les mêmes idées que moi. »

Le curé sourit. Il lâcha le crucifix et eut un geste large et souple des mains en disant :

— Et c'est vrai. C'est pourtant vrai sur bien des points.

Son front se plissa soudain. Il regarda la tombe de l'oncle Pierre, puis le ciel et dit :

— Mon Dieu, ce qui est certain, en tout cas, c'est qu'il ne voulait pas la guerre. Ah! non, bien sûr que non. Il voulait la paix. La paix pour tous les hommes du monde.

Julien le regardait et l'écoutait sans broncher. Il ne savait plus si le curé parlait du Christ, de l'oncle Pierre ou bien des deux à la fois.

Après un temps d'immobilité, Julien se remit à piocher. Le curé le regarda un moment avant de dire :

— J'espère que tu ne resteras plus aussi longtemps sans venir sur sa tombe.

Julien se redressa.

— Malheureusement, dit-il, je crois bien que, désormais, il ne me sera pas possible de venir souvent.

— Pourquoi, tu t'en vas?

— Oui, monsieur le curé, mon apprentissage est fini.

— Tu retournes à Lons?

— Hé oui, dit Julien. Je m'en vais le 30 au soir.

Le curé montra plusieurs tombes en disant :

— Il y en a beaucoup, comme ça, qui n'ont guère d'autre visite que la mienne. Et moi, je n'ai pas le temps d'enlever l'herbe. Bah, ça n'est pas bien grave. Les pauvres garçons qui tombent en ce moment en Pologne ou dans la Sarre n'ont même pas de sépulture... L'herbe, c'est des fleurs, après tout; ça fait tout au moins de la verdure. Moi, je trouve que c'est aussi bien que de la terre nue.

Julien avait terminé. Il tapa la pioche contre un piquet de fer pour la nettoyer.

— Eh bien, ma foi, dit le curé, si je ne te revois pas avant ton départ, je te souhaite d'être un bon ouvrier, honnête et travailleur.

Julien lui serra la main. Comme il allait s'éloigner, le curé lui dit encore :

— Etre un bon ouvrier, même quand on a ton âge, c'est déjà être un homme, tu sais.

67

Le matin du 1er octobre 1939, Julien s'éveilla bien avant l'aube. Il demeura tout d'abord immobile, encore lourd de sommeil. Puis, rejetant ses couvertures, il essaya de regarder l'heure au réveil. La nuit était très noire et il dut chercher une allumette qu'il craqua contre la barre métallique de son sommier. Il était à peine 2 heures et demie. La flamme rouge vacilla quelques instants, éclairant vaguement la chambre. Julien se souleva sur un coude. Dans le lit le plus proche du sien le petit Christian dormait, le visage tourné vers le mur. Julien lâcha l'allumette qui lui brûlait le bout des doigts. Il fixa encore du regard le petit point rouge qui tremblotait sur le plancher, et lorsque la dernière lueur eut disparu, il se recoucha. Par la fenêtre ouverte, l'air frais entrait. Julien sentait comme des vagues passer sur son visage et son bras.

Il était 2 heures et demie du matin, et, dans un

quart d'heure à peine, M. Petiot cognerait à la porte. Depuis le départ du chef, c'était ainsi. C'était lui qui les réveillait, mais il n'entrait jamais dans la chambre. Il frappait. Julien ou Christian criait : « Voilà! » et ils se levaient tous deux pour rejoindre le patron qui faisait chauffer le café.

Dans un quart d'heure, M. Petiot frapperait.

Julien se retourna plusieurs fois dans son lit. Un instant il eut envie de se lever, de s'habiller rapidement, d'entasser tous ses vêtements dans sa valise et de partir en courant... Il écrirait pour avoir sa paye et un certificat de travail.

— Et puis, merde pour la paye!

Il se souleva. Demeura une minute peut-être à demi assis, le visage tourné vers la fenêtre, aspirant la nuit fraîche. Puis, il se recoucha.

— Un homme!... Faut faire comme un homme, murmura-t-il.

Il s'allongea et ferma les yeux pour tenter de se rendormir; pour calmer son sang qui courait plus vite dans ses veines.

— J'aurais dû le dire hier... S'il avait payé hier, je l'aurais prévenu. Je me l'étais juré. Il n'avait qu'à payer. On n'attend par le 1er ou le 2 pour payer. Ça lui fera les pieds... Au contraire, c'est même encore mieux comme ça... C'est normal, d'ailleurs; c'est au moment de la paye qu'on avertit le patron...

Julien se sentait le visage brûlant.

— Et si je descends... comme d'habitude... si je continue...

Il se raidit encore.

« Surtout, fais pas le con. » C'est ça, qui serait faire le con... C'est ça...

Il ricana. Il avait envie de rire, une drôle d'envie qui lui serrait la gorge.

Les minutes semblaient ne plus couler. Il craqua une autre allumette : 2 h 37...

— Je me demande ce qu'il va faire? Gueuler? Monter ici? S'il cogne, je me défends..., tant pis.

Julien sursaute. Il reconnaît le bruit que fait la porte palière de l'appartement des patrons. Elle se referme. Un pas, deux pas. M. Petiot descend rapidement. Il s'arrête. Il cogne à la porte.

Le cœur de Julien bat, il bat. Le sang à ses tempes cogne aussi fort que le poing du patron contre la porte. Julien ne répond pas. Le sommier de Christian vient de grincer.

— Voilà!

Le patron continue de descendre. Tandis que Christian se lève et allume la lumière, Julien écoute tinter les clefs. Le patron ouvre la porte de la salle. Un temps... Il sort et traverse la cour. Le voilà qui entre au laboratoire. Si la fenêtre n'était pas camouflée, Julien verrait la lueur reflétée jusqu'ici par le mur qui ferme la cour des bûchers.

— Oh! Julien, tu ne te lèves pas?

Julien regarde Christian. Le petit Christian est debout à côté de son lit défait. Il s'habilla en essayant de cacher un sexe minuscule, à peine poilu. Christian n'est pas encore un homme.

— Non, dit Julien après un temps, je ne me lève pas.

Sa voix ne tremble pas. Il est plus calme.

Christian le regarde en ouvrant tout grands ses yeux noirs.

— Qu'est-ce qui t'arrive? Ça ne va pas?

— Au contraire, ça va même très bien. Mais tu sais parfaitement que mon contrat est fini. Demain vous allez toucher un nouvel apprenti, toi, tu vas prendre ma place et lui la tienne.

Julien rit. Christian se frappe le front du doigt en disant :

— Non mais, tu y es bien? Je ne sais encore rien faire, moi! Et tu as prévenu le patron?

Julien continue de rire.

— Non, il le sait aussi bien que moi. Mon contrat, on l'a signé tous les deux.

A présent, Julien est extrêment calme. Il s'étire dans son lit et, se tournant face au mur, il ajoute :

— Bon courage, et faites pas trop de bruit, que je puisse roupiller encore un moment.

— Voye! dit Christian. Voye ce qu'il va gueuler!

Il est prêt. Il ouvre la porte. Avant de fermer, il demande :

— Alors, qu'est-ce que je dis?

— Ce que tu voudras... t'inquiète pas, il dira tout le reste.

Christian sort.

— Et la lumière! crie Julien.

Christian revient et éteint. Il descend. Dans la cour, l'eau du robinet coule. Silence. Il marche. Porte du laboratoire. Nouveau silence. Julien écoute, tendu. Un bourdonnement de voix. Quelques secondes encore de silence, puis le bourdonnement reprend, plus fort, plus haché aussi. D'ici, il semble que ce soit comme des aboiements.

— Ça y est, murmure Julien.

Les cris ont cessé. Les portes du four claquent, une plaque sonne sur le marbre. Et puis quelques cris brefs et Julien reconnaît le pas de Christian qui traverse la cour et monte l'escalier.

Quand la lumière s'allume, Julien se retourne et cligne de l'œil en demandant :

— Qu'est-ce qu'il y a, Bon Dieu, je me rendormais.

— Le patron est fou. Il te demande de descendre.

— Qu'est-ce qu'il dit, exactement?

— Il dit qu'il s'y attendait un peu... qu'il est bien remercié de sa bonté.

— Tu parles...

— Enfin, tu vois, quoi. Mais il te demande de descendre.

Julien hésite un moment, puis il dit :

— Je descendrai vers les 8 heures, pour toucher ma paye.

Le petit a un geste de la main qui veut dire qu'une véritable catastrophe va se déclencher. Il rentre un peu sa tête dans ses épaules, éteint la lumière et s'en va en murmurant :

— Ben mon vieux, t'es gonflé, toi!

Julien s'est recouché. Cette fois, il n'y a en bas qu'un ou deux cris brefs. Puis c'est le pas du patron dans la cour et dans l'escalier.

— J'aurais dû au moins enfiler mon pantalon, pense Julien. S'il veut se bagarrer...

Mais M. Petiot ne s'est pas arrêté devant la chambre des commis. Il monte jusque chez lui. La porte claque très fort et le bruit résonne dans toute la maison. Quelques minutes s'écoulent avant qu'il redescende. Cette fois non plus, il ne s'arrête pas sur le palier du premier étage.

Julien continue d'écouter. Il n'y a plus de voix mais seulement les bruits du travail.

Bientôt d'autres pas descendent l'escalier. Mme Petiot et Mlle Georgette vont rejoindre le patron et Christian au laboratoire.

— Merde, murmure Julien, il va faire bosser les femmes.

Un moment, il imagine ce qu'elles vont faire. Il voit Mme Petiot et ses grimaces, sa lourde poitrine ballotant au-dessus des plaques; les yeux de Mlle Georgette écarquillés derrière ses verres que Victor appelait des culs de bouteille.

— La grosse Georgette, c'est peut-être pas la plus mauvaise...

De son lit, Julien a pu suivre le travail : les plaques dans l'étuve, puis sur la table du four, puis au four.

Quand monte l'odeur des premiers croissants, le jour entre déjà par la fenêtre.

Julien pense que depuis deux ans, d'une façon ou d'une autre, il s'est toujours débrouillé pour en manger deux ou trois. Il a soudain envie de rire.

— Le comble, ce serait que je m'en paye un, au magasin... Au salon de thé, avec un café crème... Et encore, ceux-là, c'est moi qui les ai pétris, faudrait venir demain, pour voir la gueule qu'ils auront.

Ensuite, Julien a reconnu le bruit des bassines et des casseroles sur le fourneau; la porte du Frigidaire.

— Ils ne seront pas en avance!

Quand Christian décroche le vélo pour la tournée des hôtels, il est 7 heures passées. Plus d'une heure de retard et le magasin n'est pas encore ouvert.

Julien ne pourrait pas attendre 8 heures. A 7 heures un quart, il se lève. Depuis longtemps il a réexpédié sa grande malle chez ses parents. Il n'a plus ici qu'un sac et une valise. Il enfile ses vêtements de ville, met tout son linge dans le sac et la valise qu'il pose sur son lit. Il écoute encore un moment. La patronne et Mlle Georgette traversent la cour plusieurs fois de suite. Elles doivent porter les planches et les plaques de gâteaux dans la salle. Vers 8 heures, la mère Raffin arrivera.

Julien ouvre lentement la porte. Il sort. Il reste quelques instants sur le palier. Mme Petiot quitte la salle. Son regard se lève vers Julien. Julien pense un instant au regard des martyres dans l'arène, dessinés sur son livre d'histoire.

Mme Petiot n'a pas répondu au salut de Julien. Elle disparaît. La porte du laboratoire claque derrière elle. Dans cette maison, jamais les portes n'ont autant claqué que ce matin.

Julien descend. Il arrive dans la cour lorsque Mlle Georgette sort du laboratoire et s'avance vers lui.

— Bonjour, mademoiselle, dit-il.

— Bonjour, Julien. Ce n'est pas la peine d'aller là-bas. Venez avec moi, je vais vous payer.

Elle ne sourit pas. Elle est mal coiffée et porte un tablier bleu déjà sale. Julien la suit dans la salle à manger où elle ouvre le tiroir du bureau. Le nez presque sur les papiers, elle cherche un moment, sort un carnet à souches que Julien connaît bien. Elle prend un crayon et s'assied devant la table. Elle feuillette les doubles des fiches établies pour les mois précédents, en examine un avec beaucoup d'attention puis, plaçant un papier carbone sous une fiche vierge, elle se met à écrire. Julien suit son crayon. Nom, prénom, emploi. Julien remarque qu'elle écrit apprenti convenablement. Tous les autres bulletins rédigés par M. Petiot portent « apprentit ».

Mlle Georgette s'applique. Elle suce son crayon le temps de calculer la retenue des assurances sociales.

— Voilà, dit-elle. Je pense que je ne me suis pas trompée. Salaire net en espèces : 68 fr. 80.

— C'est ça, dit Julien en signant la fiche.

Elle compte les pièces sur la toile cirée.

— Tenez.

— Merci bien, mademoiselle.

Julien prend les pièces. Il regarde autour de lui tandis que Mlle Georgette remet le carnet dans le tiroir. Il pense un instant au jour de son arrivée, au regard de Mme Petiot.

Mlle Georgette se lève.

— Voilà, dit-elle.

Ils s'observent un moment en silence.

— Alors, dit Julien, ce n'est pas la peine que j'aille dire au revoir au patron?

Elle soupire.

— Non, dit-elle, je crois qu'il vaut mieux que vous partiez sans le voir.

— Alors, pour mon certificat, on pourra me l'envoyer?

— Ah, c'est vrai, dit-elle, il y a le certificat. Eh bien oui, c'est ça, mon beau-frère vous l'enverra chez vos parents.

Ils s'approchent lentement de la porte. Julien a le sentiment que Mlle Georgette voudrait ajouter quelque chose, et pourtant, elle ne parle pas. Ils vont atteindre la porte lorsqu'une forme noire surgit derrière la vitre. La porte s'ouvre et la mère Raffin paraît.

— Et alors, crie-t-elle. Le magasin pas ouvert! Qu'est-ce qui se passe donc, ce matin!

Elle se tait soudain en regardant Julien de la

tête aux pieds. Elle grimace. Elle va parler mais sa fille l'en empêche.

— Entre maman, je vais t'expliquer.

Mlle Georgette a poussé Julien dans la cour. Elle sort également et tire la porte derrière elle. Dans la salle, la vieille bougonne toute seule.

Tenant toujours la poignée de la porte, Mlle Georgette regarde Julien.

— Allons, dit-elle, au revoir, Julien.

Elle hésite, puis finit par lui tendre la main.

— Au revoir, mademoiselle Georgette... Au revoir.

Julien lui serre la main. Cherche un mot à ajouter mais, comme il ne trouve rien, il monte rapidement dans la chambre. Il inspecte son placard vide. Va jusqu'à la fenêtre et regarde le toit de zinc, passe lentement à côté de son lit puis, revenant encore vers son placard, il regarde un moment les photographies de Marlène Dietrich collées à l'intérieur de la porte. Sa main monte lentement. Il y a un instant comme un voile de brume devant ses yeux et il ne sait plus très bien s'il regarde le portrait de la vedette ou celui de la fille de la rue Pasteur. Son ongle trouve un point mal collé, il tire d'un coup sec. Il répète son geste plusieurs fois puis, très vite, il prend sa valise et son sac et il sort.

En bas de l'escalier, avant de s'engager dans le couloir, il s'arrête un instant. Toute la famille est dans la salle. La vieille et le patron crient aussi fort l'un que l'autre. Julien tend l'oreille.

— C'est pas la peine de discuter jusqu'à perpète, hurle M. Petiot. On n'a plus qu'à fermer boutique! C'est pas compliqué. On ouvre aujourd'hui pour vendre ce qui est fait, et ce soir on boucle. Jusqu'à ce qu'on trouve un ouvrier. Pour demain, annulez toutes les commandes.

— Je vous l'avais dit, glapit la vieille. Un petit salopard. C'est un petit salopard, pas autre chose! Ah, si vous m'aviez écoutée...

La porte vibre. Julien pousse sa bicyclette dans le couloir au moment précis où le patron sort pour retourner au travail. Julien entend son pas dans la cour. Il respire encore une fois l'odeur de moisi qui vient du cagibi et emplit le couloir, puis il sort.

Le soleil monte derrière les arbres du cours Saint-Maurice.

Julien cale son vélo au bord du trottoir et attache sa valise et son sac sur son porte-bagages. Ensuite, il se dirige lentement vers la place Grévy. Arrivé à l'angle de la promenade, il s'arrête. Quelques minutes s'écoulent et le petit Christian arrive, sur la bicyclette à guidon haut, la corbeille vide sur le porte-bagages. Il freine un coup sec. Le pneu couine sur le goudron.

— Alors, ça y est?

— Oui, dit Julien, ça y est.

— Tu es content, tu les as eus?

Julien sourit en hochant la tête.

— Au fond, reprend Christian, tu as de la chance qu'il y ait la guerre.

— Oui, c'est vrai.

Ils se regardent un instant sans parler, puis le petit demande :

— Tu vas jusqu'à Lons en vélo?

— Oui, j'ai le temps. Je ne prends le boulot que jeudi.

Christian rit.

— Faut espérer que tu arriveras avant... Tu m'attendais?

— Oui, je voulais te dire au revoir.

— Eh bien, salut, vieux! Et ma foi, peut-être à un de ces jours.

— Peut-être... Bonne chance.

Ils se serrent la main. Le petit se dresse sur ses pédales et démarre au moment où Julien lui lance en riant :

— Te fais pas de bile, demain tu seras en vacances!

Sans se retourner, Christian agite la main. Julien le suit des yeux. Sur le trottoir, quelques personnes passent. Un vieux à casquette crie :

— Le communiqué du jour!... Tous les détails sur l'offensive de Paix et le sort de la Pologne!

Le vieux s'éloigne avec son paquet de journaux sous le bras.

— La Pologne, il n'en parlera pas ce matin, M. Petiot, murmure Julien.

Là-bas, dans la rue Besançon, un petit pâtissier en toque et veste blanches descend de bicyclette. Sur le trottoir, il fait un geste du bras avant de disparaître dans le couloir.

Julien aspire une large bouffée d'air frais, puis, enfourchant son vélo, il se laisse glisser par la rampe du Cours, vers le canal qui scintille au soleil.

7-7-1961.

Les principaux personnages de ce roman se retrouvent dans le tome II : Celui qui voulait voir la mer, *dans le tome III :* Le cœur des vivants *et dans le tome IV :* Les fruits de l'hiver, *qui termine le cycle de* La grande patience, *tous parus dans la collection J'AI LU.*

Littérature

Cette collection est d'abord marquée par sa diversité : classiques, grands romans contemporains ou même des livres d'auteurs réputés plus difficiles, comme Borges, Soupault, Goes. En fait, c'est tout le roman qui est proposé ici, Henri Troyat, Bernard Clavel, Guy des Cars, Alain Robbe-Grillet, mais aussi des écrivains tels que Moravia, Colleen McCullough ou Konsalik.

Les classiques tels que Stendhal, Maupassant, Flaubert, Zola, Balzac, etc. sont publiés en texte intégral au prix le plus bas de toute l'édition. Chaque volume est complété par un cahier photos illustrant la biographie de l'auteur.

ADAMS Richard	**Les garennes de Watership Down** 2078 ★★★★★★
ADLER Philippe	**C'est peut-être ça l'amour** 2284 ★★★
AMADOU Jean	**Heureux les convaincus** 2110 ★★★
ANDREWS Virginia C.	Fleurs captives :
	- Fleurs captives 1165 ★★★★
	- Pétales au vent 1237 ★★★★
	- Bouquet d'épines 1350 ★★★★
	- Les racines du passé 1818 ★★★★
	Ma douce Audrina 1578 ★★★★
APOLLINAIRE Guillaume	**Les onze mille verges** 704 ★
	Les exploits d'un jeune don Juan 875 ★
AUEL Jean-M.	**Les chasseurs de mammouths** 2213 ★★★★★ & 2214 ★★★★★
AVRIL Nicole	**Monsieur de Lyon** 1049 ★★★
	La disgrâce 1344 ★★★
	Jeanne 1879 ★★★
	L'été de la Saint-Valentin 2038 ★★
	La première alliance 2168 ★★★
BACH Richard	**Jonathan Livingston le goéland** 1562 ★ illustré
	Illusions 2111 ★★
	Un pont sur l'infini 2270 ★★★★
BALTASSAT Jean-Daniel	**La falaise** 2345 ★★
BALZAC Honoré de	**Le père Goriot** 1988 ★★
BARBER Noël	**Tanamera** 1804 ★★★★ & 1805 ★★★★
BATS Joël	**Gardien de ma vie** 2238 ★★★ illustré
BAUDELAIRE Charles	**Les Fleurs du mal** 1939 ★★
BEAULIEU PRESLEY Priscillia	**Elvis et moi** 2157 ★★★★ illustré

BENZONI Juliette	Marianne 601 **** & 602 ****
	Un aussi long chemin 1872 ****
	Le Gerfaut :
	- Le Gerfaut 2206 ******
	- Un collier pour le diable 2207 ******
	- Le trésor 2208 *****
	- Haute-Savane 2209 *****
BLOND Georges	Moi, Laffite, dernier roi des flibustiers 2096 ****
BOLT Robert	Mission 2092 ***
BOMSEL M.-C. & QUERCY A.	Pas si bêtes 2331 *** illustré
BORGES & BIOY CASARES	Nouveaux contes de Bustos Domecq 1908 ***
BOVE Emmanuel	Mes amis 1973 ***
BOYD William	La croix et la bannière 2139 ****
BRADFORD Sarah	Grace 2002 ****
BREILLAT Catherine	Police 2021 ***
BRISKIN Jacqueline	La croisée des destins 2146 ******
BROCHIER Jean-Jacques	Odette Genonceau 1111 *
	Villa Marguerite 1556 **
	Un cauchemar 2046 **
BURON Nicole de	Vas-y maman 1031 **
	Dix-jours-de-rêve 1481 ***
	Qui c'est, ce garçon ? 2043 ***
CALDWELL Erskine	Le bâtard 1757 **
CARS Guy des	La brute 47 ***
	Le château de la juive 97 ****
	La tricheuse 125 ***
	L'impure 173 ****
	La corruptrice 229 ***
	La demoiselle d'Opéra 246 ***
	Les filles de joie 265 ***
	La dame du cirque 295 **
	Cette étrange tendresse 303 ***
	La cathédrale de haine 322 ***
	L'officier sans nom 331 **
	Les sept femmes 347 ****
	La maudite 361 ***
	L'habitude d'amour 376 **
	La révoltée 492 ****
	Amour de ma vie 516 ***
	Le faussaire 548 ****
	La vipère 615 ****
	L'entremetteuse 639 ****
	Une certaine dame 696 ****

des CARS (suite)	L'insolence de sa beauté 736 ***
	L'amour s'en va-t-en guerre 765 **
	Le donneur 809 **
	J'ose 858 **
	De cape et de plume 926 *** & 927 ***
	Le mage et le pendule 990 *
	La justicière 1163 **
	La vie secrète de Dorothée Gindt 1236 **
	La femme qui en savait trop 1293 **
	Le château du clown 1357 ****
	La femme sans frontières 1518 ***
	Le boulevard des illusions 1710 ***
	Les reines de cœur 1783 ***
	La coupable 1880 ***
	L'envoûteuse 2016 *****
	Le faiseur de morts 2063 ***
	La vengeresse 2253 ***
	Sang d'Afrique 2291 *****
CARS Jean des	Sleeping story 832 ****
	Louis II de Bavière 1633 ***
	Elisabeth d'Autriche (Sissi) 1692 ****
CASTELOT André	Belles et tragiques amours de l'Histoire 1956 **** & 1957 ****
CASTRIES duc de	Madame Récamier 1835 ****
CATO Nancy	L'Australienne 1969 **** & 1970 ****
	Les étoiles du Pacifique 2183 **** & 2184 ****
CESBRON Gilbert	Chiens perdus sans collier 6 **
	C'est Mozart qu'on assassine 379 ***
CHASTENET Geneviève	Marie-Louise 2024 *****
CHAVELET É. & DANNE J. de	Avenue Foch 1949 ***
CHOW CHING LIE	Le palanquin des larmes 859 ***
	Concerto du fleuve Jaune 1202 ***
CLANCIER Georges-Emmanuel	Le pain noir :
	1- Le pain noir 651 ***
	2- La fabrique du roi 652 ***
	3- Les drapeaux de la ville 653 ****
	4- La dernière saison 654 ****
CLAUDE Madame	Le meilleur c'est l'autre 2170 ***
CLAVEL Bernard	Lettre à un képi blanc 100 *
	Le tonnerre de Dieu 290 *
	Le voyage du père 300 *
	L'Espagnol 309 ****

	Malataverne 324★
	L'hercule sur la place 333★★★
	Le tambour du bief 457★★
	Le massacre des innocents 474★
	L'espion aux yeux verts 499★★★
	La grande patience :
	- La maison des autres 522★★★★
	- Celui qui voulait voir la mer 523★★★★
	- Le cœur des vivants 524★★★★
	- Les fruits de l'hiver 525★★★★
	Le Seigneur du Fleuve 590★★★
	Victoire au Mans 611★★
	Pirates du Rhône 658★★
	Le silence des armes 742★★★
	Tiennot 1099★★
	Les colonnes du ciel :
	- La saison des loups 1235★★★
	- La lumière du lac 1306★★★★
	- La femme de guerre 1356★★★
	- Marie Bon Pain 1422★★★
	- Compagnons du Nouveau-Monde 1503★★★
	L'homme du Labrador 1566★★
	Terres de mémoire 1729★★
	Bernard Clavel, qui êtes-vous ? 1895★★
	Le Royaume du Nord :
	- Harricana 2153★★★★
	- L'Or de la terre 2328★★★★
CLERC Michel	**Les hommes mariés** 2141★★★
COCTEAU Jean	**Orphée** 2172★★
COLETTE	**Le blé en herbe** 2★
COLLINS Jackie	**Les dessous de Hollywood** 2234★★★★ & 2235★★★★
CORMAN Avery	**Kramer contre Kramer** 1044★★★
COUSSE Raymond	**Stratégie pour deux jambons** 1840★★
DANA Jacqueline	**L'été du diable** 2064★★★
DARLAN Eva	**Le Journal d'une chic fille** 2211★★★
DAUDET Alphonse	**Tartarin de Tarascon** 34★
	Lettres de mon moulin 844★
DAVENAT Colette	**Les émigrés du roi** 2227★★★★★★
DEFLANDRE Bernard	**La soupe aux doryphores** 2185★★★★
DHÔTEL André	**Le pays où l'on n'arrive jamais** 61★★
DIDEROT	**Jacques le fataliste** 2023★★★

DJIAN Philippe	37°2 le matin 1951 ****
	Bleu comme l'enfer 1971 ****
	Zone érogène 2062 ****
	Maudit manège 2167 *****
DORIN Françoise	Les lits à une place 1369 ****
	Les miroirs truqués 1519 ****
	Les jupes-culottes 1893 ****
DOS PASSOS John	Les trois femmes de Jed Morris 1867 ****
DUMAS Alexandre	La dame de Monsoreau 1841 *****
	Le vicomte de Bragelonne 2298 **** & 2299 ****
DUTOURD Jean	Henri ou l'éducation nationale 1679 ***
DYE Dale A.	Platoon 2201 ***
DZAGOYAN René	Le système Aristote 1817 ****
EGAN Robert & Louise	La petite boutique des horreurs 2202 *** illustré
EXBRAYAT Charles	Le Château vert 2125 ****
FEUILLÈRE Edwige	Moi, la Clairon 1802 **
FLAUBERT Gustave	Madame Bovary 103 ***
FRANCOS Ania	Sauve-toi, Lola ! 1678 ****
FRISON-ROCHE	La peau de bison 715 **
	La vallée sans hommes 775 ***
	Carnets sahariens 866 ***
	Premier de cordée 936 ***
	La grande crevasse 951 ***
	Retour à la montagne 960 ***
	La piste oubliée 1054 ***
	La Montagne aux Écritures 1064 ***
	Le rendez-vous d'Essendilène 1078 ***
	Le rapt 1181 ****
	Djebel Amour 1225 ****
	La dernière migration 1243 ****
	Le versant du soleil 1451 **** & 1452 ****
	Nahanni 1579 *** illustré
	L'esclave de Dieu 2236 ******
GALLO Max	La baie des Anges :
	1- La baie des Anges 860 ****
	2- Le palais des Fêtes 861 ****
	3- La promenade des Anglais 862 ****
GEDGE Pauline	La dame du Nil 1223 *** & 1224 ***
	Les Enfants du Soleil 2182 *****
GERBER Alain	Une rumeur d'éléphant 1948 *****
	Le plaisir des sens 2158 ****
	Les heureux jours de Monsieur Ghichka 2252 **

GOES Albrecht	Jusqu'à l'aube 1940 ***
GRAY Martin	Le livre de la vie 839 **
	Les forces de la vie 840 **
	Le nouveau livre 1295 ****
GRÉGOIRE Ménie	Tournelune 1654 ***
GROULT Flora	Maxime ou la déchirure 518 **
	Un seul ennui, les jours raccourcissent 897 **
	Ni tout à fait la même, ni tout à fait une autre 1174 ***
	Une vie n'est pas assez 1450 ***
	Mémoires de moi 1567 **
	Le passé infini 1801 **
	Le temps s'en va, madame... 2311 **
GUERDAN René	François Ier 1852 *****
GUIGNABODET Liliane	Dessislava 2265 ****
GUIROUS D. & GALAN N.	Si la Cococour m'était contée 2296 **** illustré
GURGAND Marguerite	Les demoiselles de Beaumoreau 1282 ***
HALÉVY Ludovic	L'abbé Constantin 1928 **
HALEY Alex	Racines 968 **** & 969 ****
HARDY Françoise	Entre les lignes entre les signes 2312 ******
HAYDEN Torey L.	L'enfant qui ne pleurait pas 1606 ***
	Kevin le révolté 1711 ****
HÉBRARD Frédérique	Un mari c'est un mari 823 **
	La Chambre de Goethe 1398 ***
	La Citoyenne 2003 ***
ISHERWOOD Christopher	Adieu à Berlin (Cabaret) 1213 ***
JAGGER Brenda	Les chemins de Maison Haute 1436 **** & 1437 ****
	Retour à Maison Haute 2169 *****
JEAN-CHARLES	La foire aux cancres 1669 **
	Tous des cancres 1909 **
JONG Erica	Le complexe d'Icare 816 ****
	La planche de salut 991 ****
	Fanny Troussecottes-Jones 1358 **** & 1359 ****
	Les parachutes d'Icare 2061 ******
KAYE M.M.	Pavillons lointains 1307 **** & 1308 ****
	L'ombre de la lune 2155 **** & 2156 ****
KENEALLY Thomas	La liste de Schindler 2316 ******
KIPLING Rudyard	Le livre de la jungle 2297 **
	Simples contes des collines 2333 ***
KOESTLER Arthur	Spartacus 1744 ****

KONSALIK Heinz G.	Amours sur le Don 497 ★★★★★
	Brûlant comme le vent des steppes 549 ★★★★
	La passion du Dr Bergh 578 ★★★
	Dr Erika Werner 610 ★★★
	Aimer sous les palmes 686 ★★
	L'or du Zephyrus 817 ★★
	Les damnés de la taïga 939 ★★★★
	L'homme qui oublia son passé 978 ★★
	Une nuit de magie noire 1130 ★★
	Le médecin de la tsarine 1185 ★★
	Natalia 1382 ★★★
	Le mystère des Sept Palmiers 1464 ★★★
	L'héritière 1653 ★★
	Bataillons de femmes 1907 ★★★★★
	Le gentleman 2025 ★★★
	Un mariage en Silésie 2093 ★★★★
	Coup de théâtre 2127 ★★★
	Clinique privée 2215 ★★★
	Quadrille 2229 ★★
	La nuit de la tentation 2281 ★★★
	La guérisseuse 2314 ★★★★★★
KRANTZ Judith	Princesse Daisy 1211 ★★★★ & 1212 ★★★★
LAMALLE Jacques	L'Empereur de la faim 2212 ★★★★★
LANE Robert	Une danse solitaire 2237 ★★★
LANGE Monique	Histoire de Piaf 1091 ★★★ illustré
LAPEYRE Patrick	Le corps inflammable 2313 ★★★
LAPOUGE Gilles	La bataille de Wagram 2269 ★★★★
LASAYGUES Frédéric	Vache noire, hannetons et autres insectes 2268 ★★★
LE NABOUR Éric	Le Régent 2098 ★★★★
LESPARRE Christiane	L'appartement 2126 ★★★★★
L'HÔTE Jean	La Communale 2329 ★★
LOTTMAN Eileen	Dynasty 1697 ★★
	Dynasty (Le retour d'Alexis) 1894 ★★★
LOWERY Bruce	La cicatrice 165 ★
MAALOUF Amin	Les croisades vues par les Arabes 1916 ★★★★
McCULLOUGH Colleen	Les oiseaux se cachent pour mourir 1021 ★★★★ & 1022 ★★★★
	Tim 1141 ★★★
	Un autre nom pour l'amour 1534 ★★★★
	La passion du Dr Christian 2250 ★★★★★★
MAHIEUX Alix	Coulisses 2108 ★★★★★
MARKANDAYA Kamala	Le riz et la mousson 117 ★★

MARKSTEIN George	Tara Kane 2239 ******
MARSHALL G. William	La sixième saison 1910 ****
MARTINO Bernard	Le bébé est une personne 2128 ***
MATTHEE Dalene	Des cercles dans la forêt 2066 ****
MAUPASSANT Guy de	Une vie 1952 **
	L'ami Maupassant 2047 **
	Le Horla et autres contes 2187 **
MAURE Huguette	La cinquantaine au masculin 1745 ***
	Vous avez dit l'amour ? 2267 ***
MELNIK Josef	Passeur d'enfants 2228 ***
MENDELSSOHN Peter de	Marianne de ma jeunesse 2020 **
MERMAZ Louis	Madame de Maintenon 1785 **
	Un amour de Baudelaire 1932 **
MERRIEN Jean	Christophe Colomb 2197 *****
MESSNER Reinhold	Défi - Deux hommes, un 8 000 1839 **** illustré
MODIANO P. & LE-TAN P.	Poupée blonde 1788 *** illustré
MONSIGNY Jacqueline	Michigan Mélodie (Un mariage à la carte) 1289 **
	L'amour dingue 1833 ***
	Le palais du désert 1885 **
	Le roi sans couronne 2332 ******
MONTLAUR Pierre	Nitocris 2154 ****
MORAVIA Alberto	La chose 2171 ***
	L'homme qui regarde 2254 ***
MORRIS Edita	Les fleurs d'Hiroshima 141 *
MYRER Anton	Les derniers jours de l'été 1073 **** & 1074 ****
NASTASE Ilie	Tie-break 2097 ****
	Le filet 2251 ***
NELL DUBUS Elizabeth	Beau-Chêne 2346 ******
ORIOL Laurence	Thérèse Humbert 1838 **
OWENS Martin	Le secret de mon succès 2216 ***
PARTURIER Françoise	Calamité, mon amour 1012 ****
	Les Hauts de Ramatuelle 1706 ***
PECK Richard	Amanda-Miranda 1248 *** & 1249 ***
PERRIN Elula	Les femmes préfèrent les femmes 1874 ***
PEYREFITTE Roger	Les amitiés particulières 17 ****
	La mort d'une mère 2113 **
PIRANDELLO Luigi	Le mari de sa femme 2283 ****
PLAIN Belva	Tous les fleuves vont à la mer 1479 **** & 1480 ****
	La splendeur des orages 1622 *****
	Les cèdres de Beau-Jardin 2138 ******

POE Edgar Allan	Le chat noir et autres récits 2004 ★★★
	Le scarabée d'or 2143 ★★★
POUCHKINE Alexandre	Eugène Onéguine 2095 ★★
PRATTE Josette	Et je pleure 1390 ★★
PRÉVOST Abbé	Manon Lescaut 1972 ★★
PROSLIER Jean-Marie	Vieucon et son chien 2026 ★★★
	Excusez-moi si je vous demande pardon ! 2317 ★★★
PU-YI	J'étais empereur de Chine 2327 ★★★★★★
RACHET Guy	Les vergers d'Osiris 1423 ★★★ & 1424 ★★★
	Néfertiti, reine du Nil 2348 ★★★★
RASPAIL Jean	Les yeux d'Irène 2037 ★★★★
	Qui se souvient des Hommes... 2344 ★★★
REGNIER Didier	L'aventure du Grand Raid 2342 ★★★★★
REMY Pierre-Jean	Orient-Express 1152 ★★★ & 1153 ★★★
	Orient-Express 2e époque 2186 ★★★★★
	Le dernier été 1882 ★★★
RENARD Jules	Poil de carotte 11 ★
REY Frédéric	La haute saison 1967 ★★★★
RHODES Evan H.	Le prince de Central Park 819 ★★
RIPLEY Alexandra	Charleston 1760 ★★★★ & 1761 ★★★★
ROBBE-GRILLET Alain	Un régicide 1772 ★★
ROCHE Eliane	Châteauvallon :
	- La fortune des Berg 1856 ★★★★
	- L'or des Kovalic 1936 ★★★★
	- Retour à la Commanderie 2140 ★★★★
ROGERS Rosemary	Amour tendre, amour sauvage 952 ★★★★
	Jeux d'amour 1371 ★★★★
	Au vent des passions 1668 ★★★★
ROSSFELDER André	Tropique du crabe 2198 ★★★
ROTHSCHILD Guy de	Contre bonne fortune... 1787 ★★★★★
ROULAND Jacques	Les amoureux du 7e Art 2300 ★★★★
ROULAND Norbert	Les lauriers de cendre 2315 ★★★★★
RUGGIERI Eve	Eve Ruggieri raconte... 1926 ★★★★
	Les grandes rencontres amoureuses 2226 ★★★
SABATIER Patrick	Le jeu de la vérité 2347 ★★★★★
SADOUL Jacques	La mort du héros 1950 ★★★
SAGAN Françoise	Un peu de soleil dans l'eau froide 461 ★★
	Des bleus à l'âme 553 ★
	Un profil perdu 702 ★★

TROYAT (suite)	Les Eygletière :
	1- Les Eygletière 344 ★★★★
	2- La faim des lionceaux 345 ★★★★
	3- La malandre 346 ★★★★
	Anne Prédaille 619 ★★
	Le Moscovite :
	1- Le Moscovite 762 ★★
	2- Les désordres secrets 763 ★★
	3- Les feux du matin 764 ★★
	Grimbosq 801 ★★★
	Le front dans les nuages 950 ★★
	Viou 1318 ★★
	A demain, Sylvie 2295 ★★
	Le pain de l'étranger 1577 ★★
	Marie Karpovna 1925 ★★
	Le bruit solitaire du cœur 2124 ★★
TRYSTRAM Florence	**L'épopée du méridien terrestre** 2013 ★★★★
VALLIÈRES Claire	**Ce toit fragile où veillent les vautours** 1837 ★★★★★
	L'arbre à pluie 2203 ★★★★★★
VILLAMONT Viviane	**Le Guêpiot** 1013 ★★★★
VILOTEAU Nicole	**La femme aux serpents** 2022 ★★★★ illustré
WALDO Anna Lee	**Sacajawa** 1270 ★★★ & 1271 ★★★
WALKER Alice	**La couleur pourpre** 2123 ★★★
WILDER Joan	**A la poursuite du diamant vert** 1667 ★★★
	Le diamant du Nil 1803 ★★★
WOOD Barbara	**Et l'aube vient après la nuit** 2076 ★★★ & 2077 ★★★
WOODIWISS Kathleen E.	**Quand l'ouragan s'apaise** 772 ★★★★
	Une rose en hiver 1816 ★★★★★
	Shanna 1983 ★★★★★
WOUK Herman	Le souffle de la guerre :
	1- Natalie 575 ★★★★★
	2- Pamela 576 ★★★★★
	3- Le vent se lève 577 ★★★★★
XENAKIS Françoise	**Moi j'aime pas la mer** 491 ★
	La natte coupée 1790 ★★
	Zut, on a encore oublié madame Freud... 2045 ★★★
YOSHIKAWA Eiji	**La pierre et le sabre** 1770 ★★★★★ & 1771 ★★★★★
	La parfaite lumière 1937 ★★★★ & 1938 ★★★★
ZOLA Émile	**L'assommoir** 900 ★★★
	Germinal 901 ★★★
	Au Bonheur des Dames 2079 ★★★★

Romans sentimentaux

Depuis les ouvrages de Delly, publiés au début du siècle, la littérature sentimentale a conquis un large public. Elle a pour auteur vedette chez J'ai lu la célèbre romancière anglaise Barbara Cartland, la Dame en rose, qui a écrit près de 300 romans du genre. À ses côtés, J'ai lu présente des auteurs spécialisés dans le roman historique, Anne et Serge Golon avec la série des Angélique, *Juliette Benzoni, des écrivains américains qui savent faire revivre toute la violence de leur pays (Kathleen Woodiwiss, Rosemary Rogers, Janet Dailey), ou des auteurs de récits contemporains qui mettent à nu le cœur et ses passions, tels que Theresa Charles ou Marie-Anne Desmarest.*

BENZONI Juliette

Marianne *601* ★★★★ *& 602* ★★★★
Un aussi long chemin *1872* ★★★★
Le Gerfaut :
- Le Gerfaut *2206* ★★★★★★
- Un collier pour le diable *2207* ★★★★★★
- Le trésor *2208* ★★★★★
- Haute-Savane *2209* ★★★★★

CARTLAND Barbara

Les amours mexicaines *1052* ★★★
Le message de l'orchidée *1072* ★★
La flamme d'amour *1110* ★★
L'enchantement du désert *1188* ★★
La première étreinte *1189* ★★
Que notre bonheur dure *1204* ★★
La belle et le léopard *1215* ★★
Le mystère de la bruyère bleue *1285* ★★★
La revanche de lord Ravenscar *1321* ★★
Il ne nous reste que l'amour *1347* ★★
Piège pour un marquis *1699* ★★
La princesse en péril *1762* ★★
Défi à l'amour *1763* ★★★★
Un souhait d'amour *1792* ★★
L'amour et Lucia *1806* ★★
Rencontre dans la nuit *1807* ★★
La magie de la bohémienne *1819* ★★
L'invitation au bonheur *1842* ★★
Les violons de l'amour *1883* ★★
L'amour était au rendez-vous *1884* ★★
Thérésa et le tigre *1912* ★★

CARTLAND (suite)	***La revanche du cœur*** 2005 ★★
	Les mirages de l'amour 2040 ★★
	Idylle à Calcutta 2049 ★★
	Prise au piège 2082 ★★
	Miracle pour une madone 2100 ★★
	Un mari chevaleresque 2114 ★★
	Une épouse particulière 2115 ★★
	Au cœur du péril 2131 ★★
	Fiancée à un brigand 2144 ★★
	Un amour conquérant 2145 ★★
	La danse de l'amour 2160 ★★
	Un amour sans fortune 2174 ★★
	L'amour comme un espoir 2189 ★★
	Un éternel enchantement 2230 ★★
	Le choix du prince 2242 ★★
	Loin de l'amour 2243 ★★
	Le lord et la demoiselle 2256 ★★
	Le secret de l'Écossais 2257 ★★
	La victoire de l'amour 2271 ★★
	Un cœur trop pur 2272 ★★
	Qui peut nier l'amour ? 2285 ★★
	La gondole d'or 2286 ★★
	Toujours plus haut l'amour 2301 ★★
	Les problèmes de l'amour 2302 ★★
	Le chemin de l'amour 2318 ★★
	Sur les ailes de l'amour 2319 ★★
	Le secret d'Anouchka 2335 ★★
	Lumières d'été 2336 ★★
	Le signe de l'amour 2349 ★★
	Un bonheur sans prix 2350 ★★
CHARLES Theresa	***Le chirurgien de Saint-Chad*** 873 ★★★
	Inez, infirmière de Saint-Chad 874 ★★★
	Lune de miel à Saint-Chad 1112 ★★
	Rosamond 1795 ★★★★
	Thea 1873 ★★★★
COOKSON Catherine	***L'orpheline*** 1886 ★★★★★
	La fille sans nom 1992 ★★★★
	L'homme qui pleurait 2048 ★★★★
	Le mariage de Tilly 2219 ★★★★
	Le destin de Tilly Trotter 2273 ★★★
	Le long corridor 2334 ★★★

COSCARELLI *Kate*	*Destins de femmes* 2039 ****
DAILEY *Janet*	*Le solitaire* 1580 ****
	La Texane 1777 ****
	Les ailes d'argent 2258 *****
	La saga des Calder :
	- La dynastie Calder 1659 ****
	- Le ranch Calder 2029 ****
	- Prisonniers du bonheur 2101 ****
	- Le dernier des Calder 2161 ****
DESMAREST *Marie-Anne*	*Torrents* 970 ***
GOLON *Anne et Serge*	*Angélique marquise des Anges* 667 *** & 668 ***
	Indomptable Angélique 673 *** & 674 ***
	Angélique à Québec 1410 **** & 1411 **** & 1412 ****
	Angélique - La route de l'espoir 1914 **** & 1915 ****
HOLT *Victoria*	*La lande sans étoiles* 2007 ****
LAKER *Rosalind*	*La femme de Brighton* 2190 ****
	Le sentier d'émeraudes 2351 *****
LINDSEY *Johanna*	*Le vent sauvage* 2241 ***
MATTHEWS *Patricia*	*Danser ses rêves* 1901 ****
	L'éveil de l'aube 2081 ****
	L'écume des passions 2116 ****
MONSIGNY *Jacqueline*	*Michigan Mélodie (Un mariage à la carte)* 1289 **
	L'amour dingue 1833 ***
	Le palais du désert 1885 **
NICOLSON *Catherine*	*Tous les désirs d'une femme* 2303 ****
ROGERS *Rosemary*	*Amour tendre, amour sauvage* 952 ****
	Jeux d'amour 1371 ****
	Au vent des passions 1668 ****
STANFILL *Francesca*	*Une passion fatale* 2320 ****
STEEL *Danielle*	*Un monde de rêve* 1733 ***
	Celle qui s'ignorait 1749 *****
	L'anneau de Cassandra 1808 ****
	Palomino 2070 ***
	Souvenirs d'amour 2175 *****
	Maintenant et pour toujours 2240 ******
WOODIWISS *Kathleen E.*	*Quand l'ouragan s'apaise* 772 ****
	Une rose en hiver 1816 *****
	Shanna 1983 *****

Cinéma et TV

De nombreux romans publiés par J'ai lu ont été portés à l'écran ou à la TV Leurs auteurs ne sont pas toujours très connus ; voici donc, dans l'ordre alphabétique, les titres de ces ouvrages :

A la poursuite du diamant vert 1667***	**Joan Wilder**
Alien 1115***	**Alan Dean Foster**
Angélique marquise des anges	
L'ami Maupassant 2047**	**Guy de Maupassant**
L'Australienne 1969**** & 1970****	**Nancy Cato**
Bigfoot et les Henderson 2292***	**Joyce Thompson**
Blade runner 1768***	**Philip K. Dick**
Bleu comme l'enfer 1971****	**Philippe Djian**
La brute 47***	**Guy des Cars**
Cabaret (Adieu à Berlin) 1213***	**Christopher Isherwood**
Carrie 835***	**Stephen King**
Châteauvallon 1856**** 1936**** & 2140****	**Eliane Roche**
Christine 1866****	**Stephen King**
La couleur pourpre 2123***	**Alice Walker**
Coulisses 2108*****	**Alix Mahieux**
Cujo 1590****	**Stephen King**
Des fleurs pour Algernon 427***	**Daniel Keyes**
2001 l'odyssée de l'espace 349**	**Arthur C. Clarke**
2010 : odyssée deux 1721***	**Arthur C. Clarke**
Le diamant du Nil 1803***	**Joan Wilder**
Dynasty 1697** & 1894***	**Eileen Lottman**
E.T. l'extra-terrestre 1378***	**Spielberg/Kotzwinkle**
E.T. La planète verte 1980***	**Spielberg/Kotzwinkle**
L'exorciste 630****	**William P. Blatty**
Les exploits d'un jeune don Juan 875*	**Guillaume Apollinaire**
Le faiseur de morts 2063***	**Guy des Cars**
Fanny Hill 711***	**John Cleland**
Fletch 1705***	**Gregory Mcdonald**
La folle histoire de l'espace 2294***	**Mel Brooks/J.B. Stine**
Le Gerfaut 2206****** & 2207******	**Juliette Benzoni**
Jonathan Livingston de goéland 1562* illustré	**Richard Bach**
Joy 1467** & **Joy et Joan** 1703**	**Joy Laurey**
Le joyau de la couronne 2293***** & 2330*****	**Paul Scott**

Kramer contre Kramer 1044 ★★★	Avery Corman
Le lendemain du crime 2199 ★★	Eileen Lottman
L'arme fatale 2231 ★★★★	Joel Norst
Le livre de la jungle 2297 ★★	Rudyard Kipling
Love story 412 ★	Erich Segal
Mad Max au delà du dôme du tonnerre 1864 ★★★	Joan D. Vinge
Michigan Mélodie 1289 ★★	Jacqueline Monsigny
9 semaines 1/2 2259 ★★	Elizabeth McNeill
Mission 2092 ★★★	Robert Bolt
Les oiseaux se cachent pour mourir 1021 ★★★★ & 1022 ★★★★	Colleen McCullough
Orphée 2172 ★★	Jean Cocteau
Le paltoquet (On a tué pendant l'escale) 1647 ★★★	F.-R. Falk
Pavillons lointains 1307 ★★★★ & 1308 ★★★★	M.M. Kaye
La petite boutique des horreurs 2202 ★★★ illustré	R. & L. Egan
Peur bleue 1999 ★★★	Stephen King
Platoon 2201 ★★★	Dale A. Dyle
Police 2021 ★★★	Catherine Breillat
Poltergeist I 1394 ★★★	James Khan
Poltergeist II 2091 ★★	James Khan
Pu-Yi / J'étais empereur de Chine 2327 ★★★★★★	Pu-Yi
Qui c'est, ce garçon ? 2043 ★★★	Nicole de Buron
Racines 968 ★★★★ & 969 ★★★★	Alex Haley
Rencontres du troisième type 947 ★★	Steven Spielberg
Robocop 2310 ★★★	Ed Naha
Rosemary's baby 342 ★★★	Ira Levin
Sauve-toi, Lola ! 1678 ★★★★	Ania Francos
Le secret de la pyramide 1945 ★★★	Alan Arnold
Le secret de mon succès 2216 ★★★	Martin Owens
Shining 1197 ★★★★	Stephen King
Le souffle de la guerre 575 ★★★★★, 576 ★★★★★ & 577 ★★★★★	Herman Wouk
Star Trek 1071 ★★	Gene Roddenberry
Terminus 2122 ★★	Patrice Duvic
Thérèse Humbert 1838 ★★	Laurence Oriol
Tous les fleuves vont à la mer 1479 ★★★★ & 1480 ★★★★	Belva Plain
37°2 le matin 1951 ★★★★	Philippe Djian
La tricheuse 125 ★★★	Guy des Cars
Tropique du crabe 2198 ★★★	André Rossfelder
Un mari c'est un mari 823 ★★	Frédérique Hébrard
Vas-y maman 1031 ★★	Nicole de Buron

522

Impression Brodard et Taupin
à La Flèche (Sarthe) le 26 septembre 1988
1387A-5 Dépôt légal septembre 1988
ISBN 2-277-12552-9
1er dépôt légal dans la collection : mars 1974
Imprimé en France
Editions J'ai lu
27, rue Cassette, 75006 Paris
diffusion France et étranger : Flammarion